MÜNCHNER UNIVERSITÄTSSCHRIFTEN
Neue Münchner Beiträge zur Kunstgeschichte   Band 1

Robert Stalla

Die kurkölnische Bruderschafts-, Ritterordens- und Hofkirche

St. Michael in Berg am Laim

Ein Hauptwerk des süddeutschen Rokoko

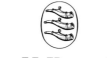

Anton H. Konrad Verlag

Münchner Universitätsschriften
Institut für Kunstgeschichte

Neue Münchner Beiträge zur Kunstgeschichte
Herausgegeben von Hermann Bauer
Band 1

1 (Frontispiz)
Berg am Laim, St. Michael, Innenraum, Johann Michael Fischer und François Cuvilliés, ab 1738;
Fresken und Stuck von Johann Baptist Zimmermann, ab 1743;
Altarausstattung von Johann Baptist Straub, ab 1743

Gedruckt mit Unterstützung des
Förderungs- und Beihilfefonds Wissenschaft der VG Wort
und aus Mitteln der Münchner Universitätsschriften

© 1989 und Gesamtherstellung
Anton H. Konrad Verlag   7912 Weißenhorn
ISBN 3 87437 271 5   (gebundene Ausgabe)
ISBN 3 87437 276 6   (broschierte Ausgabe)

Inhaltsverzeichnis

Einleitung	11
Forschungsstand	11
Problemstellung	12
Kap. I Planungs- und Baugeschichte	14
1 Lage und Bau der Josephsburg und der Michaelskapelle	14
2 Franz de Paula Würnzl – Bauinitiator und Bauorganisator?	15
3 Die erste Planungsphase und der Sondermayr-Stich	16
a Würnzls Sammelaktion	16
b Der Sondermayr-Stich	18
Forschungsstand	18
Plananalyse von Grundriß und Fassadenansicht	18
Quellenkritik und Ergebnisse der Analyse	19
Der Stecher und der mögliche Entwerfer	20
4 Der Kurkölnische Konsens und Fischers Erstentwurf für St. Michael mit projektierter Zweiturm-Fassade	21
5 Clemens August und der Neubau von St. Michael mit Exerzitien-Haus	21
6 Die Neubaugegner	22
Kurkölnisch-Kurbayerisch-Freisingische Zwistigkeiten und die Grundsteinlegung	22
Nikolaus Praschler und Cajetan von Unertl	23
7 Zur Baumeisterfrage von St. Michael in Berg am Laim – die Quellen	24
a J. M. Fischer und F. Cuvilliés	24
b Die Beteiligung Ph. J. Köglspergers	25
Sein Bauvertrag	25
Zum Baufortgang zwischen Februar 1738 und Februar 1739	26
c Der Luzerner Plan	27
Forschungsstand	27
Zur Herkunft des Planes	28
Plananalyse, Sicherung für St. Michael und Zuweisung an Köglsperger	30
Fischers Erstentwurf für Berg am Laim im Verhältnis zu Aufhausen und Ingolstadt	31
Köglspergers Anteil am »Luzerner Plan« und an der Bauausführung	32
Der Chor des Luzerner Planentwurfs. Die Erweiterung der Michaelskapelle als Alternativ-Projekt	34

8	Der Planungs- und Baufortgang ab Februar 1739	36
	a Die Neuplanung Fischers und die »Inspection« Cuvilliés'	36
	b Ein Fassaden-Projekt F. Cuvilliés' aus dem Jahre 1740	37
	Forschungsstand	37
	Analyse	37
	F. Cuvilliés als Entwerfer von F. S. Schaurs Fassadenstich für St. Michael	38
	Fischer und Cuvilliés	40
	c Ein anonymer Fassadenstich aus dem Jahre 1741 nach einer Planskizze von Fischer	41
	d Der weitere Baufortgang bis zur Fertigstellung	42
9	Ein bisher unbekannter Bau J. M. Fischers für die Michaelsbruderschaft	43

KAP. II AUSSENANSICHT 44

1	Forschungsstand	44
2	Der Begriff der Schauseite	45
3	Die Achse München – Berg am Laim	45
4	Rekonstruktion der Seitenflügel	47
5	Die Fernsicht der Schauseite von St. Michael	48
6	Die Nahsicht der Schauseite von St. Michael	49
7	Das Verhältnis von Seitenflügeln und Kirchenfassade als formales und ikonographisches Konzept	50
8	Fassadenanalyse	51
	a Fassadenanalyse in der horizontalen Schichtung	52
	Untergeschoß	52
	Obergeschoß	54
	Glockengeschoß der Türme	54
	b Fassadenanalyse nach der vertikalen Reihung	55
	Türme	55
	Mittelteil	55
9	Rekonstruktion des Treppensockels	57
10	Gestalt und Bedeutung der »Ordnungen«	57
11	Farbigkeit und Oberfläche	62
12	»Ordnung« und »Verzierung« – Ansätze für eine Erweiterung von »Rokoko« als Stil-Begriff	64

KAP. III GRUNDRISS 67

1	Die Struktur der Einzelräume	67
	Bruderschaftsraum	67
	Ritterordensraum	68
	Altarraum	69
2	Die Einheit von Bruderschafts-, Ritterordens- und Altarraum	69
	Die Funktion der Säulen	69
	Die Bedeutung der Grundrißgeometrie	72

Kap. IV	Verhältnis zur Bühnenarchitektur	73
1	Kirchenraum und Bühnenraum	73
2	»Theatrum sacrum« und »Theatrum mundi« – Die Austauschbarkeit von Kirche und Theater, Kirchenraum und Bühnenraum	76

Kap. V	Innenraumanalyse	82
1	Der Bruderschaftsraum	82
	Das Wandgeschoß	84
	Der Kuppelunterbau	86
	Die Kuppel	86
	Die Arkaden	87
	Die Bedeutung der Ausstattung	88
2	Der Ritterordensraum	89
3	Der Altarraum	92
4	Die Reduktion des »Architektonischen« und die »Archi-Tektonisierung« von Ausstattung, Farbigkeit und Licht	92
	a Architektonische Reduktionen	93
	Die Stützen	93
	Der Mauermantel	94
	Die Wölbung	95
	Die Arkade	95
	b Die »Archi-Tektonisierung« der Ausstattung	96
	Die Altäre	96
	Der Stuck	97
	Die Farbigkeit	100
	Das Licht	101
5	Raum und Bild	102
6	Exkurse	104
	Die venezianische Stadtvedute	103
	J. N. Servandonis »Spectacles de décoration«	104
7	Theorie und Praxis – Synthese eines neuen »Ordnungs«-Begriffes	105

Kap. VI	St. Michael in Berg am Laim und Mariä Himmelfahrt in Diessen	107
1	St. Michael in Berg am Laim – Ein Gemeinschaftswerk von J. M. Fischer, F. Cuvilliés, J. B. Zimmermann und J. B. Straub	107
	Kurfürst Clemens August und der Hofarchitekt F. Cuvilliés	108
	F. Cuvilliés und J. B. Zimmermann	109
	F. Cuvilliés und J. B. Straub	109
	J. M. Fischer und J. B. Zimmermann	109
	J. M. Fischer und J. B. Straub	110
	J. M. Fischer und F. Cuvilliés	110

2 Mariä Himmelfahrt in Dießen – eine künstlerische Voraussetzung
   für St. Michael in Berg am Laim   112
      Der Innenraum – Cuvilliés Einfluß auf die bildhafte »Ordnung«   113
      Cuvilliés Einfluß auf die Fassade   118

KAP. VII ST. MICHAEL IN BERG AM LAIM –
         EIN HAUPTWERK DES »SÜDDEUTSCHEN ROKOKO«   121

KAP. VIII IKONOGRAPHIE   124

1 Hintergründe des Zentralbaugedankens   124
2 Das Hochaltarbild von St. Michael – Ikonographie und Deutung
   des hl. Michael als Sieger   127
     a Problemstellung   127
     b Entwicklung und Hintergründe von J. A. Wolffs Bildkonzept für den
        Hauptaltar der ehem. Bruderschaftskapelle   129
     c Der Siegertypus in der christlichen und profanen Ikonographie 135
     d Joseph Clemens und die Tradition der politischen Bedeutung Michaels 137
     e Das ikonographische Programm des Bruderschaftsaltares der Michaels-
        kirche – Entwurf und Ausführung   139
     f Der Sieg des Lichtes über die Finsternis   145
        Der absolutistische Lichtkult   145
        Wolffs Michaels-Bild   145
        Die Michaels-Monstranz   146
     g Anspruch und Selbstverständnis von Clemens August   148
        Die Hochaltarprojekte für die Hofkirche in Brühl und die Serviten-
        kirche in Kreuzberg bei Bonn   149
        Das Michaelstor in Bonn   152
     h Der Hochaltar in St. Michael in Berg am Laim – Entwurf, Programm, Anspruch 153
        Die Entwürfe für den Hochaltar   153
        Die Erweiterung von Wolffs Hochaltarbild unter Clemens August 156
     i Das Freskenprogramm der Michaelskirche in Berg am Laim   161
        Apparitio I   161
        Apparitio II   161
        Apparitio III   163
     j Die »reichsbekannte Kirch« St. Michael in Berg am Laim – der
       »neue Monte Gargano«   166

Kap. IX	Genese	167
1	Forschungsstand und Problemstellung	167
2	St. Michael in Berg am Laim im Vergleich mit dem architektonischen Werk G. Guarinis, J. L. v. Hildebrandts und G. A. Viscardis	169
	a Johann Michael Fischer und Guarino Guarini	169
	St. Michael in Berg am Laim und S. Maria de Ettinga in Prag	169
	– Der Einsatz der Säulenordnungen	170
	– Die Grundrißgeometrie	170
	– Das Verhältnis von Grundriß, Aufriß und Wölbung	172
	– Die Verbildlichung von Architektur	172
	– Die Bedeutung von Farbe und Licht	173
	b Johann Michael Fischer und Johann Lukas von Hildebrandt	174
	St. Michael in Berg am Laim und Maria Treu in Wien	174
	– Die Raumanlage	176
	– Die szenische Raumstaffelung	177
	– Das Verhältnis von Hauptraum und Anräumen	177
	– Ansätze zur Entmaterialisierung des Raummantels	178
	c Johann Michael Fischer und Giovanni Antonio Viscardi	179
	St. Michael in Berg am Laim und die Dreifaltigkeitskirche in München	179
	– Die Gerüsthaftigkeit des Raummantels	179
	– Tendenzen der Gesamträumlichkeit	180
	– Die Differenzierung der materiellen Festigkeit zwischen Säule und Wand	180
	– Das Diagonalmotiv	181
	– Der Einfluß der Stichvorlagen von Jean Le Pautre	181
3	Französische Einflüsse auf die Michaelskirche	183
	a Das graphische Werk Jacques de Lajoues	183
	b Der »goût grec«	184
4	St. Michael in Berg am Laim und die Jesuiten- und Hofkirche St. Michael in München	186
Kap. X	Schluss	192
Bildtafeln		195
Anhang		215
1	Chronologie zur Baugeschichte der Michaelskirche in Berg am Laim	215
2	Ein Erstentwurf von J. A. Wolff für den Hauptaltar der Michaelskapelle in Berg am Laim	217
Anmerkungen		219
Dank		257
Verzeichnis der Literatur		258
Verzeichnis der Abbildungen		270
Register		274

Bildnachweis

Archiv des Erzbistums München und Freising 3 9   Bayerische Staatsbibliothek 27 81   Bayerisches Landesvermessungsamt 15   Bibliothèque Nationale Paris 55   Callwey Verlag 32 48 49   Gabor Ferencz 13 29 58 104   Landesbildstelle Württemberg Stuttgart 80   Wolf Christian von der Mülbe 1 10f 17–20 28 30f 33–38 40–43 45f 53 68–71 79 83–103   Foto Neff Brühl 63   Pfarramt Berg am Laim 59   Pfarramt Maria Treu Wien 75   Rheinisches Amt für Denkmalpflege 62 64   Schnell & Steiner München 44 82   Staatliche Graphische Sammlung München 51 54 57 65 66   Staats- und Stadtbibliothek Augsburg 61   Staatsgalerie Graphische Sammlung Stuttgart 47   Stadtarchiv München 12   Städelsches Kunstinstitut Frankfurt 67   Dr. Robert Stalla 14 52 56 60   Wallraf-Richartz-Museum Köln 50   Zentralbibliothek Luzern 4 5

Abbildungen aus gedruckten Werken

Barth, Die Sankt Michaelskirche in Berg am Laim (1931) 105   Grimschitz, Johann Lucas von Hildebrandt 22 76 77   Guarini, Architettura civile 1737 (Reprint) 21 73 74   Lieb, Johann Michael Fischer 6 7 24 72   Lippert, Giovanni Antonio Viscardi 23 78   Wolf, François Cuvilliés 39

Grundrißzeichnungen von Kurt Zeitler 8 16 25 26

Einleitung

Forschungsstand

»Die Frage nach dem Meister der Kirche in Berg am Laim bedarf einer eingehenden Untersuchung« schrieb 1895 K. Trautmann in seinem Beitrag über F. Cuvilliés d. Ä. und erwähnte in dessen Nachlassenschaftspapieren »1 Fascicul in 8° underschidl. verificationes zu denen Chur=Cölnischen Gebäuen zu Berg gehörig«.[1] In der Nachfolge Trautmanns wurden, ohne diesem konkreten Hinweis nachzugehen, weitere Zweifel an der alleinigen Entwurfstätigkeit Johann Michael Fischers für den Bau der Michaelskirche in Berg am Laim laut, so bei M. Hauttmann (1909/10): »Die Autorschaft Fischers ist archivalisch nicht ganz sicher. [...] die ganze Fischerfrage bedarf noch einer gründlichen Untersuchung«[2] – und an anderer Stelle (1921): »Es ist uns willkommen, daß die Archivalien neben Fischer den Namen Cuvilliés nennen«, da sich die Kirche in Berg am Laim »aus den Fischerschen Bauten heraushebt«.[3] A. Feulner befand 1923: »Der Bau scheint aus kollektivistischen Ideen erwachsen zu sein«,[4] und zuletzt erwog W. Braunfels (1938) eine mögliche Planbeteiligung des Hofarchitekten am Bau der Michaelskirche, da er »in der Fassade einen gewissen Einfluß Cuvilliés'« zu erkennen glaubte.[5] Alle nachfolgenden Untersuchungen zur Michaelskirche ließen bis heute eine Beteiligung Cuvilliés' unberücksichtigt,[6] favorisierten als Baumeister J. M. Fischer und versuchten nicht ohne Schwierigkeit, diesen Bau in sein Œuvre einzuordnen. Die Baumeisterfrage blieb bisher ungeklärt; damit wurde auch auf weiterführende Erkenntnisse zur künstlerischen Genese der »Süddeutschen Rokokokirche« verzichtet.

In der ersten umfassenden Würdigung J. M. Fischers rückte H. Ernst die Michaelskirche ins Zentrum seiner Forschungen.[7] Er wies ihr im Werk des Meisters den höchsten Rang zu, stellte diesen Raum »den besten Schöpfungen der europäischen Architektur zur Seite« und entwickelte eine problematische Bewertung von Fischers Architekturschaffen, indem er aufgrund dieser Hochschätzung für St. Michael in Berg am Laim die Qualität seiner anderen Bauten zu Unrecht zurückstufte: »Ingolstadt zeigt nach unseren Beobachtungen verschiedentlich die ungeklärten Verhältnisse einer Übergangslösung«.[8] Wenig später wies jedoch F. Hagen-Dempf seinen übrigen Bauten ihren gebührenden Platz zu; sie erkannte z. B. in der Marienkirche in Ingolstadt »die endgültige Vollkommenheit [...] eines großen Kunstwerks«, ohne aber der Michaelskirche eine adäquate entwicklungsgeschichtliche Stellung im Werk Fischers geben zu können.[9] Unsicherheiten in der Beurteilung dieses Kirchenbaus lassen auch die Untersuchungen von G. Neumann[10] und H. G. Franz[11] über italienische bzw. böhmische Einflüsse im Werk Fischers erkennen, die die Michaelskirche ins Zentrum ihrer Ausführungen rückten, ihre Sonderstellung aber ungeklärt ließen. B. Scharioths Beitrag zu den Fischer-Bauten in Aufhausen und Ingolstadt klammerte die Michaelskirche

– obwohl zeitgleich entstanden und typologisch mit diesen direkt vergleichbar – aus.[12]
B. Rupprecht setzte die Michaelskirche in ein – unbestimmtes – Verhältnis zur »Bayerischen Rokokokirche« und erkannte ihre Sonderstellung: »Die Modifikation zwischen den Deckenbildern, den tragenden Gliedern der Architektur und den Altären [wird] durch eine aufeinander abgestimmte atmosphärische Farbigkeit erreicht, die in dieser Subtilität, in dieser Beziehung alles Erscheinenden zum Licht während des ganzen achtzehnten Jahrhunderts nicht mehr so vollkommen in einem Kircheninneren gestaltet wurde«.[13]
Zur Klärung der Sonderstellung der Michaelskirche in Berg am Laim im Œuvre Fischers und in der süddeutschen Kunstlandschaft des 18. Jahrhunderts wurde in der Forschungsliteratur neben dem für sie zu Recht konstatierten »höheren kurfürstlichen Anspruchsniveau«[14] vor allem die wechselvolle und komplizierte Baugeschichte herangezogen. In dem ersten Kirchenführer der Michaelskirche gab N. Barth (1931), auf der Grundlage nicht ausgewiesener Quellen, eine unkritische und widersprüchliche Interpretation der Baugeschichte, an der die Forschung bis heute in wesentlichen Punkten festhält:[15] Im Zentrum der Untersuchungen stehen seither die Versuche der Abgrenzung der Leistung Fischers von dem Planungsanteil des zeitweiligen Bauführers Philipp Jakob Köglsperger; eine Beteiligung François Cuvilliés' wurde nicht mehr erwogen.
Die Kirchenführer von N. Lieb[16] und C. Graf[17], die beiden kritisch zu wertenden Arbeiten von V. Loers[18] und die jüngsten Darstellungen von N. Lieb[19] und P. Steiner[20] folgen Barth, der Köglsperger die Idee und einen Teil der Bauausführung der Doppelturmfassade, Fischer die gesamte übrige planerische Tätigkeit zuwies. Dennoch sind laut N. Lieb »am Bau selbst weder Diskrepanzen noch Kompromisse zu erkennen, die zwingend auf die Tätigkeit zweier verschiedener Entwurfsmeister deuten würden«.[21]
Die Diskussion um die Baugeschichte der Michaelskirche in Berg am Laim polarisierte sich in der Baumeister-Frage: Fischer/Cuvilliés bzw. Fischer/Köglsperger; die beiden Positionen stehen unvermittelt nebeneinander und wurden bisher nicht systematisch untersucht.

Problemstellung

Mit dem Neubau der Bruderschafts-, Ritterordens- und Hofkirche St. Michael in Berg am Laim entstand ein Projekt von hoher politischer Brisanz. Kurfürst und Erzbischof Clemens August von Köln ließ in Konkurrenz zu seinem Bruder Carl Albrecht, dem bayerischen Kurfürsten und späteren Kaiser, vor den Toren von dessen Residenzstadt München ein weithin sichtbares Monument seiner ehrgeizigen Ansprüche errichten. St. Michael wurde eine »reichsbekannte Kirche«, in die der Auftraggeber höchste Persönlichkeiten einlud.[22]
Eine besondere Bedeutung kommt – vor den historisch-politischen Zusammenhängen – dem künstlerischen Rang des Kirchenbaus in Berg am Laim zu. Die Michaelskirche nimmt nicht nur im Œuvre Fischers, sondern – laut R. Zürcher – auch »unter allen deutschen Räumen« des 18. Jahrhunderts eine Sonderstellung ein.[23] Diese gründet sich auf eine differenzierte Wechselbeziehung von Architektur, Ausstattung, Farbigkeit und Licht und auf eine komplexe bauliche Genese. Gleichwohl lassen diese Faktoren besonders deutliche Phänomene der »Süddeutschen Rokokokirche« erkennen, innerhalb der St. Michael ein exemplarischer Stellenwert zugewiesen werden muß.

Ziele der Arbeit sind Untersuchungen zur Baugeschichte, zum Außenbau, Grundriß, Innenraum und Hochaltar von St. Michael in Berg am Laim. Die Ergebnisse der Analysen eröffnen ikonographische Aussagemöglichkeiten, die von der besonderen Auftragssituation geprägt sind. Einzelaspekte bieten z.B. das Verhältnis der Kirchenfassade zu den Seitenflügeln, die Anlage des Grundrisses und seine Bezüge zur Bühnenbaukunst, die Auseinandersetzung der Bauform mit dem Typus der Michaelsrotunde und das direkt den Auftraggeber einbeziehende Programm des Hochaltars. Ihre künstlerische Genese läßt nach verschiedenen Einflußfaktoren und damit nach ihrer Stellung innerhalb der europäischen Architekturgeschichte fragen. Neben Fischers eigenem Werk, vor allen den mit St. Michael fast zeitgleich entstandenen Kirchen in Aufhausen und Ingolstadt, sollen mögliche Zusammenhänge mit dem vom architektonischen Werk Guarino Guarinis beeinflußten böhmisch-mährisch-österreichischen und dem dazu konträr entwickelten französischen Kunstkreis untersucht werden. Zu fragen ist auch – wegen des gemeinsamen Patroziniums – nach einem Einfluß der Jesuitenkirche St. Michael in München, einem der epochemachenden Bauten der europäischen Architekturgeschichte.

Die Feststellung des in der Michaelskirche einzigartigen Verhältnisses von Architektur und Ausstattung führt zu zwei weiteren Themenkomplexen: Das Problem des »Ordnungs«-Begriffes, für dessen Klärung analytische Ergebnisse und Standpunkte der zeitgenössischen Architekturtheorie gleichermaßen eine Rolle spielen (und der einen allgemeinen, über den von B. Rupprecht zu einseitig gefaßten Stil-Begriff der »bayerischen Rokokokirche« hinausreichenden, Neuansatz für die Rokoko-Diskussion bietet) und die besonderen kunstsoziologischen Zusammenhänge der Planungs- und Baugeschichte. Gerade sie können als entscheidende Indizien für eine substantielle Zusammenarbeit zwischen dem Münchner Maurermeister J. M. Fischer und dem kurbayerischen und kurkölnischen Hofarchitekten F. Cuvilliés bzw. der gesamten Münchner Hofkünstlerschaft gelten.

Die Klärung der wechselvollen Baugeschichte von St. Michael und die Planungszuweisung an die ›Beteiligten‹ Fischer, Cuvilliés und Köglsperger werden durch den Verlust des Bruderschaftsarchivs im letzten Krieg und ein bisher nur vage und konträr beurteiltes Planmaterial erschwert: Neben einem frühen Kupferstich-Projekt von 1735 und zwei Fassadenstichen von 1740 und 1741, deren Entwerfer unbekannt sind, ist zwei unsignierten und undatierten Grundrißzeichnungen aus einer Luzerner Plansammlung,[24] die zur Michaelskirche Übereinstimmungen aufweisen, besondere Aufmerksamkeit zu schenken. Mit Hilfe neuer Quellenfunde, der Neuinterpretation der schon bekannten und eingehenden Analysen des Planmaterials soll die Baugeschichte nach verschiedensten Gesichtspunkten hinterfragt werden, wobei einem auf verschiedensten Ebenen politisch motivierten Intrigenspiel ein besonderer Stellenwert zukommt.

Kap. I Planungs- und Baugeschichte

1 Lage und Bau der Josephsburg und der Michaelskapelle

Am 8. Mai 1693 gründete der Kurfürst und Erzbischof von Köln, Joseph Clemens, ein Bruder des bayerischen Kurfürsten Max Emanuel, eine Bruderschaft zu Ehren des Erzengels Michael und kurz darauf einen St.-Michaels-Ritterorden.[1] Die geistliche Leitung übergab er dem in München ansässigen Franziskanerorden. Als Bruderschafts- und Ordenskirche stellte er die Hofkapelle in seinem östlich von München gelegenen »Lustgebäu« bei der Josephsburg zur Verfügung.

Über die Planungsarbeiten für die Josephsburg unterrichtet ein Brief Enrico Zuccallis. Zuccalli plante ab 1690 für Joseph Clemens einen Bau, zunächst »in forma Carosello: nach diesem aber einen anderen größeren«, wozu er ein aufwendiges Holzmodell »mit allen aussenwerkhen und Fortifikation in figura pentagone« erstellte. »Und weillen I[hre] Ch[urfürstliche] D[urchlauch]t nach solch verfassten Grundtriß und verfertigten Modell der Pau zu hoch geschienen, haben dieselbe mir g[nädig]st befolchen, ein ander Riß und Modell auf einen geringeren und zwar den jezig Pau zu Perg zu verfertigen, welchem gleichfalls nachkommen«.[2] Die ausgeführte Anlage hat uns Michael Wening in einem Stich als einstöckigen langgestreckten Bau mit doppelgeschossigen Eckpavillons überliefert, der von Wall- und Fortifikationsanlagen umgeben ist.[3] Zur Besitzgeschichte vermerkt Wening: »Perg am Laimb. Schloß unnd Hofmarch in Obern Bayrn/Renntambt München/Gericht Wolfertshausen/Bistumb Freysing/ein kleine Stundt von der Churfürstl. Haupt- und Residenz Statt München. [Es wurde] Anno 1677 [...] Ihro Hochfürstlichen Durchl. Albrecht Sigmund/Bischoff zu Freysing Höchstselligster Gedächtnuß von dem Baron Conrad von Lerchenfeld/gewößten Churfürstl. Revisions-Rath/Käufflich eingethan/unnd nach Dero zeitlichen Hintritt an den Churfürsten von Cölln Erblich gefallen«.[4] Diese schwierige besitzrechtliche Stellung von Berg am Laim – sie unterstand als kurkölnische Hofmark dem Ordinariat Freising – sollte die Planungsgeschichte zum Neubau der Michaelskirche nachhaltig prägen.

Über Lage und Aussehen der Michaels-Kapelle können wir zunächst nur mutmaßen. Die von R. Paulus vertretene Meinung, sie sei »oval gewesen, mit ovaler Kuppel«[5], ist ungesichert, da die von ihm als Beleg herangezogene »forma carosello« auf die Gesamtanlage von Zuccallis erstem Josephsburg-Projekt bezogen werden muß. Ob die in einem Stich Sondermayrs (1735)[6] als einfacher rechteckiger Saalraum mit gerader Altarwand überlieferte Form die ursprüngliche Baugestalt der Michaels-Kapelle wiedergibt, soll später im Zusammenhang mit einem in Luzern erhaltenen Planentwurf diskutiert werden.

2 Berg am Laim, Josephsburg mit Michaelskapelle, Stich von Michael Wening, 1701, Ausschnitt

2 Franz de Paula Würnzl – Bauinitiator und Bauorganisator?

Die Initiative zum Neubau der St. Michaelskirche in Berg am Laim lag laut zeitgenössischen Berichten allein bei Franz de Paula Würnzl. Dieser habe das Projekt von Anbeginn »aigenmächtig«, als »privat undernehmung«[7] und »aus privat interesierten [...] Nuzsuechung«[8] betrieben. Die Quellen lassen jedoch keinen Zweifel, daß Würnzl dem Bauherrn, dem Kölner Kurfürsten und Erzbischof Clemens August – einem Neffen Joseph Clemens' und Bruder des bayerischen Kurfürsten Karl Albrecht – nur als Strohmann diente. Unklar bleibt, ob schon der Planungsbeginn im Jahre 1735 auf »S. Churfürstl. Durchl. zu Cöln« zurückgeht, wie es in einem Schreiben des Geistlichen Rates v. Werdenstein vermutet wird,[9] oder ob Würnzl zunächst tatsächlich »aigenmächtig« gehandelt hat. Auf jeden Fall hatte man sich mit dem Entschluß zum Kirchenneubau – entgegen der von L. Trost[10] erstmals ausgeprochenen und seither unkritisch weiter tradierten Meinung,[11] Joseph Clemens selbst habe ihn noch vor seinem Tod angeregt und genehmigt – im Gegenteil über dessen Willen hinweggesetzt. Denn Joseph Clemens ließ am 20. Februar 1721 den Geistlichen Rat C. v. Unertl in München unmißverständlich wissen: »Die Capell zu Josephsburg betreffend, ist Mir lieber, daß selbige, ohne erweiterung, in dem jezigen Stand, und zugleich die Mutter Kirch der Erzbruderschaft S. Michaelis verbleibe«.[12]

Würnzl leitete mit viel Geschick und unbeirrbarem Durchsetzungsvermögen die erste Planungsphase. Der gebürtige Wasserburger, seit 1720 »churkölnischer geheimer Canzleiverwalter, Sekretarius und Cassier« der Michaelsbruderschaft in München,[13] wo er »bey dem S. Josephs-Spittall gegenüber/allwo der heilige Michael angemahnen zu sehen ist«, wohnte,[14] bediente sich dabei verschiedenster Mittel, um sich der großen Gegnerschaft des

15

Kirchenneubaus erwehren zu können. Einmal behauptete er sogar, Clemens August habe »das ganze Josephsburg ihme geschenkhet, er alleinig alldorthen zu befehlen habe«.[15] Als Motiv für sein Interesse am Kirchenneubau kann vielleicht die von Würnzl 1752 veranlaßte, im Vorraum der südlichen Sakristei in die Wand eingelassene Gedenktafel Hinweis sein: »[...] Da von der Welt nichts bitt, begehr/als mein Begräbnus allda her [...]«.[16] Zwei Jahre später hatte der im Dienst der Michaelsbruderschaft stehende Sekretär sein Ziel erreicht. Per kurfürstlichem Dekret aus Bonn vom 2. Dezember 1754 wurde ihm eine »Grabstätt hinter der großen Kirchenpforten« genehmigt.[17] Ob man Würnzl dann am 2. Mai 1759 tatsächlich in dem kürzlich in der Vorhalle von St. Michael aufgefundenen Grab bestattet hat,[18] oder, wie es das Sterbebuch von Baumkirchen ausweist, im dortigen Friedhof,[19] ist ungewiß. Auf jeden Fall wurde der Umzug Würnzls kurz vor seinem Tod von Wasserburg nach Berg am Laim »nicht gerne gesehen«.[20]

3 Die erste Planungsphase und der Sondermayr-Stich
3a Würnzls Sammelaktion

Die Planungsarbeiten zum Neubau der Michaels-Kirche begannen im August 1735, als Würnzl bei dem Augsburger Simon Thaddäus Sondermayr einen Grund- und Aufriß in Kupfer stechen ließ; er bezahlte dafür 40 Gulden und bestellte 100 Abzüge.[21] Mit diesem »Sammelzettel« betrieb Würnzl eine großangelegte Sammelaktion im gesamten »Heyl. Röm: Reich«,[22] jedoch »ohne mindisten Vorwissen des Consilii«[23] der Michaelsbruderschaft und »ohne Dero hegsten Consens [gemeint ist der Ordinariats-Konsens von Freising], dan meines Haills als dermaligen Pfarrer« von Baumkirchen.[24]

Diese Sammlung versprach Erfolg: Die Bruderschaft – durch ein päpstliches Breve von Benedikt XIII. vom Juni 1725 zur »kurkölnischen Hof- und Erzbruderschaft« erhoben[25] – zählte, »namentlich durch die Thätigkeit der Franziskaner«,[26] »bei hunderttausend Seelen«[27] und war »Mutter über etliche 50ig alhero incorporirten in underschidlich Königreich und Land entlegnen Filialen [... und] darbey mit wirklich 50 Königlich Chur und Fürstl. Einverleibten Beyderlcy gcschlcchts geziehret«.[28] Eine »von der Cron Pollen [...] in authentica forma belegte beyhilf ad 828 fl.«[29] ist ebenso nachzuweisen, wie etwa eine Spende der fränkischen Deutschordens-Ballei.[30]

Noch am 6. September 1737 hatte Würnzl, ohne daß zu diesem Zeitpunkt seine Sammelaktion bekannt geworden wäre, der Erzbruderschaft einen Neubau ihrer Kirche in Vorschlag gebracht. Er wurde mit dem Hinweis abgelehnt, »das man mit 400 fl. so dermahlen in der Cassa, ein so grosses Werkh auszuführen nit in Stand seye«.[31] Erst am 15. September wurde die von Würnzl vorangetriebene Planung publik, daß »ein neues Gotteshaus [...] solle erbauet werden. Die Prob machen die schon villfeltig beygeführte paumaterialien, dan die widerholte versicherung aller umbligenter Nachbarschaft«.[32] Bereits 10 Tage später ließ Würnzl »aine aigene Pauhütten hierzu errichten«.[33]

3 Idealentwurf für den Neubau von St. Michael in Berg am Laim, Stich von Simon Thaddäus Sondermayr, 1735

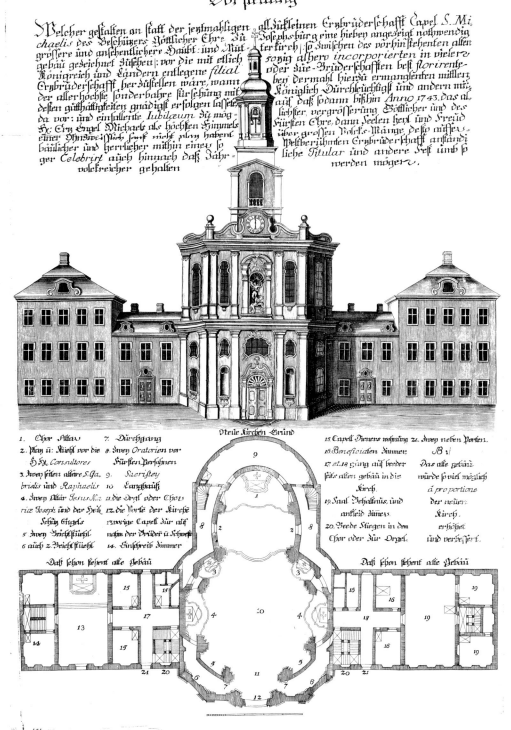

3b Der Sondermayr-Stich

Forschungsstand

Das Kupferstich-Projekt aus dem Jahre 1735 wurde seit seiner Erstveröffentlichung durch Paulus emphatisch gewürdigt.[34] H. Ernst wollte in ihm noch eine Beeinflussung durch Zuccalli erkennen.[35] Für G. Neumann nahm es bereits die »Schlüsselstellung im Werk Fischers ein«,[36] weil es »die bisher nicht zu überbrückende Kluft zwischen St. Anna und der mit Aufhausen einsetzenden Zentralbaureihe« fülle.[37] Nach F. Hagen-Dempf ist der Entwurf »als besonders gelungen zu bezeichnen«;[38] »die Raumlösung ist so unverkennbar Fischers Art, daß auch aus stilistischen Gründen kein Zweifel bestehen kann«.[39] V. Loers war gegenüber diesen Urteilen zunächst skeptisch, legte selbst aber all die »gestalterischen Momente, die keinerlei Ähnlichkeit mit gesicherten Planrissen von Fischer aufweisen,«[40] dem Stecher zu Lasten und stellte durch beliebige Vermischung des Stichs mit einem Luzerner Plan eine Rekonstruktion von Fischers Erstentwurf vor[41] – ein Vorgehen, das nach Methode und Ergebnis abzulehnen ist. Die Zuschreibung des Sondermayr-Stichs an Fischer wurde jüngst von N. Lieb, »wenn auch mit Vorbehalten«, bestätigt.[42] Zuletzt vermutete P. Steiner – einer These M. Hartigs folgend –, daß »vielleicht [...] der westfälische Baumeister des Kurfürsten, Johann Conrad Schlaun, an der Vorplanung beteiligt« gewesen war.[43]

Die weitgehend einhellig vertretene Ansicht, daß der Sondermayr-Stich Fischers Erstentwurf für die Michaelskirche wiedergibt, stützt sich neben vagen stilkritischen Hinweisen auf eine Briefstelle, in der Fischer sagt, er sei »der Erste [...] wegen dem Gebey gewesen und dar zue alle gehörige riß verferdiget«.[44] Da der Stich 1735 entstand, d. h. zwei Jahre bevor Fischers Tätigkeit für Berg am Laim erstmals nachgewiesen werden kann, ist sein Quellenwert in diesem Zusammenhang mit Skepsis zu beurteilen. Von der allgemeinen Frage nach dem Quellenwert von Stichen abgesehen – diese werden leicht über- oder fehlinterpretiert – kann der Zuweisung dieses Projektes an Fischer nicht gefolgt werden. Da er für die Beurteilung der Planungs- und Baugeschichte bisher einen zentralen Stellenwert einnimmt, soll der Stich im folgenden analysiert werden.

Plananalyse von Grundriß und Fassadenansicht

Die neue Michaelskirche sollte in der Mitte des Lusthauses in Berg am Laim zu stehen kommen. An ein vollkommen unregelmäßiges Hauptraumoktogon mit ungleichen Seiten – auf dem Stich irreführend als »Langhauß« bezeichnet –, schließt, beispiellos für die bayerische Architektur des 18. Jahrhunderts, ein längsovaler Chor an. Die Innenraumform ist beziehungslos in die Umfassungsmauern eingefügt. Trotz des mühsamen Rekonstruktionsversuchs eines möglichen Aufrisses durch G. Neumann[45] ist eine Wölbung über dem ungeordneten Stützengerüst undenkbar.

Erhebliche planerische Mängel verrät der durch den Bauauftrag einer Bruderschaftskirche bedingte Umgang. Dieser führt durch ungeschickt gelegte Wanddurchbrüche direkt über die Stufen der Seitenaltäre oder macht unmotiviert eingestellte Mauerstücke notwendig.

Unbefriedigend gelöst ist die Durchfensterung mit ihrer unsystematischen Lichtführung.

Direktes Licht hätte der Innenraum nur durch das Supraportenfenster der Fassade, möglicherweise auch durch Obergeschoßfenster der Längswände erhalten. Der Umgang – nach der Fassadenansicht zu urteilen, nicht basilikal gestuft, sondern den Innenraum doppelgeschossig umziehend –, der auf der Eingangsseite von den Fassadenfenstern hell beleuchtet worden wäre, hätte wegen den breiten diagonalen Vermauerungen grell gebündeltes Licht auf die Seitenaltäre und den Eingang geworfen. Dagegen wären die vorderen Diagonalaltäre wie der gesamte Chor- und Altarraum – wenn überhaupt – von den Umfassungsmauern her nur schwach beleuchtet worden.

Auffallend ist die nach Grund- und Aufriß diskrepante Fassadenlösung: Die polygonal vorspringende Front ragt im Grundriß um Pilasterbreite aus der Flucht der Seitenflügel hervor, in die sie in der Ansicht direkt eingebunden sind; die im Grundriß konkav vorschwingende Portalwand ist in der Draufsicht gerade geführt.

Der als Mittelrisalit eingefügte Kirchenbau ist in direkten Bezug zu den Seitenpavillons gesetzt. Um diese Ponderierung der Baukörper zu erreichen, wurde – laut beigegebener Beschriftung – »das alte gebäu [...] so viel möglich a proportione der neuen Kirch erhöhet und verbessert«. Die Gestaltung der Kirchenfassade trägt deutlich eklektische Züge: Die scharf geschnittenen ornamentalen Volutenaufsätze sind in der Tradition des von Elias Holl eingeleiteten »Augsburger Barock« zu sehen.[46] Die geschwungenen Fensterformen erinnern in ihrer Linienführung an Dominikus Zimmermann[47] und verdeutlichen – wie auch die flächige Behandlung der Wand – die Stilstufe der dreißiger Jahre des 18. Jahrhunderts.

Der Glockenturm – im Grundriß wie in der Ansicht ohne Fundament – erscheint als bloßes Attribut. Stilistisch ohne Bezüge zur Fassade, kann er seine nordisch-protestantischen Vorbilder nicht verleugnen. Der Übergang vom quadratischen Sockel in das oktogonale Glockengeschoß läßt dilettantische Erfinderkraft erkennen. Erst der Glockenturm macht in dem Schloßkomplex auf die auch sakrale Funktion des Bauwerkes aufmerksam.

Deutlich erkennbar ist die Bestimmung der Kirche für die Michaelsbruderschaft: Das Bruderschaftskreuz über dem Portal mit dem Signum F.P.F.P. weist auf deren Leitsatz: Fideliter-Pie-Fortiter-Perseveranter.[48] Die Figurennische darüber mit dem Triumph des Erzengels Michael über Luzifer ist als klarer Anspruch zu begreifen. Die beiden Seitennischen könnten – auf die Hochaltarfiguren der alten Hofkapelle bezogen[49] – für die Erzengel Gabriel und Raffael bestimmt gewesen sein.

Quellenkritik und Ergebnisse der Analyse

Die Analyse läßt neben groben Mängeln in der Planung und dem kompilatorischen Charakter des Neubauprojektes eine vollkommen unspezifische künstlerische Handschrift erkennen, weshalb der Sondermayr-Stich als Planentwurf Fischers abzuschreiben ist. Dies wird bestätigt durch den vom Konsilium der Erzbruderschaft gegen Würnzl erhobenen Vorwurf, er habe ohne ihr Wissen schon 1735 für die neue Kirche Sammelzettel versandt und dafür »nit weniger einen wissent von wembe gemachten Ryß in Kupfer stechen lassen«.[50]

Der Stich sollte – wie überschrieben – nur eine »Vorstellung« geben, »Welcher gestalten an der jeztmahligen allzukleinen Erzbruderschafft Capel S. Michaelis [... eine] nothwendig grössere und ansehnlichere Haupt: und Mutterkirchen [...] her zustellen wäre«. Daß es sich nicht um einen realen Ausführungsplan, sondern um eine – Sammelzwecken dienliche – unverbindliche Projektskizze, also um einen Idealplan handelt, darauf verweist eine zweite Überschrift: »Die erstens intendierte Idea oder Vorstellung der zu bauenden neuen Kirchen der Erzbruderschaft«.[51] Dies ist mit einer bisher unbekannt gebliebenen Neuauflage des Sondermayr-Stiches in Verbindung zu bringen: Am 5. Mai 1738 schrieb der Geistliche Rat C. v. Unertl an den Bischof von Freising, Johann Theodor: »[...] so hat derselbe [gemeint ist Würnzl] abermahlen disen samblungs zötl de dato 2ᵗ april dises Jahrs [...] in truckh gegeben, und solche sowohl alhier, als anderer Ohrten ausgesendtet, allermassen Uns dan zur Wissenschaft ain abtruckh darvon von Jemandt aus einem Caffee haus, mit der sicheren nachricht communicieret wordten, das zu solchem pau in ainer hierzu verförttigeten pixen bey alhisiger Residenz Statt gesamblet werdte, welche getruckete Samblung Zötl ermelter Würnzl ohne des Consily vorwissen an underschidtliche hoch: und nider Stüfter, da Clöster Innen: und ausser Landts, nit weniger an alle Beambte, gleich einem General yberschickhet [...]«.[52]

Fischer gegen die bisherigen Darstellungen der Baugeschichte den Entwurf des Sondermayr-Stiches abzuschreiben, hat weitreichende Folgen. Damit verliert das einzige Argument Barths u. a. seine Grundlage, Fischer die Einturmfassade und Köglsperger Idee und Konzeption der Doppelturmfassade zuzuschreiben.[53] Die Baugeschichte muß folglich grundlegend neu überdacht werden. Offen ist damit auch die Frage nach dem tatsächlichen Entwerfer des »Idealplan-Projektes«.

Der Stecher und der mögliche Entwerfer

Im Werk des in Augsburg arbeitenden »kurkölnischen Hofkupferstechers« S. T. Sondermayr[54] nimmt das Blatt deshalb eine Sonderstellung ein, da von ihm nur religiöse Kleingraphik bekannt ist, die durchgängig eindeutig signiert ist.[55] Das Blatt für Berg am Laim hingegen ist mit 60 × 34 cm unverhältnismäßig groß und links unten nur mit S. T. S. monogrammiert. Der Schluß liegt nahe, daß der Meister aufgrund seiner Hofstellung verpflichtet war zu stechen, dem dubiosen und nicht offiziell genehmigten Auftrag aber nur ungern nachkam. Nach den Verzeichnungen und Divergenzen zwischen Grund- und Fassadenriß zu urteilen,[56] dürften Sondermayr keine eindeutigen Entwurfszeichnungen vorgelegen haben. Die »Augsburger Motive« gehen wohl direkt auf ihn zurück. Ihn auch als Planentwerfer anzusehen, muß wegen der Singularität eines Architekturblattes in seinem Œuvre ausgeschlossen werden.

Möglicherweise war Würnzl selbst der Planentwerfer, da er als Sohn eines Wasserburger Maurermeisters Einblick ins Baufach hatte.[57] Damit würden auch manche architektonischen Schwachstellen verständlich. Anregungen konnten ihm die Zuccalli-Projekte für die Josephsburg[58] oder aber architektonische Vorlagenwerke geben, wie die Lehrbücher L. C. Sturms, wodurch auch der kompilatorische Charakter der Planung eine Erklärung fände.[59]

4 Der Kurkölnische Konsens und Fischers Erstentwurf für St. Michael mit projektierter Zweiturm-Fassade

Der Kurkölnische Konsens zum Neubau der Michaels-Kirche wurde am 11. Februar 1737 erteilt.[60] Damit ist ein bisher unbekannt gebliebener Besuch von Clemens August in München – vom 6. Januar bis zum 11. Februar 1737 – in direkten Bezug zu bringen.[61] Unklar bleibt, ob Würnzl von Anfang an als Strohmann das Neubau-Projekt betrieb, oder ob er vorher oder bei jenem Aufenthalt den Kölner Erzbischof dafür gewinnen konnte.[62] Unklar bleibt auch, ob der in dem Konsens erwähnte »Riß« sich auf den Sondermayr-Stich bezieht, oder bereits auf Fischers Erstentwurf. Dieser muß bis spätestens September 1737 vorgelegen haben, da damals Fischers Überschlagssumme von 11 584 fl. 49 kr. erwähnt wird.[63] Würnzl scheint zumindest einen Teil des Konsiliums der Erzbruderschaft für die Neubauplanung gewonnen zu haben, denn am 22. Dezember 1737 erging an ihn die Aufforderung, »wegen konftiger Ausbauung des Gotteshaus und der beiden Kirchen Thürm zu Josephsburg [...] mit dem Maurermeister Fischer einen Contract« zu schließen.[64] Diese wichtige Quelle belegt für Fischers Erstentwurf eindeutig eine Zweiturm-Fassade. Ihm kann damit die Initialidee für die Doppelturmfront zu- und Ph. J. Köglsperger abgesprochen werden, zumal letzterer bei seinem Vertragsabschluß als Bauführer (4. II. 1738) die »Riß erst lang danach extradiert« hat.[65]

Die Zweiturm-Fassade stellte für Fischer zu diesem Zeitpunkt eine neue Aufgabe dar. Sie wurde nicht nur durch das fürstbischöfliche Anspruchsniveau gefordert, sondern auch durch die Lage von Berg am Laim außerhalb der Stadt: Die Beschreibung einer Prozession von München nach Berg am Laim im Jahre 1743 – damals wurden Reliquien der alten Bruderschaftskapelle, die man von den Salesianerinnen neu hatte fassen lassen, in die fast fertiggestellte Michaelskirche übertragen[66] – läßt erkennen, daß die von Fischer geplante Zweiturm-Fassade von Anfang an als imposanter, auf Fernwirkung zielender Prospekt berechnet war. Sie sollte, der Ambition von Clemens August entsprechend, mit den Münchner Residenzbauten seines kurfürstlichen bzw. kaiserlichen Bruders konkurrieren können.

5 Clemens August und der Neubau von St. Michael mit Exerzitien-Haus

Seinen »gnädigsten Gefallen« an dem Neubau-Projekt ließ Clemens August erkennen und dieses mit Nachdruck in die Realität umsetzen.[67] Bereits Mitte Oktober 1737 hielt er Würnzl an, »das dieses Gebäu ohne allen einwurff fortgesezet werden [... und er mit den] Sachen, nach bezeigtes eyfer nur fleissig fortfahren« solle.[68] Mitte September des nächsten Jahres mahnte er die Michaels-Erzbruderschaft an, dieses »zu der Ehr Gottes abzihlige werckh« endlich beginnen zu lassen.[69] Die eindeutig politische Komponente, die mit dem Neubau der Michaelskirche und dem von Anfang an mitkonzipierten »Exercitien-Haus«[70] verbunden war und die sich gegen seinen Bruder wie gegen den Machtanspruch der von diesem protegierten Jesuiten richtete, erhellt ein Protokollauszug aus dem Jahre 1751:

»Eben an disem Tag [26. Februar 1751] machten Ihre Kays[er]l[iche] May[estät] S[eine]r D[urchlauch]t dem Churfürsten zu Cölln nach geendigter Tafel eben dergleichen Compliment, mit beyfügung, das sie denen Jesuiten in München schon ein Exercitien-Haus eingeraumet, mithin nit gern secheten, wan auch die PP. Franciscanern zu Berg die geistl. Exercitia denen Weltlichen geben, und also denen Jesuiten einen Eintrag machen solten. Worauf S^e Churfrtl: Drtl: eine kurze Antwort gaben, sagende: Er habe nit alle Enth just das Vertrauen zu denen Jesuiten. Das Exercitien machen ist ein heiliges Werckh, so man nit verbiethen, sondern villmehr befördern solle«.[71]

»Am 2. März 1751 wurde – mit Genehmigung des [seit 1745 regierenden] Kurfürsten Max Joseph unterm 9. März – bei der Kirche ein Franziskanerhospiz errichtet. Drei Patres als Hofkapläne mit einem Laienbruder erhielten den auf der Südseite der Kirche gelegenen Pavillon zur Wohnung angewiesen, während der Pavillon auf der Nordseite der Erzbruderschaft eingeräumt blieb«.[72] Der Kurkölnische Konsens vom 11. Februar 1737 ist also nicht allein auf den Kirchenneubau zu beziehen, sondern ebenso mit dem »Busshaus« in Verbindung zu bringen, das von Anfang mitgeplant war.

6 Die Neubaugegner

Kurkölnisch-Kurbayerisch-Freisingische Zwistigkeiten und die Grundsteinlegung

Die erwähnte schwierige besitzrechtliche Stellung von Berg am Laim – die kurkölnische Hofmark war inmitten von Kurbayern gelegen und unterstand der geistlichen Aufsicht des Ordinariats Freising – war für die Baugeschichte der Michaelskirche von hoher Brisanz. Zwischen den drei Brüdern, dem Kölner Kurfürsten und Erzbischof Clemens August, dem bayerischen Kurfürsten Carl Albrecht und dem Freisinger Fürstbischof Johann Theodor, entstand ein Kompetenzstreit.

Clemens August gab am 11. Februar 1737 seinen Konsens zum Neubau. Schon wenige Tage nach dem Bekanntwerden der Bauplanungen erging am 20. September 1737 der kurbayerische Erlaß, daß die Sammelaktion für St. Michael »bey höchster Ungnad underlassen werdten solle«.[73] Auch Johann Theodor äußerte sich abwartend: Den zum Neubau ebenfalls erforderlichen freisingischen »Ordinariats Consens zu erthaillen, oder nit wirdt wohl auff denen vorundterdessen beruhn miessen, ob undt wie weith Chur Cöln die Sach künfftig hin betreiben werde«.[74] Am 12. Februar 1738 schrieb Clemens August an Johann Theodor, er habe zu seiner »nit gering befrembdung« festgestellt, daß von Freising die »erforderlichen Ordinariats bewilligung bis herzu verzögert worden seye«. Aus diesem Grund konnte die bereits geplante Grundsteinlegung nicht stattfinden.[75] Welch ernsthafte Folgen aus dem Zwist der Brüder drohte, formuliert der Geistliche Rat v. Werdenstein: »Meines wenigsten Erachtens ist bey diser der Sach beschaffenheit haubtsächlich dahin anzutragen, das [...] eine Misshelligkeit oder Vorstoss zwischen 3 durchleuchtigsten H. Brüedern, wie es den ansehen nach leicht seyn kunte, nit entstehe«.[76]

Am 7. Oktober 1738 wurde die Grundsteinlegung gefeiert, vorgenommen von Kanonikus Vorbrack von ›Unserer Lieben Frau in München‹ und dem kurkölnischen Gesandten Graf Trauner, in Anwesenheit des Baukommisarius Herrn v. Singern. Der Franziskanerpater

Landelinus hielt in der Hofkapelle die Festpredigt.[77] Anscheinend hatte man sich über den immer noch nicht erteilten Freisingischen Consens hinweggesetzt. Denn noch Ende Oktober erwähnte der Geistliche Rat von Freising ein »abermalliges anlangen umb den g[nä]di[g]sten ordinariats consens«, doch solle Würnzl zunächst »anhero berichten [...], wie vill gelter er zu disem kostbaren bau dermallen in hand habe«.[78] Doch gab man in Freising dem kurkölnischen Drängen nach. Johann Theodor schreibt am 22. November 1738 an v. Unertl: »[...] zumallen wür aber auf beschehen requisition unseres Herrn Brudern, Chur Fürsten zu Cölln, unsern g[näd]i[g]sten ordinariats consens zu sothanen bau entlich ertheillet [...]«.[79]

Nikolaus Praschler und Cajetan von Unertl

Das Neubauprojekt wurde nicht nur durch die Zwistigkeiten zwischen den »3 durchleuchtigsten H. Brüedern« gefährdet. Die Hauptgegner waren der Pfarrer von Baumkirchen, Nikolaus Praschler, und Anton Cajetan v. Unertl, der Pfarrer von St. Peter in München. Als Hauptargument gegen den Neubau wird in der umfangreichen Korrespondenz zwischen Baumkirchen, St. Peter und Freising[80] faßbar, daß die »dermahlige Erzbruderschaft Capellen in einem sehr wehr und dauerhafften Stand, ia so anmuetig [sei], das selbige alle Anwesenden wegen ihrer so schönen Zierdt und Situation zumb Eifer und Andacht anregen thue«.[81] Also sei »ermeltes gebäu unnöthig, die darzu vorgehente samblung unanständig, dadurch [werde] die Erzbruderschaft in ohnerschwingliche ausgaben gestürzet [... und] die Capel in ein Weltliches gebäu verändert«.[82]

Darüber hinaus spielten vor allem persönliche Motive eine Rolle. Kurz vor Fertigstellung des Baus klagte Praschler den Bruderschaftssekretär an, dieser habe bereits »anno 1725 et 26 wegen der lauretanischen Capellen [...] schon vermessentlich tentieret. [...] Das wird er Würnzl nit vermuethet haben, das mit der alten acta [...] seine uralte kekheit enddeckhen werden«.[83] Da Würnzl den »Consultor«, der »alle Sorg für bemelte Erzbruderschaft zu tragen« hatte,[84] bei der Planung des Neubaus kurzerhand übergangen hatte, mußte dieses anscheinend seit Jahren spannungsgeladene Verhältnis wieder aufblühen. Praschler, der von der Hofkapelle in Berg am Laim finanziell abhängig war, sah mit dem Neubau der Michaelskirche vor allem seine Seelsorge in Baumkirchen gefährdet, wenn er klagt: »Weillen meine Pfarr quoad stolam sehr gering, in denen die stypendia missarum sehr seltzamb [= selten ...], wo ich dermahlen schon in dem viertten Jahr nec ullum unicum Stipendium empfangen habe. [...] wan ein neues Gottshaus mit so scheinbahren apparatu erbauet werde: dan das Gemeine Volk [...] von der Pfarr und HaubtKürchen [...] genzl: abgezogen werde«.[85] Um dies zu verhindern, versuchte er noch kurz vor der Weihe – als letzte, ebenso erfolglose Aktion – St. Michael »als ein Filial« seiner Pfarrei zu inkorporieren.[86]

Ein erbitterter Gegner des Neubaus war auch Dr. Cajetan von Unertl, Dekan von St. Peter, kurfürstlicher geistlicher Rat von Köln und Bayern, hochfürstlicher Freisingischer Kommissarius und Propst von Habach.[87] Er überwachte im Auftrag Johann Theodors von Freising die Planungsarbeiten in Berg am Laim.[88] Durch seine Intrigen konnte Fischer für kurze Zeit aus der Planung für die Michaelskirche zugunsten Ph. J. Köglspergers verdrängt werden.[89]

Die Ablehnung Fischers als Architekt ging wohl auf eine alte Unstimmigkeit zwischen dem Baumeister und dem Dekan zurück. Für den Chorumbau seiner Stadtpfarrkirche St. Peter in München verhandelte v. Unertl zunächst mit Fischer. Ein Protokoll vom 11. April 1729 berichtet, daß »neben dem Stainmezen Antoni Matheo auch der Maurmaister Namens Fischer, und ain Verburgter Khistler alhier darzue berueffen und vernommen worden [...] Zudem Endte denn Maurermaister Fischer die beybehaltung diser arbeith nit allein in einem Rüß, sondern auch die hieryber ergehende Uncosten zuverlessig entwerffen, und des entlichen Entschluß halber ybergehen solle«.[90] Die beginnenden Bauarbeiten im nächsten Jahr leitete dann jedoch Ignaz Anton Gunetsrhainer,[91] was auf Streitigkeiten zwischen Fischer und v. Unertl schließen läßt.

Durch seine Ablehnung Fischers wollte v. Unertl möglicherweise auch in Berg am Laim die Gunetsrhainer als Architekten durchsetzen. Diese wurden auffallend oft dann berufen, wenn Cajetan v. Unertl und sein Bruder Johann Benno, kurfürstlicher Rat, Landschaftskanzler und Hauptpfleger zu Traunstein, als Bauherren fungierten oder auf den Bauauftrag Einfluß hatten: Beim Bau der Kirche in der Hofmark Schönbrunn,[92] der Pfarrkirche St. Georg in Ruhpolding[93] und von Kloster und Kirche des Münchner Damenstifts, wohin Johann Benno als Vertrauter Carl Albrechts, der hier selbst 1732 den Grundstein legte, die Brüder empfohlen haben konnte.[94]

Für die Planung in Berg am Laim aufschlußreich ist der Neubau in Schäftlarn: Anton Cajetan und Johann Benno v. Unertl legten am 5. Juli 1733 den Grundstein für die Klosterkirche.[95] Ihr ursprünglicher Plan stammte zwar zunächst nicht von den Gunetsrhainer, sondern von F. Cuvilliés. Unbekannt blieb bisher, daß Köglsperger die Bauleitung hatte und dafür 1735 mit 100 fl. bezahlt wurde.[96] Da offenbar v. Unertl die Gunetsrhainer als Architekten für St. Michael gegen Fischer nicht durchsetzen konnte, mußte er – schon wegen seiner eigenen, bisher unproblematischen Kontakte zu Clemens August[97] – in Berg am Laim mit der Wahl des kurbayerischen und kurkölnischen Hofarchitekten F. Cuvilliés als »Bauinspector« und von dessen Palier, Ph. J. Köglsperger, zufrieden sein.

7 Zur Baumeisterfrage von St. Michael in Berg am Laim – die Quellen

7a J. M. Fischer und F. Cuvilliés

Die Anfänge der Bauplanung in Berg am Laim sind eindeutig dokumentiert: J. M. Fischer selbst schreibt, »[...] dahs ich so gar der Erste bin wegen dem Gebey gewesen und dar zue alle geherige rihs verferdiget«.[98] »[...] nach dem verfaßten Yberschlag: ohne inwendtige ausmach: und nothwendiger ausziehrung, auch denen erforderlichen nebengepeuen belaufen sich die unkosten auf 11 584 fl. 49 kr«.[99] Plan und Überschlag lagen spätestens im September 1737 vor.[100]

Von Würnzl wissen wir, daß »nebst dem Maurermeister Fischer zu ersagt Mons Gouville [= Cuvilliés] verfüget deme die Rihs so mann ihme schon vor angefangenen Bau ad revidendum und zur Vergnehmung producieren widerholte vorgewisen auch auf etliche

Täg [...] gelassen«.[101] F. Cuvilliés war also von Anbeginn an dem Bauvorhaben beteiligt; ob er gegenüber Fischer zunächst nur beratende Funktion hatte oder auch eigene Planungen mit einbrachte, soll an späterer Stelle untersucht werden.

Über den weiteren Planungsverlauf geben die Quellen nur unpräzise Auskunft. Bereits am 27. Oktober wird erwähnt, daß man den »ausgezeigten Grund« graben wolle.[102] Ende Dezember bekam Würnzl von der Erzbruderschaft die Anweisung, mit Fischer den Bauvertrag zu schließen.[103] Schon deshalb kann kein Zweifel bestehen, daß das »Auszeigen des Grundes« und die beginnenden Fundamentierungsarbeiten nach der Planung Fischers durchgeführt wurden.

Barth und die nachfolgende Forschung haben hingegen aus einer Fehlbeurteilung des Sondermayr-Stiches diese Arbeiten, besonders die Planung und Fundamentierung für die Doppelturm-Fassade, als selbständige Unternehmungen Köglspergers gewertet.[104]

7b Die Beteiligung Ph. J. Köglspergers

Sein Bauvertrag

Köglsperger wird quellenmäßig erstmals am 4. Februar 1738 faßbar, als mit ihm der Bauvertrag geschlossen wurde – dieser jedoch mit dem späteren Zusatz: »Dieser Köglsperger Contract ist nicht obrigkeitlich mithin unkräftig, auch der Riß erst lang danach extradiert«.[105] Wenn er im Herbst 1737 tatsächlich die Fundamentierung durchgeführt hatte, dann nach Fischers Plänen und als Palier Cuvilliés', für den er zu diesem Zeitpunkt noch arbeitete, und für den er auch die Fundamente in Schäftlarn (1733–35) gelegt hatte.[106] Davon abgesehen, konnte damals nur ein Teil der Kirche fundamentiert werden, da die Abbrucharbeiten an dem Lusthaus der Josephsburg frühestens für April 1738 vorgesehen waren.[107] Hinweise auf Köglspergers übrige architektonische Tätigkeit können seine zeitweilige Anstellung am Bau der Michaelskirche erklären.

Noch vor Köglspergers Heimkehr von der Wanderschaft – nach N. Lieb war er bei K. I. Dientzenhofer Palier[108] – berichtet die Maurer- und Steinmetzzunft der Stadt Prag nach München, er sei »für einen ehrbaren Maurergesellen nicht zu erkennen«.[109] 1730 in München angekommen, scheint er schnell Fuß gefaßt zu haben: Schon im Dezember des gleichen Jahres erhielt er die Hofmaurerpalierstelle. Im September 1735 bewilligte der Rat der Stadt die Zulassung zu einer bürgerlichen Meisterstelle. Kurfürst Carl Albrecht trat 1736/37 persönlich für Köglsperger ein, damit dieser auch als bürgerlicher Maurermeister die Hofmaurerpalierstelle beibehalten konnte.

Nach eigenen Angaben empfing Köglsperger entscheidende Anregungen von F. Cuvilliés.[110] 1737 arbeitete er nach dessen Plänen an der Fassade des Gräflich Fuggerschen Palais in München, schon vorher an der Klosterkirche in Schäftlarn. Da er sich hartnäckig geweigert hatte, sein Meisterstück vorzulegen, hatte am 7. Februar 1738 das Münchner Maurerhandwerk den Rat der Stadt gebeten, ihm sofort alle Bautätigkeit zu untersagen.[111]

Mit dem am 4. Februar 1738 datierten Bauvertrag für Berg am Laim konnte Köglsperger hoffen, der Auseinandersetzung mit der Maurerzunft zu entgehen, sich aus der Abhängigkeit von Cuvilliés zu lösen und vielleicht sogar die Gunst Clemens Augusts zu gewinnen. Denn seinem Drängen zur Grundsteinlegung dürften Fischer und Cuvilliés mit Zurückhaltung begegnet sein, da zu dem Zeitpunkt der Freisingische Konsens noch nicht erteilt war. Daß der mit ihm geschlossene Vertrag für den Kirchenbau von St. Michael »nicht obrigkeitlich mithin unkräftig« war, es sich also um einen Privatvertrag gehandelt haben muß, bestätigt das geschickte Taktieren Köglspergers und Würnzls.

Im Dezember 1738, als der Grundstein gelegt war und auch Freising seinen Konsens erteilt hatte, versuchte Fischer den Bau wieder übertragen zu bekommen und überlegte, »ob es nit guedt wehre, daß ich dem Keglsperger schrifftlich, als ein mehres schrecken, zuschickhete wann er nit gleich von der Sach stil sey und den Kirchenbau hinden lasse, so will ich mit ihme Keglsperger einen proces anheben, weill er mir solches gebey abgevortelt und geloffen habe, solle es mich kosten waß es wolle«.[112] Schon im Februar 1739 mußte Köglsperger Fischer weichen, weil er »die Bedingung, sein Meisterstück endlich zu machen und von Herrn Cuvilliés oder Fischer eine Korrektion [...] anzunehmen«, nicht erfüllte.[113] Es stellt sich die Frage nach Köglspergers selbständiger Leistung während seiner Zeit als Bauleiter zwischen Februar 1738 und Februar 1739.

Zum Baufortgang zwischen Februar 1738 und Februar 1739

Im April 1738 erging von Freising das Dekret, »das mit disem kostbaren bau [...] nit der anfang solle gemacht [werden], bis ehevor ein gehörig und zuetreffente anzaig [vorliege], woher die erforderlichen gelter khönnen genommen« werden.[114] Noch im September drängte Clemens August, »das die des endts bereits angeschaffte Materialien« auch verwendet werden sollen.[115] Erst mit der Grundsteinlegung (7. Oktober 1738) scheint der Baubetrieb aufgenommen worden zu sein, denn Würnzl schrieb Ende Oktober nach Köln: »[...] um heur noch einen nambhafft gemachten anfang des Kirchen Baus herzustellen, wircklichen 54 Maurer, Zimmerleith und Taglöhner underhalten werden«.[116] Mitte November wird auf »die bereits zu pauen angefangene neue Bruderschaffts Khürchen« verwiesen.[117]

Da Köglsperger schon im Februar 1739 abgesetzt wurde und zwischen der Grundsteinlegung im Oktober 1738 und der Winterpause der Bau nur geringe Fortschritte gemacht haben kann, wird er sich besonders um die Beschaffung von weiterem Baumaterial gekümmert haben. Als er – unterdessen vor Strafen des Rates der Stadt München geflohen, von seiner Hofpalierstelle enthoben und in Freising wegen Ehebruch verhaftet[118] – 1741 erneut als Hofpalier eingesetzt, sich Ende des Jahres auch um die Zulassung zum Meisterstück bewarb, stellt er in seiner Eingabe an den Rat der Stadt München vom 7. April 1742 seinen Anteil an Bauarbeiten und Planung der Michaelskirche folgendermaßen dar: Er habe als »Landmaurermeister« Berg am Laim zu bauen begonnen und, nachdem er »den völligen Grund heraus – und die Faciata samt den zwei Türmen acht Schuh aufgebaut, hat der Maurermeister Fischer durch seine Passion hin und wider soviel zuwegegebracht, daß mir einige Fehler haben aufgebürdet werden wollen, so sich aber durch den vorgenommenen Augenschein ganz anders und so viel bezeigt, daß der Hauptriß geblieben und nur inwendig ein so anderes weniges geändert, allein, da es bei meinem Dessin geblieben wäre [...]«.[119]

Bei diesem Versuch einer erneuten Etablierung in München muß Köglspergers zu seinen Gunsten gewendete Darstellung mit großer Skepsis beurteilt werden. Möglicherweise hat er die Fassade tatsächlich einige Schuh hoch aufgeführt, jedoch nach dem Plan Fischers, denn nach diesem war der Grund ausgewiesen, ausgehoben und fundamentiert worden. Mit dem von Köglsperger erwähnten »Dessin«, der laut Würnzl »erst lang danach extradiert wurde«, könnte ein in Luzern erhaltener Entwurf in Verbindung gebracht werden. Ihm gilt unser Interesse, da er weitere Aufschlüsse für Köglspergers Anteil an der Planung für St. Michael bietet. Nach dem Scheitern aller seiner Bemühungen in München verlegte dieser von der Forschung zu Unrecht für die Konzeptionierung der Doppelturmfassade der Michaelskirche angesprochene Baumeister sein Tätigkeitsfeld – ebenso erfolglos – nach Niederbayern.[120]

7c Der Luzerner Plan

Forschungsstand

In der aus dem Nachlaß Augustin Schmids stammenden, 1950/51 von Reinle veröffentlichten Luzerner Sammlung von Barockplänen u. a. von C. Moosbrugger, P. Thumb, B. Neumann, D. Zimmermann finden sich auch Pläne J. M. Fischers.[121] »Ottobeuren stammt sicher von Fischer. Für die anderen Risse fehlen Ortsnamen, doch wüßte ich« – so Reinle – »keinen Meister, dem sie näher stehen könnten«.[122]

5   Einer der Pläne zeigt aufgrund von Doppelturmfassade und Raumdisposition (in der Abfolge: Bruderschafts-, Ritterordens- und Altarraum) zur Michaelskirche Ähnlichkeiten. Seine bisherige Wertung ist in der Forschung mit der oben bereits widerlegten Darstellung verbunden, eine von Fischer entworfene Einturmfassade sei von Köglsperger zur Doppelturmfassade umgestaltet worden.
H. G. Franz hat den Plan – gestützt auf graphische Eigenheiten wie den schräg schraffierenden Zeichenduktus an der Fassade im Gegensatz zu den schwarz getuschten Teilen des übrigen Raumes – erstmals als Fischer-Entwurf für St. Michael angesprochen. Er vermutete, dieser habe unter Verwendung von Köglspergers Fassaden-Konzeption einen neuen Entwurf erstellt und wollte die beiden Planideen voneinander absetzen.[123] V. Loers kommt zu dem umgekehrten Schluß: Die Doppeltürme seien dem übrigen Raum angepaßt worden, d. h. Köglsperger habe »einen Grundriß Fischers übernommen und ihn im Hinblick auf seine eigene Doppelturmfassade modifiziert«.[124] Eine Analyse dieses Planes, die bisher aussteht, soll hier unternommen werden.

4   Ein zweiter, in der Luzerner Sammelmappe befindlicher Entwurf wurde ebenfalls in Beziehung zu St. Michael gesetzt.[125] Übereinstimmend sind die Oktogonalform des Hauptraumes, die Anlage der Fassade und der Anschluß der Fassade an den Hauptraum. Im Vergleich zur Michaelskirche zeigt letzterer jedoch eine grundsätzlich konträre Grundrißdisposition, da als wesentlicher Bauteil der Raum für den Michaelsritterorden fehlt. Da sich der Riß mit einem Entwurf für eine Dorfkirche gemeinsam auf einem Blatt befindet – beide fein durchgezeichnet und nach dem Zeichenduktus mit dem anderen Plan nicht vergleichbar –, dürfte es sich hier um ein eklektisch zusammengesetztes Vorlageblatt handeln, dessen Zeichner Kenntnis von der Michaelskirche gehabt haben dürfte. Ein direkter Zusammenhang dieses Blattes mit den Planungsarbeiten in Berg am Laim ist auszuschließen.

Den stilistischen und graphologischen Untersuchungen werden einige Bemerkungen zu der bisher ungeklärten Provenienz der Luzerner Pläne vorangestellt.

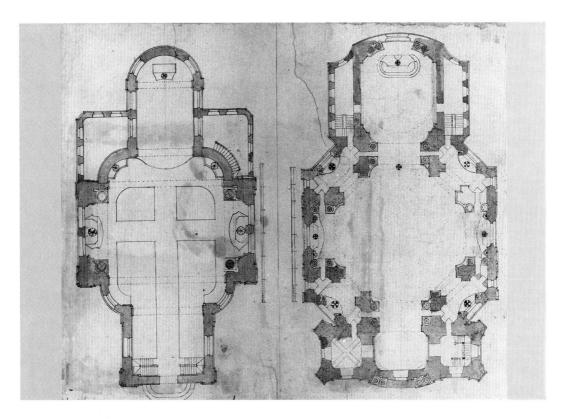

Zur Herkunft des Planes

Es gibt verschiedenste Anhaltspunkte dafür, daß ein Teil der Luzerner Pläne direkt aus dem Besitz J. M. Fischers stammt. Der 1770 in Schussenried geborene Plansammler Augustin Schmid trat zunächst als Novize in das dortige Prämonstratenserkloster ein, studierte dann in Wien Architektur und Feldmeßkunst und war schließlich ab 1797 an der Kunstschule in Luzern tätig, wo er, unterdessen zum Präsidenten des dortigen Kunstvereins ernannt, 1837 starb.[126] Laut Quellen dürfte Schmid Erbe J. M. Fischers gewesen sein.[127]
Zwei Erbgänge von Fischer-Plänen an einen (Augustin) Schmid sind nachweisbar: 1782, nach dem Tod von Fischers Witwe, trat für den damals noch unmündigen Sohn Augustin von Fischers Tochter Maria Monika Juliana dessen Vater Georg Michael Schmid das Erbe an.[128] Ab 1738 erscheint ein Johann Schmid, Sohn eines Dießener Maurermeisters, neben Fischer als ›Vierer‹ im Münchner Maurerhandwerk. Dieser verkaufte 1738 an Fischer für dessen Sohn Ferdinand das Meisterrecht seines Schwiegervaters Ettenhofer, 1755 – bei schwieriger Auftragslage – sein eigenes Meisterrecht für dessen Tochter Maria Theresia.[129] Bei den damals engen zünftischen Banden ist es wahrscheinlich, daß Georg Michael, der Mann von Fischers zweiter Tochter Maria Monika Juliana, ein Sohn Johann Schmids war. Damit wären also auch möglicherweise Fischer-Pläne aus dem Besitz Johann Schmids über dessen Sohn Georg Michael an den Enkel weitervererbt worden, der als Architekturstudent die Tradition seiner Großväter fortführte.[130] Hieraus ergeben sich weitere Zusammenhänge.

4
Architektonisches Vorlageblatt, rechter Grundriß mit Übernahmen von St. Michael in Berg am Laim, Zeichner und Entwerfer unbekannt

5
Berg am Laim, St. Michael, Grundrißentwurf, Zeichnung von Philipp Jakob Köglsperger nach veränderter Vorlage von Johann Michael Fischer, 1738

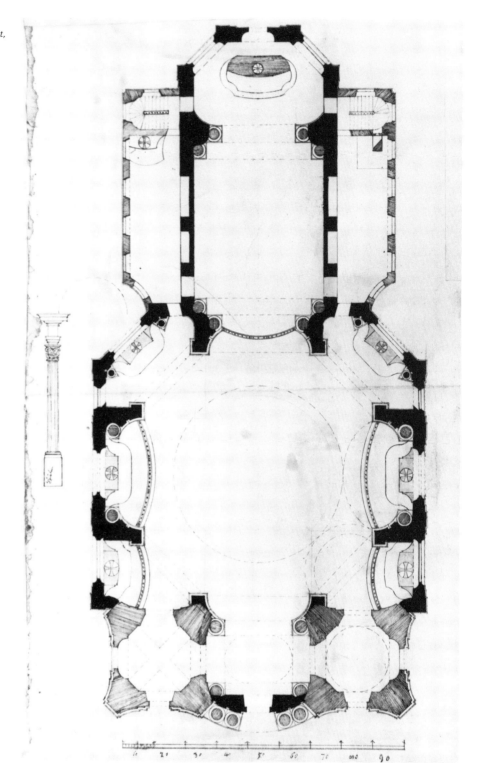

1750 trat Johann Schmid auch das Erbe E. Q. Asams an, der bekannterweise im Besitz einer großen Plansammlung war.[131] Auch diese könnte an den Enkel Augustin gekommen sein. Daß sich darunter auch Fischer-Pläne befanden, ist aufgrund derer Zusammenarbeit bei St. Johann Nepomuk in München naheliegend.[132] Ließe sich diese These verifizieren, würde die bisher nicht ausreichend bearbeitete Luzerner Planmappe als Asam-Nachlaß neuen Stellenwert bekommen.

Plananalyse, Sicherung für St. Michael und Zuweisung an Köglsperger

Der Luzerner Plan zeigt ein überraschend inhomogenes Bild: An einen langen, polygonal gebrochenen Chor- und Altarraum schließt unvermittelt ein Hauptraumoktogon an, das zum Eingang hin ebenso hart und unmotiviert von einer wuchtigen Doppelturmfront abgeschlossen wird. Die Pfeilerabstände der Querachse sind – umgekehrt wie in der Bauausführung in Berg am Laim – enger gestellt als die der Längsachse.
Der Plan kann über die bisher in der Literatur angesprochenen allgemeinen Bezüge zur Michaelskirche hinaus (Grundrißdisposition, Form des Hauptraums, konkav-konvex-konkav geführte Doppelturmfassade, Stützenmassive aus Pilasterpfeiler und Säule) wegen des sich gegen die gekurvten Architekturglieder abgrenzenden Chor- und Altarhauses als Entwurf für St. Michael gesichert werden. Jene lassen sich – wie gezeigt werden soll – als die alte Michaelskapelle identifizieren.
Graphologische Untersuchungen ergaben u. a., daß der Plan trotz seines auffallend unterschiedlichen Stils von einer Hand durchgezeichnet wurde.[133] Damit ist die Frage nach dem Zeichner gestellt.
Die Kehlung der Stützenmassive, die sechseckige Form der vorderen Diagonalkapellen und die klare Bildung des Oktogons mit orthogonal ausgerichteten Pfeilerstirnen rücken den Plan in die Nähe Fischers, auch wenn hier im Gegensatz zu allen Fischer-Bauten Haupt- und Nebenachsen gleich breit gestellt sind. Gegen Fischer als Entwerfer sprechen die erheblichen qualitativen Mängel: Die mißglückten Anschlüsse von Chor wie Fassade, ihre zum Hauptraum nicht abgestimmte Proportionierung, die schräg verzogenen Diagonalräume der Eingangsseite, die ungelöste Gewölbebildung, die bei Fischer nicht einmal an Großbauten wie Ottobeuren nachweisbare reiche Durchgestaltung des Außenbaus mit Pilastern, vor allem auch die Höhenproportion. Dem Entwurf ist links eine Einzelsäule mit Gebälkstück und Sockel und dem handschriftlichen Vermerk (nicht von Fischer) »Säulen« beigezeichnet. Der darüber ansetzende Halbkreis kann als Arkadenbogen der Querachse identifiziert werden. Ein so extrem eng und steil gesetzter Kirchenraum läßt neben der künstlerisch ungeübten Hand ein für einen Architekten schlechtes Raumvorstellungsvermögen erkennen.
Da Fischer – und auch Cuvilliés – aus diesen Gründen als Entwerfer ausscheiden, kann der Plan nach Quellenlage Ph. J. Köglsperger zugewiesen werden, obwohl von ihm keine vergleichbaren Planzeichnungen bekannt sind. Die verschiedenen Fischer-Motive lassen keinen Zweifel, daß Köglsperger, der wegen seiner Fundamentierungsarbeiten in Berg am Laim und seiner Tätigkeit bei Cuvilliés von Anfang an Einblick in die dortige Planung hatte, diesen Plan auf der Grundlage des Erstentwurfs gezeichnet hat. Er kann als jener Riß angenommen werden, der – laut Würnzl – »erst lang danach extradiert« wurde und ist

deshalb in die zweite Hälfte des Jahres 1738, d. h. etwa zeitgleich mit der Grundsteinlegung, zu datieren. Seine gegenüber Fischers Erstentwurf vorgenommenen Korrekturen hat er durch Schraffur gekennzeichnet. Diese fanden wohl kaum die Anerkennung von Clemens August, der Würnzl rügte, er habe sich »ohne geherige Riß« dem Köglsperger anvertraut.[134] Zur weiteren Klärung von Köglspergers Planungsanteil in Berg am Laim muß zunächst nach seiner Vorlage, dem Entwurf Fischers, gefragt werden.

Fischers Erstentwurf für Berg am Laim im Verhältnis zu Aufhausen und Ingolstadt

Reduziert man den Luzerner Plan um die nachträglichen geschrafften Korrekturen und verändert den Hauptraum zum Eingang hin in zweiachsial symmetrischer Entsprechung – dieses Vorgehen legitimiert an dieser Stelle der deutlich und genau angelegte Blindriß –, so entsteht ein Oktogonalraum, der direkt mit Fischer-Bauten vergleichbar ist. Komplettiert man weiter die Querarme im Sinne der ursprünglich angelegten Planung mit konvex aus der äußeren Wandflucht ausschwingenden Mauerstücken – diese sind im Plan aufgrund starker Rasuren nur mehr als schwach gestrichelte Linien zu erkennen – entsteht eine Bauzeichnung, die sich homogen in Fischers planerisches Frühwerk – als Entwicklungsreihe Aufhausen – Ingolstadt – Berg am Laim (Erstentwurf) – einreiht. Daß hier Haupt- und Nebenachsen gleich breit sind, kann vielleicht auf Köglspergers verständnislose Kopierung des Fischer-Entwurfes zurückgeführt werden.

6-8

Der Hauptraum steht in deutlichem Zusammenhang mit St. Marien in Ingolstadt. Auch dort sind zwei Pilasterpfeiler zu Stützenmassiven zusammengebunden, die aufgrund ihrer orthogonal ausgerichteten Stirnseiten in dem Hauptraum klassische Arkaden ausbilden. In den Schrägen weisen hingegen die Pfeilerkanten aufeinander; die Arkaden führen also mit trichterartiger Verjüngung in die Diagonalräume. Diese erinnern mit ihrem sechseckigen Grundriß an Aufhausen.

Fischer schuf in seinem (erschlossenen) Erstentwurf für Berg am Laim eine Synthese aus Ingolstadt und Aufhausen, aus pulsierender Raumbewegung und winkeliger Starrheit. Raumspannung sollte entstehen aus dem Wechsel von den gemuldeten Stützen – die, in die Bogenzone weitergeführt, auch hier als Großarkaden das dominante Raummotiv dargestellt hätten – und den scharf geschnittenen Nebenarkaden in den Diagonalen. Den Kontrast hätten – anders als in Ingolstadt und ebenso wie in Aufhausen oder Rott am Inn – die geraden Emporenbrüstungen unterstrichen. Die Diagonalkapellen wären auch hier für die Lichtführung bedeutsam gewesen. Im Untergeschoß sollte das Licht von den Längswänden einfallen, während die eingezeichneten Fenster in den Schrägen wohl auf das Obergeschoß zu beziehen sind.

Der Erstentwurf für Berg am Laim reiht sich auch homogen in das in Aufhausen und Ingolstadt zugrundeliegende kanonische Architektursystem ein, mit Stütze und Wand als wesentliche raumkonstituierende Faktoren. Mit seiner etwas eleganteren, schlankeren, höfischeren Note war er dem neuen kurfürstlichen Auftragsniveau angepaßt.

Bei der Gestalt von Fischers Doppelturmfassade sind wir auf Mutmaßungen angewiesen. Nimmt man die schraffierten Teile des Köglsperger-Entwurfs weg, so bleibt von Fischers Ursprungsplan nur eine vorschwingende Eingangswand mit Doppelpilastergliederung übrig. Aufgrund der Pilasterbreite, die der des Innenraumes entspricht, muß die Fassade von Anfang an – wie die Ausführung – doppelgeschossig geplant gewesen sein und mit dreigeschossigen Türmen. Da sich Fischer in Berg am Laim erstmals mit der Gestaltung einer Zweiturmfassade auseinandergesetzt hat, können wir für eine weitere Rekonstruktion auf keine werkeigenen Vorbilder zurückgreifen. Gleich seinen nachfolgenden Fassaden in Fürstenzell und Ottobeuren dürfen wir auch für die Türme von St. Michael quadratischen Grundriß mit gerader Wandführung hypostasieren.

Fischers Fassaden-Projekt konnte, wie auch die bescheidene Außengestaltung seiner Vorgängerbauten, kaum repräsentativen Ansprüchen genügen. Die Säule als vollplastisches Würdemotiv fand bei ihm bis dahin weder an seinen Außenbauten noch in seinen Innenräumen Verwendung – von Dießen abgesehen, wo sie, den ehrgeizigen Ansprüchen Herculan Kargs angemessen, auf Cuvilliés zurückgeführt werden darf.[135] Damit lassen sich Köglspergers Änderungen präzisieren.

Köglspergers Anteil am »Luzerner Plan« und an der Bauausführung

Kögslperger übernahm in seinem Entwurf die von Fischer festgelegte Zweigeschossigkeit, an der die gleichen Säulengrößen von Innenraum und Fassade keinen Zweifel lassen. Der flachen Pilastergliederung Fischers stellt er jedoch Doppelsäulen vor, die, in Superposition gesetzt, gegenüber dessen zurückhaltender Planung deutliche Machtansprüche signalisierten. An dieser Wirkung hatten die reiche Bewegung der Schauwand mit konkav eingezogenen Türmen und konvex vorbauchender Mittelfront und die schräg gestellten Ecken der Türme wesentlichen Anteil.[136] Zur Ausführung hatte Würnzl während seiner Bauleitung mit dem Prälaten von Tegernsee wegen der Lieferung von acht Säulen aus dem Tuffsteinbruch in Weyarn verhandelt.[137] Damit – da ihre Verwendung für den Innenraum auszuschließen ist – bekommt Köglspergers schon erwähnte Eingabe beim Rat der Stadt München, daß sein »Hauptriß geblieben und nur inwendig ein so anderes weniges geändert« wurde, doch Gewicht.

Die Gliederung der Fassade mit Doppelsäulen muß als wesentlicher Anteil Köglspergers an der Bauausführung gewertet werden. Übernommen wurde auch die Schrägstellung der Eckpfeiler. Nach dem »Luzerner Plan« zu urteilen, wäre Köglspergers Fassade als Bollwerk erschienen, eher an karolingische Westwerke als an eine Kirchenfassade des 18. Jahrhunderts erinnernd. Den Eindruck von Massigkeit betont das ungewöhnliche Verhältnis drei gleich breiter Achsen und der große Anteil schwerer Mauerflächen, gegenüber denen die eingestellten Säulen geradezu schwächlich und nur bedingt als »Würdemotiv« gewirkt hätten. Die übrige Gestaltung: das Verhältnis der Fassade zum Kirchengebäude, das Verhältnis der Fassadenachsen zueinander und auch das Verhältnis von Säule und Wand, ist im Luzerner Plan unausgewogen; sie läßt eine schwache Architektenhand erkennen und wurde in der Bauausführung grundlegend geändert.

Als zweiter, wesentlicher Einfluß Köglspergers auf die Baugestalt der Michaelskirche muß, den Einzeichnungen zufolge, auch die Form der Stützenmassive gewertet werden. Statt der Doppelpilasterpfeiler stellte er – ungeschickt, da der eine zur Hälfte stehenblieb – jeweils auf den Innenseiten der Hauptachsen ¾-Säulen ein. Im Aufriß hätten sich damit wegen der Enthasis der Säulen zu der angrenzenden Nut und dem Restpilaster deutliche Verzeichnungen ergeben. Präformiert war das über einem gemeinsamen Sockel stehende Stützenmassiv

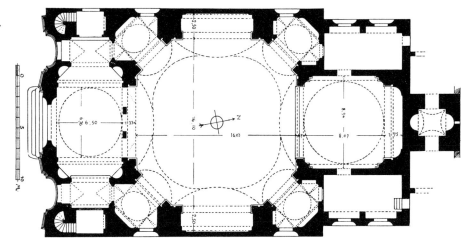

6
*Aufhausen, Maria Schnee,
Grundriß,
Johann Michael Fischer,
1736*

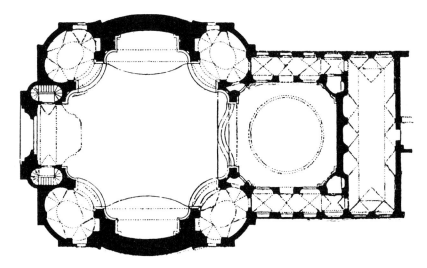

7
*Ingolstadt, St. Marien,
Grundriß,
Johann Michael Fischer,
1736*

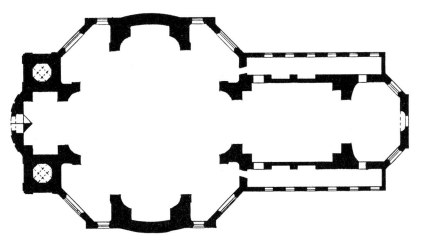

8
*Berg am Laim, St. Michael,
Rekonstruktion von
Johann Michael Fischers
Erstentwurf von 1737
(Zeichnung Kurt Zeitler)*

aus Säule und Pilasterpfeiler in Robert de Cottes Plan-Projekten für die Schloßkapelle in Schleißheim,[138] die Köglsperger als Hofmaurerpalier sicher kannte. Fischer hat es in Berg am Laim zu genuiner Form weiterentwickelt und in seiner Planung für Ottobeuren wieder aufgegriffen.[139]

Der Luzerner Plan ist Beleg für Köglspergers geringe architektonische Fähigkeit. Er zeigt gleichzeitig, wie die eklektischen Übernahmen eines Dilettanten dennoch auf die Planungsgeschichte wesentlichen Einfluß nehmen konnten; seinen Anteil hat er selbst mit dem schriftlichen Hinweis »Säulen« deutlich gekennzeichnet. Zuletzt gibt er Einblick in Fischers Künstlerkraft, der – demselben Einflußbereich entwachsen – vorgefertigte Motive nicht zitathaft aufgriff, sondern sie weiterentwickelt seinem Architektur-System integrierte.

Der Chor des Luzerner Planentwurfs. Die Erweiterung der Michaelskapelle als Alternativ-Projekt

Die Analyse des Luzerner Planes bzw. die Rekonstruktion von Fischers Erstentwurf für St. Michael hat bisher bewußt den Chor ausgeklammert. Er fügt sich in die Gesamtanlage nur inhomogen ein. Seine enge, langgestreckte Proportionierung, seine strenge Wandführung und der für das 18. Jahrhundert wenig geläufige ⅜-Schluß sprechen für eine ältere Provenienz; sein beziehungsloser Anschluß an das Hauptraumoktogon ist ein Indiz, daß der neu geplante Zentralbau ein schon stehendes Gebäude berücksichtigen mußte.

Neben der regen Diskussion um den Kirchenneubau in Berg am Laim wird laut Quellen zwischen Planungsbeginn und Grundsteinlegung im Oktober 1738 regelmäßig auch die »Erweiterung« oder »Vergrößerung« der Michaelskapelle diskutiert.[140] Im folgenden wird ein »Renovatio-Projekt« erkennbar,[141] mit Einbeziehung der alten Michaelskapelle, das vor dem Hintergrund ihrer besonderen Bedeutung gesehen und bewertet werden muß.

Als der Neubau von St. Michael bereits benediziert war und Würnzl in seiner »Keckheit« die gesamte Ausstattung der alten Michaels-Kapelle in diesen Neubau transferierte, entbrannte ein Sturm der Entrüstung: Falls Würnzl nicht innerhalb von acht Tagen dem Freisingischen Befehl vom 5. Mai 1745 nachkommen würde, »sowohl die opferstockh, bild und anders, als auch den abgebrochenen Choraltar in die alte Capelle zurück[zu]bringen, daselbst alles in vorigen stand [zu] setzen«,[142] hätte er sich vor dem Geistlichen Rat zu verantworten. Die von Anfang an immer wieder ausgesprochene Befürchtung, die alte traditionsreiche Michaels-Kapelle, dieser »Mutter orth« der Erzbruderschaft,[143] könne profaniert werden, war nun eingetroffen und sollte wieder rückgängig gemacht werden.

Die Idee zu einer Erweiterung der Michaelskapelle, für die die ständig wachsende Mitgliederzahl von Bruderschaft und Ritterorden und deren gesteigertes Repräsentationsbedürfnis Anlaß gewesen sein dürften, klingt erstmals 1721 an. Damals setzte der kurkölnische Fürstbischof Joseph Clemens entgegen vorangehender Pläne fest, die Hofkapelle solle »ohne erweiterung, in den jezigen stand, und zugleich die Mutter Kirch der Erzbruderschaft S. Michaelis verbleiben«.[144] In seinem Protest gegen den später geplanten Kirchenneubau brachte dann auch Pfarrer N. Praschler in Vorschlag, daß statt des Neubaus »eine erweiterung bemelter Capellen vorträglicher were«.[145] Offenbar griff Würnzl (als Vertreter Clemens Augusts) diesen Gedanken rasch auf, vielleicht aus Achtung vor der

Tradition und der besonderen Bedeutung der Kapelle, vielleicht auch nur aus taktischen Gründen, um die Neubaugegner mit einem vorgegebenen Zugeständnis zu täuschen. Jedenfalls berichtet schon am 30. Oktober 1737 Bischof Johann Theodor, er habe gehört, »wesmassen die Erzbruderschaffts Capellen zu Josephsburg umb ein nambhaftes vergrößert werden« solle.[146] Noch im Oktober 1738 bittet Würnzl um den Freisingischen Konsens zur »erweiterung des Gotteshaus Sti. Michaelis«.[147]

Ein Bild von der »Anmuethigkeit« und »schönen Zierdt«, aber auch von der besonderen Bedeutung der alten Kapelle gibt uns Barth:[148] Der goldgefaßte Hauptaltar mit dem Altarblatt »Triumph des hl. Michael« von A. Wolff wurde von zwei Figuren des A. Faistenberger, die Erzengel Raphael und Gabriel darstellend, flankiert. Als Nebenaltar wird 1709 ein Klemens-Altar erwähnt, mit dem Leib eines Märtyrers Klemens. 1699 schenkte Baron Karl de Simeoni der Hofkapelle eine von einem Einsiedler aus weißem Kalkstein vom Felsenheiligtum des Monte Gargano verfertigte Statue des hl. Michael, die in einem vergoldeten Schrein hinter Glas aufgestellt wurde. Als marianisches Heiligtum wurde eine Statue »Unserer Lieben Frau von Pogenberg« verehrt. 1715 schenkte Joseph Clemens der Kapelle als Andenken einige Partikel vom Kreuz Christi, die er selbst mit Bewilligung des Papstes Innozenz XII. vom Abt Hilarion der Kreuzes-Kirche in Jerusalem verehrt erhalten hatte. Bischof Johann Sigismund Zeller von Freising bestätigte am 3. Juni 1716 deren Echtheit. Sie wurden in ein kristallenes Kreuz eingeschlossen, das, nochmals in ein silbernes und vergoldetes Kreuz eingefügt, von einer gleichfalls silbernen Statue des hl. Michael getragen wurde.[149] 1716 schuf J. B. Ableithner eine Holzstatue, einen »hl. Schutzengel ein Kind führend«, das, als Gegenstück zur Garganoschen Michaelsfigur, in Steinfarbe gefaßt wurde. – Diese Ausstattung der Michaelskapelle, im Rang einer Reliquienkammer gleich, wurde schließlich doch in die neugebaute Kirche übertragen und damit öffentlich dokumentiert, daß sie nun »Haupt und Mutterkirch« der »best florirente Erzbruderschaft« sei.[150]

Ursprünglich wollte man die ehemalige Bruderschaftskapelle in den Neubau als Ritterordens- und Altarraum integrieren und sie somit bewahren.[151] Dieses sich zunächst nur quellenmäßig abzeichnende Projekt kann näher gefaßt werden: Nach einer Angabe aus dem Jahre 1737 war die Michaelskapelle 41 × 23 Schuh groß.[152] Das Chorhaus des Luzerner Planes entspricht exakt diesem Maßverhältnis. Da die Kapelle auf dem Sondermayr-Stich etwas kürzer wiedergegeben ist, betrafen die schon erwähnten Veränderungen – »das alte gebäu wurde so viel möglich a proportione der neuen Kirch erhöhet und verbessert« – auch ihre Apsis; denn diese war im Falle des projektierten Neubaus funktionslos und wurde deshalb nicht übernommen.

Der Luzerner Plan zeigt also eine auf die anfänglichen Forderungen der auftraggebenden Bruderschaft eingehende Projektzeichnung. Für die Konzeption dieses Renovatio-Entwurfes kommt nach Entstehungszeit und Ausführung nur J. M. Fischer in Frage. Er erstellte – wohl etwa zeitgleich mit seinem Erstentwurf – als alternative Lösung diesen Plan mit dem an die Michaelskapelle anschließenden Oktogonalraum und der Doppelturmfront. Dieser muß entstanden sein, als man die Neubaupläne wegen der drohenden Profanierung der Kapelle verhindern wollte. Damit erweist sich der Luzerner Plan als veränderte Kopie Köglspergers nach Fischers Renovatio-Entwurf.

So einleuchtend und reizvoll sich dieses Alternativ-Projekt darstellt, es bleibt dennoch die Frage offen, wo seit Oktober/November 1737 fundamentiert wurde. Etwa vor der alten Michaelskapelle, wodurch das bei der Josephsburg gelegene Lusthaus – für das 18. Jahrhundert nur schwer vorstellbar – einen deutlich asymmetrischen Akzent erhalten hätte? Dies wäre denkbar, da noch im März 1738 das ›alte Gebäu‹ das ursprüngliche Aussehen hatte und erst für den April Abbrucharbeiten geplant waren.[153] Möglicherweise wollte man später durch Veränderung der Seitenflügel dem Gesamtkomplex die Symmetrie wieder zurückgeben. In diesem Sinn könnte ein Hinweis aus dem Jahre 1741 interpretiert werden, wonach Würnzl bereits einige Zeit zuvor, »die zway angehengten annoch daurhaften Nebengebäuen [...] genzlichen zu boden geworfen hat«.[154] Demnach müßten die heutigen Flankengebäude der Michaelskirche Neubauten aus dem 18. Jahrhundert sein. Fest steht nur, daß der heutige Chor der Michaelskirche mit der alten Hofkapelle nichts zu tun hat, diese jedoch mindestens bis 1745 bestanden haben muß, da damals Würnzl mit der Plünderung ihrer Ausstattung begann.

8 Der Planungs- und Baufortgang ab Februar 1739

8a Die Neuplanung Fischers und die »Inspection« Cuvilliés'

Nachdem Köglsperger im Februar 1739 als leitender Architekt von St. Michael wieder abgesetzt war, ging man daran, den »wider alles Vermuethen entstehenden Bauschaden« zu ersetzen.[155] Deshalb wandte sich Würnzl »widerumben zu jennen vermöglichen Maurermeister [Fischer]«.[156] Bereits einen Monat später wird Fischer erneut »for Rihs und ander bemuhung« bezahlt,[157] ein Hinweis, der auf einen neuen – Köglspergers Vorschläge einbeziehenden – Entwurf bezogen werden kann. Im Mai wird mit ihm der Bauvertrag geschlossen,[158] Köglsperger bis dahin als Palier weiter beschäftigt, doch nach Streitigkeiten mit Fischer abgesetzt.[159] Ab Juni 1739 erhält Fischer regelmäßiges Gehalt.[160]

Um den Baufortgang zu sichern, wurde im Juli 1739 dem »churbayerlichen Baumeister Mons Gouville [Cuvilliés] über den Josephsburgl. Kirchenbau die Inspection aufgetragen [...], nicht nur dasjenige, was bishero verfertiget worden, zu examinieren, sondern auch allenfalls neuer Rihs und Ueberschlag zu machen und zur gnädigst Einsicht und Approbation zu überschickhen«. Würnzl erwähnt weiter, er lasse die Arbeiter beim Bau, Cuvilliés solle eine »zierlichere Ausführung« vornehmen.[161]

Wider Erwarten machte der Bau im Sommer 1739 nur wenig Fortschritte. Würnzl berichtet an Clemens August, daß es »höchst schädlich were, den Bau im mundiste einzustellen, weillen hierdurch die Benefactores [...] veranlasset werden zu sagen [...] das allen Ansehen nach aus disem Bau gar nicht mehr werde«.[162]

Nach ersten Kontakten bei Planungsbeginn 1737 begann ab Sommer 1739 die direkte Zusammenarbeit zwischen J. M. Fischer und F. Cuvilliés. Die aus Cuvilliés' Nachlaß-Papieren bekannten »underschidl. verificationes zu denen Chur= Cölnischen Gebäuen zu Berg gehörig«[163] bestätigen seine eingehende Beschäftigung mit dem Neubauprojekt. Er übernahm – was durch die mitwirkende Hofkünstlerschaft erschlossen werden kann und unten diskutiert werden soll – die Funktion des künstlerischen Koordinators, brachte eigene Planideen ein, ohne damit Fischers Stellung als Architekt in Frage zu stellen. Cuvilliés' direktes Eingreifen in den Planungsvorgang wird erstmals mit einem Fassadenprojekt aus dem Jahre 1740 greifbar.

8b Ein Fassaden-Projekt F. Cuvilliés' aus dem Jahre 1740

Forschungsstand

9   F. S. Schaurs Fassadenstich der Michaelskirche wurde bei seiner Erstveröffentlichung und erneuten Bearbeitung (1973 bzw. 1977 durch V. Loers) Köglsperger zugewiesen: Er könne »nur das Projekt Köglspergers von 1737 darstellen«.[164] Diese nicht begründete Zuschreibung, auch ihre Bestätigung durch N. Lieb, der den Stich 1738/39 datiert,[165] kann nicht nachvollzogen werden.
Aufgrund der im Stich angegebenen Ein- und Ausgabeberechnungen von »Anno 1737 bis 1739 incl.« ist der Stich 1740 zu datieren. Seine notwendige, bisher fehlende Analyse soll hier vorgenommen werden.

Analyse

Der Stich zeigt eine Doppelturmfassade, die, auf einen vierstufigen Sockel gestellt, aus der Flucht des »neu Erbauten Bueß Haus« und der »Vorige Babilion« [Pavillon] vorspringt. Die Türme steigen dreigeschossig auf und werden von einem glockenförmigen Dach mit über Eck gestellten, nach oben sich verjüngenden Voluten abgeschlossen.[166] Dazwischen direkt eingebunden und durch das Gebälk horizontal verspannt ist die zweigeschossige Fassadenwand. Sie beansprucht mit Dreiecksgiebel, in Superposition gesetzter Doppelsäulengliederung und tieferliegender, ohne Unterbrechung steil auffahrender Mittelachse Selbständigkeit. Dieser Tendenz entgegen wirken die gleichmäßig über Wand und Türme verteilten und aufeinanderbezogenen Fenster- und Türöffnungen.
Trotz der auf den ersten Blick stimmig erscheinenden Wiedergabe hatte der Stecher erhebliche Schwierigkeiten, seine Planvorlage umzusetzen. Die schräg gestellten Eckpfeiler der Türme sind planparallel, d. h. in Draufsicht wiedergegeben. Ebenfalls planparallel sind die Sockel der Doppelsäulen gezeichnet, die kaum erkennen lassen, daß der Mittelteil konvex vorschwingen soll. Darauf deuten nur der ungeschickte, zum Mittelfenster einschwingende Architrav und das dazugehörige Gebälkstück hin, von dem Stirn- und Innenseiten zu sehen sind. Vollkommen ungelöst ist der Anschluß von Mittelteil und Türmen. Er ist nur so vorstellbar, daß die konvex gestellten Säulen – vergleichbar dem Luzerner Plan – bündig an den Querschnitt der schräg gestellten Eckpfeiler anschließen sollen. Auch über Wandschicht und -bewegung sind wir im unklaren: Die Säulenordnungen gehören der vordersten Schicht an. Der dazwischen vorbauchende Mauerkern wird nur als schmaler bossierter Wandstreifen erkennbar, der – als Gegenbewegung – zungenförmig sanft ausgekehlt sein dürfte.
Dieses charakteristische Motiv verweist formal wie nach dem ikonographischen Konzept – das kurkölnische Wappen erscheint als Ausgangspunkt eines (bossierten) Strahlenkranzes,

der vom Ruhm und Sieg des Erzengels Michael kündet – auf eine an der Amalienburg präformierte Lösung und gibt einen ersten Hinweis auf Cuvilliés als Planentwerfer. Diese These wird von der Datierung des Stichs ins Jahr 1740 gestützt, da wenige Monate vorher – wie oben erwähnt – an Cuvilliés die Aufforderung erging, »allenfalls neue Rihs und Ueberschlag zu machen«. Stilkritische Vergleiche mit Cuvilliés' Werk sollen diese Zuweisung sichern.

F. Cuvilliés als Entwerfer von F. S. Schaurs Fassadenstich für St. Michael

Die bossierten Wandflächen haben in Bayern vor Cuvilliés keine Tradition. Mit vorangestellten Säulenordnungen, wie sie beispielsweise Delamaire am Hôtel Soubise in Paris (ab 1705) verwendet hat,[167] sind sie auch an Cuvilliés' Münchner Palais Piosasque de Non (ab 1726) zu finden.[168] Wie auf dem Fassadenstich für St. Michael sind – etwas weiter auseinander gerückt – Doppelsäulen vor eine bossierte Rückwand gestellt. Auch hier schafft nur ein dünn geführtes Gesims über die Mittelachse hinweg Verbindungen; ist die Mittelachse rückgestuft; durchstößt (in weniger heftiger Aufwärtsbewegung) die Basis des Dreiecksgiebels eine – für Cuvilliés bezeichnende – Wappenkartusche. Die konvexe

9
Berg am Laim, St. Michael, Fassadenprojekt, Entwurf von François Cuvilliés nach Erstentwurf Johann Michael Fischers, Stich von F. S. Schaur, 174

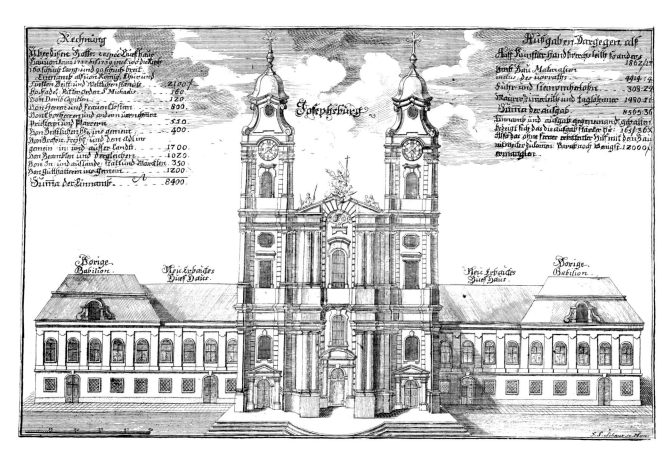

10
München, Amalienburg im Schloßpark
Nymphenburg, Gartenfassade,
François Cuvilliés, ab 1734

11
München, ehem. Theatiner- und
Hofkirche St. Kajetan, Fassade von
François Cuvilliés, 1765

Schildwand mit der konkaven zungenähnlichen Ausmuldung ist ebenfalls ein von Frankreich übernommenes Motiv und wurde von Cuvilliés vor der Amalienburg (Gartenseite) am Palais Holnstein (Eingangsseite) verwendet.[169]

Auch Details des Fassadenstichs sind als architektonisches Repertoire Cuvilliés' erkennbar: Das gratig facettierte Gebälk ist am Palais Piosasque de Non zu finden, die Rahmung des Mittelfensters an der Amalienburg, die Metopen an den Fenstern über den Seiteneingängen des Palais Fugger-Zinneberg in München.

Einen reizvollen Vergleich bietet Cuvilliés ab 1765 entstandene Fassade der Münchner Theatinerkirche.[170] Trotz aller Unterschiede sind deutliche Gemeinsamkeiten zu dem 25 Jahre älteren Fassadenstich erkennbar: Die Geschoßgliederung, das Verhältnis von Säule und Wand, das Verhältnis der Achsen zueinander. Besonders auffallend ist vor allem die sensible Ausponderierung der Bewegungsimpulse: Gegenüber den Horizontalen des kräftig artikulierten Gebälks, das jeweils bis in die Türme weitergeführt ist, erreichen die strenge Superposition der Ordnungen und der kräftige Bewegungszug der Mittelachse als vertikale Gegenpole ein Gleichgewicht. Als »neuralgischer Punkt« darf der »Mittelpunkt« der Fassadenwand angesehen werden. Hier schafft ein dünnes Gesims in der Horizontalen nur schwache Verklammerungen und in der Vertikalen nur undeutliche Zäsuren.

Die Zuweisung der Vorzeichnung des Schaur-Stichs an François Cuvilliés ist durch diese Belege genügend abgesichert. Cuvilliés kam auf der Grundlage von Fischers Vorgabe der Zweiturmfassade und Köglspergers Einfügung der Doppelsäulen zu einer Fassadenlösung, die bereits in Teilen die spätere Baugestalt festlegte, die aber – wie ihre Bauanalyse zeigen wird – von Fischer formal und konzeptionell grundlegend überarbeitet und verändert wurde.

Ein kurzer Exkurs soll Cuvilliés' besondere Auffassung von Architektur skizzieren, die – wie in der Bauanalyse gezeigt wird – für Fischers künstlerische Entwicklung Weichenstellungen bot.

10

11

Fischer und Cuvilliés

Cuvilliés' Auffassung von Architektur zielt nicht auf Durchgestaltung von Mauermasse, sondern auf Beziehung von Flächenproportionen. Ähnlich dem Fassadenriß für Berg am Laim ist auch an der Fassade der Grünen Galerie der Münchner Residenz – bei hoher Dynamik der Einzelachsen – der Ausgleich der Bewegungslinien gesucht. Plastische Einzelformen wie die Säule, von Borromini und Bernini als deutlicher Akzent vor die Wand gestellt, bindet Cuvilliés organisch in den Wandverband bzw. in die Wandflächen ein, beraubt sie so ihres freiplastischen Wertes und setzt sie in Flächenzusammenhänge. Das heißt nicht – und dies ist die konträre Auffassung zu Zimmermann –, daß Mauersubstanz ornamental, gleichsam in amorphen, unkanonischen Formen, »durchgeknetet« wird. Cuvilliés' Fassaden sind im Gegenteil präzise und streng, nach einem orthogonalen Achsengerüst, gegliedert. Dominant sind nicht die plastischen Werte von Säule, Pilaster, Wand und die tektonisch-struktiven Zusammenhänge, sondern – ent-tektonisiert – die dekorativen Zusammenhänge der Flächenbeziehungen; Wand bietet nurmehr – von W. Braunfels vor der Amalienburg treffend beschrieben – äußere und innere »Raumschalen«.[171] Damit hat Cuvilliés eine neue Auffassung von Architektur bereitgestellt – hervorgegangen aus den und eingebunden in die Kunstprinzipien der ersten Hälfte des 18. Jahrhunderts – die in der Weiterentwicklung durch J. M. Fischer zu den bedeutendsten Zeugnissen der bayerischen Sakralarchitektur dieser Zeit führte.

12
Berg am Laim, St. Michael Fassadenprojekt, Entwurf von Johann Michael Fischer, Stecher unbekannt, 1741

40

8c   Ein anonymer Fassadenstich aus dem Jahre 1741 nach einer
     Planskizze von Fischer

12   Ein weiteres, ebenfalls von Loers 1973 erstveröffentlichtes Fassaden-Projekt für St. Michael
     aus dem Jahre 1741 ist von einem unbekannten Stecher überliefert.[172] Es greift teilweise
     detailgetreu (Türme) auf das Cuvilliés-Projekt zurück, gibt jedoch statt der Frontal- die
     Schrägansicht. Aus dieser Veränderung resultieren perspektivische, von dem Stecher nicht
     gelöste Probleme. Die Proportionen sind, von der sich nach oben nicht verjüngenden
     Stockwerksgliederung betont, gedrängt; konkave, konvexe und schräge Linienführungen
     sind nicht erkennbar.
     Die Veränderungen gegenüber dem Schaur-Stich beziehen sich vor allem auf den Mittelteil:
     Der Fugenschnitt als Rücklage von Pilastern und Säulen fehlt; das Gebälk ist ohne
     Unterbrechung geführt und schafft, die Vertikalbewegung der Mittelachse hemmend, eine
     klare Stockwerksgliederung. In dem ungewöhnlich steil gestellten, in den Gesamtzusam-

41

menhang nicht eingebundenen Dreiecksgiebel verweist das Bruderschaftskreuz mit der Losung F.P.F.P. auf den Auftraggeber. Als wesentlichster Unterschied zu dem Cuvilliés-Projekt erscheint – auf die Bauausführung vorausweisend – die Gliederung der Mittelachse: Das Mittelportal der Kirche korrespondiert deutlich mit der Nische darüber, in der die Michaelsgruppe steht.

Dem Stich muß den Veränderungen nach zu schließen, eine Fischer zuzuweisende Planskizze zugrunde gelegen haben, da er auch bereits die im Herbst 1742 vollendete und in dem vorangegangenen Fassadenentwurf noch nicht festgelegte charakteristische Dachform mit gestufter Firsthöhe wiedergibt. Die Konzeption der in Superposition gesetzten Tor-Motive ist ebenfalls bereits angelegt, nicht aber ihre endgültige formale Gestalt. Diese wird folglich erst nach 1741 geplant worden sein.

8d Der weitere Baufortgang bis zur Fertigstellung

Im Januar 1743 wurde der Vertrag mit J. B. Zimmermann für Gewölbemalerei und Stukkatur,[173] mit J. B. Straub für vier kleine Altäre des Bruderschaftsraumes geschlossen.[174] Im September schreibt Würnzl an den Freisinger Bischof Johann Theodor, es empfehle sich, »am nechst kommenden Titularfest in der schon mit einem künstlich ausgemahlten Gewölb und Fenstern, dan Spalieren versehenen Kirch, selbst das Hl. Meßopfer [...] halten zu lassen«.[175] Noch im Herbst des folgenden Jahres will jener die Michaelskirche nicht benedizieren, weil der Chor noch »unausgemacht« ist und die Kirchentüre und Bodenbelag fehlen.[176] Daraufhin berichtet Würnzl am 13. April 1744 demselben, daß »1mo de facto schon das Langhaus der Neuen Kürch in einem solchen standt, das die seithen wendt schen und rein herunter gepuzt, auch die Kürch bereits mit 6 Fenstern versehen, also das 2do die gerüster zeitlich vor dem Fest S: Michaelis apparitionis heraus kommen, auch die Mauren gänzlich verbuzet werden. 3[tio] seind schon 2 seithen altär bis zum aufsezen wircklich fertig, wo gewis schon 2 künstliche Altar pläter gesehen. 4to befinden sich ingleichen 2 Neue Doplete Beichstüell darinnen. 5to würdet bishin auf ersagtes fest, bis alles pflaster beysamen der Poden von Predern wie bey denen theatinnern alhier belegt. 6to würdet sogar ein Canzl ziehrlich aufgerichtet am bemelten fest darauf zu predigen. 7mo habe ich im Wüntter den Music chor zum gebrauch hergestellet. und wird 8vo inner 3 Wochen auch die Sacristey fertigsein. 9no ist das Kürchthor sambt schlos schon zum aufsezen fertig: in solcher gestalten wirdet 10mo die ganze Kürch bis auf bemeltes Fest geschlossen«.[177]

St. Michael in Berg am Laim wurde am 1. Mai 1744 benediziert[178] und am 19. September 1751 geweiht.[179] Zwei Jahre später wird berichtet, daß der »Gottshauspau zu Berg, sambt mehristen einrichtung auf 42 000 fl. zustehen komet, und zu dato mehrer nit, als in circa 1000 fl. noch zu bezahlen seyn«.[180]

1753/54 malte J. B. Zimmermann das Chorgewölbe aus;[181] 1758/59 errichtete J. B. Straub die zwei großen Seitenaltäre des Bruderschaftsraumes;[182] gleichzeitig wurde mit J. M. Fischer der Vertrag über den Außenverputz geschlossen.[183] Der Hochaltar wurde 1767 aufgerichtet[184] und 1771 fertig gefaßt.[185]

9 Ein bisher unbekannter Bau J. M. Fischers für die Michaelsbruderschaft

Im Jahre 1746 errichtete J. M. Fischer im Münchner Franziskaner-Kloster[186] für die Michaelsbruderschaft ein »Behaltnus«, »wegen aufbehaltung deren kostbahren ornatis et ornamentis sambt allen silber«.[187] Der Bau – anscheinend eine Pretiosenkammer – war 30 Schuh lang, 24,5 Schuh breit, gewölbt und wurde von zwei Feuermauern gesichert. Die »Bruderschaffts behaltnus bey deren P.P. Franciscanern« wurde im November 1746 fertiggestellt und während der Säkularisation abgebrochen.[188]

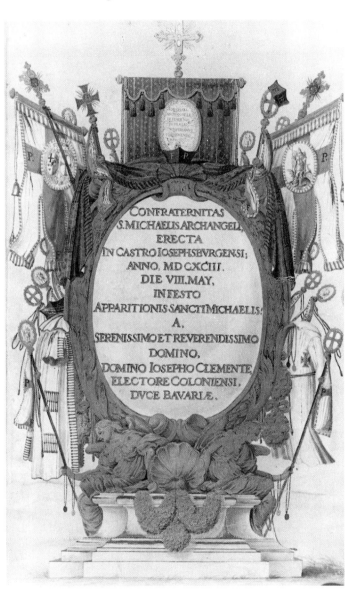

13
Titelblatt des Fürstenbuches der Erzbruderschaft St. Michael in Berg am Laim mit Hinweis auf die Bruderschaftsstiftung durch Joseph Clemens. Schriftspiegel von Bruderschaftskreuzen, -medaillons und weiß-blauen Bruderschaftsornaten gerahmt; auf den Bruderschaftsfahnen links das Wappen von Joseph Clemens, rechts ein Bild des Erzengels Michael, 1745

Kap. II Aussenansicht

1 Forschungsstand

Zur Außenansicht barocker Sakralarchitektur gibt es auffallenderweise keine übergreifenden Darstellungen. An exemplarischen Arbeiten sind nur H. Sedlmayrs »Fünf römische Fassaden« und »Die Schauseite der Karlskirche in Wien« zu nennen.[1] Auch der Außenbau von St. Michael in Berg am Laim wurde bisher zugunsten des Innenraums vernachlässigt,[2] obwohl die besondere Funktion als Bruderschafts-, Ritterordens- und Hofkirche und seine exponierte Lage vor den Toren der Residenzstadt München eine besondere Gestaltung erwarten lassen. Vom heutigen seitlichen Zugang zur Kirche, von der Clemens-August-Straße her, erscheint der Baukomplex unproportioniert und ohne erkennbares Konzept. N. Liebs nur hypothetischer und bis heute nicht untersuchter Hinweis gibt für ein Verständnis der Außenansicht wesentliche Anregungen: »Ursprünglich sollte diese Fas-

14
Berg am Laim, St. Michael
Außenbau vom heutigen
Zugang über die
Clemens-August-Straße

sade das Fernziel eines von der alten Münchner Isarbrücke [der späteren »Ludwigsbrücke«] her in gerader Linie geführten Straßenzugs sein«.[3] Zur Klärung und Rekonstruktion des formalen, geometrischen und ikonographischen Konzepts der »Schauseite« von St. Michael erweist er sich als entscheidender Ansatz.

2 Der Begriff der Schauseite

Als Kriterium für die »Schauseite der Karlskirche in Wien« konstituierte H. Sedlmayr die Möglichkeit, innerhalb eines Baukomplexes verschiedene Baueinheiten zusammenzusehen und als »formale« und »symbolische« Einheiten zu begreifen;[4] dabei »verschränken sich zwei Auffassungen miteinander, lagern sich übereinander, bereichern und überhöhen sich wechselseitig«.[5]

In Berg am Laim stehen sakrale und profane Ansprüche neben-, oder besser, hintereinander und werden – jeweils abhängig vom Betrachterstandort – erkennbar: In der Fernsicht bindet sich die Kirchenfassade harmonisch in die Silhouette der Gesamtanlage ein. Als gewichtiger Mittelrisalit wird die Kirchenfront, zusammen mit den ehemaligen (heute veränderten) Eckpavillons, als traditionelles Schema einer Schloßanlage erkennbar und verweist mit den schlank aufsteigenden Türmen auf ihre Funktion als Schloß- bzw. Hofkirche. In der Nahsicht dominiert hingegen eindeutig die Kirchenfassade, die mit ausgreifender Energie die Flucht der Flankengebäude sprengt, diese nur mehr als unbedeutende Annexe an sich bindet und sich wuchtig – gleich einer Trutzburg – mit aller Macht aufstellt. Der jeweilige Abstand von der Gesamtanlage beeinflußt und verändert die künstlerischen und ikonographischen Aspekte des Neubaugedankens. Dieser rechnet mit dem variablen Verhältnis von Kirchenfassade, Flankengebäude und Platzanlage.

Die konzeptionelle Verschränkung von Schloß und Kirche veranschaulicht die Pole der weitreichenden Ansprüche von Clemens August.[6] Als mögliche Residenz des Kölner Kurfürsten und Erzbischofs, als Erzbruderschafts-, Ritterordens- und Hofkirche und als Sitz eines Franziskanerhospizes[7] erinnert St. Michael in Berg am Laim an ein erstrangiges Vorbild – den Escorial, der nach der Weisung seines Auftraggebers Philipp II. Königsresidenz, Kirche und Kloster zu einer architektonischen und inhaltlichen Einheit verschmolz.[8] Konzeptionelle Verwandtschaft mit Stift Göttweig – dem »österreichischen Escorial« – wird deutlich, dessen Idealplan eine ähnliche Polarisierung von sakral-profanen Ansprüchen erkennen läßt wie Berg am Laim.[9]

3 Die Achse München – Berg am Laim

Der Name Berg am Laim verweist an die Höhenlage des Ortes, an dessen höchsten Punkt die Josephsburg und später die Michaelskirche zu stehen kamen. De St. Michèls Karte von München und Umgebung (1768)[10] und der sog. Cuvilliésplan (1770)[11] zeigen übereinstimmend, daß das Gebiet zwischen München und Berg am Laim unbebaut war, so daß die Schauseite von St. Michael wegen der guten Fernsicht bei entsprechender Gestaltung einen deutlichen Anspruch und Kontrapost gegenüber der kurfürstlichen bzw. königlichen

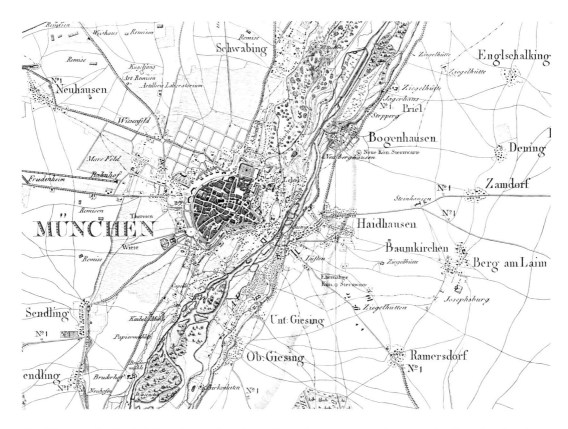

Residenzstadt Carl Albrechts geltend machen konnte; mit ihm, Carl Albrecht, konkurrierte der Bruder, der kurkölnische Bischof und Auftraggeber Clemens August. St. Michaels prospekthafte Wirkung war vielleicht als Gegenpol zu dem majestätischen Wahrzeichen von München – der steil aufragenden Zweiturmfront der Frauenkirche – geplant, auf die sie axsial bezogen war.[12]

Im Topographischen Atlas von Bayern (1812) ist die Wegachse München–Berg am Laim eingetragen.[13] Sie folgte von der heutigen, 1723 neu errichteten Ludwigsbrücke zunächst der Rosenheimer Straße, bog dann in die Weißenburger Straße ein und führte von hier, etwa dem Verlauf der Altöttinger Straße folgend, geradlinig auf St. Michael zu. An der Einmündung der heutigen Echardinger Straße weitete sich der Weg zu einer quadratischen ehrenhofartigen Platzanlage, die von der Schauseite der Michaelskirche prospekthaft abgeschlossen wurde. Da sich die Bebauung in dieser Gegend zwischen 1750 und 1850 nur unwesentlich verändert hat, muß dieser Weg als der alte, eigens angelegte Prozessionsweg des 18. Jahrhunderts angesehen werden. Mit ihm rechnete das Fassadenkonzept der Michaelskirche.

Heute ist durch die dichte Umbauung der Kirche, die Umzäunung des noch vorhandenen Kirchenplatzes,[14] die veränderten Straßenzüge und durch den seitlichen Zugang zur Kirche das ursprüngliche Konzept der »Schauseite« – und damit eine Außenanlage von höchstem Rang – zerstört. Von der Clemens-August-Straße kommend, erscheint die Aufsteilung des Daches über der flachen Hauptkuppel unmotiviert und unverständlich. Erst in der

15
München und Umgebung mit direkter Verbindungsstraße von der Isarbrücke zur Josephsburg und Michaelskirche in Berg am Laim, Topographischer Atlas von Bayern, Blatt München, 1812

16
Berg am Laim, St. Michael, Rekonstruktion der Schauseite (Zeichnung Kurt Zeitler)

frontalen Fernsicht wird sie als grundlegendes formales und ikonographisches Kalkül erkennbar, das – nach den Unterschieden der beiden Fassadenstiche zu urteilen – zwischen 1740 und 1741 festgelegt worden sein muß.

4 Rekonstruktion der Seitenflügel

Michael Wening hat die Gestalt des Lusthauses bei der Josephsburg als langgestreckten Baukörper mit rahmenden Eckpavillons überliefert. Auch der Sondermayr-Stich (1735) und die beiden Fassadenstiche (1740 und 1741) – letztere lassen bereits die spätere Bauausführung erkennen – rechnen mit diesen Eckpavillons, die sich mit der als Mittelrisalit eingefügten Front der Michaelskirche zu einer Schloßanlage zusammenfügen und eine »Baueinheit« festlegen. Sie sind als feste Bestandteile des ursprünglichen Baukonzepts anzusehen.

Darüberhinaus zeigen die beiden Doppelturm-Projekte übereinstimmend die für die Fernwirkung wichtige horizontale Eingliederung der Kirchenfassade in die Seitenflügel: die Trauflinie der Flankengebäude mündet in das Gesims der unteren, die Firstlinie in die Sockelzone der oberen Ordnung. Damit kann das Untergeschoß als zusammenhängender breitgelagerter Sockel gesehen werden, über dem sich Obergeschoß und Türme der Kirchenfassade erheben.

Im 19. Jahrhundert wurde der nördliche Seitenflügel verlängert, die Firstlinie angehoben, das Mansardwalmdach der Eckpavillons zum einfachen Satteldach verändert und damit die ursprüngliche Planung zerstört.[15] Die weitere Untersuchung der Schauseite stützt sich auf diese ursprünglichen, hier rekonstruierten Bauteile.

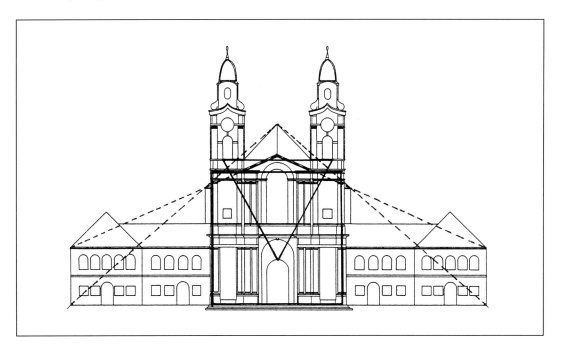

5   Die Fernsicht der Schauseite von St. Michael

Aus der Ferne gesehen bot die Schauseite von St. Michael ehemals ein systematisiertes und harmonisches Bild von Linien- und Flächenzusammenhängen. Den lagernden Teilen der Seitenflügel wirkt der Vertikalzug der schlank aufsteigenden Doppeltürme entgegen. Das formal beherrschende Motiv ist das Dreieck des Kirchendaches – ein steil aufragendes Satteldach mit den flacher ansetzenden Dachschleppen der seitlich vorkragenden Querkonchen des Hauptraumes; es hinterfängt die Zweiturmfassade, ruht auf den ehemals direkt über der Firstlinie der Seitenflügel ansetzenden Mauerstücken der Konchen auf und bindet durch die Bezüge zu den Eckpavillons die einzelnen Bauteile optisch aneinander. Zusammen mit dem flacher geführten Giebeldreieck bestimmte diese Dachform das kalkulierte geometrische Gerüst der Gesamtanlage.

Der Schnittpunkt beider Dreiecke legt die Breite der Kirchenfassade fest, die die Schauseite in drei gleich lange Sequenzen teilt; ihre Schenkel bestimmen die Zuordnung der Baukörper: Die Verlängerung des Dachdreiecks markiert das Bodenniveau der Seitenflügel, die des Giebeldreiecks ihre Trauflinie. Sie werden von einem Quadrat überfangen, das die Umrisse der Kirchenfassade (ohne die Türme) nachzeichnet, also die Fassadenbreite bzw.

17
83

*17–18
Berg am Laim, St. Michael,
Fassade in der Fern- und
Nahsicht*

die Höhe bis zum Obergesims als Seitenlänge hat. Die Kreisform der dahinterliegenden Hauptkuppel komplettiert gedanklich die Trias der geometrischen Grundfiguren.

Aus diesem Zusammenspiel von Flächenbeziehung und geometrischer Konstruktion ergibt sich für die Fernsicht der Schauseite folgendes Bild: Aus dem Querrechteck des Untergeschosses erhebt sich mittig das Fassadenquadrat. Dieses wird von dem schmalen Band der geschoßtrennenden (in dem seitlich angesetzten Dach weitergeführten) Gebälk- und Sockelzone im Verhältnis 1:1 geteilt. Mit den Orthogonalen eng verwoben sind die Dreiecke von Satteldach, Giebel und Eckpavillons,[16] die das geschlossene Erscheinungsbild der Gesamtsilhouette bestimmen. Gegenüber diesen Zusammenhängen beanspruchen nur die Obergeschosse der beiden Kirchtürme Eigenständigkeit, die als schlank emporragende Akzente die Anlage zur Mitte hin zentrieren und dem Dreisatz der Risalite gleichsam als selbständige ikonographische Attribute entgegentreten.

6 Die Nahsicht der Schauseite von St. Michael

1884 Bei der Vorwärtsbewegung auf den Gebäudekomplex zu gewinnt die Zweiturmfassade immer mehr Eigenleben: Sie löst sich in der Nahsicht immer deutlicher aus dem Flächenverband; ihr Gebälk drängt zunehmend aus der Trauflinie der Seitenflügel empor und setzt dem horizontalen einen vertikalen Akzent entgegen; die Fassade wird körperhaft, verselbständigt sich und baut sich zu einem raumgreifenden Block auf. Dieser tritt – nun wörtlich – vor die Seitenflügel, die ihm nur mehr als Annexe zugeordnet sind.

Erst jetzt wird der Stellenwert des dreieckigen Dachkonturs vollends faßbar. Bestimmte dieser noch aus der Ferne den integralen Verband von Schloß und Kirche, wird dieses Gleichgewicht beim Näherkommen stufenweise aufgelöst: Zunächst überschneiden die Türme die seitlich auskragenden Konchenmauern mit den Dachschleppen; dann steilt sich das Satteldach zwischen den Türmen pyramidal auf, bis es von dem vorgelagerten Giebeldreieck vollkommen verdeckt wird. Damit ist nicht nur der Verband mit den Eckpavillons – also die Assoziation »Schloßanlage« – verlorengegangen, sondern auch das geometrische Gerüst, das bisher die Kirchenfassade harmonisch und gleichberechtigt in den Gebäudekomplex integrierte.

In der Nahsicht gewinnt die Schauseite neuen Charakter. Die Kirchenfassade ist schwer, monumental, von majestätischem Gewicht. Die Türme ragen nicht mehr wie schlanke Pfeiler empor, sondern erinnern mit ihren gedrungenen Proportionen und der festumrissenen fensterlosen Mauerfront an Wehranlagen. Türme und Mittelteil stehen auch nicht mehr in einem harmonischen Nebeneinander. Von der Kraft der Doppelsäulen unterstützt, drängt die gebogene Schaufront zwischen den scheinbar zu eng gestellten Türmen hervor und versucht sich von deren bindenden Schranken zu lösen; aus der Bewegungsneutralität der Fernsicht wird gebündelte Kraft.

Die Wirkung, die diese anscheinend undurchdringliche Mauerfront mit der Monumentalfigur des hl. Michael (heute verändert) auf die Gläubigen des 18. Jahrhunderts machen mußte, ist heute kaum mehr nachvollziehbar.[17] Ihre formale und ikonographische Entwicklung sei im folgenden untersucht.

7 Das Verhältnis von Seitenflügeln und Kirchenfassade als formales und ikonographisches Konzept

Die Schauseite von St. Michael in Berg am Laim mit ihrer Polarität zwischen repräsentativer Schloßanlage und majestätischer Kirchenfront ist das Ergebnis eines künstlerischen Konzepts. Es wird im Vergleich der Kupferstich-Projekte mit der Bauausführung faßbar, mit dem immer wieder neu variierten Verhältnis von Kirchenfassade und Seitenflügeln.

Der Sondermayr-Stich (1735) trifft bereits erste Festlegungen der späteren Planung und Bauausführung: Die Kirchenfassade ist mittig in das bestehende Lusthaus eingefügt und teilt dieses in drei gleich lange Teile; ihr geschoßtrennendes Gebälk verläuft auf Höhe der Trauflinie der Seitenflügel und erreicht eine horizontale Einbindung in die Gesamtanlage, weiter unterstützt von der Fenstergliederung, die im Untergeschoß auf die beiden Fensterreihen der Seitenflügel Bezug nimmt. Vordergründig erscheint die Anlage mit dem Dreisatz von Mittelrisalit und zwei Seitenpavillons als Schloßanlage, innerhalb der die Mittelfassade mit ihrer architektonischen Ausformung: Pilastergliederung, ornamentalem Giebelaufsatz, geschwungene Fensterformen – formale Eigenständigkeit bewahrt. Der nur attributhaft beigestellte Kirchturm schafft dazu kein Gegengewicht. Der zugleich sakrale und profane Anspruch hat noch keine adäquate Form gefunden. 3

In dem Cuvilliés-Projekt (1740) ist diese Wertung umgedreht. Dominant ist hier die reich gestaltete, auf einen Sockel gestellte Kirchenfassade mit den Doppeltürmen, die nur wenig Beziehung zu den Seitenpavillons hat. Doch ist die Angliederung an die Flanken unverkennbar: Die dichte Folge der Rundbogenfenster wird an der Kirchenfassade auf gleicher Höhe fortgesetzt; die seitlichen Eingänge korrespondieren mit den drei Kirchenportalen; die Doppelgeschossigkeit des Untergeschosses wird im Ober- und Turmgeschoß wiederaufgenommen. 9

In dem Fassadenprojekt von 1741 ist das ikonographische Konzept der Schauseite bereits festgelegt: Einerseits beansprucht die Kirche mit Doppeltürmen gegenüber der Gliederung der Seitenflügel Eigenständigkeit, andererseits sind Dreiecksgiebel und hoch aufsteigendes Satteldach mit den gleich steilen Walmdächern der Seitenpavillons direkt in Beziehung gesetzt. Die Okulifenster über den Seitenportalen unterbrechen die Reihung der Rundbogenfenster. Gleichzeitig hat das höher proportionierte Mittelportal das Fenster darüber verdrängt, was in der Horizontalgliederung eine deutliche Zäsur schafft, die von der in Superposition gesetzten Figurennische verstärkt wird. 12

In der Bauausführung zeigt sich diese Polarisierung von »Schloß« und »Kirche« weiterentwickelt und noch verstärkt. Die gebaute Kirchenfassade ist ein mächtiger, fensterloser, verselbständigter Mauerverband. Die früher geplanten Gliederungszusammenhänge mit den Flanken sind auf das geometrische Gerüst reduziert. Im Untergeschoß öffnet sich die Fassade – für eine Zweiturmfront vollkommen ungewöhnlich – nur in einem Mittelportal, das, deutlicher als vorher, mit den Eingängen der Seitenflügel rechnet. Anstelle des fast schon kanonischen Mittelfensters im Obergeschoß wurde – wie schon im Stich von 1741 – eine Figurennische gesetzt. Gegenüber dem Projekt von 1740, wo die Michaelsfigur der Fassade nur als Attribut beigegeben scheint, widerspiegelt die Bauausführung mit ihrem wehrhaften Charakter nun auch Aufgabe und Funktion des Kirchenpatrons: Michael ist Beschützer der Seligen und Bekämpfer alles Bösen. In diesem Sinn hat einst die ursprüngli- 19 che Monumentalfigur J. B. Straubs die Fassade beherrscht, sie gleichsam als architektonische Kulisse gewertet – ein Anspruch, der heute von der schwächlichen Neuschöpfung nicht mehr eingelöst wird und deshalb ihren Aussagewert empfindlich stört.[18]

8 Fassadenanalyse

Die Fassade von St. Michael in Berg am Laim ist (neben Dießen) Fischers erster anspruchsvoller Außenbau. Sie nimmt aus mehreren Gründen in seinem Œuvre eine Sonderstellung ein: Neu sind die Planung einer Zweiturmfassade und die Verwendung der Säule am Außenbau;[19] singulär blieb ihre zweigeschossige Konzeption; auffallend ist der Verzicht auf schmückendes Ornament. Daraus resultiert der Eindruck von rationaler Klarheit und kühler Sachlichkeit, der – vergleichbar mit seiner späten Fassade in Rott am Inn – an Forderungen des Klassizismus erinnert, auf die »Verwilderungen« und »lächerlichen Zierrathen« zu verzichten.[20] 1749/50 kommt die Fassade der Michaelskirche mit den Turmhelmen zum Abschluß.[21] Kurz vorher mahnt J. G. Fünck in seinem Aufsatz »Betrachtung über den wahren Geschmack der Alten in der Baukunst« die Architekten, »die Vortrefflichkeit der reinen Glieder, als die einzigen wesentlichen und wahren Zierrathen der Baukunst« wiederzuentdecken.[22]

Eine Fassadenanalyse von St. Michael steht vor der Schwierigkeit, daß nicht eine Sehweise dominiert, sondern mehrere, die als gleichzeitige Projektionen wirksam werden. Wenn im folgenden die einzelnen, gleichsam übereinandergelegten »Folien« einzeln untersucht werden, ist dies nicht eine offene Sehmöglichkeit des Rezipienten, die eine beliebig von der anderen abzulösen. Dieses Vorgehen wird zunächst durch die Forderung nach übersichtlicher Darstellung gerechtfertigt. Gleichzeitig bietet es Ansätze zur Klärung ihres spezifischen künstlerischen Stellenwertes.

In der Fernsicht ist die Kirchenfassade bündig in die Flucht der Seitengebäude eingebunden. Entsprechend soll die Fassade zunächst nach ihren horizontalen Schichten: Untergeschoß, Obergeschoß, Turmgeschoß, analysiert werden. Ihrer Verselbständigung in der Nahsicht entspricht die vertikale Sehweise: die Analyse der beiden Türme und des vorbauchenden Mittelteils. Beiden Sehweisen fehlt heute – für das Erscheinungsbild der Fassade eine empfindliche Einbuße – die Basis: ein Treppensockel, der geplant, wahrscheinlich auch ausgeführt war und hier rekonstruiert werden muß. Die »Nahtstelle« von horizontaler Schichtung und vertikaler Reihung bilden die »Ordnungen«. Da ihre besondere Verwendung nicht nur J. M. Fischers künstlerische Leistung präzisieren kann, sondern auch wesentliche Ansätze für eine stilistische Würdigung bietet, sollen sie gesondert diskutiert werden. Damit verbunden stellt sich die Frage nach der Bedeutung der Farbigkeit der Fassade und ihren Oberflächenwerten.

8a Fassadenanalyse in der horizontalen Schichtung

Untergeschoß

Das dreiachsige Untergeschoß wirkt als zusammenhängender Unterbau. Diesen Eindruck bestimmen das ununterbrochen geführte, geschoßtrennende Gesims und die »Verdichtungen« zwischen Türmen und Mittelteil. Die Doppelsäulen des Mittelteils werden von Pilastertravéen flankiert, bündig an die schräg gestellten pilasterummantelten Turmpfeiler geschoben und damit in deren Mauerquerschnitt integriert. Die Sockel- und Gebälkteile interpretieren Doppelsäulen und pilasterummantelte Eckpfeiler auf zweierlei Weise: als »Dreier-Ordnung« mit angebundenen Seiten oder als Doppelsäulen mit flankierenden Pilastertravéen. Diese wechselnden Sehweisen schaffen die Voraussetzung für die später zu diskutierende vertikale Beziehung.

Durch ihren gleichmäßigen Abstand, die einheitliche Farbigkeit, die gemeinsame Sockelung und die durchgezogene Gesimslinie werden Säulen und Pilaster als Massiv zusammengefaßt. Ihre unterschiedliche, von innen nach außen abnehmende gravitätische Erscheinung beginnt diesen festen Stützenverband wieder zu lösen: Die inneren Säulen sind jeweils eng mit einer Pilasterrücklage verbunden und vermitteln den Eindruck unverrückbarer Festigkeit; ihnen gegenüber wirken die Mittelsäulen als freibewegliche Gelenke; der flach getreppte Pilastermantel gibt nur dünne Oberflächen, die mit der Plastizität der Doppelsäulen nicht konkurrieren können. Gleichzeitig durchtrennen die Interkolumnien zwischen Querschnittspilastern und Doppelsäulen auch Architrav und Fries, die als rückkröpfende Profile die freigesetzten Gebälkköpfe nicht mehr aneinander binden können. Die Doppelsäulen erscheinen als selbständige Motive aus dem Stützenverband isoliert und vom Wandquerschnitt gelöst. Dies betont auch der sich am Gesims wiederholende scharfgratige Wechsel von konkaven und konvexen schwach vorspringenden Sockelschwüngen.

Mit der Vereinigung der Doppelsäulen zu einem Massiv wird die Koppelung an die Pilaster gelöst, die sich nun mit den Pilastern der äußeren Turmkanten zu einer Travée zusammenbinden. Schräggestellt, mit quadratischem Querschnitt, scheinen sie das Untergeschoß an den beiden äußeren Kanten zu festigen und dem Mittelteil neues Gewicht entgegenzusetzen – ein Eindruck, der sich in der Schrägansicht verstärkt. Die gekehlten Rückschwünge der Pilaster antworten den raumgreifenden rundplastischen Säulen.

Die flüssige Ondulierung von konkavem Mittelteil und konvexen Eckpilastern wird durch gerade Wandfelder verbunden. Dünn hinterlegte, sich ebenfalls ambivalent verhaltende Rahmenformen betonen deren Flächenwirkung.

Die Rahmen schaffen als Rücklagen eine Massierung der Pilaster, die den Anschluß an die Doppelpilaster erreichen; zusammen mit dem Architrav grenzen sie sich von den Doppelsäulen entschieden ab und betonen die Eigenständigkeit der Travéen. Ihre Farbigkeit interpretiert die hochrechteckigen Wandfelder als Füllung, mit denen anstelle von Friesstücken schmale Wandstreifen korrespondieren. Entsprechend umrahmen auch die Doppelsäulen mit den Rücklagen die Portalwand, die ohne Architrav und Fries nach oben nur von einem Gesims begrenzt wird. Ihrer vorbauchenden Bewegung antwortet die tiefe Kehlung der hochaufragenden Portalnische, die – wie eine Zunge in weiches Gipsmaterial eingelegt – als Schnittfigur einen messerscharfen empfindlichen Grat stehen läßt. Die

*19
Berg am Laim, St. Micha[el]
Fassade, begonnen 1738,
Türme 1749–50 vollende[t]
Nischenfigur St. Michael
1911 erneuert*

Bauchung der Wand und der Sog der Kehlung lassen erstmals dahinterliegendes Raumvolumen erkennen – eine Wirkung, die die plastische Form der Doppelsäulen vorbereitet. Die Konsistenz der Wand scheint unstatisch, fast wie eine zwischen Pilastern und Gesimsstreifen ausgespannte Membran. Nur ein in die Nische reichender Kragstein verbindet die Schalformen mit dem tektonischen Gerüst.

Obergeschoß

Das scharfgratige Gesims und der massive Sockel schaffen für das Obergeschoß einen Neuansatz. Es variiert – bei geklärtem Kräftespiel zwischen Verfestigung und Abspaltung der »Ordnungen« – die Gliederung des Untergeschosses.
Deutlich sind Doppelsäulen und Pilastertravéen voneinander abgegrenzt. Dies wird erreicht durch die tief in Sockel und Gebälk einschneidende Nut, durch die aufgrund der Verkürzungen des Obergeschosses größeren Interkolumnien, das Fehlen der Rahmenformen und durch die Gesimse zwischen Pilasterpiedestalen. Sie gemeinsam schaffen eindeutige Zuordnungen. Nur das Gesims sucht oben horizontale Bindungen, die aber der motivische Neuansatz des Dreiecksgiebels, der den Mittelteil in seiner ganzen Breite überfängt, wieder aufhebt.
Giebel und Doppelsäulen bilden einen Ädikularahmen, der, wie eine Triumphpforte, die in einer doppelt gekehlten Nische stehende Michaelsfigur rahmt. Damit korrespondieren die in die Turmflanken eingeschnittenen hochrechteckigen Schallöffungen, die – wie unten gezeigt werden soll – für das ausponderierte Gleichgewicht der Bewegungslinien von großer Bedeutung sind. Profile führen von den Säulenkapitellen nach innen, markieren die Bogenansätze der Nischen und geben – dem Kragstein des Untergeschosses gleich – der dünn und unstofflich erscheinenden Wand Halt.

Glockengeschoß der Türme

Das Glockengeschoß der Türme setzt über dem scharfkantig auskragenden Gesims neu an und steht mit niedriger Sockel- und hoher Attikazone zu dem zweigeschossigen Risalitblock darunter in Distanz. Flankiert von der freigestellten Pilastergliederung öffnet sich über der Attika eine rundbogige Schallöffnung, deren Basis das Verbindungsstück der Pilasterpiedestale durchtrennt und deren Bogenansatz durch kurz ansetzende Gesimsstücke mit den Pilasterschäften verspannt ist. Nach oben stützen ein Schlußstein und nach innen ragende Architravstücke das Kreisprofil der Uhr. Damit entsteht ein an das »kommunizierende System« sansovinischer Prägung erinnerndes Lineament,[23] das auf der Wandfläche frei beweglich erscheint, ihr aber gleichzeitig Festigkeit gibt und sie als Wand konstituiert. Über den schräg gestellten Pfeilerecken schließt sich das auskragende Gesims – wie bei fast allen Fischer-Türmen – in einer schwungvollen sphärischen Aufwärtsbewegung zu einem Dreiecksgiebel,[24] der zu einem eigenen Helmgeschoß weiterleitet. In der Flucht der Eckpilaster setzen nach oben sich verjüngende Voluten an, die eine hochovale Schallöffnung rahmen. Ihr Keilstein ist mit einem nach oben schwingenden Gesims verbunden, das von einer Helmkappe mit ehemals vergoldetem Knauf bekrönt wird.

8b Fassadenanalyse nach der vertikalen Reihung

Türme

Der horizontalen Fassadenschichtung stehen kräftige Vertikaltendenzen gegenüber, die den Mittelteil und die Flankentürme als selbständige Bauteile deuten. Die Pilastergliederung der Türme ist in klassischer Superposition (toskanisch-ionisch-korinthisch) übereinandergestellt und faßt diese als dreigeschossige Blöcke zusammen. Dieses Emporwachsen wird von dem »Ordnungs«-Gerüst, den Wandflächen und den Wandöffnungen unterschiedlich gewertet.

Die klar begrenzten Wandflächen gewinnen – entgegen der traditionellen Verjüngung – nach oben an Fläche. Dem Glockengeschoß fällt, da optisch mit der Attika verbunden, das größte Gewicht zu. Aus demselben Grund scheinen sich auch die Pilasterhöhen nach oben nicht zu stufen. Daß dennoch der Eindruck organischen Emporwachsens entsteht, liegt an den Schallöffnungen, die das Flächengleichgewicht wieder annähernd herstellen: im Mittelgeschoß das kleine Hochrechteck, im Obergeschoß die größere Rundbogenöffnung (deren lichte Breite der Rahmenbreite des darunterliegenden Rechtecks entspricht), sowie die in ihrer Wirkung als »Öffnung« zu verstehende Kreisform der Uhr und das Oval im Helmgeschoß. Dieses Verhältnis zeigt, daß nach oben zu die Wandflächen immer feiner gegliedert werden: Dominiert im Untergeschoß noch die einförmige Wandfläche, wird diese im Mittelgeschoß von der rechteckigen Rahmenform strukturiert; die Wand des Glockengeschosses ist schließlich durch Leisten und Profile in lagernde und ragende Rechteck- und Zwickelformen gegliedert. Der vertikale Bewegungsfluß wird von der Korrespondenz der geometrischen Formen weiter unterstützt.

Zentrale Bedeutung für das optische Gleichgewicht der Türme und auch der Gesamtfassade fällt den Schallöffnungen des Obergeschosses zu. In die untere Hälfte eingeschnitten, nehmen sie auf das Wandfeld darunter Bezug, betonen durch ihre fast konzentrische Form die Bedeutung des Mittelgeschosses und stehen auch mit den Formen darüber in Beziehung. Veränderungen ihrer Größe, Form und Ponderierung in der Fläche würden das Gleichgewicht der gesamten Fassade empfindlich stören. Wie sehr diese Hochrechteckfelder als »kritische Motive« der Fassade zu verstehen sind, belegt ihre Entstehung. Ihre Größe und Form wurde erst bei der Endredaktion festgelegt. Ursprünglich großflächiger geplant, wurden sie durch spätere Abmauerungen in ihre heutige Form gebracht.[25]

Das differenzierte Verhältnis von Wandflächen und Wandöffnungen macht auf eine besondere Qualität der Kirchenfassade von St. Michael aufmerksam. Die ehemals geplanten Ädikularahmen der Schallöffnungen und die ebenfalls geplante, für eine Zweiturmfassade fast kanonische Dreiportalanlage hätten ihre formalen, ästhetischen und auch ikonographischen Qualitäten weitgehend zerstört.[26]

Mittelteil

Trotz der formalen und strukturalen Beziehungen zwischen Türmen und Mittelteil, der Zuordnung von dreieckigen Turmabschlußgesimsen und Dreiecksgiebel, oder der Angliederung der Säulenordnungen an den Querschnittspilaster: Der Mittelteil erscheint nach seiner architektonischen Gestalt und seinem ikonographischen Programm als eigenständiger, dem Mittelrisalit einer Schloßanlage vergleichbarer Bauteil. »Ordnungs«-Gerüst und Wandmodellierung interpretieren ihn als triumphale Torwand.

Über konvexem Grundriß sind Doppelsäulen in Superposition gestellt und werden von einem übergreifenden Dreiecksgiebel zusammengefaßt. Dieses Architekturgehäuse scheint in der Mitte aufzubrechen und dahinter eine zweite, zur plastischen Rahmenform in Kontrast stehende Schicht freizulegen – eine empfindlich gebogene Oberfläche, in die zwei große übereinandergestellte Rundbogenkehlungen eingeschnitten sind. Frei von horizontalen Einbindungen und als formal eigenständige Motive bewirken sie in der Mittelachse einen deutlichen Höhenzug. Die Nische im Untergeschoß durchstößt das Gebälk der rahmenden Ordnungen und reduziert es auf ein scharfgratiges Gesims; die Nische im Obergeschoß ist über die Gebälklinie hinausgeführt und scheint, da nicht nach dem Gesetz der Superposition verkürzt, die dreieckige Aufstellung des Giebels zu bewirken. Dem stumpf eingeschnittenen Portal unten entspricht die nochmalige Auskehlung oben.

Diese Nische mit der Michaelsfigur – von der Ädikularahmung als Triumphpforte gewertet[27] – ist das formale und inhaltliche Zentrum der Fassade. Ihre Dominanz wird neben der kräftigen Sockelung und dem unbeachtet gebliebenen Verkürzungsgesetz der Superposition durch eine geometrische Konstruktion festgelegt: Die Nische bildet das Zentrum eines gleichseitigen Dreiecks, mit der Fußlinie der rundbogigen Schallöffnungen bzw. den Verbindungslinien zum Scheitel des Kirchenportals als Seiten. In der Vertikalen stehen Portal und Figurennische in formaler und inhaltlicher Koinzidenz: Das Portal als Tor zum Gotteshaus, die Nische als (von der Bruderschaft und allen Gläubigen ersehntes und von Michael bewachtes) Tor zur »ewigen Seligkeit«.[28]

Die Qualität von Kirchen- und Himmelspforte wird auch von einer Inschriftenkartusche im Sinne barocker Rhetorik erläutert: »A Domino factum est istud et est mirabile in oculis nostris«. Psalm 17 verweist auf den »Herrn«, der das Kirchengebäude errichtet, das nun die Gläubigen staunend bewundern, d. h. auf Gott, (möglicherweise auch – wie im Zusammenhang mit der Ikonographie des Hochaltars gezeigt werden soll – auf den Bauherrn Clemens August?).

In diesem architektonischen Zusammenhang mußte Straubs Monumentalfigur des Erzengels Michael mit Schild und Donnerkeil in Händen als triumphales Zeichen des Sieges erscheinen. Seine Nische war wahrscheinlich ehemals farbig gefaßt. Diese These stützt sich auf Vergleiche im Werk Fischers und scheint wegen der Polarisierung der beiden Tormotive – als Pendant zu dem gelbumrahmten Eichenportal – sinnvoll.[29] In diesem Fall wären auch die heute haltlos im Weiß der Muldungen versinkenden zangenähnlichen Profile verständlich. Michael stand vielleicht – wie an der Fassade der Münchner Jesuitenkirche – vor schimmerndem Goldgrund, in die innere Kehlung der Blendnische wie in einen »Lichttabernakel« eingebunden:[30] So wäre Michael als »neuer Lichtbringer« gedeutet,[31] seine Fernwirkung wesentlich gesteigert und eine Einbindung der Nische in die Farbgestaltung der Fassade erreicht.

9 Rekonstruktion des Treppensockels

Beiden Sehweisen, der horizontalen und der vertikalen, fehlt heute – für den Gesamteindruck eine starke Einbuße – das Fundament. Die Pilaster- und Säulenstellungen des Untergeschosses scheinen mit ihren Sockeln im Boden zu versinken. Als Kontrapost zu dem schweren durchgezogenen Sockel des Obergeschosses war – wie die Kupferstichprojekte von 1740 und 1741 übereinstimmend zeigen – eine drei- bzw. vierstufige Treppenanlage geplant, die, breit gelagert und sich nach oben verjüngend, die Fassade emporheben und sie von unten festigen sollte. Die Stufenkanten sollten zu den scharfgratigen Gesimsen ein Gegengewicht bilden. Heute läßt die leichte Anböschung vor der Kirche den – anscheinend noch vorhandenen – Treppensockel nur mehr erahnen. Mit seiner Einebnung hat die Fassade ihr optisch notwendiges Fundament verloren.

10 Gestalt und Bedeutung der »Ordnungen«

Die Horizontal- und Vertikalanalyse der Fassade von St. Michael machte auf die besondere Bedeutung der »Ordnungen« aufmerksam. Sie sind zugleich Gliederungselement, Strukturelement und Würdemotiv. Ihre variable Funktion und ihre genetischen Vorbilder bzw. ihre direkte Abhängigkeit von Festlegungen der Architekturtheorie soll im folgenden untersucht werden.
L. C. Sturm, der maßgebende Theoretiker im deutschsprachigen Raum in der ersten Hälfte des 18. Jahrhunderts, sieht in den »Ordnungen« den »Grund der ganzen Baukunst«,[32] die »mit dem Stand und der Würde des Bau=Herrn oder Bewohners übereinkommen« müssen.[33] Für ihre Verwendung trifft Sturm folgende Festlegungen: »Man kan zwar die Kirchen auß allerhand Ordnungen bauen/ jedoch mit diesem Unterschid/ auff den Dörffern kan man aussen die Tuscanische Art gebrauchen/ in den Flecken die Dorische/ in den kleinen Städten die Jonische/ in den Fürstlichen Hoff=Städten die Römische/ aber in den Haupt=Städten die Corinthisch«.[34] Über die Verwendung der Säule sagt Sturm weiter, daß sie nur »zu publiquen Gebäuden oder Herren=Häusern« passe, genauer zu den sog. »Prachtgebäuden«, den anspruchsvollen Sakral- und Profanbauten.[35] Als Kriterium für ihren »öffentlichen« Charakter nennt er die Darstellung des Machtanspruchs als politische Kategorie. So müssen die »Herren=Höfe [...] darin der Landes=Fürst selbsten wohnet/ [...] auffs herrlichste außgezieret sein«.[36]
J. M. Fischers Außenbauten können als Beleg für die engen Zusammenhänge von theoretischer Forderung und praktischer Bauausführung gesehen werden: Fischer verwendete – den Festlegungen Sturms folgend – die anspruchslose toskanische und dorische Ordnung an den Außenbauten von Unering, Rinchnach, Osterhofen, St. Anna im Lehel und Aufhausen; die würdevollere »Jonica« – auf die ehrgeizigen Ansprüche des Propstes Herculan Karg abzielend – an der Fassade der Augustiner-Chorherrenstiftskirche in Dießen und wenig später – für die Augustiner-Eremiten – in Ingolstadt. Folgerichtig findet dann die Säule erstmals bei der Hofkirche des Kurfürsten von Köln Verwendung – auch wenn von Köglsperger eingebracht, der auf Vorbilder bei den Dientzenhofer, vor allem bei Cuvilliés

zurückgreifen konnte –, später auch an den Fassaden der Reichsstifte Ottobeuren und Zwiefalten.[37] Ihre Superposition bedeutete eine weitere Steigerung.

Die klassische Superposition – dorisch (toskanisch), ionisch, korinthisch – an der Kolosseumswand in Rom vorgebildet,[38] wurde seit der Architektur des Cinquecento als Zeichen hoher Würde eingesetzt und in der Theorie des Seicento entsprechend gewürdigt.[39] Mit den Türmen für S. Biagio in Montepulciano (nur einer vollendet) schuf Antonio da Sangallo einen Prototyp, der im cisalpinen Raum am Salzburger Dom aufgegriffen wurde.[40] Daß auch Fischer die klassische Superposition als Zeichen höchster Würde verstand, belegt einmal ihre ausschließliche Verwendung an den Kirchtürmen in Berg am Laim und Ottobeuren, seinen beiden Bauten mit dem höchsten Anspruchsniveau. Unüblich im süddeutschen Raum war im 18. Jahrhundert die Verwendung der Superposition auch an der Fassadenwand, wie sie Fischer an der Michaelskirche vorführt. Sturm empfiehlt nämlich – gleich den französischen Theoretikern, wie z. B. C. Perrault[41] – für Sakralbauten die Kolossalordnung: »Wenn man Säulen oder Pilaster zu gebrauchen gesonnen ist, da können die durchgehenden Säulen, welche nemlich durch das gantze Gebäude hinauf reichen, [...] sehr viel Stärcke und Majestät eines Gebäudes vermehren«.[42] Gegenüber dieser Empfehlung, von Fischer an all seinen Kirchenfassaden berücksichtigt – bildet St. Michael eine Ausnahme.

Die Superposition gilt – wegen der oben nachgewiesenen Planbeteiligung Cuvilliés' an der Michaelsfassade beachtenswert – in der französischen Architekturtheorie des 17. und 18. Jahrhunderts als Kennzeichen von Profanbauten.[43] Die Doppelgeschossigkeit der Fassadenwand von St. Michael, bisher aus der Einbindung in die Flankengebäude und aus dem Konzept der »Schauseite« erklärt, ist damit auch theoretisch fundiert. Als »profaner«, mit den Seitenpavillons korrespondierender Mittelrisalit macht er gleichsam feudalistische Ansprüche des Kölner Kurfürsten und Fürstbischofs geltend.

Die direkte Abhängigkeit der »Ordnungen« der Fassade von St. Michael von den Festlegungen der Architekturtheorie belegt ihr Einsatz als Würdemotiv. Ihre Bedeutung als Gliederungselement konnte die Analyse nach der horizontalen und vertikalen Sehweise zeigen. Ihre Verwendung als Strukturelement resultiert aus ihrem besonderen Verhältnis zur Wand.

Die Säulen stehen vor dem konvex ausbauchenden Mittelteil und sind gegen die Mittelachse durch Pilasterrücklagen eng mit der Wand verbunden. Nach außen sind sie in einer Flucht an die schräggestellten Turmpfeiler geschoben, so daß die Säulen, in den Wandquerschnitt eingestellt, als Artikulation von Wand erscheinen. Diese Sehweise unterstützt das Verhältnis der Wandschichten zueinander: Der gekurvte Mittelteil scheint sich zwischen den Türmen so weit nach vorne zu schieben, bis die Pfeilerschrägen der Türme diese Bewegung verhindern. Der Mittelteil suggeriert, obwohl um Pfeilerstärke rückversetzt, eine Vorwärtsbewegung. Dieses Vordrängen des Mittelteils bewirken die Doppelsäulen, die leicht aus der Flucht der Turmpfeiler vorkragen und hier als gravitätische Fortsetzung der Wand aufgefaßt sind. Anders gesagt: Mauersubstanz verdichtet sich zunächst nur an den Ecken der Türme (eine Wirkung, die der dünn aufgelegte Pilastermantel sofort wieder kaschiert), wird nach innen über die Säulen fortgesetzt, wo sie an den Pilasterrücklagen scharfkantig abbricht und einen »zweiten Mauerkern« freisetzt. Die Fassade ist zweischalig. Die Doppelsäulen verhalten sich gegenüber den Wandschichten ambivalent: Sie sind der Wand vorgelegt, in die Wand eingestellt und selbst Wand. Diese Besonderheit, und damit auch ihr grundlegender Unterschied zur römischen Prachtsäule, soll ein Exkurs veranschaulichen.

*20
Berg am Laim, St. Michael
Fassade Untergeschoß*

*21
Turin, Porta del Po,
Entwurf von
Guarino Guarini
nach dem Stich der
›Architettura civile‹, 1737
Ausschnitt*

Seit der römischen Antike werden Säulen als Applikation benutzt. Sie entsprechen keinen integralen, statisch-konstruktiven Erfordernissen der Wand, gehören also nicht direkt zur Wandstruktur, sondern sind selbständige Gliederungsmotive, deren »genera« Rang und Ausdruck des Gebäudes bestimmen. Eine solche Verwendung der Säule beschreibt H. Sedlmayr in den »Fünf römischen Fassaden«:[44] Die Säulen sind in einer »vordersten Schicht« der Wand vorgeblendet, die erst durch sie, je nach ihren formalen Zusammenhängen, als individuelle Fassade Gestalt gewinnt. »Würde man diese vordere Schicht ablösen, so würde sie [die Fassade] jeden Zusammenhang verlieren«.[45] Die Säule als appliziertes Gliederungs- und Würdemotiv geht eine unterschiedlich enge Bindung mit der Wand ein, ohne je ihre motivische und formale Eigenständigkeit zu verlieren oder gar selbst »Wand« zu werden. Die wichtige und bisher wenig beachtete Frage der Antikenrezeption im 17. und 18. Jahrhundert[46] ist für uns nur so weit von Interesse, als festgestellt werden darf: Es ist diese Form der antikisierenden römischen Prachtsäule, die den Innenraum der Münchner Theatinerkirche gliedert und von hier in der süddeutschen Barockarchitektur weitertradiert wurde.

Die Säulen an der Fassade von St. Michael stehen nicht innerhalb dieser römischen Tradition. Maßgebend wurde statt dessen das architektonische Werk Guarino Guarinis. Guarini, der 1679 für die Prager Theatinerkirche Projekt gebliebene Entwürfe lieferte, hatte mit seinem 1686 erstmals publizierten Stichwerk »Dissegni d'Architettura civile et ecclesiastica« – einer Sammlung der Grundrisse, Schnitte und Ansichten seiner Entwürfe – die Architekturentwicklung nördlich der Alpen nachhaltig beeinflußt.[47] Da seine Bedeutung für die Genese von St. Michael im Zusammenhang mit dem Innenraum dezidierter angesprochen werden soll, genügen an dieser Stelle kurze Hinweise. 20 21

Der Einsatz der Säule als Strukturelement hat die Zweischaligkeit der Wand zur Voraussetzung. Sie ist in beinahe allen Guarini-Entwürfen, wie beispielsweise dem für die Prager Theatinerkirche (Tav. 19 und 20), präformiert[48] und fand in der Laurentiuskirche in Deutsch-Gabel und der Dreifaltigkeitskirche in München eine direkte Nachfolge.

Der Grundriß von S. Maria de Ettinga zeigt zwischen zwei konkaven Anschwüngen eine konvexe, um eine Schicht zurückspringende Portalwand. In die Wandstufe ist eine Säule gestellt, die der Portalwand vorgelegt und in den seitlichen Wandquerschnitt integriert ist, also als deren direkte Verlängerung gewertet werden muß. Der Eingang treppt – den Pilasterrücklagen von St. Michael vergleichbar – nochmals zurück.

In dem »ersten konsequenten Bau guarinesker Richtung nördlich der Alpen überhaupt«,[49] Hildebrandts Laurentiuskirche in Deutsch-Gabel, liegt die Portalwand ebenfalls in einer tieferliegenden Schicht, die beiderseits von Flügeltravéen überschnitten wird. Hier veranschaulichen pilastergegliederte Wandstücke den Wandaufbruch und die dahinterliegende Wandschicht. Anstelle der massigen Flügeltravéen sind in St. Michael die Doppelsäulen getreten, die damit ihre genetische Herkunft von der Wand erkennen lassen. 22

Für die Fassadengenese der Michaelskirche kommt Viscardis Münchner Dreifaltigkeitskirche – ein frühes Beispiel der Guarini-Rezeption im süddeutschen Raum – besondere Bedeutung zu. E. Hubala wies ihre Abhängigkeit von Guarinis Werk und Hildebrandts Laurentiuskirche nach.[50] Ihre direkt mit Prag verbundene Entstehungsgeschichte und die in Prag und im böhmischen Bereich absolvierte Lehre ihres Bauführers J. G. Ettenhofer weist auf weitere Zusammenhänge.[51] Wenn in bisherigen Hinweisen auf die Fassade von St. Michael Bezüge zur Prager Niklaskirche und die Wallfahrtskirche in Lechwitz angesprochen wurden,[52] sind damit motivische Gemeinsamkeiten erkannt, nicht aber deren direkte Wurzeln im architektonischen Werk Guarino Guarinis. 23

22
*Deutsch-Gabel, ehem.
Dominikanerkirche St. Laurentius,
Fassade, Johann Lukas von
Hildebrandt, ab 1699*

23
*München, Dreifaltigkeitskirche,
Fassade, Giovanni Antonio Viscardi,
ab 1711*

Fischer und Köglsperger wurden auf ihrer Wanderschaft durch Böhmen und Mähren mit einer von Guarini beeinflußten Architektur vertraut, wahrscheinlich sogar auf seinen Entwurf für S. Maria de Ettinga in Prag direkt aufmerksam. Konkreten Anlaß für eine Beschäftigung mit Guarini konnte für die Planer von St. Michael freilich auch die neuerliche Publikation der Guarini-Entwürfe – seine architekturtheoretische Schrift »Architettura civile« – geben, die 1737, also gleichzeitig mit der beginnenden Planung in Berg am Laim, publiziert wurde.[53] F. Cuvilliés könnte auch hier eine vermittelnde Rolle zugefallen sein, der als Hofarchitekt leichten Zugang zu architektonischen Vorlageblättern und architekturtheoretischen Schriften hatte.[54]

11 Farbigkeit und Oberfläche

In ihrer Arbeit zur »Farbigkeit in bayerischen Kircheninnenräumen des 18. Jahrhunderts« beschrieb U. Spindler-Niros ein in dieser Zeit selten auftretendes Phänomen: »Struktive Architekturglieder heben sich farblich von den weißen Wandflächen ab«.[55] Diese vor Innenräumen getroffene Feststellung charakterisiert im besonderen Maß auch die Fassade von St. Michael in Berg am Laim.
Die Farbe liegt als selbständiger Wert auf Architekturgliedern und Wand und bildet Oberflächen. Pilaster, Säulen, Sockel-, Gebälk- und Rahmenteile sind gleichfarbig gelb gefaßt und fügen sich zu einem Orthogonallineament, das Horizontal- und Vertikalbeziehungen kennzeichnet, Flächen teilt und zueinander ordnet und gleich einem Stützkorsett den weißen Wandflächen Halt zu geben scheint. Die Fassade wird nicht mehr struktiv durch die von den »Ordnungen« konstituiert, sondern von der Ordnung der Farb- und Flächenmuster: ragende und lagernde Gelbflächen alternieren mit weißen. Ihr gleichsam tektonisches System wird an den Gebälkteilen besonders deutlich.
Im Turmuntergeschoß sind die Architravstücke mit den Pilasterrücklagen zu Rahmen-Motiven zusammengefaßt. Anstelle des Frieses darüber ist nur mehr ein schmales Band des weißen Wandgrundes zu sehen. Das scharfgratige Gesims zeigt vornehmlich lineare Qualitäten und steht zu den übrigen Gebälkfragmenten in keinerlei genetischem Zusammenhang. Fries und Füllwand sind im Gegenteil als gleichwertige Bestandteile gewertet, von gleicher Konsistenz. Damit ist die traditionelle statisch-struktive Aufgabe des Gebälks aufgelöst und in neuem dekorativem Zusammenhang zu sehen. Tektonische Festigkeit steht in Abhängigkeit von Form- und Farbkontrasten. An dieser Änderung des »Ordnungs«-Systems hat die Stofflichkeit der Wand wesentlichen Anteil.
Die Wand des Turmkerns ist nackt, nicht geschichtet, eine plane Fläche. Der Rauhputz läßt zunächst noch an materielle Dichte von Mauersubstanz denken. Zusammen mit dem Weiß des Anstrichs und dem einwirkenden Licht geht sie eine enge Bindung ein. Die Wandfläche ist damit nicht mehr bloß Oberfläche der zugrundeliegenden Form; sie gewinnt Eigenleben und verselbständigt sich. Wand erscheint nicht mehr als Bausubstanz, sondern als Ausdruck von Helligkeit.
Diese Sehweise ist für die feinverputzte Mittelachse noch adäquater. Licht und weißer Anstrich gemeinsam interpretieren diese innere Wandschicht nurmehr als zart gebogene, dünn gespannte lichthaltige Schale.[56] Der Wechsel von Konkav und Konvex schafft, im

Gegensatz zu den geraden Turmflächen, fein nuancierte Hell- und Dunkel- bzw. Licht- und Schattenwerte, die mit der Oberfläche identisch zu werden scheinen. Als Schnitte der gegenläufigen Membranen bleiben feinlinige Grate stehen, die die Sensibilität der Oberfläche steigern.

Die Farbigkeit der Fassade von St. Michael in Berg am Laim erweist sich damit als wesentliches künstlerisches Kalkül. Sie bestimmt maßgeblich die unterschiedlichen Erscheinungsformen von »Wand«.

In der Mittelachse ist ein Höchstmaß an Ent-Materialisierung, an lichthaltiger Substanzlosigkeit erreicht. Die Weißflächen der Flanken sind graduell fester, vermitteln den Eindruck von »Wand« jedoch vor allem wegen der gerüsthaft zueinander geordneten Flächen und Bänder. Ambivalent ist schließlich das Verhalten der »Ordnungen«: Sie erscheinen einerseits – was die Formanalyse bestätigt – als architekturkonstituierendes Gerüst; dieses wird andererseits nur mehr von Farboberflächen gebildet. Ihr Verhältnis zur Wand ist das von »Muster auf Grund«.[57] Damit ist ein an das Rocaille-Ornament erinnerndes Paradox angesprochen, »mit seiner eigentümlichen Art sich halb und halb vom Grund zu lösen, ihn zu negieren und zugleich zu bejahen«.[58] Ein kurzer Exkurs soll Klärung schaffen.

Das Verhältnis der Rocaille zur Wand, oder besser, ihre Tendenz, sich vom Grund zu lösen, hat H. Bauer eingehend beschrieben: »An keiner Stelle kann man sie als von der Wand hervorgebracht bezeichnen. [...] Sie rollt sich von ihr weg. [...] Die Wand hinter dem Rokokoornament ist unsubstantiell, sentimentalisch leer wie unbemalte Leinwand«; es kommt zu einem »Verlust altherkömmlicher Architekturprinzipien«.[59] In Erweiterung des »Nordenfalkschen Gesetzes«[60] stellt Bauer fest, daß die Verselbständigung der Rocaille proportional zu ihrer Loslösung von der Wand, dem Ornamentträger, gesehen werden muß.[61] Darüber hinaus scheint es einen Zusammenhang zu geben zwischen der Verselbständigung der Rocaille, ihrer immer stärkeren Loslösung von der Wand und ihrer immer deutlicheren ikonographischen »Aufladung« – bis sie schließlich »abraschelt« (Pinder) und nur mehr die emblematischen Bildinhalte als Versatzstücke beziehungslos an der Wand bleiben.[62] Die Rocaille war nie flächenfüllend, sondern immer nur Affix. Sie wurde an den »kritischen Stellen« der Architektur als verbindendes Element angebracht – etwa wo zwei unterschiedliche architektonische Motive wie Arkadenbogen und Wölbung aneinanderstoßen, wo ein Leistenwerk abbricht oder seine Richtung ändert. Neben dieser tektonischen Eigenschaft ist die Rocaille »Stimmungsträger«. Sie kann – wie auf einem Cuvilliés-Entwurf für eine Bettnische – selbständig »Nacht« thematisieren und sich gleichzeitig mit entsprechenden Emblemen (hier einem schlafenden Hund und einer brennenden Kerze) als Bild zusammenschließen.[63] Es läßt sich feststellen: Die Rocaille ist Ornament; ihr tektonischer, bildhafter und ikonographischer Grad bestimmt ihre Bindung an den Ornamentträger Wand und deutet diese hinterfangende Fläche als Dekoration.

Das Verhältnis von »Ordnung« und »Wand« an der Fassade der Michaelskirche ist dem von Rocaille und Wand direkt vergleichbar. Die »Ordnungen« zeichnen ein »Muster auf Grund«, definieren sich gerade aus ihrem Verhältnis zum Wand-Grund. Ebenso läßt sich das »Ordnungs«-Muster als »Bild« aus verschiedensten Form- und Farbwerten erfassen,[64] das dabei – im Unterschied zur ikonographisch aufladbaren Rocaille – zu Metaphern von Tektonik und Festigkeit reduziert wird. »Ordnung« verhält sich auf »Wand« wie eine Dekoration.

Damit sind Erweiterungen des tradierten »Ordnungs«-Begriffes vorgenommen, die für eine stilistische Würdigung der Fassade von St. Michael neue Kriterien bieten. Die »Ordnungen« legen eine allgemeine »Ordnung« fest, eine Form- *und* Farb-»Ordnung«, die auch das harmonische, proportionale und berechenbare Verhältnis aller Einzelteile zueinander und zum Ganzen regelt.[65] Der Unterschied zwischen »ordo«, »ordinatio« und »genera columnarum« – von Vitruv trotz aller Begriffsunschärfen deutlich voneinander abgesetzt – scheint aufgehoben.[66] Damit ist die Frage nach der Bedeutung und dem Stellenwert der vitruvianischen Kategorien im 18. Jahrhundert gestellt.

12 »Ordnung« und »Verzierung« – Ansätze für eine Erweiterung von »Rokoko« als Stil-Begriff

Mit dem Erscheinen von N. Goldmanns Traktat »Vollständige Anweisung zu der Civil=Bau=Kunst« (1696) – von seinem Herausgeber L. C. Sturm für die Baupraxis als bestens geeignet vorgestellt[67] – wurde der bis ins ausgehende 17. Jahrhundert geltende Einfluß der italienischen Theoretiker (Alberti, Serlio, Palladio, Vignola, Scamozzi) auf die deutsche Architektur beendet.[68] Auch für Goldmann gelten die vitruvianischen Kategorien, wenn er sagt: »Die Bau=Kunst ist diejenige/ welche die Gebäude rechtschaffen angeben lehret; es werden aber dieselben rechtschaffen angegeben/ wenn sie starck, bequem und zierlich seyn«.[69] Im weiteren ist bei ihm nur angedeutet, was bei den anderen deutschen Theoretikern in der ersten Hälfte des 18. Jahrhunderts faßbar wird: Die Überschneidung bzw. synonyme Verwendung der Kategorien. »Zierlichkeit«, »Zierrathen«, »Auszierung« und »Schönheit« werden gleichbedeutend verwendet, darunter auch die ästhetischen Kategorien »Proportionen«, »Symmetrie« und »Eurythmie« subsumiert und gleichwertig der »Stärke« und der »Bequemlichkeit« gegenübergestellt.[70]

In der »Anweisung der Civil=Bau=Kunst« (1752) eines Anonymus heißt es: »Was nun [...] die Zierlichkeit belanget, so besteht selbige vornehmlich in den fünferley Arten der Säulen«.[71] Über diese sagt Sturm: »Die Säulen seyn zierlich bereitete Stützen/ mit welchen die Gebäude nicht eben allein ausgezieret/ sondern auch zur Langwierigkeit gestützet werden«.[72] Mit der genannten Stützfunktion der Säule – im Gegensatz zu ihrer Verwendung als Gliederungs- oder Würdemotiv – kann von Seiten der Architekturtheorie bestätigt werden, was in der Analyse der Fassade von St. Michael als »Strukturelement« bezeichnet wurde. Gleichzeitig wird faßbar, daß die »Ordnungen« sowohl die »Dauerhaftigkeit« wie die »Zierlichkeit« der Architektur bestimmen.

Zeitgleich und parallel scheint neben der dominanten Rolle, die die »Zierlichkeit« in der Architekturtheorie der ersten Hälfte des 18. Jahrhunderts einnimmt, die Bedeutung des Rocaille-Ornaments zu verlaufen. Letzteres wurde neben Architektur und Fresko als dritte »anschaulich-konstitutive« Kategorie der Rokokokirche bezeichnet.[73] Ihre besondere Fähigkeit, tektonische Aufgaben übernehmen, ja selbst Architektur werden zu können,[74] verweist auf die ursprüngliche Verwendung des Ornament-Begriffs: »Ornamento« bezeichnet bei Vitruv und seit dem 16. Jahrhundert ein Architekturglied, das Gebälk der Säulenordnungen.[75] Bezeichnenderweise ist noch in den deutschen Vignola-Ausgaben des 18. Jahrhunderts von den Gebälken und Gebälkteilen als den »Ornamenten oder Verzierungen« die Rede.[76] Entsprechend überschreibt auch J. A. Bergmüller das Titelblatt einer Serie architektonischer Vorlageblätter als »Gantz neu sehr nützliche Säulen und andern Ornamenten«.[77]

Obwohl einerseits die »Ordnungen« in der Architektur und der Architekturtheorie des 18. Jahrhunderts »der Grund der gantzen Baukunst« bleiben,[78] machen andererseits gerade sie eine Erweiterung des »Ordnungs«-Begriffes notwendig, indem – wie es Sturm und Penther übereinstimmend formulieren – sich alle Teile zueinander schicken müssen.[79] Mit Nachdruck wird dem tektonisch-strukturalen Bereich der Architektur ein ästhetischer gegenübergestellt.

Die Ergebnisse der Fassadenanalyse von St. Michael werden von Seiten der Architekturtheorie bestätigt: Das paradoxe Verhalten der Säule zwischen »Strukturalität« und »Ornamentalität«. Damit ist für sie ein »transitorisches Verhalten« angedeutet, wie es Bauer im Zusammenhang mit der Rocaille beschreibt und zu dem Schluß kommt: »In allen Fällen aber bezeichnet das Vorkommen des Motivs eine Haltung, die zweifellos als Stil zu bezeichnen ist«.[80] Aus diesem »transitorischen Verhalten« der »Ordnungen« sollen im weiteren erstmals Ansätze für eine stilistische Würdigung der Rokoko-Architektur gewonnen werden.

Heute scheint der Zusammenhang zwischen Rocaille und Rokoko bzw. dessen Festlegung als »Ornament-Stil« bzw. »ikonologischer Stil« außer Frage.[81] Doch führt diese einseitige Definition des »Rokoko«, da nicht auf alle Gattungen zu übertragen, in letzter Konsequenz zur Aufgabe dieses Stil-Begriffs.[82]

F. Kimball ging der Entstehung und Entwicklung der Rocaille in französischen Dekorationsentwürfen und Innendekorationen seit Beginn des 18. Jahrhunderts nach und beschränkte das Rokoko auf den französischen Dekorationsstil.[83] Bauer lieferte mit seiner Untersuchung zum Wesen der »forme rocaille« einen Schlüssel zum Verständnis des Rokokoornaments und legte den Stilbegriff in seiner bis heute anerkannten Form fest: Die Rocaille kann gleichzeitig Randornament, Bildgegenstand und Architektur sein und wird erst in der Bayerischen Rokokokirche zum Strukturprinzip.[84] Als ihr wesentliches Kriterium nannte B. Rupprecht gleichzeitig die »Rahmenzone«:[85] Die Rocaille vermittelt zwischen den Realitäten der Architektur als betretbarem Bild und dem Deckenbild als Bildraum; an dieser Stelle zeigt sich ihre Qualität als die des »Übergangs schlechthin«.[86]

Schwierigkeiten bei der Anwendung eines so gefaßten Stil-Begriffs werden evident, will man die Fassade der Michaelskirche mit diesen Kriterien hinterfragen,[87] da weder applizierte Rocaillen noch ornamentale Deformationen der Architekturglieder erkennbar sind. Diese mangeln ebenso den Außenarchitekturen F. Cuvilliés' – jenem von der Forschung einmütig anerkannten Propagator des Rokoko in Deutschland –, über die W. Braunfels feststellt, daß »der Dekorateur Cuvilliés beinahe vollständig auf jeglichen ornamentalen Schmuck verzichtet«.[88] Daraus resultiert eine für das Rokoko notwendige Erweiterung stilistischer Kriterien.

Als den einen Pol des »Süddeutschen Rokoko« haben jüngst H. und A. Bauer das architektonische Werk Dominikus Zimmermanns als »Ornament-Architekturen« gewürdigt.[89] In das Umfeld der Wessobrunner Stukkatoren eingebunden, begann Zimmermann seine Arbeit mit Stuckmarmoraltären, die – aufgrund des Materials bereits ein Paradox – seine besondere Leistung als Architekt bzw. Prinzipien seiner Architektur erkennen lassen: Aus weicher Gipsmasse, aus der ornamentalen Modellierung entstehen feste Strukturen. Die paarweise aufgestellten Stützen des Laienraumes der Wies sind nicht mehr kanonische Architekturglieder, sondern aus der ornamentalen Verschleifung des Vierkantpfeilers und der Säule entstandene Mischformen. Am weitesten entfernt sich Zimmermann vom kanonischen Architektur-Begriff im Chor der Wies. Über blauen Stuckmarmorsäulen setzen Arkadenbögen an, die, in ihrer Schnitt- und Linienführung bereits am Ansatz als Ornament – als gebautes Bandlwerk – erkennbar, schon nach kurzem Bogenverlauf nach unten in freihängenden schweren Rocaillen auslaufen. Architektur ist nicht mehr mit Ornament besetzt, sondern ist substantiell selbst Ornament.

Gegenüber diesem End- und Höhepunkt einer »Ornament-Architektur« nimmt St. Michael in Berg am Laim eine antipodische Stellung ein. Fischer baut nicht – wie Zimmermann – Architektur aus weicher Ornamentsubstanz. Sein Ausgangspunkt ist das klassische Architekturvokabular, das er in Stofflichkeit und Substantialität verändert, vom Kern her entmaterialisiert, bis es – wie am Beispiel der Säule gezeigt – nur mehr als »Chiffre« an der Oberfläche stehenbleibt. Architektur entsteht nicht mehr als Organisation von Bausubstanz, von tragenden und lastenden Teilen, sondern aus scheinbar schwerelos aneinandergefügten und miteinander korrespondierenden Oberflächen- und Farbwerten, Graten und Schnitten. Eine Voraussetzung für die Ausbildung einer solchen »Oberflächen-Architektur« liegt in ihrer besonderen Affinität zum Licht, das tektonische Masse als dünne Schalformen und Membranen interpretiert.[90] Das vitruvianische System scheint an der Fassade von St. Michael aufgebrochen und ins Gegenteil gekehrt. Das lastende Gebälk ist auf dekorative Zusammenhänge von Farb- und Flächenwerten reduziert. Deren sich gegenseitig bedingendes Verhalten wird zum neuen »Ordnungs«-Prinzip mit einer neuen »firmitas«. Die klassischen »Ordnungen« sind nur mehr ornamentale Reduktionen, an die Oberfläche geholte »Zierlichkeit«, die Fassade selber erscheint nur mehr als dekorative Festarchitektur.[91]

Kap. III Grundriss

Eine Analyse des Grundrisses von St. Michael in Berg am Laim steht bisher aus.[1] Sie trägt zur Klärung des Innenraums bei und sei deshalb vorangestellt.

24 Eine querovale Eingangshalle öffnet sich in eine Abfolge von drei Zentralräumen: Bruderschaftsraum, Ritterordensraum und Altarraum. Sie sollen aus Gründen übersichtlicher Darstellung und ihrer eingangs bereits angesprochenen Tendenz zu räumlicher Verselbständigung zunächst aus ihrer engen Verknüpfung isoliert und einzeln besprochen werden. Raumverbindende Faktoren sind die »Ordnungen« und die geometrische Struktur, die gesondert diskutiert werden sollen.

1 Die Struktur der Einzelräume

Bruderschaftsraum

M. Hauttmann machte beim Grundriß des Bruderschaftsraumes auf das »unausgesprochene Schwanken zwischen verschiedenen Figuren« aufmerksam: »Kreis, [Quadrat], Achteck und griechisches Kreuz sind fließend ineinander gearbeitet; sobald man eine herauslösen will, macht eine andere ihre Ansprüche geltend.«[2] An den jeweiligen Schnitt- bzw. Kulminationspunkten dieser Grundrißfiguren stehen acht aus Pilasterpfeiler und Dreiviertelsäule bestehende Stützen, die über gemeinsamem Sockel als Massiv zusammengefaßt sind. Ihre Gestalt und räumliche Ausrichtung haben Anteil an der sich ständig neu konstituierenden Grundrißform, lassen aber eine motivische Eigenständigkeit erkennen, die raumbestimmend ist.

Die Stützen folgen nicht – wie in Fischers gleichzeitigen Kirchenräumen in Ingolstadt und Aufhausen – dem Achsenkreuz, sondern sind schräg gestellt. Dadurch wird ihre paarweise Zuordnung doppeldeutig und der Rangunterschied von Haupt- und Nebenachsen aufgehoben.

In den Hauptachsen folgen die Stützen der Bogenlinie eines sich nach außen schließenden Kreises, der ihre Stirnseiten so weit auskehlt, daß die Sockel spitz aufeinander zuweisen und deutliche Raumzäsuren setzen. In den Nebenachsen sind die Stirnseiten der Pilasterpfeiler mit der jeweils dazwischengespannten, weich gemuldeten Bogenwand orthogonal gestellt. Dieser Diagonalverband aus drei sich schneidenden Kreisen wird zum beherrschenden Raummotiv; er grenzt Raum aus und schafft Bewegung.

Ebenso wirken die Stützen als selbständiges Gerüst, da die diagonale Bogenwand aus der Pilasterflucht leicht rückversetzt und auf der Innenseite zusätzlich durch eine Nut abgetrennt ist. Obwohl eng in das Stützenmassiv integriert, ragen die Säulen in den Hauptachsen freibeweglich nach innen und bilden eine Gelenkfunktion aus, die den scharfkantigen Raumabschlüssen der Sockel entgegentritt. Die Querachsen öffnen sich in seichten Konchen, die gleich einer Klammer die Diagonalen miteinander verbinden. Mit engkurvierter Wandführung hinterfangen sie die Stützen, erscheinen für das Diagonal-Motiv als Anschwung, der ihnen am Übergang zu den geraden Wandstücken mit gekehlten Pilastern antwortet. Die Säulen am Übergang zum Ritterordensraum schaffen einen direkten Raumabschluß und fungieren als Bindeglieder; zur Eingangshalle sind sie hingegen durch zwei kurze Verbindungsstücke abgesetzt.

Ritterordensraum

Der Ritterordensraum erscheint als vereinfachte Variante des Bruderschaftsraumes. Säulen markieren die Eckpunkte eines Oktogons. Ihre quadratischen Sockel folgen der Diagonalen, so daß sie, eng aneinandergerückt, als Paare wirksam werden. Auch hier weisen in den Hauptachsen die Sockelkanten aufeinander und schaffen räumliche Ausgrenzungen. Gleichwohl scheinen diese wegen ihrer Geradlinigkeit durchlässiger als die gekehlten Sockel des Bruderschaftsraumes.
Wand hat hier – wie schon im Bruderschaftsraum – nur sekundäre Bedeutung. In den Diagonalen ist sie weit hinter das Stützengerüst rückversetzt, so daß die Sockel freigestellten Wandvorsprüngen gleichen. Dazwischen sind im Nordwesten und Südwesten die Zugänge zu den flankierenden Sakristeiräumen eingelassen. Die Längswand ist so weit an

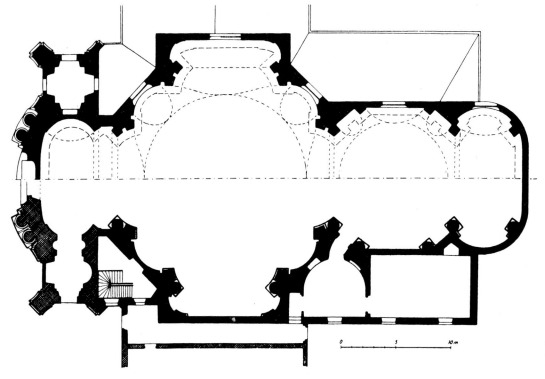

24
Berg am Laim, St. Michael
Grundriß

das Stützengerüst geschoben, daß sie die Säulen bis zur Hälfte überschneidet und von den Sockeln nur mehr schmale »Nasen« sichtbar läßt.

Das Verhältnis von Wand und Säulen ist ambivalent: Nach außen werden die Säulen von der Wand zu einem beträchtlichen Teil überschnitten, sind in sie eingebunden; nach innen erscheinen sie, von den diagonalen Wandzungen weitgehend losgelöst, als »Freisäulen«. Diese leiten weiter zum Altarraum.

Altarraum

Der querliegende Altarraum schließt die Raumfolge ab. Sein »Oval« ist formal nicht auf den Bruderschafts- und Ritterordensraum bezogen, korrespondiert aber in Kehlung und geradem Wandschluß mit Eingangshalle und Querkonchen. Dagegen binden die Umfassungsmauern Ritterordens- und Altarraum als Einheit zusammen, die gemeinsam zu dem Bruderschaftsraum in deutlicher Distanz stehen.[3]

Die Zahl der Stützen ist von jeweils acht im Bruderschafts- und Ritterordensraum auf vier reduziert. Die Säulen markieren den Übergang von Geraden und Krümmungen, sind also schräg gestellt, so daß die Sockelkanten aufeinander bezogen sind.

2 Die Einheit von Bruderschafts-, Ritterordens- und Altarraum

Bisher wurden Bruderschafts-, Ritterordens- und Altarraum als Einzelräume besprochen. Raumverschleifungen verhindern neben der jeweils individuellen Grundrißgestaltung vor allem die an den Raumübergängen kantig aufeinander zuweisenden Sockel. Gerade an diesen Stellen schaffen aber die als Gelenke agierenden Säulen deutliche Verbindungen, unterstützt von einer raumübergreifenden Grundrißgeometrie. Den Säulen am Übergang zu Ritterordens- und Altarraum fällt eine besondere Aufgabe zu, da sie jeweils an der Struktur zweier Räume Anteil haben.

Die Funktion der Säulen

Die Säulen der Längsachse liegen in einer zur Mittelachse parallelen Flucht. Vom Eingang gesehen schließen sie sich zu einer Dreier-Kolonnade zusammen, die sich aufgrund zentralperspektivischer Gesetzmäßigkeiten nach innen und hinten zu verkürzen scheint. Die »optische« Verkürzung wird durch eine geometrische verstärkt: Die Sockelkanten teilen Ritterordens- und Altarraum im Verhältnis 2:1. Entsprechend dieser Strecken- und Raumteilung verhalten sich die Säulen. Am Eingang zum Ritterordensraum eng mit dem Pilasterpfeiler und an der Altarrückwand eng mit der Wand verbunden, veranschaulichen sie an diesen Stellen – gleichsam als Konstanten – ihre Unverrückbarkeit. Die Freisäulen dazwischen wirken als »Parameter«. Von dieser maßstäblichen Ponderierung ist der Bruderschaftsraum ausgeschlossen.

Die Bedeutung der gekehlten, spitz aufeinander zuweisenden Stützenmassive für die Separierung des Bruderschaftsraumes wurde schon angesprochen. Diesen Eindruck einer

Zäsur verstärken vom Eingang gesehen die achsensenkrechten Innenseiten der Pilasterpfeiler, die eine Weiterbewegung hemmen. Raumübergreifende Funktion besitzt die Ausrichtung der Sockel.

Vom Bruderschaftsraum führen sanft gemuldete Kehlungen spitzwinklig (mit etwa 25°) nach innen, überwinden die Abgrenzung der aufeinander zuweisenden Sockelkanten und leiten zum Ritterordensraum weiter. Die an dieser Stelle von den Diagonalsäulen vorgegebene Fluchtlinie führt etwas stumpfer, gleichsam mit langsamerem Tempo, weiter zum Altarraum. Die Säulenstellung der Altarwand ist (mit etwa 55°) noch mehr der Querachse angenähert, das Bewegungstempo also noch mehr gedrosselt.

Die an den Raumübergängen postierten Säulen stehen also nicht nur in einer geometrischen und optischen Verkürzung nach hinten gestaffelt. Entsprechend dieser retardierenden Bewegung zum Altar hin sind auch die von der Schrägstellung der Stützen vorgegebenen Fluchtlinien in einer proportionalen Folge schrittweise der Querachse angenähert. Diese haben für die Raumverbindung wesentliche Bedeutung.

Die Fluchtlinien der Stützen am Eingang zum Ritterordensraum und zum Altarraum schneiden sich auf der Mittelachse und teilen diese jeweils im Verhältnis 3:1. Gleichzeitig treffen sich all die Fluchtlinien einer Seite jeweils in einem Punkt außerhalb des Raumes und scheinen ihn nach den Seiten zu öffnen. Die Fluchtlinien der Stützen am Eingang zum Ritterordensraum legen auch die Stellung der Altarraumsäulen und die Sockelkanten an den Koncheneingängen fest.

Am Eingang zu den Querkonchen wiederholt sich die besondere Funktion der Stützen auf veränderte Weise. Gleich bleibt die abschrankende Wirkung der geraden Innenseiten der Pilasterpfeiler und der kantig aufeinander zuweisenden Sockel, ebenso die durch die Kehlung des Stützenmassivs und die Gelenkfunktion der Säule weiterführende Bewegung. In der Quersicht schließen sich nun aber Stützenmassiv und gekehlte Konchenpilaster – trotz ihrer unterschiedlichen Raumzugehörigkeit – zu einem Verband zusammen. Da die Konchenmauern in ihrer Wertigkeit mit den Diagonalwänden des Hauptraumes gleichgesetzt werden, geht auch seine Zweischaligkeit verloren. Diese Wirkung wird von der Ausrichtung der Sockel weiter interpretiert.

Die Stützen des Bruderschaftsraumes schneiden die Querachse stumpfer als in der Längsachse, mit etwa 30°. Wesentlich flacher ist die Ausrichtung der Konchenpilaster mit etwa 75°. Ihre jeweiligen Linien und Schnittpunkte legen – in extremer zentralperspektivischer Verkürzung – die innere und äußere Flucht der Konchenmauern fest.

Bei der Ausrichtung der Sockel des Bruderschaftsraumes können also zwei Prinzipien unterschieden werden, die auch die zwei wesentlichen Betrachterstandpunkte festlegen: In der Längsachse wird der Raum winkelperspektivisch nach außen geöffnet, in der Querachse zentralperspektivisch nach innen geschlossen. Daraus resultiert der Weststandpunkt (zwischen Mittelportal und erstem Stützenpaar), von dem aus sich die verkürzende Abfolge dreier Zentralräume auftut, also die Longitudinaltendenz der Anlage betont wird. Untergeordnet ist der Standpunkt in der Mitte, des Bruderschaftsraumes, der gerade in der Quersicht auf die Zentralräumlichkeit der Anlage verweist. Dieser Dualismus von Longitudinal- und Zentralbau widerspiegelt ein noch zu untersuchendes künstlerisches und ikonologisches Konzept. Zuerst soll jedoch eine Untersuchung der Grundrißgeometrie weitere formale Aspekte klären.

25–26
Berg am Laim, St. Michael
Grundriß mit Einzeichnung
von Konstruktionslinien
(Zeichnung Kurt Zeitler)

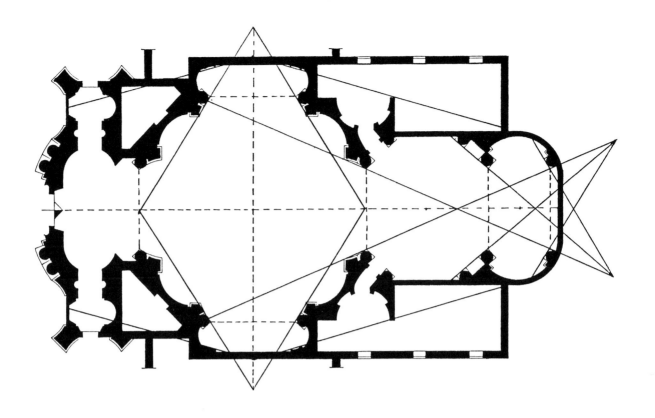
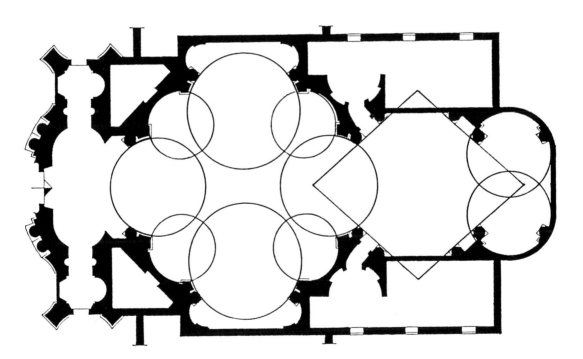

71

Die Bedeutung der Grundrißgeometrie

Die »Ordnungen« schaffen nicht nur szenographische Festlegungen. Sie folgen einer davon 26
unabhängigen Grundrißgeometrie, die ebenfalls raumverbindend wirkt. Das Diagonalmotiv des Bruderschaftsraumes – Stützenpaar und dazwischen eingesetzte Bogenwand –
bewegt sich über dem Grundriß von drei sich schneidenden Kreisen. Der kleinste hat
seinen Mittelpunkt an der Schnittstelle von Kuppelkreis und Diagonalen (= Mittelsenkrechte der Bogenwand), der etwas größere an der Schnittstelle von Kuppelkreis und
Längsachse, der größte auf der Querachse, vom Kuppelrand etwas nach innen gerückt.
Damit kann festgestellt werden:
- Die Grundrißkonstruktion des Bruderschaftsraumes weist für Fischer untypische Unregelmäßigkeiten auf, da der Stützenabstand in der Längsachse enger gestellt ist als in der Querachse. Zur optischen Korrektur dieser Irregularität stehen die Stützen der Längsachse etwas steiler, was durch die unterschiedlichen Schnittwinkel der Fluchtlinien mit der Längs- bzw. Querachse (25° bzw. 30°) erreicht wird. Davon abgesehen ist der Hauptraum jedoch vollkommen regulär konstruiert;[4] der Wandverband steht in einem »geordneten« proportionalen Verhältnis, von dem nur die Übergänge zur Eingangshalle, zum Ritterordens- und zum Altarraum ausgeschlossen sind.
- In den Hauptachsen leiten die Kreislinien weiter, fließen förmlich in die Nachbarräume aus und schaffen Raumverbindungen.
- Die Grundrißgeometrie des Bruderschaftsraumes ermöglicht Aussagen über die beabsichtigte Raumwirkung. Da sich – von den geraden Wandstücken der Konchen abgesehen – der Raummantel, also Stützen und Wandteile, über der Bogenform von Kreissegmenten erhebt, zielt der Raumeindruck mit den »kreisenden« Bewegungen[5] auf eine Rotunde – ein Hinweis, der im Aufriß von dem klar gezeichneten Kreis des Kuppelrings verstärkt wird und bei späteren ikonologischen Überlegungen eine Rolle spielen wird.

Den Kreisformen des Bruderschaftsraumes stehen die Geraden des Ritterordensraumes gegenüber. Die Säulensockel zeichnen eine längsgerichtete Raute nach, deren Spitzen deutliche Bewegungsimpulse an die Nachbarräume abgeben. Gleichzeitig bestimmen die Eckpunkte der Sockel ein (unregelmäßiges) Oktogon: Seine Diagonal- und Längsseiten sind gleich lang (Verhältnis 1:1), bilden also auch hier nur in der Längsachse einen proportionalen Wandverband. Die Querachse (= Breitseite) ist – wie schon im Bruderschaftsraum – eine davon unabhängige Größe.

Im Altarraum sind Kreis und Geraden kombiniert. Das »Queroval« entsteht aus zwei sich schneidenden, durch Tangenten verbundene Kreise, deren Durchmesser dem Radius der Hauptkuppel entsprechen. Auch hier steht die Querachse in keinem Verhältnis zu den Kreisradien.

Der gesamte Mauermantel der Längsachse ist von einem geometrischen Zusammenhang geprägt, von dem allein die Querachse (= lichte Weite der Raumübergänge) als konstante Größe ausgeschlossen bleibt. Bisher hat nur V. Loers auf die unterschiedlichen Stützenabstände des Hauptraumes aufmerksam gemacht und sie aus der wechselvollen Baugeschichte zu erklären versucht.[6] Sie sollen im folgenden als Teil eines einheitlichen künstlerischen und ikonologischen Konzepts gedeutet werden. Hierzu liefern Entwicklungen und Neuerungen des Bühnenbildes im 18. Jahrhundert wesentliche Ansätze.

Kap. IV Verhältnis zur Bühnenarchitektur

Die Grundrißkonzeption von St. Michael in Berg am Laim läßt direkte Zusammenhänge mit der zeitgleichen Theaterarchitektur erkennen. Die zwischen Kirchenraum und Bühnenraum wechselnden Realitätsebenen bieten konkrete Ansätze für die Frage nach der hier relevanten Bedeutung des »Theatrum sacrum« und »Theatrum mundi«. Sie weist über die bisher an der »Schauseite« nachgewiesene Polarisierung des sakralen und profanen Anspruchs des Kölner Erzbischofs und Kurfürsten Clemens August hinaus und liefert für die unten zu diskutierende Ikonologie des Hochaltarbildes mit dem hl. Michael Grundlagen.

1 Kirchenraum und Bühnenraum

Seit der Renaissance wurde in der Theaterarchitektur der Versuch unternommen, durch natürliche und gemalte Perspektive die Bühnentiefe illusionistisch zu steigern.[1] Mit G. B. Aleottis Erfindung der beweglichen Kulissen und Soffitten (1606) wurde diese Entwicklung wesentlich forciert, durch L. O. Burnacini nach der Mitte des 17. Jahrhunderts zu einem ersten Höhepunkt der zentralperspektivischen Kulissenbühne geführt und durch das Traktat des Jesuiten A. Pozzo »Prospettiva de pittori e architetti« (1693–1700) theoretisch abgeschlossen.[2] Pozzo verlegte den Fluchtpunkt der Perspektive auf der Mittelachse hinter das Schlußprospekt, den Augpunkt an die gegenüberliegende Eingangswand des Zuschauerraumes und bestimmte damit als vornehmsten Platz die rückwärtige Mittelloge.[3] Es entstand der sog. »Guckkasten«, eine Tiefenbühne, die sich für den Betrachter zentralperspektivisch nach vorne erschloß und zum Zuschauerraum durch einen Vorhang getrennt wurde.
Einen neuen Höhepunkt der barocken Kulissenbühne brachte Anfang des 18. Jahrhunderts die Erfindung der »maniera di veder per angolo«:[4] Ferdinando Galli-Bibiena verlegte die Fluchtpunkte der Perspektivlinien aus der Mittelachse auf die Seiten, brach also mit dem starren Prinzip des symmetrischen Bühnenbildes.[5] Dieses setzt nicht mehr »wie bei der Zentralperspektive die Achse des Zuschauerraumes in die Unendlichkeit [fort], sondern durch Übereckstellung der Szenen-Architektur sieht der Zuschauer scheinbar in die Bühne hinein; der Blick fängt sich in einem Raumwinkel«.[6] »Vordergrund und Hintergrund werden nicht mehr additiv gegeben, sondern sie werden gewissermaßen verzahnt, sie durchdringen sich [...], dadurch kann Ferne herangezogen, Nähe hinausgeschoben werden«.[7] Mit dieser Entwicklung ging die extreme Bühnentiefe zugunsten eines Raffinements des Raumes verloren, den der Zuschauer nach wie vor als Guckkasten erlebt. Dieser steht jetzt aber über die Seitenwände der Bühne und über den Rahmen hinweg mit dem Zuschauerraum in Verbindung.

Ferdinando Galli-Bibienas Sohn Giuseppe führte diese Neuerung zur Vollendung.[8] Zu seinen bedeutendsten Leistungen zählen beherrschende Zentralräume, in denen er Zentral- und Diagonalperspektive kombinierte. Sein 1740 in Augsburg erschienenes Stichwerk »Architetture e prospettive« gibt Aufschluß über seine Dekorationen, Theaterprospekte und Szenerien, die er für die Höfe in Wien, Prag, Dresden und Berlin schuf.[9] 1722 folgte er einem Ruf nach München, um die Hochzeitsfeierlichkeiten des bayerischen Kurprinzen Carl Albrecht mit der Kaisertochter Maria Amalia Josepha zu leiten. Hier entwarf er die Dekoration für ein am 5. Oktober veranstaltetes Schauessen:[10] Schauplatz ist ein nach vorne offener Oktogonalraum, mit der Festtafel im Zentrum. Von hier öffnet sich in der Mittelachse eine lange Galerie, die sich zentralperspektivisch nach hinten verjüngt; zwei weitere Fluchten führen winkelperspektivisch in die Seiten.

Das Konzept läßt sich – beinahe wörtlich – auf den Innenraum von St. Michael übertragen. Die differenzierte Organisation von Stütze und Wand zielt auch hier auf die Kombination von Zentral- und Diagonalperspektive: Ritterordens- und Altarraum erscheinen vom Bruderschaftsraum aus als zentralperspektivische Raum-»Schlüsse«. Gleichzeitig legen die schräg gestellten, gleich Soffitten einspringenden Säulen winkelperspektivische Fluchten fest. Der »Schnittpunkt« beider Perspektivformen markiert den Übergang von Bruderschafts- und Ritterordensraum.

Der Grundriß der Michaelskirche entspricht der eben beschriebenen Bühnenform Giuseppe Galli-Bibienas. Der Bruderschaftsraum verhält sich zu Ritterordens- und Altarraum wie der Zuschauer- zum Bühnenraum; die »optischen Membranen«, die am Eingang des Ritterordensraumes von den spitz aufeinander zuweisenden Sockel- und Gebälkteilen und vom scharfkantigen Abbruch des Segelgewölbes aufgebaut werden, betonen – gleich dem Vorhang – den Übergang zur Bühne. Trotz der zwei unterschiedlichen Perspektivsysteme schaffen die metrischen Verhältnisse des Mauermantels entlang der Längsachse, vor allem aber das Motiv der Säule, eine Raumkontinuität und damit die Einbindung des »Zuschauers« in den sakralen Handlungsraum. Am Übergang zum Ritterordensraum scheinen sich die Säulen – im Bruderschaftsraum noch eng mit den Pilasterpfeilern verbunden – aus dem Stützenmassiv zu lösen und als selbständige Versatzstücke, wie einspringende Kulissenwände, den »Bühnen«-Raum auszustaffieren. Zur Schau gestellt wird der »Sieg des Erzengels Michael«. An dem hinteren Schnittpunkt von Zentral- und Diagonalperspektivlinien aufgestellt, übernimmt das Hochaltarbild die Funktion des in Szene gesetzten Schlußprospektes. Es entzieht sich, wie in einem Illusionsraum, seiner räumlichen Determinierung.

Die im Grundriß von St. Michael angelegte Perspektivverschiebung entspricht funktionsgemäßen Abtrennungen. St. Michael war Bruderschafts-, Ritterordens- und Hofkirche, worauf Raumgliederung und -inszenierung Bezug nehmen: Der Bruderschaftsraum stand für jedermann offen, »wessen Standes und Geschlechtes« er auch war.[11] Der Ritterordensraum war hingegen einer aristokratischen Elite vorbehalten, die – hier wörtlich – »über den gemeinen Haufen erhoben war«.[12] Ihr jeweils unterschiedlicher Anteil am Szenario – die Bruderschaftsmitglieder sind als Zuschauer in Distanz gerückt, die Ritterordensmitglieder schon aufgrund ihrer zur Längswand parallelen Sitzordnung Akteure, oder besser Komparsen – widerspiegelt eine hierarchische Ordnung, die in dem auf dem Hochaltar dargestellten triumphierenden hl. Michael gipfelt und sich in ihm erfüllt: Die Präsenz eines

27
Giuseppe Galli-Bibiena, Festdekoration anläßlich der Hochzeit des bayerischen Kurprinzen Carl Albrecht mit Maria Amalia Josepha, München 1722, nach dem Stich der ›Architettura e Prospettive‹ 1740

28
Berg am Laim, St. Michael, Innenraum

Scena della Festa Teatrale in occasione degli Sponsali del Principe Elettorale di Baviera.

»Himmlischen Gutthäters, der Unß sammentlich von so vielen Gefahren erlediget«.[13] Unten wird sich zeigen, daß das Michaelsbild auch als Allusion auf Kurfürst und Fürstbischof Clemens August zu begreifen ist, den Bauherrn der Michaelskirche und Oberhaupt von Bruderschaft und Ritterorden. Die szenographisch enge Verbindung von Ritterordens- und Altarraum ist aus der Satzung des Ritterordens einsichtig, dessen Mitglieder Clemens August persönlich ernennt.[14] Die Michaelskirche in Berg am Laim erscheint damit als Bühne eines hier stattfindenden geistlich-feudalen Spektakels, mit dem hl. Michael/Kurfürsten als fiktivem Hauptdarsteller, umgeben und gehuldigt vom Ritterorden und angebetet und verehrt aus der Ferne von den »Zuschauern« im Bruderschaftsraum, dem gläubigen Volk.

2 »Theatrum sacrum« und »Theatrum mundi« – Die Austauschbarkeit von Kirche und Theater, Kirchenraum und Bühnenraum

Die Grundrißanalyse von St. Michael hat gezeigt, daß der Kirchenraum wie ein Bühnenraum inszeniert ist. Darauf nimmt auch seine ambivalente Stofflichkeit zwischen fest gebauter und ephemerer Architektur Bezug, die in der Innenraumanalyse untersucht werden soll. St. Michael steht jedoch nicht singulär, sondern ist in einer Tradition zu sehen, in der sich das »Theatrum sacrum« und das »Theatrum mundi« verbunden haben. Hier entstand als Weiterentwicklung eine Art Selbstinszenierungsarchitektur mit dem Ziel der immanenten Verherrlichung der Kirchenfürsten, des Erzengels Michael und des Fürstbischofs Clemens August.
In München hat die Verbindung von Theater und Kirche lange Tradition.[15] Das Jesuitentheater, das gleichzeitig einem weltlichen und einem geistlichen Protektorat unterstand,[16] fand seine Bühne in der Ordenskirche St. Michael.[17]
Die moralisierend-pädagogische Aufgabe und Zielsetzung von Aufführungen ist in der Studienordnung des Münchner Jesuitenkollegs, der »Ratio Studiorum«, aus dem Jahre 1591 festgelegt: »unmittelbare Wirkung auf das Gemüt, Warnung vor bösen Sitten und Gewohnheiten, Vermeidung von Gelegenheiten zur Sünde; dazu vermehrter Eifer für die Tugenden und die Nachfolge der Heiligen«.[18] Die Inszenierungen wurden »als inszenierte Predigt bezeichnet, deren Wert gar nicht zu überschätzen sei«.[19] Ensemble und Kirchenraum kam auch eine wichtige repräsentative Aufgabe zu: »Sie erfüllten die Funktion eines Hoftheaters, das bei besonderen Anlässen, wie hohen kirchlichen Festen, vornehmen Besuchen oder Familienfeiern der Herrscherfamilie, Vorstellung gab«.[20] Erst mit dem Bau des kurfürstlichen Opernhauses am Salvatorplatz (1651–54) wurde in St. Michael der profane Bereich des Theaters aus dem sakralen Rahmen herausgelöst.[21]
Der Feststellung H. Tintelnots, daß in der Barockzeit keine direkten Einflüsse von der Bühnendekoration auf die Monumentalarchitektur festzustellen sind,[22] widersprechen die Ergebnisse der Grundrißanalyse von St. Michael. Schon früher kam es zu engen Induktionen. Exemplarisch sei eine monumentale Festdekoration genannt, die A. Pozzo für die Feier des »Vierzigstündigen Gebetes« 1685 für Il Gèsu entwarf: Eine große, den ganzen Chor in

29
Andrea Pozzo, Festdekoration für die Feier des Vierzigstündigen Gebets in Il Gesù, Rom 1685, nach dem Stich aus ›Der Mahler und Baumeister Perspectiv‹, 1708

Höhe und Breite ausfüllende Schauwand mit der Darstellung der »Hochzeit von Kana« und einer nach hinten sich verjüngenden Architekturkulisse.[23] Die beabsichtigte Raumillusion konnte – so Pozzo – nur erzielt werden, wenn die Dekoration »in solcher Größe [errichtet wird]/ als es das anschauliche Gebäu erforderte«.[24] Auf dem in einem Stich wiedergegebenen Prospekt sind Gebäude zu sehen, die – optisch – als Verlängerung der Monumentalarchitektur verstanden werden mußten. An dieser Stelle deutet sich nicht nur eine Vermischung zwischen realer und ephemerer Architektur an, sondern auch eine Wechselbeziehung zwischen der Ikonographie solcher Dekorationen und der Bestimmung des Kirchenraumes. Diese Prospekte nannte Pozzo bezeichnenderweise »Theatra sacra«[25] – ein auch in der Barockpredigt fester Begriff – über die er sagt: »Denen bisher gezeichneten Theatren seynd der Comödianten Theatra oder Schau=Bühnen nicht ungleich.«[26] Als eine Voraussetzung, die Bühnentiefe illusionistisch zu steigern und somit die tatsächliche Tiefendimension für den Betrachter zu verunklären nennt er, »daß nemblich die Rinnen, worinn die Schieber gehn/ nach der Seiten schreg stehen«.[27]

Ansätze zu einer Übertragung theatraler Kulisseneffekte in den Bereich der Monumentalarchitektur finden sich in den Kirchenräumen des Theatinerpaters Guarino Guarini, ohne daß hier der Eindruck ephemerer Architektur entstehen würde. In S. Lorenzo sind die Säulen – wie wenig später von Pozzo empfohlen und auch in Berg am Laim angewandt – über Eck gestellt, wodurch für den Betrachter der Mauermantel nicht mehr als Kontinuum zu begreifen ist, sondern die kulissenartigen Wandeinsprünge Raumzäsuren markieren. Sie scheinen sich durch die perspektivische Verkürzung zum Altar hin zu verjüngen. Die Abfolge szenisch gestaffelter Kuppelräume sollte in der Horizontalen auf einen freistehenden Altar zuführen,[28] der sich seiner räumlichen Determinierung ebenso entzogen hätte wie der dominantere Vertikalzug mit der sich nach oben staffelnden lichtdurchsetzten Kuppel.

Mit den an Pozzo geschulten Brüdern Asam gelangten theatrale Einflüsse in die Monumentalarchitektur bayerischer Sakralräume. Was in der Münchner Jesuitenkirche noch als bewegliche Fest- und Theaterdekoration in die Realarchitektur eingebracht wurde, gehört in den von ihnen erbauten Kirchen in Weltenburg und Rohr zum festen architektonischen Bestand.[29] Die dortigen Altar-»Wände« sind verselbständigte, in Architektur umgesetzte Theaterprospekte, Raumabschlüsse mit guckkastenähnlicher Wirkung. Diese Sehweise wird jeweils von zwei Balkonen bestätigt, die wie Theaterlogen zu den Triumphbögen überleiten. Die Tiefenstaffelung der Säulen und ihre verkürzten Proportionen betonen den Kontrast des szenisch aufgefaßten, gegenüber dem Chor in Distanz gerückten Altarraumes, der in Weltenburg durch gedrehte Säulen, in Rohr durch ihre farbige Fassung gesteigert wird. Beide Altäre sind als liturgische, von ihrem architektonischen Gehäuse (=Gemeinderaum) losgelöste Prospekte aufgefaßt: In Weltenburg scheint uns St. Georg wie ein »deus ex macchina« aus heller Tiefe entgegenzureiten;[30] in Rohr schwebt – vor geschlossenem Vorhang – Maria gen Himmel.

Der von F. Cuvilliés errichtete Hochaltar in der Stiftskirche in Dießen nimmt in dieser Tradition eine besondere Stellung ein.[31] Statt der unveränderlichen Tableaus an den Altären in Rohr und Weltenburg ist der Altar in Dießen als wirkliche Bühne konzipiert: Das Altarblatt kann mittels einer Mechanik versenkt werden. Dahinter staffeln sich Kulissenpaare in die Tiefe, die den Blick freigeben auf Bilder, welche – Bezug nehmend auf das

30
*Rohr, ehem. Augustiner-Chorherrenstiftskirche
Mariä Himmelfahrt, Innenraum mit Hochaltar,
Egid Quirin Asam, ab 1717*

31
*Weltenburg, Benediktinerklosterkirche
St. Georg und St. Martin, Innenraum mit Hochaltar,
Cosmas Damian und Egid Quirin Asam, ab 1716*

80

Kirchenjahr – wie Theaterprospekte hochgezogen, herabgelassen und gewechselt werden können.³² Wie schon in den Bühnenbildern der Jesuiten, den Dekorationen Pozzos, der Altarinszenierung der Asam hat Cuvilliés in Dießen in Zusammenarbeit mit Fischer die klare Trennung zwischen Kirchenraum und Bühnenraum beibehalten.³³ Erst in ihrem gemeinsam projektierten Kirchenbau in Berg am Laim ist diese Diskrepanz auf vielschichtige Weise aufgehoben.

Die Doppelfunktion der Münchner Jesuitenkirche, Sakralraum und gleichzeitig auch Raum für weltliches und geistliches Theater zu sein, wird in St. Michael in Berg am Laim zur Einheit. Geistliches ›Spiel‹ und weltlicher Repräsentationsanspruch fallen zusammen. Der ehemals als ephemere Architektur in die Monumentalarchitektur eingebrachte Bühnenprospekt wird gebauter Bühnenraum für eine theatrale Gesamtschau. Das anläßlich der Einweihung der Jesuitenkirche St. Michael am 6. Juli 1597 aufgeführte Spektakel von Michaels Kampf gegen die Mächte der Hölle, mit dem Sturz des Drachen und seiner 300 Teufel in den feurigen Abgrund,³⁴ ist in St. Michael in Berg am Laim nicht mehr Spiel mit Theaterakteuren. Hier wird der Altarprospekt zum Monument für Michaels bzw. Clemens Augusts triumphalen Sieg. St. Michael in Berg am Laim könnte als Monumentalbühne eines immerwährend stattfindenden »Spiels« angesprochen werden, in dem sich sakraler und profaner Anspruch wechselseitig selbst inszenieren. Für diese Funktion und Zielsetzung entstand ein geistliches und fürstliches »Gesamtkunstwerk«, das mit der ungleich größeren und gewichtigeren – aber des Mediums Theater bedürfenden – »macchina« der Residenzstadt München konkurrieren konnte. Und an Tagen, an denen die Bruderschafts- und Ritterordensmitglieder, angeführt von ihrem Oberhaupt, Clemens August, die Bühne betraten, bot sich dem von München heranziehenden Volk ein wirkliches, ins Unermeßliche gesteigertes »Theatrum sacrum et mundi«.

In St. Michael in Berg am Laim wurden die verschiedenen Ebenen zwischen Realität und Spiel auch architektonisch eingelöst. Die noch in den Bühnenstaffagen der Jesuiten, den gemalten Chorprospekten Pozzos oder den inszenierten Altarlösungen der Asam vorhandene Diskrepanz von Gemeinderaum und Chor ist aufgehoben. Der gesamte Kirchenraum wird zum Bühnenraum. Die Innenraumanalyse wird zeigen, wie die Diskrepanz von fest gebauter und ephemerer Architektur egalisiert, die Stofflichkeit von Wand und Stütze entmaterialisiert und wie die Michaelskirche zur gebauten Monumentalkulisse wurde. Was bei Guarini als szenische Abfolge materialfester Raumparzellen erscheint, wurde in St. Michael zur szenischen Abfolge von »Raumbildern«. Diese Bildwertigkeit von Architektur läßt Auflösungstendenzen und Grenzen einer Gattung erkennen, die im folgenden näher untersucht werden sollen. In diesem Zusammenhang scheinen die in Paris ab 1734 stattfindenden Theateraufführungen paradigmatisch, in denen das Spektakel einzig darin bestand, Architektur – jetzt wörtlich – auf die Bühne zu bringen, zu verbildlichen, zu inszenieren.³⁵

32 Dießen, ehem. Augustiner-Chorherrenstiftskirche Mariä Himmelfahrt, Hochaltar mit versenkbaren und auswechselbaren Altarbildern, fertiggestellt 1738

Kap. V Innenraumanalyse

B. Rupprecht beschreibt die Eigen- und Einzigartigkeit des Innenraumes von St. Michael in Berg am Laim, als dessen raumkonstituierende Faktoren vor allem die atmosphärischen, erscheinungshaften, dekorativen Werte und weniger die tektonischen Strukturen des Acht-Arkaden-Gerüstes anzusehen sind: »Die Modifikation zwischen den Deckenbildern, den tragenden Gliedern der Architektur und den Altären [wird] durch eine aufeinander abgestimmte atmosphärische Farbigkeit erreicht, die in dieser Subtilität, in dieser Beziehung alles Erscheinenden zum Licht, während des ganzen achtzehnten Jahrhunderts nicht mehr so vollkommen in einem Kircheninneren gestaltet wurde«.[1] Dieser »Raum aus Farben«[2] stellt die Analyse vor die Aufgabe, neben der architektonischen Struktur auch die Farb- und Oberflächenwerte, Lichtführung und Ausstattung (Deckenbilder, Stuck, Altäre, Figuren) mit einzubeziehen und begrifflich zu fassen.

Im folgenden sollen Bruderschafts-, Ritterordens- und Bühnenraum jeweils einzeln unter diesen Aspekten analysiert werden. Daraus ergeben sich Themen für weitere Untersuchungen: Die gemessen am traditionellen Architekturkanon neue Wirksamkeit von Stütze, Mauermantel, Wölbung und Arkade und die Neubewertung von Altarausstattung, Stuck, Farbigkeit und Licht. Diese Reduktion des Architektonischen und die Archi-Tektonisierung von Ausstattung, Farbigkeit und Licht erscheinen als Voraussetzungen für das interkategoriale Verhalten der Gattungen und die mögliche Rezeption von Architektur als Bild, was an zwei Exkursen über die venezianische Stadtvedute und J. N. Servandonis »Spectacles de décoration« weiter exemplifiziert werden soll. Hierdurch läßt sich – die Ergebnisse der Fassadenanalyse mit einbeziehend – ein neuer, die vitruvianische Orthodoxie relativierender »Ordnungs«-Begriff festmachen, womit auch die Architektur des Rokoko gefaßt werden kann. Das Verhältnis dieses »Ordnungs«-Begriffes zu dem von B. Rupprecht zu eng und einseitig festgelegten Stil-Begriff der »bayerischen Rokokokirche« wird gesondert diskutiert.

1 Der Bruderschaftsraum

Nach Durchschreiten von Mittelportal und Vorhalle, von wo aus sich in St. Michael die Raumfolge in die Tiefe staffelt[3], verändert sich auf Höhe des ersten Pfeilerpaares der Innenraum zu einer in der Grundrißanalyse bereits angedeuteten Rotunde, der Ritterordens-, Altar- und Konchenräume prospekthaft eingebunden sind.[4]

33 Berg am Laim, St. Michael, Innenraum gegen Osten

Das Wandgeschoß

Form und Wirkung des dreifach gekehlten Diagonalmotivs – Stütze und dazwischen eingespannte Bogenwand – wurden in der Grundrißanalyse beschrieben.[5] Sie sind auch im Aufriß trotz ihres gegenseitig ambivalenten Verhaltens raumbestimmend. Die Stützen erscheinen als festes, beinahe freistehendes Gerüst. Hingegen vermitteln die Bogenwände, da gegenüber der Fluchtlinie der Pfeilerinnenseiten leicht rück- und durch eine tief einschneidende Nut von den Seiten abgesetzt, den Eindruck auswechselbarer Wandtableaus. Die Differenzierung zwischen beiden Architekturgliedern verstärken ebenfalls die Architrav und Fries durchtrennende Nut und das dicht mit Konsolen besetzte Gesims darüber, wodurch den Stützen Gebälkköpfe zugeordnet werden. Andererseits schaffen der unverkröpft durchgezogene Schwung des scharfkantig auskragenden Gesimses mit einem lockeren Konsolenbesatz über der Bogenwand und der als grünes Band durchlaufende Fries Zusammenhänge.

Der anschauliche Wert der Stützen ist wegen ihrer schrägen Ausrichtung vom Betrachterstandort abhängig: Vom Eingang her gesehen werden Pfeiler und Säulen am Übergang zum Ritterordensraum zu »Monolithen« zusammengezogen, sind in die Flucht der Bogenwand integriert und als deren gravitätische Fortsetzung zu verstehen. Diejenigen an den Koncheneingängen rücken deutlich voneinander ab und erscheinen als eigenständige, vor die Wand gestellte Motive, die mit den Konchenpilastern korrespondieren.[6] Da die Stützen so nach innen ragen, daß ihre Verbindung mit den Konchenwänden unkontrollierbar bleibt, werden auch die Konchenräume nur als seichte, in ihrer Form unbestimmbare »Zonen« einsichtig. Von den deutlichen Abschattungen zwischen den Stützen und den Konchenanschwüngen weiter unterstützt, scheinen Konchenwand und Pfeilerkern derselben Wandschicht anzugehören. Die Säulen wirken als der Wand vorgestellte Freipfeiler. Die Form des Mauermantels nähert sich der einer Rotunde.

Auf die unterschiedliche Raumwirksamkeit von Pfeiler und Säule nimmt ihre differenzierte Farbigkeit und Farbwahl Bezug.[7] Rot, als dynamische, dem Betrachter entgegentretende Farbe ist den rundplastischen Säulen zugeordnet; Grün, als statische, sich vom Betrachter entfernende Farbe dem flächigeren Pfeiler. Diese Komplementärkontraste rechnen mit dem Weiß der Wand und sind darauf abgestimmt, daß helle Töne auf weißem Grund in der Fläche bleiben, während die dunklen graduell nach vorne drängen.

Bei den Stützen am Eingang zum Ritterordensraum sind Rot und Grün so weit im Weiß-Grau-Bereich einander angenähert, daß Säulen und Pfeiler auch farbig als »Monolithe« zusammenfließen. Gleichzeitig bewirkt ihre kreidige Oberfläche eine enge Einbindung in das Weiß der Bogenwand. Die leicht veränderte Farbigkeit der Koncheneingangsstützen berücksichtigt ihr verändertes Verhältnis zur Wand: Auch hier bindet das mit Weiß vermischte Grün die Pilasterpfeiler an die Bogenwand, doch schaffen warme Gelb-Beimischungen – entsprechend der lockeren Bindung an die Wand – mehr Aktivität. Davon abgesetzt und losgelöst ist es das (im Verhältnis zur Längsachse) kräftigere Rot der Säulen, das vor dem weißen Wandgrund freiräumliche Eigendynamik entwickelt. Über den Säulen hinweg sind an diesen Stellen die Grün-Werte deutlich auf die grünen Konchenpilaster bezogen.

Das im Grund- und Aufriß raumdominante Diagonalmotiv wird von der Farbigkeit neu interpretiert: Die mit Weiß vermischten Oberflächen der Stützen stehen mit den Weißflächen der Bogenwände als graduell unterschiedene Farbmuster in Beziehung. Die Wandstücke: Diagonalwand, Konchenwand, zwischen Säule und Pilasterpfeiler freigesetzter Wandkern – wegen ihrer hohen Affinität zum Licht nach ihrem anschaulichen Wert von geringerer Materialität – bestimmen die Raumform und erscheinen durch Verschattungen und sensibel geführte Krümmungen als umlaufende Zylinderform.

34
Berg am Laim,
St. Michael,
Bruderschaftsraum
mit nördlicher
Querkonche

Der Kuppelunterbau

Das über dem Wandgeschoß ansetzende Bogengerüst bildet eine selbständige Horizontalschicht aus, die nach oben durch den Kuppelring und nach unten durch das scharfkantig auskragende Gesims begrenzt wird. Die umlaufende Sockelplatte wiederholt die Form der Diagonalwände flacher und markiert einen Neuanfang. Die stereometrisch nicht klar zu fassende Form des Bogengerüstes soll ein Gedankenexperiment veranschaulichen: Ausgangspunkt ist eine Halbkugel, der durch einen planparallelen Schnitt die Kalotte abgenommen wird. Sie wird im Achsenkreuz von vier großen, nach innen ansteigenden Segelgewölben und in den Diagonalen von schmalen stehenden Zylindern durchstoßen. Als Schnittfiguren entstehen acht gratige Raumbögen. Die nach unten sich verjüngenden Restflächen werden so verbogen, daß sie in den Diagonalen orthogonal aufeinander zuweisen, also auf die Stützen darunter Bezug nehmen und mit attikaähnlichen Füßen auf der Gesimsplatte stehen. Die Vorstellung von Tektonik oder Mauermasse wird aufgrund der Form, den sich biegenden und verwindenden Flächen und den scharfkantigen Schnitten negiert. Ihre weiße Oberfläche läßt in Verbindung mit dem einfließenden Licht den Eindruck einer schwebenden Zwischenzone entstehen.

Tektonische Funktion übernehmen stattdessen die Fensterwände der Diagonalen, die den Kuppelunterbau zu tragen scheinen. Über der Gesimsplatte nur schwach gebogen und an den seitlichen Ansätzen zart modelliert, schließen sie sich nach oben zu einer Zylinderform mit kreisrundem Plafond zusammen. Entsprechend verdichtet sich nach oben hin auch das hier reflektierte Licht, das – gleichsam materialisiert – wie »Licht-Säulen« den Kuppelrand zu stützen scheint. Mit den Stichkappen der Diagonalachsen alternieren in den Hauptachsen diadembogenförmige Segelgewölbe, die mit der lichtreflektierenden Goldbrokatierung ebenfalls nur Oberflächenwerte und nicht Materialhaftigkeit erkennen lassen und nahezu auf ihre Rahmen reduziert erscheinen. Erst die in den Diagonalen und auf den Seiten mit weich gekehlten Rahmen eingeschnittenen Fenster scheinen den Wandabschluß zu konstituieren; das Licht schließt sich zu einer horizontalumlaufenden »Lichtrahmenschicht« zusammen.[8] Wandgeschoß, Kuppelunterbau und Kuppel sind nicht mehr systematisch vorbereitet, sondern eigengesetzlich modelliert und lediglich aufeinander bezogen. Im Wechsel von Licht, Farbe, Graten, Schnitten und sphärisch gekrümmten Oberflächen entsteht in der Michaelskirche eine nach oben sich langsam verengende Schalform, die von einer Flachkuppel abgeschlossen wird.

Die Kuppel

Der Kuppelunterbau verdichtet sich an seinem oberen Abschluß zu einem kräftigen, erhabenen Ring, der – gleich einem Opaion – die architektonische Scheitelöffnung markiert. Diese wird von der freskierten Kuppel hinterfangen, die als farbiger Kontrast zum Weiß Eigenwertigkeit beansprucht. Da sich die Kuppelschale ihrer stereometrischen Determinierung entzieht und ihr vom Rahmen hinterschnittener Ansatz unbestimmbar bleibt, scheint auch sie zu schweben.

Architektonische Verfestigung wird durch die zum Kuppelring konzentrische terrestrische Szenerie erreicht. Nach oben zu verliert sich das Himmelsblau in einer »somma luce«, vor

*35
Berg am Laim, St. Micha
Kuppel und Kuppelunterbau des Bruderschaftsraumes*

der St. Michael in triumphaler Siegerpose erscheint. Michael steht aber nicht im realen Kuppelzenit, sondern illusioniert mit hell-gleißender Farbkonzentration ein Zentrum im vorderen Teil der Kuppelschale, das auf den Weststandpunkt bezogen ist und eine Anweisung A. Pozzos umsetzt.⁹

Die Arkaden

Neben die horizontale Schichtung treten vertikale Bezüge. Die Kehlung der Stützenstirnen wird in den Hauptachsen über Gebälk und Attikafuß bis in die Segelgewölbe weitergeführt.

Das motivische Zusammenbinden von Pfeilerfläche und Wölbfläche wird durch die Farbigkeit verstärkt, die – obwohl zwischen aufstrebenden und wölbenden Teilen verschieden – im Kontrast und in der Ausgrenzung zum Weiß eine genetische Bogenform erkennen läßt. Es entsteht ein bogenförmiger Zusammenschluß zur Arkade, die formal und in ihrer Wirksamkeit nur mehr eine farbige und lineare Reduktion ist.[10] Die Innenflächen der Pilasterpfeiler gehen in der Schalform des Kuppelunterbaues auf.

Die Bedeutung der Ausstattung

Die Rotunden-Form des durch Bogenstellungen nach oben gleichmäßig verengten und von einer Kreiskuppel mittig zentrierten Hauptraums wird von Altären, Figurenschmuck, Farbigkeit und Licht unterstrichen.
Der Hochaltar ist zu den Diagonalaltären in deutlichen Bezug gesetzt.[11] Auch umgekehrt schaffen die einfachen Rahmenaltäre, da sie mit der hinterlegten Bogenwand und den Architekturstützen in gegenseitiger Wechselwirkung stehen, zur Mitte hin eine gleichgewichtige Ponderierung, von der übereinstimmenden Rahmenform und -fassung weiter unterstützt. Die optische Einbindung des Hochaltars in den Bruderschaftsraum steigert vom Weststandpunkt aus die extreme räumliche Tiefenreduktion von Ritterordens- und Altarraum. Die Ausstattung schafft raumübergreifende Zusammenhänge; Wand spielt nur mehr eine untergeordnete Rolle; die im Grundriß beschriebene geometrische Tiefenreduzierung des auf den Altar zuführenden Säulenverbandes wird durch kalkulierte Farb- und Größenstaffelung gesteigert. Es entsteht der Eindruck einer an den Bruderschaftsraum direkt anschließenden, der Tiefe nach nicht determinierbaren Altarkonche.
Die Farbintensität der roten Architektursäulen nimmt nach Osten hin zu und erfährt durch die rot-orangen Säulen des Hochaltars Steigerung und Höhepunkt. Damit drängen optisch die vom Betrachter am weitesten entfernten Säulen am deutlichsten nach vorne – eine Wirkung, die von ihrer Oberflächenbehandlung noch betont wird.[12] Deutlich dominieren die glänzend lasierten Oberflächen des Hochaltars über die opak kreidigen Oberflächen der Architektursäulen.
Der Zusammenschluß des Hochaltars mit den zwei Diagonalaltären in der Längsachse wird in der Querachse mit den monumentalen Konchenaltären variiert. Ihr architektonischer Aufbau wiederholt, leicht verändert, den des Hochaltars, – in verkleinerter Proportion und mit Einzelsäulen. Es wird deutlich, wie gerade die Altarausstattung auf die architektonische Raumform abgestimmt ist.
Die leicht schräg gestellten Säulen der Konchenaltäre stehen über einer Kreislinie, die von den Koncheneingangsstützen vorgegeben ist. Diese formale Wechselwirkung von Architektur und Ausstattung wird durch die kalkulierte Farbigkeit ergänzt. Der grüne Altaraufbau wird mit den gleichfarbigen Konchenpilastern und den Koncheneingangspfeilern zusammen gesehen, die roten Säulen der Altäre mit den roten Säulen der Architektur; deren dunkelrote Fassung ist gegenüber dem kräftigen Rot-Orange des Hochaltars abgeschwächt.
Dem rhythmischen Wechsel von Haupt- und Diagonalaltären entsprechen die Fensterstellungen. Auch hier alternieren kleine Öffnungen in Diagonalen mit großen in der Querachse. Da vom Weststandpunkt aus die Fenster des Ritterordens- und des Altarraumes

nicht zu sehen sind, wird der Rotunden-Eindruck auch durch die umlaufende Lichtrahmenschicht verstärkt.[13]

Die Zentralität wird schließlich auch von den Figuren der Altäre unterstützt: Ihre einheitliche Goldfassung umzieht den Raum gleich einem goldenen Band; die leuchtenden, Licht reflektierenden Statuen egalisieren räumliche Distanzen. Gleichzeitig legt ihre umlaufende Aufstellung Perspektivlinien fest, die mit denen der Architektur korrelieren. Die Höhe der im Gemeinderaum aufgestellten Apostelfiguren (Thomas am Franziskus-, Andreas und Petrus am Marienaltar bzw. Philippus am Heilige Familien-, Johannes und Jakobus am Nepomukaltar) scheint aufgrund perspektivischer Verkürzungslinien kontinuierlich bis hin zu den Hochaltarfiguren (Erzengel Gabriel und Raffael) nach unten abzufallen. Eine besondere Rolle spielt das Figurenpaar Christus und Maria an den schräg nach innen ragenden Wänden des Ritterordensraumes.[14] Gleiche Fassung, gleiche Größe und gleichgeformte Sockelkonsolen lassen ihre bewußte Zuordnung zu den Erzengelfiguren erkennen. Daß Christus und Maria die von Haupt- und Altarraumfiguren vorgegebene Kopflinie unterschneiden, beruht – neben einem praktischen Grund: sie verstellten sonst die Sicht aus den Oratorienfenstern – auf einer künstlerischen bzw. räumlichen Überlegung. Sie bewirken so eine weitere sprunghafte Tiefenreduktion, die eine räumliche Ausdehnung des Ritterordensraumes unterbindet und zur Angliederung des Altarraumes an den Bruderschaftsraum beiträgt. Perspektivverkürzungen werden jedoch nicht nur durch die Figuren, sondern auch durch die sich in die Tiefe staffelnden Gebälkstücke, die soffittenartig sich verjüngenden Bögen des Wölbunterbaus und durch das gegenläufig ansteigende Fußbodenniveau erreicht. Der Augpunkt liegt – entsprechend Pozzos Vorschlag für tiefenräumliche Verkürzungen[15] – außerhalb des Raumes hinter dem Hochaltarbild.

Diese im Grundriß angelegte und im Aufriß weitergeführte bühnenhafte Wirkung von Architektur wird von theatralen Versatzstücken unterstrichen: Die Drapierung um die Diagonalaltäre korrespondiert mit der dahintergestaffelten Drapierung um die Oratorienfenster im Ritterordensraum; die Lambrequins an den diagonalen Bogenkanten des Hauptraumes stehen mit denen am Schalldeckel der Kanzel und den Gebälken von Haupt- und Konchenaltären in Korrespondenz.

Eine extrem abschließende, die Raumbewegung auffangende und zusammenbindende Wirkung hatte der ursprüngliche, bei der jüngsten Restaurierung unberücksichtigt gebliebene weiß-blau gemalte Vorhang an der Hochaltarrückwand, der mit dem weiß-blauen Banner über dem Schalldeckel der Kanzel und der Brokatierung der Segelgewölbe des Bruderschaftsraumes in Verbindung stand.[16]

Beim Durchschreiten des Bruderschaftsraumes lockert sich die bildhafte Raumschau Schritt für Schritt auf. Mit der Bewegung nach Osten entfernen sich Ritterordens- und Altarraum und beginnen sich räumlich zu konstituieren.

2 Der Ritterordensraum

Die kraftvolle Raummodellierung des Bruderschaftsraumes ist im Ritterordensraum zu spröder Gerüsthaftigkeit gewandelt worden. Der rational-kühle Raumeindruck scheint die

aristokratische Noblesse der Ritterordensmitglieder widerzuspiegeln. Paarweise in den
Diagonalen einander zugeordnete Säulen bestimmen ein unregelmäßiges, im Grundriß
schon besprochenes Oktogon.[17] Sockel, Säulenschaft, Kapitell und Gebälkköpfe kröpfen so 36, 94
weit vor, daß die Säulen als freistehendes Gerüst erscheinen. Das fortlaufende, über den
Interkolumnien der Diagonalen rückspringende Gebälk faßt sie paarweise als Travéen
zusammen, die ihrerseits mit schmalen Mauerzungen hinterfangen sind.[18] In die Weißflächen sind schmal aufragende Oratorienfenster eingeschnitten. Ihre flachen, über
S-kurvigem Grundriß leicht ondulierenden farbigen Stuckmarmorrahmen finden auf
weich gekehlten Auskragungen der Wand Halt. Sie erinnern mit den dünnen Schnittflä-
chen an eben gehärteten Gipskarton, der wie eine Wechselkulisse jederzeit hinter dem
Säulengerüst ausgetauscht werden könnte.

Dieser Eindruck von ephemerer Architektur wird an den Längswänden gesteigert. Stellwände scheinen so weit von hinten angeschoben, bis die Sockelkanten der schräg gestellten
Säulen eine weitere Vorwärtsbewegung hemmen. Mit ihren scharfen seitlichen Graten und
der an den Knickstellen gekehlten Nut, die auch Architrav und Fries durchtrennt, erinnern
sie an die tableauartige Wirkung der Bogenwände. Nur ihre obersten Faszien und die
auskragende Gesimsplatte binden die geknickten Flächen horizontal zusammen. Die Säule
als statisches Gerüst ist von ihnen isoliert.

In der Gewölbezone des Ritterordensraumes wird die horizontale Schichtung, die wir im 95, 96
Bruderschaftsraum beobachten konnten, nur noch durch Farbreste suggeriert. Kuppel und
Kuppelunterbau sind zu einer genuinen Wölbungsform zusammengebunden.

Die auf den Diagonalwänden bzw. dem Säulengerüst aufsitzende Kuppelschale ist in der
Querachse mit hoch einschneidenden schmalen Stichkappentonnen verschnitten, die als
Schnittfigur jeweils einen gratigen Raumbogen ausbilden. Die Hauptbögen der Längsachse
verlaufen über geradem Grundriß, sind deutlich niedriger und ebenfalls auf Grate reduziert.
In die Diagonalzwickel sind rundbogige Figurennischen eingelassen, deren Rahmenform
und Nischung die Kuppelkrümmung nachzeichnen.

Der Freskorahmen grenzt nicht – wie im Bruderschaftsraum – mit erhabenem Profil eine
kreisrunde Wölbfläche aus oder verdeckt den überfangenen Wölbansatz. Stattdessen ist der
Wölbschale ein flaches blattumkränztes Profil aufgelegt, das mit geschwungenem Verlauf
anschaulich zwischen Unterbau und Freskofeld trennt. In den Diagonalen wirken die
Diagonalnischen wie ein Auflager für gerade Rahmenstücke; in den Querachsen folgt der
Rahmen der Stichkappenkontur. Sein weiterer Verlauf entlang der Längsachse ist nicht
mehr vom Unterbau motiviert, sondern schwingt S-bogenförmig nach innen und wird in
der Mitte von einer farblich abgesetzten, reich ornamentierten Kartusche durchstoßen.
Dem atektonischen Verhalten des Rahmens entspricht das atektonische Verhalten des
Gewölbebogens, der erst durch die monumentale Inschriftenkartusche Festigkeit erhält.
Flächen-, Farb- und Bewegungszusammenhänge werden so zu »ordnenden« Faktoren.

Ober- und Unterbau sind frei zusammenmodelliert. Sie bilden keine Arkaden aus, sondern
nur deren lineare Reduktionen: Die Innenkanten der Säulen werden von den Innenkanten
der Rundbogennischen weitergeführt, die Außenkanten der Säulen von den Gewölbegraten
der Hauptachsen. Nur die Diagonalnischen schließen sich mit dem Unterbau zusammen.
Ihre Rahmung wird in der Aufwärtsbewegung von Sockel, Säulenschaft, Gebälkkopf und
Attika weitergeführt.

Die steile Aufwärtsbewegung der Diagonalen wird zur gewölbestützenden Kraft. Sie findet in der Nischenrahmung und -dekoration ihre Entsprechung. Stützkraft veranschaulichen die deutlich artikulierten Stirn- und Laibungsprofile der Bögen, die auf schwach gezeichneten Wandvorlagen aufruhen und hier Pfeiler andeuten. Die Rundbogenrahmung ist damit nicht mehr eigentliche Rahmung, sondern als Surrogat der unstofflichen Schalform aufgelegt. Im Gegensatz zu der abschrankenden Wirkung der dunkelbrokatierten Segelgewölbe am Eingang zum Bruderschaftsraum schafft hier die membranartig dünne Wölbschale nur eine schwache Zäsur, was die im Grundriß beschriebene enge Verknüpfung von Ritterordens- und Altarraum bestätigt.

36
*Berg am Laim,
St. Michael,
Ritterordensraum,
Wandgeschoß*

3 Der Altarraum

Vom Weststandpunkt aus gesehen, scheinen die Säulen der Altarrückwand gegenüber denen am Eingang zum Altarraum nur um Sockelbreite nach innen und hinten versetzt zu sein. Beim Vorwärtsschreiten nach Osten rücken sie immer weiter voneinander ab. Zunächst schieben sich bisher verdeckte Wandflächen dazwischen, die als Verlängerung der Chorschrägen gesehen werden. Erst am Eingang zum Ritterordensraum erhält der Altarraum Eigenwertigkeit.

92, 95, 96, 100

Ausgreifende Wandkonchen verbinden die – vom Hochaltar verstellte – gerade Abschlußwand mit den Chorschrägen und hinterschneiden deren Säulen. Ihnen antworten die pilasterhinterlegten Dreiviertelsäulen der Altarwand. Ein umlaufendes Gebälk faßt Säulen und Wand als »ovalen« Mauerzylinder zusammen, der deutliche Vertikalbeziehungen sucht. Die Aufwärtsbewegung der Säulen der Altarrückwand wird über Gebälk- und Attikaverkröpfungen in gurtrippenartigen Stützen weitergeführt, die oben mit der Wölbschale zusammenfließen. Von den gekehlten Fensterwänden vermitteln tief einschneidende Stichkappentonnen nach innen. Dazwischen schiebt sich als Fortsetzung der Pilasterrücklagen ein schmaler Wandstreifen ein, der nach oben in ornamentierte Bänder und Rocaillen einmündet. Darüber grenzt ein flacher, seitlich von den Stichkappen beschnittener Rahmen die freskierte Flachkuppel aus.

Der Altarraum wird durch den monumentalen Hochaltar bestimmt. Er bildet den Raumabschluß nach Osten, wird also selbst architektonische Rückwand. Die strahlende Helligkeit des Altarraumes steht zu dem diffusen dünnen Licht des Ritterordensraumes in Kontrast. Die Fenster – für den Betrachter nicht einsehbar – sind in die seitlichen Nischenwände eingeschnitten, die wie Reflektoren Licht sammeln und den Raum hell erleuchten. Die Weißflächen werden zu Lichtflächen. Die Illusion eines aus sich selbst leuchtenden Raumes findet in den Lichtreflexen des goldenen Altarauszugs, einem wichtigen Augpunkt der Raumabfolge, seinen Höhepunkt. Seine visionäre Strahlkraft sollte ursprünglich ein großes, zum Auszug konzentrisch geführtes Ostfenster steigern, an dessen Stelle heute nur mehr eine deutlich gerahmte tiefe Nische zu sehen ist.[19]

4 Die Reduktion des »Architektonischen« und die »Archi-Tektonisierung« von Ausstattung, Farbigkeit und Licht

Die bisherige Analyse zeigte, daß Stütze und Wand ihre körperhaften Qualitäten weitgehend aufgegeben haben. Statt materialfester Strukturen und Raumgrenzen entstehen entmaterialisierte Raumschalen, die mit dem atmosphärischen Innenraumvolumen in Wechselwirkung treten. Mit dem Verlust des Archi-Tektonischen entstehen architektonische »Leerstellen«, die nun von der Ausstattung besetzt werden. Sie übernimmt, zusammen mit Farbe und Licht, raumkonstituierende, also archi-tektonische Aufgaben. Damit ist – wie schon oben bei der Fassadenanalyse – eine Umkehrung des kanonischen »Ordnungs«-Begriffes formuliert. Seine Veränderung bzw. Neukonstituierung, die – wie ebenfalls gezeigt – sich in der zeitgleichen Architekturtheorie in Relativierungen vitruvianischer Orthodoxie manifestierte, bietet einen grundlegenden Neuansatz für die Rokoko-Diskussion.

4a Architektonische Reduktionen

Die Stützen

Die Funktion der Stützen, ihr ambivalentes Verhältnis zur Wand und die Bedeutung der Stützenfarbigkeit wurden beschrieben. Bisher ausgeklammert und von der Forschung unbeachtet, blieb ihre farbige Oberflächengestaltung, die im 18. Jahrhundert in Süddeutschland beispiellos ist:[20] Die Marmorierung ist mit Kalkfarben auf Putz gemalt. Da aufgrund der einheitlich erstklassigen Ausstattung von St. Michael die damals übliche Stuckmarmorierung nicht aus finanziellen Erwägungen unterblieben sein kann, ist nach dem künstlerischen Ziel dieser besonderen Oberflächengestaltung zu fragen.

Die Stützen in Fischers Kirchenräumen der Reichsstifte Ottobeuren und Zwiefalten sind – bei vergleichbarem Anspruchsniveau – mit farbigem Stuckmarmor verkleidet. Diese Materialillusion hat technische, künstlerische und ästhetische Vorteile und wurde von U. Schießl beschrieben: »Über die Idealisierung der Farbigkeit der vorbildlichen Materialien hinaus kann die Farbigkeit des Materialbildes in ihrer Künstlichkeit etwas leisten, was mit natürlichen Materialien nur in größter Auswahl möglich wäre.«[21] Die stark lichthaltige Stofflichkeit des polierten Stuckmarmors erreicht eine deutliche Tiefenbeziehung zum Träger: Obwohl er die Architekturglieder nur als dünne Schicht ummantelt, scheinen diese genuin bis zum Kern aus diesem Material zu bestehen. Gegenüber echtem Marmor erscheint die Oberfläche von Stuckmarmor brillanter, glänzender, mit der Fähigkeit, Licht zu binden und zu reflektieren.

In St. Michael sind die Säulen in bräunlich-violettem Rot, die Pfeiler in bläulichem Grün marmoriert und jeweils mit gelben Flecken durchsetzt. Auffallend ist der starke Anteil von Grau- und Weißwerten, die nicht wie beim Stuckmarmor transluzide Oberflächenwerte herstellen, sondern die Stützen opak, fast pudrig (wie die Oberflächen eines Pastellbildes) nach außen abschließen. Die Farbe scheint ausgelaugt, ohne Tiefe und ohne Identität mit dem Farbträger, den Stützen. Sie ist selbständiger Oberflächenwert, schließt Oberflächen und leugnet ihr materialdichtes Volumen. Die Stützkraft ist auf farbige Hüllen reduziert.

Weißbeimischungen zu Farben beschreibt H. Bauer als ein Charakteristikum der Rokokomalerei: »Die Farbe wird dadurch nicht ›lichthaltiger‹, sondern geschlossen«.[22] Der durch die Weißmischung hervorgerufene Pastelleffekt kehrt die Tiefenbindung des transluziden Farbmaterials und -auftrags um: Tiefe wird an den Vordergrund geholt. »Die Farben leisten ornamentale Stereotypisierungen. Jeder Farbwert ist zunächst kein Darstellungswert, sondern ornamental vordergründig gewordener Farbtraditionswert. [...Die Farben] sind, und das beweisen die Reduktionen, Schein des Scheines, dabei ebenso stumpf wie künstlich geworden. Stumpf, weil sie keine Tiefenbeziehung zum Gegenstand mehr haben, künstlich, weil sie kaum eine Beziehung in der Gegenstandsbezeichnung mehr haben«.[23]

Auch in St. Michael hat die Farbigkeit der Stützen schon aufgrund des Anspruchsniveaus Traditionswert. Ziel ist nicht mehr die Materialillusion, sondern die Materialreduktion. Säulen und Pilasterpfeiler sind nicht mehr kanonische »Ordnungen« im Sinne architektonischer Strukturen, sondern nur mehr Stützkraft illusionierende Farbwerte, gleichsam Chiffren, die sich selbst thematisieren. Ihre Buntwerte kontrastieren mit dem weißen Wandgrund, verhalten sich zu ihm wie »Muster auf Grund« und sind – wie bereits an der Fassade beschrieben – »Verzierung«.[24] Der alte »Ordnungs«-Begriff ist zerstört.[25] Diese Veränderung der Materialwirksamkeit betrifft vor allem auch den Mauermantel.

Der Mauermantel

Die struktiven Architekturglieder heben sich farblich von den weißen Wandflächen ab, so daß sich der Mauermantel aus dem Wechsel von Weiß- und Buntwerten zusammensetzt. Seine Interpretation als Farbmuster ist abhängig von der mit Weiß vermischten Stützenfarbigkeit, die eine Verbindung mit der Wandfarbe sucht. Gleichzeitig werden die Buntwerte auch räumlich wirksam, drängen nach vorne und versuchen, sich von ihrer Flächenbindung zu lösen. Aus diesem Grund erscheinen die Stützen graduell härter als die Wandflächen.[26]

An der Entmaterialisierung des Mauermantels hat das Licht wesentlichen Anteil. Die kristalline Körnung und der lasierende Kalkanstrich bewirken eine enge Bindung der differenziert gebogenen und ausgewölbten Flächen mit dem eintretenden und auftreffenden Licht.[27] »Die Wandfläche gewinnt bewegtes Schimmern, die Farbe erscheint nicht mehr als bloße Oberflächenfarbe einer festen Untergrundform, sondern gewinnt Eigenleben und ein gewisses Maß an Selbständigkeit«.[28] Weiß kennzeichnet nicht mehr Wand als feste tektonische Begrenzung, sondern ist Ausdruck von Helligkeit. Der Mauermantel ist entschwert, entstofflicht, auf immaterielle Weißflächen reduziert.

Die materielle Reduktion geht mit der räumlichen einher. Da in den Hauptraumdiagonalen die weißen Bogenwände hinter die Stützen zurücktreten, wird eine Zweischaligkeit suggeriert, die an die räumlich betretbaren Diagonalkapellen in den Fischer-Kirchen Aufhausen und Ingolstadt denken läßt. Liest man die Bogenwände mit den sich nach oben verfestigenden Zylinderformen zusammen, wird ihre Genese als räumliche Reduktion greifbar.

Die Raumgrenzen der Querachse werden vom Verhältnis der Hauptraumstützen zur Konchenwand bestimmt. Sie sind nicht klar definiert. Der Kernraum verbindet sich so eng mit den Anräumen, daß der Eindruck eines nach außen geschichteten Einheitsraumes entsteht. Wand als materielle Raumgrenze verliert zugunsten des Raumvolumens bzw. der Raumatmosphäre an Bedeutung.

Die Stützenkehlung legt eine, in die Konchen hineinführende »ideelle« Kreisbahn fest, die eine erste innere Raumgrenze aufbaut; die Konchen sind in diesem Fall teilweise dem Hauptraum zuzurechnen. Eine zweite äußere Raumgrenze bilden die Konchenwände, die, da am Stützenansatz stark gekehlt und zum Altar hin flacher auslaufend, aufgrund der unterschiedlichen, weich modellierten Helligkeitsstufen nur vage angedeutet wird. Der »Zwischen-Raum« zwischen äußerer und innerer Raumgrenze gibt den Anschein, als könne er seine Hülle dehnen, ausweiten, sich selbst seine Grenzen formen. Die Raumgrenze ist dreidimensional.[29]

Die Wölbung

Auch in der Wölbung ist bereits durch die unkanonische, ihrer räumlichen Bestimmung sich entziehende Oberflächenstereometrie jeder Begriff von Tektonik und Materialität verlorengegangen. Den Kuppelansatz leisten nur mehr randscharfe Schnittfiguren und gebogene lichthaltige Oberflächen. In der darübergespannten Flachkuppel verbinden sich Farbe und Licht zu einer selbständigen, vom Weiß des Unterbaus ausgegrenzten Buntfläche.

Den Eindruck der entmaterialisierten Wölbung bestätigt die Bautechnik. Das Gewölbe von St. Michael ist nicht massiv gemauert, sondern eine »Holzbohlenlamellen-Konstruktion« mit Lattung und teilweise mit Bretter- und Bohlenverschlag.[30] Diese besonders von Ph. de L'Orme propagierte Technik – im Werk Fischers singulär und wohl durch Cuvilliés eingebracht[31] – verweist, da nur an wenigen Bauten in Süddeutschland im 18. Jahrhundert zu finden, auf einen stilistischen Grundkonsens.

Die Holzbohlenlamellen-Konstruktion ist – falls nicht aufgrund von Kostenüberlegungen oder der statischen Unsicherheiten des Baumeisters angewandt – dann zu finden, wenn (wie auch in der Wies[32]) der Mauermantel so weit entmaterialisiert und das Architektursystem so weit negiert sind, daß Unterbau und Wölbung nicht mehr struktural aufeinander bezogen, sondern nach optischen Gesichtspunkten zusammenmodelliert sind. Eine Massivwölbung wäre wegen der Kompliziertheit der Formen nur mit höchstem technischen Aufwand zu leisten und würde – wie in St. Michael – der künstlerischen Absicht konträr entgegenstehen. Trotz verschiedener motivischer Bezüge zum Unterbau ist hier eine formale und strukturale Verselbständigung der Wölbform festzustellen, die von der Kompliziertheit ihrer Oberflächenstereometrie – und damit von der Illusion der Entmaterialisierung – getragen wird.

Gegenüber dieser süddeutschen Sonderform beziehen die Kirchenbauten B. Neumanns eine konträre Position, in denen Architektursystem und materialfeste Raumgrenze dominant und »ordnend« geblieben sind. Für ihr rationales, mit hoher Ingenieurskunst ausgebildetes architektonisches Strukturgerüst würde eine Lattenwölbung ein Paradox darstellen.[33]

Die Arkade

Der Verlust des architektonischen Systems im Sinne eines Strukturgerüstes läßt sich in St. Michael in Berg am Laim an einem kanonischen Hauptmotiv besonders verdeutlichen: der Arkade.[34]

In der römischen Antike entstanden, besaß die Arkade – zunächst eine aus Keilsteinen zusammengefügte Rundbogenkonstruktion – gegenüber dem flachen Architrav vor allem den Vorteil größerer Tragfähigkeit. Ihr struktiver Einsatz läßt sich im christlichen Kirchenbau als Träger von Hochwand, Tonne oder Kuppel wiederfinden. Die Übereckstellung der Stützen zog einen sphärischen Bogenverlauf nach sich, der im Architektursystem G. Guarinis, C. Dientzenhofers oder B. Neumanns zentrale Bedeutung einnimmt. Dort sind jeweils die Stirn- und Innenseiten der Stützen in den Bögen weitergeführt.

In St. Michael sind die übereckgestellten Stützen nicht durch sphärisch verlaufende

Gurtbögen verbunden. Stattdessen spannen sich dünne, mit der Wölbschale verschnittene Segelgewölbe. Nur die gekehlten Stirnseiten der Stützen schließen sich mit ihnen zu einer flachen Bogenform zusammen, die durch ihre Farbigkeit im Kontrast bzw. in der Ausgrenzung zum Weiß der Wand betont wird. Die kräftig artikulierten Innenseiten der Stützen finden hingegen im Kuppelunterbau weder formale noch farbliche Entsprechungen. Die klassische Arkade ist zerstört und auf Linear-, Farb- und Flächenzusammenhänge reduziert.

4b Die »Archi-Tektonisierung« der Ausstattung

Die Untersuchung von Stütze, Mauermantel, Wölbung und Arkade im Kirchenraum von St. Michael zeigte eine Entstofflichung tektonischer Substanz bei gleichzeitigem Verlust des traditionellen Architektursystems. Im Gegenzug dazu erlangen Altarausstattung, Stuck, Farbigkeit und Licht raumkonstituierende, also »ordnende« Bedeutung.

Die Altäre

Die Aufstellung der Altäre und ihre Wirkung für die Raumgestaltung wurden bereits beschrieben.[35] Sie berechtigen, von einem zusammenhängenden Altarmantel zu sprechen. Dafür sind kompositionelle, motivische und farbige Faktoren die Voraussetzung. Das jeweilige Verhältnis der Altäre zur Architektur soll weitere Aufschlüsse geben.
Der Hochaltar verdeckt als monumentaler Aufbau die architektonische Altarrückwand.[36] Über schräggestellter hoher Sockelung stehende Doppelsäulen werden von einem Baldachinbogen zusammengefaßt, über dem der Auszug aufragt. Seine Einbindung in die Architektur, der direkte formale und farbliche Zusammenschluß von Architektur- und Altarsäulen, machen den Hochaltar zum architektonischen Raumabschluß.
Dieser Architektonisierungsprozeß wiederholt sich in der Querachse.[37] Die Konchenaltäre werden an jenen Stellen zum architektonischen Raumabschluß, wo der gerade Wandverlauf sich zur kontrollierbaren Raumgrenze verfestigt. Die Altararchitekturen treten mit den Konchenpilastern und Koncheneingangsstützen in enge Wechselbeziehung, verwischen die Grenzen zwischen Architektur und Ausstattung und konstituieren sich an entscheidender Stelle selbst als Architektur.
Besonders differenziert ist das Verhältnis von Altar und Wand in den Diagonalen. Wand wird von den Altären weitgehend verstellt. Der Verlust ihres tektonischen Gerüstes – es sind Rahmenaltäre mit Mensa und darüber aufgestelltem Altarblatt[38] – wird durch eine gegenseitige Wechselbeziehung zur Architektur ersetzt: Der konkave Schwung von Mensa und Retabel und die orthogonal gestellten Eckkonsolen sind dem diagonalen Wandmotiv wie eine zweite Schicht integriert. Der architektonische »Hintergrund« ist direkt an die Rahmenaltäre gebunden: Die Bogenwände werden zur Altarrückwand, die Architekturstützen zu Altarstützen. Der Altar ist nicht mehr Bestandteil der Architektur, sondern umgekehrt die Architektur Bestandteil des Altars. Damit wird die Feststellung P. Steiners, »Straubs Altäre [...] sind selbständige Architekturen ohne materielle Verbindung zur Architektur« fragwürdig.[39] Gerade die Wechselwirkung von Mauermantel und Altararchitektur verweist auf einen Stil, der sich vom Verhältnis Architektur – Altar in barocken oder

91, 92

37
Berg am Laim, St. Micha
Stuckdekoration an eine
Diadembogen des
Bruderschaftsraumes

klassizistischen Innenräumen – wo sie gleichsam als Sakralmöbel versatzstückhaft eingestellt sind – grundlegend abgrenzt.

Die Festlegung der Raumgrenze durch die Altarausstattung wird von der Farbabstimmung und den Oberflächenwerten weiter betont. In den Diagonalen sind Pilasterpfeiler, Friesband, Mensen und Retabeln zur grünen Rahmenform zusammengebunden. In den Hauptachsen korrespondieren die roten Architektursäulen mit den roten Säulen der Haupt- und Konchenaltäre. Ihre lasierte Fassung und die Vergoldung schließen sich zu transluziden Oberflächen, die mit ihrer deutlichen Affinität zum Licht über die matten, pudrigen Architekturstützen dominieren. Die opake Stützenfarbigkeit wird nicht nur als selbständiges stilistisches Phänomen, sondern in diesem Zusammenhang auch als künstlerisches Kalkül greifbar: Erst die Negation der architektonischen »Ordnungsmacht«[40] macht die Archi-Tektonisierung der Altarausstattung möglich und notwendig. Es entsteht ein raumschaffendes und raumkonstituierendes »ordnendes« Altarkontinuum, das die »Ordnung« der Architektur ein- und ihre strukturierende Wirkung unterbindet.

Der Stuck

Der Stuck in St. Michael löst nicht – wie in der Wies – Architektur auf, sondern interpretiert sie und schafft Verbindungen. Er ist ausschließlich den Kuppelunterbauten

vorbehalten, also der Verbindung zwischen den Realitätsebenen Wand und Freskenkuppel.[41] Zu unterscheiden sind dekorative und architektonische Aufgaben, die, nach Motiven, Fassung und dem Verhältnis zum Grund differenziert, am Bruderschaftsraum exemplifiziert werden sollen.

Der weiße Stuck beschränkt sich weitgehend auf die Lichtzonen, ist farblich dem Grund angepaßt und so nach Fassung und Antrag Flächendekoration. Die auf die Deckenplafonds der Diagonalzylinder aufgelegten zarten Rosettenornamente erinnern an die Zentralmotive höfischer Stuckdecken, wie z. B. Cuvilliés' Dekoration der Reichen Zimmer in der Münchner Residenz. In den Konchenwölbungen findet sich symmetrisches Bandlwerk, das nach oben zu in reichen Rahmenfeldern kulminiert. Ihr flaches Relief läßt in beiden Fällen die Intention erkennen, die Wandfläche als Lichtreflektor zu erhalten und gleichzeitig die Anräume eng an die Schalformen des Kernraumes zu binden – eine Wirkung, die mit einer plastischen oder farblich vom Grund abgesetzten Ornamentik nicht zu erreichen gewesen wäre. Bogenbegleitende wandfarbene Rahmen, Leisten und Profile verdeutlichen die Flächigkeit des Kuppelunterbaus. 38, 39, 97

Dieser zurückhaltenden Flächendekoration steht eine in gelblich-rosa-farbenen Ockertönen gefaßte Stuckornamentik gegenüber,[42] die als vorderste Schicht raum- und strukturbestimmend, ja tektonisierend agiert. Entlang der Grate der Segelgewölbe steigen langgestreckte S-bogenförmige Rocailleschwünge auf, die nach oben zu immer plastischer und räumlicher werden, sich etwa auf halber Höhe zu kleinen Voluten einrollen und in züngelnden Blattmotiven ausblühen. Rocaillebesetzte C-Bögen vermitteln zu den kleineren Diagonalbögen, bilden gleichzeitig das Auflager für einen weiteren, gegenläufigen C-Bogen, der sich mit bizarr geformten, stacheligen, aus dem Fledermausflügel entwickelten Rocaillen um die kurvig geführten Schnittlinien legt und den Lambrequinbesatz an der oberen Bogenkante hält. 37, 98

Dieses aus gegenläufigen Ornament-Schwüngen entstandene zusammenhängende Stuckmuster erfüllt mehrere Aufgaben: Es akzentuiert die Leitlinien der Raumstruktur, verklammert, zusammen mit den freihängenden Blütengirlanden der Kartuschen und dem Leistenwerk, in einem horizontal umlaufenden, ondulierenden Rhythmus die Bogenstellungen und interpretiert so – in quasi ornamentaler Reduktion – den »Rotunden«-Charakter der Architektur. Der hier tektonisch eingesetzte Stuck unterstützt gleichzeitig die feinlinigen Bogengrate und gibt den Schalformen an jenen Stellen Festigkeit, wo sich die reguläre Form der Kugelschicht nach unten hin zu verwinden beginnt. Diese Fähigkeit zu ornamentaler Tektonisierung veranschaulichen weiter die kleinen, ebenfalls gelblichen, Kartuschenlappen, die die aufsteigenden Fensterrahmen mit den runden Wandplafonds verklammern.

Der Betonung der Diagonalen durch das Ornament entspricht die raumbestimmende Wirkung der Diagonalmotive. Diese konkurrieren deutlich mit den goldbrokatierten Segelgewölben der Hauptachsen, die, durch Monumentalkartuschen betont, Kuppelunterbau und Kuppel aneinander binden. Die gelbliche Farbigkeit ihrer Rahmen wie die gelbliche Blattumkränzung des Freskorahmens verweisen auf die tektonische Absicht.

Auch dem Stuck kommt »ordnende« Qualität zu: Dünnlinige Bogen- und geblähte Schalformen werden tektonisiert, von der Architektur nur mehr »motivisch« gegeneinander gesetzte Flächen erhalten Festigkeit. Stuck stellt durch die Weiterführung von

38
*Berg am Laim, St. Michael,
Diagonalfenster mit Stichkappe
im Bruderschaftsraum*

39
*François Cuvilliés,
Entwurf für eine Plafond-
dekoration,
I. Reihe, 8. Folge,
1738–1740, Livre de Plafonds,
Stich von Lespilliez*

Vertikallinien nach unten Bezüge zur Architektur her und ist mit seiner farbigen Fassung differenziert und sensibel auf das Kuppelfresko abgestimmt. Funktion und Aufgabe dieser Ornamentzone ist damit identisch mit der von B. Rupprecht als wesentliches Kriterium für die Rokokokirche konstatierten »Rahmenzone«: »Wie die Rocaille als Quasi-Architektur erscheinen kann, dringt sie auch in die Sphäre des Bildes ein, sie wird selbst Bildgegenstand bei gleichzeitig rahmender Funktion«; ihr Wesen ist »das des Übergangs schlechthin«.[43]

Die Farbigkeit

Die bisherige Analyse hat bereits an mehreren Stellen auf die grundlegende Bedeutung der Farbe an der Fassade und im Innenraum von St. Michael aufmerksam gemacht: Für die Stützen und ihr Verhältnis zur Wand, für Gebälk, Bogen und Altar. Der Oberflächenwirksamkeit der Farbe, d. h. ihrem Anteil an der Entstofflichung der Architekturglieder und ihrem Stellenwert für die Aneinanderbindung der Raumteile, wurde besondere Beachtung geschenkt. Bereits daraus ist ihre in hohem Maß »ordnende« Funktion erkennbar. Unangesprochen blieb der Anteil der Farbe am Gesamtraumkontinuum, wo den Deckenbildern eine entscheidende Rolle zukommt.

Die Farbe bindet die nach ihrer Struktur frei zusammenmodellierte Wand- und Wölbzone tektonisch aneinander: Schon besprochen wurden die durch Farbeinsatz bewirkten Vertikalverbindungen der mit Weiß vermischten Rot-Grün-Töne der Stützen mit der opaken Goldbrokatierung der Segelgewölbe. Ähnlich deutliche geschoßübergreifende Zusammenhänge schafft in den Diagonalen die gelb-rosa getönte Farbe an Stützenbasen, Kapitellen, Rocailleschwüngen und Lambrequins. Erst durch den gezielten Farbeinsatz erhalten die zunächst dimensionslosen weißen Schalformen und Flächen Festigkeit. Es entsteht eine Farboberfläche, die in den Deckenbildern ihren Abschluß findet.

In den Deckenbildern sind alle Töne der Raumfarbigkeit enthalten. Als neue Farbwerte kommen das leuchtende Himmelsblau und das lichte atmosphärische Gelb hinzu. Sie scheinen in ihrer großflächigen Anwendung einen architektonischen Grundgedanken aufzunehmen und zu interpretieren: Darstellung des Geweiteten und Durchlichteten.

Kompositorisches und farbliches Zentrum der Hauptkuppel ist der Triumph Michaels – seine Erscheinung inmitten von gelblich-rosafarbener lichthafter Atmosphäre. Auch die umlaufende terrestrische Szenerie scheint von diesem atmosphärischen Dunst durchwirkt. Rot und Grün sind durch Weiß- und Graubeimischungen zu heller sandfarbener Tonigkeit verschmolzen, auf der die locker verteilten buntfarbigen Akzente der Figuren Eigenwert erlangen. Auffallend ist die ausgezehrte Farbigkeit der Fresken, wie sie von H. und A. Bauer beschrieben wurde: »Amigonis Farbigkeit baute sich an einzelnen Flächen homogener Farbwerte auf, die, durch Weißbeimischungen hell, aber auch opak und nicht mehr vom Licht zum Schatten hin transluzid sind. Ähnlich derjenigen Amigonis modelliert Zimmermanns Farbe nicht den Gegenstand, sondern erscheint als Kolorierung einer Reliefoberfläche. Somit fehlen auch ›Farbinduktionen‹. Die einzelnen Buntfarben können nicht ineinander übergreifen oder sich gegenseitig beeinflussen.«[44] Gegenstände werden durch ihre Färbung wie ornamentale Versatzstücke behandelt; sie schaffen Verbindungen wie in einer Stuckdekoration.[45]

Das Prinzip des »ornamentalen Deckenbildes«[46] wird in St. Michael zum Gesamtprinzip der Innenraumfarbigkeit: Die Rot-Grün-Töne der Stützen, die Gelb-Rosa-Töne der Basen, Kapitelle und des Stucks sind aus der Freskenfarbigkeit extrahiert. Ihr Grundton ist das Weiß des Wandgrundes, das sich zum Kontinuum zusammenschließt. Ein Paradox wird zum Kunstprinzip: Farben werden durch Weißbeimischung oberflächengebunden und -bezeichnend, entwirklichen Architektur und werden gleichzeitig in ihrer differenzierten Zuordnung raumschaffend, »ordnend«. Vor der architektonischen Struktur entsteht ein »Raum aus Farben«.[47]

Das Licht

92 Mit der Bedeutung der Farbe ist die des Lichtes untrennbar verbunden; sie stehen in direkter Wechselwirkung. Licht hat in St. Michael ikonographischen, liturgischen und künstlerischen Stellenwert, interpretiert den Raum und bestimmt seine Dimension.[48] Von besonderem Interesse ist seine Fähigkeit, Wand zu entstofflichen bzw. umgekehrt: das Licht erhält materielle Festigkeit.
Das Fensterglas in St. Michael ist nicht durchsichtig, sondern – wie meist im 18. Jahrhundert – leicht getönt und wabenartig gefaßt; es erscheint silbrig weiß und wirkt wie verschleiert. Die Fenster sind lichthaltig, weniger Lichtdurchgang als Lichtfläche.[49]

Als wesentliches Kriterium für die Lichthaltigkeit von Oberflächen verwies H. Sedlmayr auf ihr Mikrorelief,[50] das U. Spindler-Niros für die bayerischen Kirchenräume des 18. Jahrhunderts genauer untersuchte: »Die großkristalline Körnung eines meist sandhaltigen Unterputzes mit einem mehrfach, aber lasierend aufgetragenen Kalkweiß darüber, so daß sich das Licht noch in den Körnchen des Sandes brechen kann und das Weiß wie von innen her durchleuchtet, gibt dem Weiß des Raummantels jene schimmernde Leuchtkraft, die es so lichtnah macht«.[51]

Dieses Weiß changiert in St. Michael in seiner Wirksamkeit zwischen der Materialität von Helligkeit und der Immaterialität von Wand. Das im Zusammenhang mit der Innenraumfarbigkeit beschriebene Paradox ist hier variiert: Licht entstofflicht Wandsubstanz. Umgekehrt substanziiert es sich an dieser Wand zu weißer Helligkeit, wird selbst zur anschaulichen Raumgrenze – den lichten Fensterflächen angeglichen. In den diagonalen Gewölbenischen des Bruderschaftsraumes verdichtet es sich an den Oberflächen zu solcher Konzentration, daß der Helligkeitswert der Wand den des Fensters übersteigt, so daß sich hier das traditionelle Verhältnis von Fenster und Wand umkehrt. Gleichzeitig bleibt das Reflexionslicht in den Schalformen gefangen, materialisiert sich – wie oben beschrieben – zu »Lichtsäulen« und erhält gleichermaßen tektonische wie räumliche Dimension. Das Licht konstituiert in St. Michael Raum, ist sowohl gestaltend wie »ordnend«.[52]

90, 96 Die Lichthaltigkeit der Raumgrenze steht in Wechselbeziehung mit dem Farb-Licht der Fresken. Obwohl die Kuppeln der Michaelskirche, da ohne eigene Lichtöffnungen, der am wenigsten beleuchtete Bereich des Raumes sind, scheinen sie dennoch von »Lichtsubstanz« erfüllt. E. Strauß machte auf das Phänomen des Farblichtes aufmerksam, das in seiner Wirkung die Farbhelligkeit übertrifft.[53] Das »Luminöse« strahlt von der Farbe aus, »entweicht« ihr, »löst« und »lockert« den Buntgehalt, bringt ihn zum »Schweben«, wird Helligkeit. In Zimmermanns Fresken wird der farbige Effekt zur »Lichtführung«: »Gleichmäßige Helligkeit durchleuchtet die ganze Himmelsszenerie [...]. Kein direkter Lichteinfall, kein Strahlen, ausgehend von der Glorie, ereignet sich. In der Gloriole ist die Rosafarbe der Wolkenlandschaft bis zum hellsten, fast farblosen Gelb aufgehellt. [...] Diese Helligkeiten steigern sich gegenseitig in ihrer Lichtintensität«.[54]

Licht ist das Bild- und Realraum verbindende Medium. Die Korrelierung beider Raumrealitäten kann die im Hauptkuppelfresko dargestellte Höhle auf dem Monte Gargano verdeutlichen, die in engem Zusammenhang mit den Diagonalmotiven des Bruderschaftsraumes zu sehen ist: Licht führt den Blick durch den Höhleneingang in die Tiefe; die Öffnung ist jedoch undurchdringbar, da von einer strahlenden Lichtmasse verschlossen. Diese Ambivalenz wiederholt sich in den diagonalen Lichtzylindern der Architektur. Sie ziehen zunächst das Auge an, suggerieren hinter sich freien Raum, doch der Blick wird vom Lichtstau der Fenster- und Reflektorflächen wieder abgeblockt.

Höchste Steigerung der Wechselwirkung von Licht und Farbe wird aber in St. Michael durch das Gold der Fassungen erreicht. Gold ist – nach G. Haupt – eigentlich keine Farbe, sondern eher der Inbegriff aller Farbigkeit, und in seinem Glanz der Umwelt gegenüber die höchste Steigerung eines Abtönungskontrastes.[55]

Die Goldfarbe der Altarbildrahmen ist altüberliefert und -tradiert. Neu hingegen ist sie für die Fassung von Altarfiguren, die trotz ihrer naturalistischen Inkarnate einheitlich goldene Gewänder tragen.[56] Goldgefaßte Figuren sind nicht mehr als Privileg dem Sanktissimum vorbehalten, sondern sie haben auch im Bruderschafts- und Ritterordensraum durch ihre – schon beschriebene – gleichmäßig umlaufende Aufstellung eine integrative, nämlich raumzusammenschließende Funktion, – ähnlich wie die weiß polierten Fassungen der kurz vorher aufgestellten Altarfiguren in Dießen. Die Figuren in St. Michael sind nicht mehr gezielt beleuchtet wie etwa der hl. Georg am Hochaltar in Weltenburg. Ihre Goldfassungen erzielen eine Beleuchtungsintensität ähnlich einer Aureole, die nicht eigentlich Beleuchtung ist, sondern Inbegriff von Helligkeit. Darauf nimmt ihre gezielte Verteilung im Raum Bezug. Aufgrund seiner Farb- wie Lichtqualität ist Gold an jenen Stellen eingesetzt, wo Übergänge geschaffen werden müssen und Weiß- und Buntwerte kulminieren. Gold transzendiert wertvolle materielle Substanz und ist Inbegriff von Helligkeit – Licht! Die Verwendung und Aufeinanderabstimmung von Goldfassung, Fresken- und Raumfarbigkeit scheint einem gemeinsamen Ziel zu dienen: Der Schaffung luminöser Architektur, die ohne direkte »eigentliche« Beleuchtung einen lichthaltigen atmosphärischen Raum erstellt.

5 Raum und Bild

In der Innenraumanalyse von St. Michael wurde auf das vom Weststandpunkt sich erschließende »Raumbild« aufmerksam gemacht.[57] Als Voraussetzung für die Verschiebung der Gattungsgrenzen muß – neben der szenographischen Staffelung, die den Betrachter vom Raum wie von einem Guckkasten distanziert und ihn diesen als »Bild« erlebbar macht – die Neubestimmung der »Ordnung« angesehen werden. Der von H. Sedlmayr geprägte abendländische Architekturbegriff: »Architektur ist Ordnungsmacht für die anderen Künste«,[58] scheint ins Gegenteil verkehrt, die These Th. Hetzers, daß Architektur ein bestimmtes Bild bedinge bzw. das Bild eine bestimmte Architektur fordere, dagegen auf besondere Weise eingelöst.[59]

D. Freys Feststellung, »ein Architekturwerk [müsse] keineswegs architektonisch betrachtet werden«,[60] soll hier als grundlegende Prämisse der nun folgenden Untersuchung zur Architekturrezeption vorangestellt werden. Um die in St. Michael beschriebene Austauschbarkeit der Gattungen sowie ihr transitorisches Verhalten (d. h. ihre Fähigkeit, an verschiedensten Seinsrealitäten gleichzeitig teilhaben zu können) visuell in Einklang zu bringen, ist eine »malerische Betrachtungsweise« notwendig; nach Frey liegt »das Wesen dieser malerischen Betrachtung [...] bezeichnenderweise in der bildmäßigen Isolierung und Distanzierung«.[61]

Zimmermanns Deckenbilder bilden eine eigene Räumlichkeit aus, die, unterstützt von den daraus extrahierten und im gesamten architektonischen Raum eingesetzten Farben, sich wie Baldachine bis zum Bodenniveau des Kirchenraumes herabsenken. Ebenso schließt sich die Architektur umgekehrt nach oben mit den Fresken zu einem Bild zusammen. Dieses Ineinandergreifen von Raum und Bild wird – außer durch die Farbigkeit – auch durch motivische Gemeinsamkeiten erreicht, wie sie bereits zwischen der im Fresko dargestellten Garganoschen Höhle und den diagonalen Lichtzylindern des Bruderschaftsraumes festgestellt wurden.

Das Gelb-Rosa des Himmelslichtes scheint auch dem »irdischen« Bereich zuzugehören; es ist im Raummantel wiederzufinden und bezieht so den Rezipienten in die »himmlische« Sphäre mit ein. Der Architekturraum scheint in den Realitätsgrad des Bildraumes überführt: Raum wird zum »betretbaren Bild«.[62] Damit ist auch das barocke Illusionsprinzip, wonach sich der »irdische« Realraum nach oben ins Überirdische, Himmlische zu öffnen scheint, ins Gegenteil gekehrt. Nun schließt sich das Bild mit der Legendenerzählung nach unten mit dem Raum zusammen. Der Realraum hat – durch Vermittlung der Farbe – direkt an den im Bild gezeigten himmlischen Qualitäten Anteil; Raumbestimmung und Bildinhalt treten in enge Wechselbeziehung.[63]

J. B. Zimmermanns Deckenfresken lassen die Annäherung der Kategorien Bild und Ornament erkennen, die sich nur mehr im Medium unterscheiden:[64] Die Farbwerte und Farbflächen stehen in einem ornamentalen Verhältnis, die Bildgegenstände erscheinen als ornamentale Versatzstücke. Umgekehrt bekommt das Ornament abbildhafte Qualitäten, wenn es – wie an den Kartuschen beschrieben – Übergänge zwischen Raum und Bild architektonisiert. Gleichzeitig kommt es zwischen Architektur und Architektonischem zu bildhaften Zusammenschlüssen: Die Form der Altarbilder wiederholt sich – in ein anderes Medium übertragen – im Fenstergeschoß; die Diagonalaltäre sind mit den Oratorienfenstern des Ritterordensraumes, die Oratorienfenster mit den Kirchenväter-Nischen darüber und diese wieder mit den Diagonalfenstern des Bruderschaftsraumes zusammen zu sehen.

Die enge Wechselwirkung von Realraum und Bildraum, die interkategorialen motivischen Zusammenschlüsse sowie Farbe und Licht als wesentliche raumkonstituierende Faktoren tragen dazu bei, daß in St. Michael die von Sedlmayr beschriebene »Ordnungsmacht« der Architektur auf die »anderen Künste« übergegangen ist. Die Reduktion architektonischer Strukturen, ihre Fähigkeit zur Verbildlichung und, im Gegenzug, die Architektonisierung von Ausstattung, Farbe und Licht sind Grundprämissen der neuen »Ordnung«. Daß diese nicht allein auf St. Michael beschränkt ist, sondern, als allgemeines Kunstprinzip in der Mitte des 18. Jahrhunderts angesehen werden muß, soll an zwei Exkursen erläutert werden.

6 Exkurse

Die venezianische Stadtvedute

Ziel einer Stadtvedute war zunächst, wie es J. de Barbaris berühmt gewordene Ansicht von Venedig (1500) vorführt, die sachlich strenge und wirklichkeitsgetreue Wiedergabe einer Stadtanlage. Mit dem sich entwickelnden Bildungstourismus konnte sie sich als selbständige Bildgattung etablieren. Für unsere Frage ist ihre Entwicklung in Venedig im 18. Jahrhundert von Interesse.[65]
Anstelle von klar überschaubaren Stadtstrukturen aus hoher Vogelschau werden bald nur mehr – oft in Quersicht – Ausschnitte aus Bauarrangements gezeigt. Bildgegenstand bleibt zwar das benennbare Gebäude oder die topographische Platzanlage, doch ist der Anblick von Architektur nicht mehr entscheidend, sondern eher zufällig. Bestimmend wird nun, besonders in den Veduten F. Guardis, die Atmosphäre: Licht und Farbe, der Himmel als umhüllendes und verbindendes Element mit dem Wasser. Dargestellte Architektur und Bildarchitektur entbehren der Zentralpunkte im Sinne eines ordnenden Achsenkreuzes. Architektur ist, trotz manch präziser Wiedergaben wie z. B. von A. Canaletto, ins Erscheinungshafte, Optische, in ein Spiel aus Licht und Farbe entrückt. Architektur hat – im Bild – ihre »Ordnungsmacht« verloren.

J. N. Servandonis »Spectacles de décoration«

In den Jahren 1738–42 und 1754–58 erregte J. N. Servandoni mit seinen im Opernhaus der Tuilerien in Paris, der »Salle des macchines«, stattfindenden »Spectacles de décoration« Aufsehen.[66] Die Idee, die beispiellos in der Geschichte des Theaters blieb,[67] bestand darin, Architektur nur mit Hilfe von Dekoration und Maschinerien aufzuführen. Diese wurde mit Hilfe von Kulissen, Soffitten, durchsichtigen bemalten Stoffen und Lichtveränderungen ausschließlich als optischer bildhafter Reiz bühnenfähig.
Servandoni war Architekt und Bühnenbildner. Ab 1726 arbeitete er für die Pariser Oper, ab 1732 entstand sein architektonisches Hauptwerk, die Fassade von St. Sulpice in Paris. Ab 1737 arbeitete er an seinem ersten »Spectacle«: »Saint Pierre de Rome«, eine maßstäblich getreue Wiedergabe des Innenraumes der römischen Papstkirche, der neben eigenen Studien während seines Romaufenthaltes als »Vorlage« bezeichnenderweise eine Vedute seines Lehrers G. P. Pannini zugrunde lag.[68] »Saint Pierre« muß als die reine und absolute Verwirklichung seiner Idee angesehen werden, da sie ohne Handlung, Musik, Pantomime usw. auskam, die, von Servandoni als zweitrangige Gestaltungsmittel geringgeschätzt, in seinen späteren Architekturstücken nur als Zugeständnis an das Publikum eingesetzt wurden, damit dieses sich nicht bei der stummen, rein architektonischen Darbietung langweile. Dem Betrachter wurde mit malerischen Gestaltungsmitteln »Architektur« vorgeführt, »er sollte in eine Welt versetzt werden, die nur mit den Augen zu durchdringen und [...] die auf anderer Ebene mit der Malerei vergleichbar« war.[69]
Es muß ein besonderer Reiz dieser Aufführungen gewesen sein, daß der Rezipient in einem ständigen Wechsel dem transitorischen Verhalten zwischen »Architektur« und »Bild« (und umgekehrt) ausgesetzt war. Als Voraussetzung für den vollen Kunstgenuß mußte – von den Zeitgenossen als Mangel empfunden – der Betrachterstandpunkt im »point de vue«, also auf der Mittelachse[70] eingenommen werden – dem Weststandpunkt in der Michaelskirche vergleichbar. Den überwältigenden Eindruck dieser Architekturaufführungen hat ein Augenzeuge während »Pandore« festgehalten,[71] die – nun mit beweglichen Dekorationselementen – ab März 1739 gegeben wurde: »Der Reichtum der Architektur, der schönen Formen, die verschiedenen Bewegungen und die Verteilung von Licht und Schatten mit Transparenten, die plötzlichen Lichteinbrüche und alles, was die Kunst des Optischen, der Perspektive und der Malerei zu einer glänzenden Dekoration beitragen können, die dazu geeignet ist, Erstaunen hervorzurufen und den Geist und die Augen zu befriedigen, das alles ist hier angewandt.«[72]
Monumentalarchitektur wurde in Servandonis »Spectacles« auf besondere Weise bildwürdig. Sie wurde so weit entstofflicht und reduziert, daß nur Kulissen und Soffitten, ephemere Architektur also,

übrigblieben. Mit den Mitteln von Licht und Farbe entstand ein »Bild« von Architektur das der Rezipient aus der Distanz schauen konnte. Die angestrebte Illusion von Architektur erreichte Servandoni also durch Entstofflichung und bildhafte Umsetzung – ein Prinzip, das direkt auf St. Michael in Berg am Laim übertragbar ist.[73]

7   Theorie und Praxis – Synthese eines neuen »Ordnungs«-Begriffes

Bei der Innenraumanalyse von St. Michael in Berg am Laim wurde ein neuer, der tradierten Kanonik entgegenstehender »Ordnungs«-Begriff formuliert. Nicht mehr Architektur und ihr strukturales Gerüst sind »Ordnungsmacht«, sondern Bild, Plastik (hier auch Altäre), Ornament (Stuck) und im weiteren Sinn Farbe und Licht. Damit ist exemplarisch für die süddeutsche Architektur der ersten Hälfte des 18. Jahrhunderts etwas geleistet, was U. Schütte als Grenzen seiner Untersuchung zum »Ordnungs«-Begriff in der zeitgleichen deutschsprachigen Architekturtheorie formulierte: »Um den ›Ordnungs‹-Begriff und ›Verzierungs‹-Begriff in der Architektur des 18. Jahrhunderts zu ermitteln, müßten unumgänglich die ausgeführten Gebäude untersucht werden«.[74] Es stellt sich weiterhin die in der Forschung bisher wenig beachtete und teilweise negativ beantwortete Frage nach der direkten Wechselwirkung zwischen Architekturtheorie und Architektur.[75]

Das Ziel des folgenden ist nicht, den konkreten und kaum zu erbringenden Nachweis der Rezeption bestimmter Traktatwerke durch die an St. Michael beteiligten Architekten, besonders J. M. Fischers und F. Cuvilliés', zu führen. Zumindest läßt die oben nachgewiesene direkte Übereinstimmung der Verwendung der Säulengenera, wie sie in N. Goldmanns »Anweisungen« vorliegen, für Fischer eine bisher nicht erwogene Auseinandersetzung mit der Theorie erkennen. Damit ist vor allem ein Beleg erbracht, daß die fast ausschließlich dem protestantischen Bereich zuzuordnenden Schriften auch für den katholischen Raum Bedeutung hatten. Dies gilt nicht für die Bautypologie, für die Sturm entschieden die Unterschiede zwischen protestantischen und katholischen Kirchen hervorhob,[76] wohl aber für die Vorstellung der »Ordnung«. Das Ziel des folgenden ist also, für unsere aus der Architekturanalyse gewonnenen Ergebnisse nach einer möglichen Absicherung durch das architekturtheoretische Schrifttum zu fragen, um – auch von dieser Seite her bestätigt – den bereits dargestellten, auf der Relativierung der vitruvianischen Orthodoxie basierenden neuen »Ordnungs«-Begriff in die Rokoko-Diskussion einzuführen.

Es sei »ziemlich schwer zu definieren, was das Wort Ordnung bey den Bau- und Werckmeistern bedeute«,[77] formulierte 1684 G. A. Böckler und benannte damit, stellvertretend für seine Kollegen, ein Problem, das erst wieder seit dem ausgehenden 18. Jahrhundert in der Theorie Beachtung und Klärung fand. Für die erste Jahrhunderthälfte steht nur fest, daß der Architektur- und Ornamentbegriff gleichermaßen von der Vorstellung und dem Begriff der »Ordnung« ausgehen.[78] Bereits dieser Ansatz läßt eine deutliche Relativierung orthodoxer Standpunkte erkennen.

Der traditionelle, seit der italienischen Renaissance gefaßte »Ordnungs«-Begriff meint die Säule.[79] Ihre vielfältigen, in der Theorie des 18. Jahrhunderts angesprochenen Funktionen und Aufgaben wurden bereits im Zusammenhang mit der Fassadenanalyse dargestellt: Die

Säule ist »Stütze« – wird also dem vitruvianischen Anspruch der »firmitas« gerecht – und steht ebenso für »Zierlichkeit« – ist im weitesten Sinn also »decorum« und damit der »venustas« zuzurechnen. Diese Verschmelzung bzw. Identifikation zweier vitruvianischer Hauptkategorien, die Erweiterung des »Verzierungs«-Begriffes um die ästhetischen Kategorien »Proportion«, »Symmetrie« und »Eurhythmie«,[80] sowie seine gleichzeitige Verwendung für Gestaltungselemente der Gattungen Malerei und Plastik,[81] machen die Veränderung des »Ordnungs«-Begriffes deutlich. »Ordnung« kann nicht mehr allein von der Säule geleistet werden.

Schütte wies darauf hin, daß der enggefaßte Begriff der »Ordnung« als »Säulenordnung« sich »um 1700 teilweise neu definiert, indem die ›Baukunst‹ immer mehr als Disziplin der angewandten Mathematik begriffen wird«.[82] Da hierunter nicht nur die kalkulierten und »harmonischen« Bezüge von Flächen- und Raumformen zu verstehen sind, sondern vor allem auch die Perspektivkunst, die durch Pozzos Traktat einen für Malerei und Architektur gleichermaßen wichtigen Impuls erhielt[83] – und gerade Anfang des 18. Jahrhunderts mit W. J. s'Gravesande u. a. auch von wissenschaftlicher Seite einen Höhepunkt erreichte[84] – dürfen in der Verschiebung der Hierarchie der »artes« auch Ansätze für die Verschiebung der Gattungsgrenzen gesehen werden:[85] Raum kann verbildlicht werden.

Als weitere Belege für die Reduktion des bis dahin ungebrochenen Säulen-Primats nennt Schütte die grundlegende Umorientierung der gesamten Traktatliteratur: das sog. »Säulenbuch«, die bis gegen 1700 am weitesten verbreitete Literatur für Architektur, wird abgelöst durch die nach Gebäudetypen geordneten Publikationen, Ornament- und Vorlageblätter;[86] – ein allgemeines Interesse an der historischen Architektur ist zu beobachten.[87] Besonders deutlich werden die Schwerpunktverschiebungen, wenn L. C. Sturm nicht mehr nur den fünf Säulenordnungen, sondern 1720 bezeichnenderweise auch den »Beyzierden«, d. h. Malerei und Plastik, ein eigenes Werk widmet.[88]

Der Verlust der architektonischen »Ordnungsmacht« wird dann in den letzten Jahrzehnten des 18. Jahrhunderts entschieden kritisiert. Abgelehnt wird vor allem die Säulenordnung als Verzierung: Stützende Bauteile sollen ihre Aufgabe wirklich erfüllen und nicht nur andeuten – oder, wie es C. T. Weinlig 1785 formuliert: »Die Schönheit eines Gebäudes muß auf Wahrheit begründet seyn«.[89]

Die von Schütte formulierten Ergebnisse können die Ergebnisse der Architekturanalyse von St. Michael bestätigen: »›Ordnung‹ ist im 18. Jahrhundert jener allgemeine Begriff, der die formale Beschaffenheit eines Gebäudes regelt: Jede ›Schönheit‹ kann nur geordnete Schönheit sein. Die Einhaltung von Regeln ist unerläßlich. Deren wichtigster Sinn: Proportion, Symmetrie, Mannigfaltigkeit, Zierlichkeit – im Sinne von: richtiger Verwendung der Verzierung – und Berücksichtigung des decorum«.[90] An die Stelle des von der Säule bestimmten, streng struktural verstandenen »Ordnungs«-Begriffes tritt in St. Michael eine ästhetische »Ordnung«. Diese kann nicht mehr auf die Architektur allein beschränkt sein, sondern bezieht alles Optische, Bildhafte, Erscheinungshafte mit ein. Daß für Fischer die schon erwähnte, später von Weinlig wiedergeforderte »Wahrheit« in der Architektur von St. Michael kein Programmpunkt war, konnte u. a. durch das ornamentale Verhalten der Stützen oder an den auf Farb- und Flächenzusammenhängen reduzierten »Arkaden« gezeigt werden.

Kap. VI St. Michael in Berg am Laim und Mariä Himmelfahrt in Diessen

Als wichtiges Ergebnis der Innenraumanalyse von St. Michael sind die interkategorialen Verschiebungen der Gattungen, die direkte Wechselwirkung zwischen gezielten architektonischen »Leerstellen« und architektonisierter Ausstattung zu werten. Schon beschrieben wurden auch die auffallenden motivischen Übereinstimmungen, die in unterschiedlichen Gattungen bei den verschiedenen, in der Kirche beschäftigten Meistern zu finden sind: Die Vorhangdraperie – goldgefaßt als Rahmen der Diagonalaltäre oder weiß stuckiert an den Oratorienfenstern; die Lambrequins – als Stuck an den Diagonalbögen oder als goldene Dekoration an Kanzel, Hochaltar und Konchenaltären; die Blütenfestons – als stuckierte Hauptraumkartuschen oder als goldenes Schmuckwerk am Hochaltar. Daß die gezielt aufeinander abgestimmte Farbigkeit zwischen Architektur, Fresko, Stuck und Altären gleichzeitig entstand, ist offensichtlich.[1] Damit wird eine für das 18. Jahrhundert im süddeutschen Raum verschiedentlich angesprochene, aufgrund fehlender Quellenaussagen bisher nur vermutete direkte Zusammenarbeit von Architekten und Ausstattungskünstlern in der Michaelskirche greifbar.
St. Michael in Berg am Laim ist als Teamarbeit von J. M. Fischer, F. Cuvilliés, J. B. Zimmermann und J. B. Straub entstanden. Wie nirgends sonst war Fischer in eine Hofkünstlerschaft eingebunden, was für ihn neue kunstsoziologische wie künstlerische Dimensionen eröffnen mußte. Zwei Fragen scheinen von besonderem Interesse: das Verhältnis und die Rangstellung der Künstler untereinander und die künstlerische Genese der Michaelskirche. Zu unterscheiden ist hier ihre Stellung in der europäischen Architekturentwicklung des 17. und 18. Jahrhunderts, die als eigener Fragenkomplex am Schluß untersucht werden soll, und ihre Stellung in der lokalen Bautradition bzw. in Fischers eigenem Œuvre. Exemplarisch soll als eine parallele gemeinsame Bauaufgabe die ehemalige Augustiner-Chorherrenstiftskirche in Dießen vorgestellt und diskutiert werden. Die fast zeitgleich mit St. Michael entstandenen Kirchenbauten Fischers in Aufhausen und Ingolstadt werden gesondert besprochen.

1 St. Michael in Berg am Laim – Ein Gemeinschaftswerk von J. M. Fischer, F. Cuvilliés, J. B. Zimmermann und J. B. Straub

Schon aufgrund seiner anerkannten Stellung als kurbayerischer und kurkölnischer Hofarchitekt mußte F. Cuvilliés – zumindest innerhalb der Hofkünstlerschaft – für die Rolle des Kunstintendanten und Koordinators prädestiniert gewesen und auch für die Auswahl der an St. Michael zu beschäftigenden Ausstattungskünstler verantwortlich gewesen sein. Als kurbayerischer und kurkölnischer Hofarchitekt war er für den Kölner Hof und den künstlerischen Ausdruckswillen Clemens Augusts ebenso bestimmend, wie für die Kunstentwicklung in Bayern. Es bezeichnet seine stilbildende Kraft, daß heute der eigene künstlerische Anteil Straubs und Zimmermanns, die es gewohnt waren, nach seinen Entwürfen zu arbeiten und von ihm von Anfang an künstlerisch geprägt waren, von dem seinen stilistisch kaum zu trennen ist. Gleichzeitig wird deutlich, daß Cuvilliés sowohl als Architekt wie als Entwerfer für Ausstattungen in der Forschung noch immer eine unpräzise Figur ist, die dringender Klärung bedürfte.[2]

Fragen nach seinem Verhältnis zu Clemens August und zu Zimmermann und Straub sollen im folgenden seine Stellung am Kirchenbau in Berg am Laim klären helfen. Interesse verdient das Verhältnis von Fischer zu Zimmermann und Straub, vor allem aber das von Fischer und Cuvilliés. Fischer war – laut Quellen – der leitende Baumeister von St. Michael; Cuvilliés war von Anfang an als kurkölnischer Hofarchitekt mit der Planung vertraut und erhielt im Juni 1739 die »Bauinspektion« übertragen. Ihr jeweiliger Anteil ist weder durch Baupläne noch durch schriftliche Hinweise dokumentiert und soll zu bestimmen versucht werden.

Kurfürst Clemens August und der Hofarchitekt F. Cuvilliés

F. Cuvilliés' Tätigkeit für Clemens August von Köln ist ihrem Umfang nach bis heute nicht eindeutig bestimmt. Ihr Kontakt geht auf einen München-Besuch Clemens Augusts im Frühjahr 1728 zurück, als dieser seinem Bruder Carl Albrecht – im Beisein Cuvilliés' – seines Hofarchitekten Schlaun Pläne für den Schloßbau in Brühl präsentierte.[3] Noch im gleichen Jahr beginnen an ihn, den neuen »premier architecte de S.A.S.E. de Cologni« bzw. »gentilhomme de bouche«, Gehaltszahlungen. Im Herbst 1728 reist Cuvilliés nach Bonn. Ein weiterer Aufenthalt 1735 könnte mit dem Berg-am-Laim-Projekt in Verbindung gestanden haben.

Seit den Untersuchungen von K. Trautmann, E. Renard und W. Braunfels gilt das Jagdschloß Falkenlust für Cuvilliés als gesichert und sein Anteil am Schloß Augustusburg in Brühl als abgrenzbar.[4] Seine Beteiligung an dem weiteren Ausbau der Schloßanlage mit Orangerie, Chinesischem Haus usw. darf angenommen werden. Nach drei Entwurfsvorschlägen von Balthasar Neumann für den Umbau des Deutschordensmeister-Schlosses Mergentheim ordnete Clemens August an, daß »in der inneren Eintheilung nach den von unserem und Churbayr. Architekt Cuvilliés bereits vorm Jahr gemachten grgst. approbirten und schon unserem Baumeister zugestellten Rissen verfahren werden soll«.[5] Beim Neubau der dortigen Ordenskirche durch F. J. Roth hat Cuvilliés Ratschläge für Einzelheiten erteilt: »Die Akten nennen Entwürfe für die Oberlichter und Fenster des Turmes, Vorschläge, wie der Glockenstuhl zu Beförderung des Klanges anzutheilen seye und vor allem Entwürfe für die Stuckarbeiten in Chor und Langhaus«;[6] auch für den Hochaltar lieferte Cuvilliés ein Projekt. J. Gamer setzt das Corps de Logis des kurfürstlichen Jagdschlosses Herzogsfreude bei Röttgen in enge Beziehung mit Cuvilliés,[7] ebenso das Kurfürstenoratorium der Franziskanerkirche in Brühl – ein Bau, der uns noch aufgrund seiner Ikonographie beschäftigen wird. Der Hinweis von W. Braunfels, der Entwurf für das Michaelstor in Bonn (dem dortigen Sitz des Michaelsordens) sei »in München und im Büro Cuvilliés'« entstanden, darf ebenfalls als gesichert gelten.[8]

Cuvilliés' gesamten Entwürfen und Entwurfsbeteiligungen an Projekten des Kölner Kurfürsten scheint gemeinsam zu sein – zu diesem Ergebnis kam auch J. Gamer –, daß er »häufig nur Ideen zu den baulichen Unternehmen des Kurfürsten beigesteuert oder eine beratende Funktion ausgeübt« hat.[9]

F. Cuvilliés und J. B. Zimmermann

Cuvilliés' Zusammenarbeit mit Zimmermann reicht bis auf sein architektonisches Erstlingswerk, das wahrscheinlich 1726 begonnene Palais Piosasque de Non in München, zurück; Zimmermann lieferte damals die Stuckierung.[10] Nach den Untersuchungen C. Thons darf vermutet werden, »daß Zimmermann hier nur ausführender Stuckator war, auf die Wahl der Motive und deren Disposition aber keinen Einfluß hatte«.[11] Seine eigenen Entwurfsleistungen bei Dekorationsaufträgen unter den Direktiven Cuvilliés' sind heute nur schwer zu klären. Die Ansicht von Braunfels, es sei »kaum anzunehmen, daß Cuvilliés für die Details genaue Vorzeichnungen geliefert habe«, wohl aber »für die Gesamtdisposition der Dekoration im Raum [...] und die Einteilung der Ornamentik im einzelnen verantwortlich war«,[12] dürfte – auch nach dem Urteil Thons,[13] jedoch entgegen dem von Wolf[14] – am ehesten zutreffen. Auch in der Michaelskirche wird Zimmermann nach einem Ornamententwurf Cuvilliés' gearbeitet haben. Dafür sprechen zumindest die direkt mit dessen Stichvorlagen in Verbindungen stehenden Rosettenornamente an den runden Deckenplafonds in den Hauptraumdiagonalen.[15]

F. Cuvilliés und J. B. Straub

Ähnlich schwierig zu beurteilen ist die Zusammenarbeit von Cuvilliés und Straub, die 1736 begann, als Straub für das Münchner Palais Holnstein eine Brunnenfigur lieferte.[16] Symptomatisch für ihr Verhältnis scheint eine Feststellung P. Steiners bezüglich eines 1741 fertiggestellten Ofens für Schloß Augustusburg: »Wo aber die Grenzen der Arbeit von Entwerfer, Bildhauer und Erdbossierer verlaufen, bleibt unklar«.[17] Auf dem Kupferstich einer Marsvase von Cuvilliés d. J. heißt es: »Modellé par le Sr. Straub sous la direction de Mor. de Cuvilliés Père dessiné par le fils«.[18]
Auf die Abhängigkeit Straubs von Cuvilliés in St. Michael deutet z. B. das Vorhang-Motiv. Es tritt im Repertoire Cuvilliés' erstmals 1733 in der Grünen Galerie der Münchner Residenz in Kombination mit Atlanten auf und ist wiederzufinden an dem von Cuvilliés entworfenen und von Straub 1741 ausgeführten Bellona-Ofen. Im gleichen Jahr verwendet es Straub an seinem Tabernakel für Fürstenzell. Möglicherweise liegt auch den 1743 bei Straub bestellten Diagonalaltären mit den Vorhangdraperien für St. Michael ein Cuvilliés-Entwurf zugrunde, ebenso wie für die in Dießen, Ettal und Schäftlarn.[19]
Für Zimmermann und Straub war Cuvilliés nicht nur künstlerisch, sondern kunstsoziologisch von Bedeutung. Zimmermann war bereits 1724 Hofbefreiter und wurde durch seine Zusammenarbeit mit dem Hofarchitekten zum etablierten und vielbeschäftigten Hofkünstler. Straub wurde 1737 – ein Jahr nach seinem Auftrag für das Palais Holnstein – hofbefreit und war in der Folgezeit ebenfalls eng mit ihm verbunden.

J. M. Fischer und J. B. Zimmermann

Fischers Zusammenarbeit mit Zimmermann beschränkt sich, von der Michaelskirche abgesehen (1743/44), auf die Ausstattung der Kloster- und Wallfahrtskirche St. Marien in Ingolstadt.[20] Stuck und Fresken entstanden dort 1738, also zu einem Zeitpunkt, als die Michaelskirche gerade projektiert wurde. Angesichts des direkten Anteils des bayerischen

Kurhauses am Neubau von St. Marien und der verantwortlichen Stellung des Hofarchitekten wird es wahrscheinlich, daß Zimmermann durch Cuvilliés nach Ingolstadt vermittelt worden war – vielleicht als eine Art Generalprobe für das ungleich anspruchsvollere Bauprojekt in Berg am Laim? Daß Fischer auch weiterhin an einer Zusammenarbeit mit Zimmermann gelegen war, zeigt seine Empfehlung an den Abt von Fürstenzell, diesem die Freskierung der neu erbauten Klosterkirche zu übertragen.[21]

J. M. Fischer und J. B. Straub

Die folgenreiche Zusammenarbeit zwischen Fischer und Straub begann 1740/41, als jener den Auftrag erhielt, Kanzel und zwei Seitenaltäre für den Neubau der Klosterkirche in Dießen zu liefern.[22] Auch Straubs Berufung an diesen Fischer-Bau dürfte auf Cuvilliés zurückzuführen sein, der bekanntlich in der Klosterchronik (von 1770) als Entwerfer des Hochaltars genannt wird,[23] das Eingangsgitter entworfen haben soll[24] und möglicherweise sogar direkten Einfluß auf die Architektur nahm.[25] Demnach erhielt auch Straub eine Chance, sich für die Aufgabe in Berg am Laim zu bewähren. Damit ist angedeutet, daß Cuvilliés schon vor den Entwurfsarbeiten für Berg am Laim mit J. M. Fischer in direkten Kontakt kam und auch deswegen der Klosterkirche in Dießen Beachtung zukommen muß.

J. M. Fischer und F. Cuvilliés

Etwa zeitgleich mit Cuvilliés' Planungsarbeiten für den Hochaltar der Klosterkirche in Dießen begannen auch die Planungsarbeiten in Berg am Laim.[26] Hier war Fischer »der Erste [...] wegen dem Gebey gewesen und [hat] dar zue alle gehörige riß verferdiget«.[27] Gleichzeitig hatte er aber dem Hofarchitekten seine »Rihs [...] schon vor angefangenen Bau ad revidendum und zur Vergnehmung produciren widerholte vorgewiesen und auch auf etliche Täg [...] gelassen«.[28] Für den Planungsanteil Cuvilliés' an dem nicht zur Ausführung gelangten Erstentwurf Fischers besitzen wir keine Anhaltspunkte.
Cuvilliés' Beteiligung am Bau von St. Michael scheint aufgrund seines – oben dargestellten – Arbeitsverhältnisses mit Clemens August selbstverständlich. Damit in Zusammenhang ist möglicherweise sogar seine Bonn-Reise im Jahr 1735 zu sehen.[29] Die Wahl Fischers als Architekt – bevorzugt vor den in Bayern ebenso etablierten Asam, Gunetsrhainer und Zimmermann – könnte auf eine Empfehlung Cuvilliés' bei dem Kölner Kurfürsten zurückzuführen sein, dem in Dießen (ab 1732) und Ingolstadt (ab 1736) Zeugnisse seiner künstlerischen Fähigkeiten vor Augen standen. Sie kann aber auch im Zusammenhang mit dem geforderten Bautypus stehen: Fischers kurz vorher entstandene Zentralbauten für die Marien- und Wallfahrtskirchen in Aufhausen und Ingolstadt konnten ihn für den Bau von St. Michael empfehlen, wo die Rotunden-Form durch das Michaelspatrozinium nahegelegt wurde.
In der weiteren Planungsgeschichte der Michaelskirche stehen Fischer und Cuvilliés in direktem Kontakt. Nach Köglspergers planerischem Intermezzo und Schwierigkeiten mit der Baugenehmigung durch das Ordinariat Freising legte Fischer im März 1739 neue Baurisse vor: die Ausführungspläne.[30] Im Juni des gleichen Jahres bestätigt Würnzl den Wunsch Clemens Augusts, Cuvilliés die »Inspection« über den Bau zu übertragen; er solle

den bisherigen Bau »examinieren« und gegebenenfalls einen neuen Riß und Überschlag machen.[31] Die Kompetenzen waren damit eindeutig festgelegt: Fischer war leitender und entwerfender Architekt. Cuvilliés hatte beratende und Aufsichts-Funktion, d. h. er konnte Vorschläge, Ideen und Korrekturen einbringen.

Ein erster maßgeblicher Eingriff Cuvilliés' in die Planungsgeschichte von St. Michael wurde oben mit seinem im Stich (von 1740) erhaltenen Fassadenriß nachgewiesen.[32] Er ist als Neuredaktion von Fischers in seinem Erstentwurf bereits angelegter Doppelturmfassade bzw. Köglspergers Änderungsvorschlägen anzusehen. Im Vergleich zwischen dem Fassadenstich und der Bauausführung werden die Veränderungen durch Fischers Endredaktion deutlich: Weggefallen sind die Bossierung und die Zierformen der aufwendig gestalteten Fenster- und Türrahmen. Von der reich durchfensterten Kirchenfront mit Dreiportalanlage blieben nur mehr wenige Schallöffnungen und das Mittelportal. Die schlanke, fast grazile Proportionierung erhielt mächtigere, monumentalere Dimensionen. Unklar – da ohne Vergleichsbeispiele – ist die Zuweisung des endgültigen Programms der Schauseite mit wehrhaft geschlossener Kirchenfront und den Flankenpavillons. Da dieses formale Korrespondieren mit der hoch aufsteigenden Dachform des Kirchenschiffes als wesentlichem Akzent rechnet, die auf Cuvilliés' Entwurf noch nicht projektiert war (wohl aber auf dem Stich aus dem Jahr 1741), wird es wohl Fischer zuzurechnen sein.[33] Für diesen gesichert werden kann auch die Gestalt der Türme mit dem geschwungenen Abschlußgesims.[34] Für Cuvilliés' Einfluß auf die Bauausführung spricht das Motiv der genischten Bogenwand, vielleicht auch die deutliche Superposition der »Ordnungen«, die bei Fischer zu diesem Zeitpunkt nirgends vorkommt. Beispiellos in dessen bisherigem Œuvre sind auch die Behandlung von Materialität und Bausubstanz, Farb- und Flächenwerten, die im Vergleich mit der Fassade von Dießen gesondert angesprochen werden sollen.[35]

Für Fischer außer Frage steht die Grundrißdisposition von St. Michael mit der Abfolge der drei Kuppelräume und ihre formalen Festlegungen. Das neue raumkonstituierende System, also das neue »Ordnungs«-System, in dem die Architekturglieder durch kalkulierte Farb- und Oberflächenqualitäten entstofflicht werden, ist als Ergebnis der direkten Zusammenarbeit von Fischer und der von Cuvilliés dirigierten Hofkünstlerschaft zu werten. Als Eingriffe Cuvilliés' in die Architektur müssen die von Fischer nie verwendete Lattenwölbung[36] und die besondere Gestaltung der Hauptraumdiagonalen angesehen werden. Sowohl die diagonale Bogenwand mit den durch eine Nut abgesetzten Stützen und die sich darüber zu einer Zylinderform schließende Stichkappe mit rundem Deckenplafond lassen sich – wie in der abschließenden Untersuchung internationaler Einflüsse für die Baugenese von St. Michael nachgewiesen werden soll – auf Stichvorlagen von Jacques de Lajoue zurückführen – jenem französischen Ornamentstecher, dessen Œuvre für das graphische Werk Cuvilliés' größte Bedeutung hatte.[37] Auch für die Vermittlung des in Frankreich ausgebildeten und ebenfalls später noch zu diskutierenden »goût grec«,[38] auf den zunächst die im süddeutschen Kirchenbau des 18. Jahrhunderts höchst ungewöhnliche Verwendung der Composita deutet, wird Cuvilliés die entscheidende Rolle zugefallen sein. Offenbleiben muß die Frage, wer die Angleichung des Innenraums an die zeitgenössische Bühnenkunst konzipierte: Fischer, der in Wien die Theaterprospekte der Galli-Bibiena studieren konnte und wohl auch von Giuseppes Arbeit in München (1722) nicht unberührt blieb, oder Cuvilliés, der die Hoftheater in München und Bonn errichtet hatte.[39]

Der Bauvorgang von St. Michael in Berg am Laim wird – und dabei sei auf die vollkommen konträre Haltung zu dem neidvollen Konkurrenzdenken zwischen Klenze und Gärtner im ludovizianischen München hingewiesen – als kollektive Zusammenarbeit aller beteiligten Künstler greifbar, die allgemein als Meister der »süddeutschen Rokokokirche« gelten – und als deren gemeinsam realisiertes »Ideal« die Michaelskirche hypostasiert werden kann. Es entstand ein bis ins Detail durchkonzipiertes »Gesamtkunstwerk«, das nicht nur einen Höhepunkt im Werk Fischers, sondern auch in den künstlerischen Möglichkeiten der Sakralbaukunst der ersten Hälfte des 18. Jahrhunderts darstellt. Damit ist die Frage nach dem Verhältnis von St. Michael zur »süddeutschen Rokokokirche« gestellt. Zuvor soll exemplarisch für die enge Einbindung von St. Michael in die Lokalbau-Tradition die ehem. Klosterkirche in Dießen diskutiert werden.

2 Mariä Himmelfahrt in Dießen – eine künstlerische Voraussetzung für St. Michael in Berg am Laim

Die Vorbildwirkung von St. Mariä Himmelfahrt in Dießen für St. Michael in Berg am Laim erhält durch den mehrmals erwogenen, bis heute vollkommen ungeklärten Entwurfsanteil von F. Cuvilliés besonderen Stellenwert. Zu dem von J. M. Fischer als verantwortlichem Architekten entworfenen Bau wurde am 16. April 1732 der Grundstein gelegt. Die Stiftschronik nennt als Entwerfer des Hochaltars den »Direktor Franz Cuvilliés«.[40] Schon erwähnt wurde seine angebliche Entwerfertätigkeit für das Eingangsgitter; W. Braunfels verwies auf seinen möglichen Einfluß auf Stuckierung und Fassade,[41] N. Lieb auf einen für die Gestalt der Chorarchitektur.[42]

Von der hypostasierten Planbeteiligung Cuvilliés' abgesehen, nimmt die Klosterkirche in Dießen auch durch die besonderen Ambitionen des Auftraggebers im Werk Fischers zwischen Osterhofen (1726) und Aufhausen (1736) einen besonderen Stellenwert ein: Der 1728 neu gewählte Propst Herculan Karg ließ nach Absprache mit J. M. Fischer (1729) einen unter seinem Vorgänger Ivo Bader gerade entstandenen Kirchenneubau – da für ihn künstlerisch unbefriedigend – bis auf die Fundamente abbrechen.[43] Im Herbst 1731 unternahm er mit Fischer eine Besichtigungsreise, »um diejenigen Kirchengebäude [zu studieren], welche vor anderen den Vorzug haben«.[44] Eine zweite Studienreise Kargs im Herbst 1733 galt der Ausstattung.[45] Die Wahl des erstklassigen Künstlerteams kann im Zusammenhang mit seinen Kontakten zum bayerischen Hof gesehen werden, die er während seiner Studienzeit geknüpft hat.[46] Neben den Wessobrunnern J. G. Üblher, F. X. und J. M. Feichtmayr und den Augsburgern J. G. Bergmüller und J. E. Holzer verpflichtete er die Münchner Hofkünstlerschaft: B. A. Albrecht, G. Desmarées, J. J. Dietrich, J. B. Straub, A. Verhelst. Die Beteiligung Cuvilliés' scheint fast selbstverständlich. Diese Künstler-Konstellation in Dießen rechtfertigt die Frage nach direkten Zusammenhängen mit Berg am Laim. Von besonderem Interesse ist der mögliche Anteil Cuvilliés' an der Innenraum- und Fassadengestaltung.

40 Dießen, ehem. Augustiner-Chorherrenstiftskirche Mariä Himmelfahrt, Innenraum, Johann Michael Fischer mit Beteiligung von François Cuvilliés, ab 1732

Der Innenraum – Cuvilliés' Einfluß auf die bildhafte »Ordnung«

40 Der Innenraum der ehem. Stiftskirche in Dießen[47] erschließt sich, vom Eingang kom-
41 mend, für den Betrachter – gleich Berg am Laim – als Bildraum. Diese neuartige Auffassung von Architektur im Werk Fischers soll ein Vergleich mit der Klosterkirche in Osterhofen verdeutlichen.

In Dießen fällt gegenüber Osterhofen eine »Entfärbung« der Architektur auf. Berg am Laim vergleichbar läßt auch hier das Weiß eine deutliche Affinität zum Licht erkennen. Licht-Helligkeit wird zu einer besonderen Qualität. Gleichzeitig sind die Architekturteile auffallend dünn gezeichnet. Schlanke Pilaster ummanteln die Wandpfeiler, suchen die Linie und in Verbindung mit Licht und Schatten das Oberflächenrelief – eine Wirkung, die von den Pilasterkanneluren weiter unterstrichen wird. Die Wandpfeiler erscheinen – und das ist ein grundlegender Unterschied zu Osterhofen – nicht als Restsubstanz scheinbar ausgehöhlter Abseiten (also von deutlicher materieller Festigkeit), sondern als schmal einspringende Stellwände. Die Substanz ihrer Innenseiten ist durch hochrechteckige Aussparungen aufgezehrt, so daß an diesen Stellen ein Durchgang suggeriert wird und die Wandpfeiler Freipfeiler illusionieren. Gegenüber den deutlichen Gurtbogenführungen der Hauptgewölbe sind die Scheidbögen der Abseitentonnen auf linienhafte Profile reduziert, die ihre struktive Aufgabe nur mehr abbildhaft andeuten. Der Raummantel, die Architektur ist entschwert; die Raumgrenzen in Osterhofen und Dießen verhalten sich wie Positiv- und Negativform.

Der Innenraum in Dießen weitet sich nach allen Seiten aus. Vom Weststandpunkt sind Raumbegrenzungen – im Unterschied zu Osterhofen – nicht vorstellbar. Dort verdichten sie sich bereits an der vordersten Schicht der Abseiten zu deutlicher Materialität; die Farbigkeit schafft zusätzliche Abschrankungen. Die dazwischen gedrängten Raumparzellen scheinen den Gemeinderaum als »Zwischen-Raum« zweier ondulierender Außen-Fronten auszugrenzen. In Dießen wird der Betrachter – wie in Berg am Laim – auf der Höhe des Eingangsgitters festgehalten. Von hier öffnet sich ein Raumbild, für das die Entschwerung der Architektur die Voraussetzung bietet und das von der Altarausstattung eingelöst wird. Der Wandpfeilerbau wird zum inszenierten Bau, zum Theater.

Gegenüber den Kirchen der Vorarlberger[48] sind hier die Wandpfeiler verkürzt, die Kapellenabfolge weitläufiger, die Emporen weggelassen. An den Innenseiten sind Altäre aufgestellt, die sich paarweise nach Osten staffeln, dorthin schwerer, prunkvoller werden, am Choreingang sogar weiter nach innen rücken und mit ihren Säulen auf die Chor- und Hochaltararchitektur Bezug nehmen. Mitbedingt durch die Entschwerung des Raummantels interpretieren vor allem die Altäre die Wandpfeiler als Kulissenpfeiler. Diese kulissenartigen Einsprünge sind im Chor mit Säulen besetzt, die zentralperspektivisch nach hinten führen und – vergleichbar der Michaelskirche – mit den Säulen der Hochaltarwand zusammen gesehen werden. Entsprechend den kulissenartigen Wandeinsprüngen verjüngen sich die drei perspektivisch gestaffelten Bögen nach Osten und grenzen den Hochaltar als Prospekt aus. Die kulissen- und soffittenähnliche Staffelung wird schließlich von den Gewölbefresken aufgenommen: Dem großen Haupttonnenfresko folgt ein quadratisches Freskofeld, das, zwar zur Haupttonne gehörig und nur durch einen Gurt abgetrennt, gezielt als eigenständige »Kuppelform« ausgegrenzt ist. Diese Folge wird von der Chorkuppel abgeschlossen, die wie ein Baldachinhimmel auf den hochaufragenden Hochaltaraufbau bezogen scheint. Dessen räumliche Determinierung ist schon deswegen schwer zu fassen, da die Freskenfolge gegenüber der Raumdisposition mit Gemeinderaum, Chor- und Altarraum um ein Joch zum Eingang hin verschoben scheint.

Die bildhafte »Ordnung« wird neben der formalen Staffelung der Altäre nach Osten, die vom ersten Altarpaar an direkt auf den Hochaltar bezogen ist, durch Farbzusammenschlüsse erreicht. Braun- und Goldtöne schaffen eine horizontale Verbindung von Hochaltar und Langhausaltären und überbrücken die tradierte trennende Zäsur des Chors. Die räumliche Tiefenreduzierung betonen weiter die einheitliche Weißfassung der Altarfiguren, vor allem auch die kalkulierte höhengestufte Aufstellung der Monumentalfiguren am Hochaltar. Realraum (Gemeinderaum) und architektonischer Bildraum (Chor- und Altarraum) sind trotz der vereinheitlichenden Form- und Farbbezüge – wie auch in Weltenburg[49] und Osterhofen[50] – voneinander getrennt.

Die enge Wechselwirkung, das »transitorische« Verhalten zwischen Architektur und Ausstattung (das auch in Berg am Laim festgestellt werden konnte), verhindern neben der deutlichen Kontrastierung der farbig gefaßten Altäre vor dem Weiß der Architektur vor allem strukturale Unterschiede: In Dießen bleibt die Architektur autark. Die Seitenaltäre nehmen formal auf die pilastergegliederten Wandpfeiler keinen Bezug und wirken wie beziehungslos eingestellte Sakralmöbel. Diese Diskrepanz zwischen Architektur und Ausstattung ist im Vergleich der Straub-Altäre mit den ähnlich gestalteten Diagonalaltären in der Michaelskirche deutlich zu machen, wo die architektonische Bogenwand als

Altarrückwand, die Architekturstützen als Altarstützen interpretiert wurden. Damit ist ein wesentlicher Unterschied zwischen Dießen und Berg am Laim genannt: »In Dießen sind Bildordnung und Architektur gleichermaßen existent und überschichten sich, in der Rokokokirche [wie z. B. in Berg am Laim] versuchen sie einander immer wieder zu ersetzen.«[51]

Ansätze für materiale und kategoriale Wechselwirkung zwischen Architektur und Ausstattung sind in Dießen – mit direkter Vorbildwirkung für Berg am Laim – im Chor zu beobachten. Die Architektur schafft die Voraussetzung: Zwischen Altar- und Gemeinderaum ist der Chor – gleich einem Baldachin – wie ein Gelenk eingestellt. Die perspektivische Staffelung der Chorsäulen, eine wesentliche Voraussetzung für die pro-

41
Osterhofen, ehem.
Prämonstratenser
klosterkirche
St. Margaretha,
Langhauswand,
Johann Michael Fischer,
ab 1727

spekthafte Einbindung der Altarwand, ist geschickt inszeniert: Der Choreingang wird von 42
einem Säulenpaar markiert, das an die eingezogenen Mauerstücke angeschoben ist und von
einem Arkadenbogen überwölbt wird. Am Eingang zum Altarraum ist das Verhältnis von
Wand und Säule variiert. Hier ist ein abgeschrägter Pfeilerkern an den Stirn- und
Innenseiten mit Halbsäulen und Pilasterrücklagen besetzt. Sie schließen sich von der
Mittelachse aus – die räumliche Dimension des Chors ignorierend – mit den Choreingangs-
säulen zu einem Säulenbündel zusammen, das – von den Pfeilerschrägen geführt – in den
Hochaltarsäulen Fortsetzung findet. An den »Nahtstellen« zwischen Architektur und
Ausstattung vermitteln mit ihren transluzid glänzenden Oberflächenwerten die Weißfas-
sungen der Kirchenväterfiguren und die weiße Stuckmarmorierung der Chorsäulen.

Auf diese bildhafte Inszenierung von Chor und Hochaltar nimmt die weitere Ausstattung
Bezug: Der geraffte Vorhang am Chorbogen scheint – einem Proszeniumsvorhang gleich –
den Blick in das Sanctuarium freizugeben. Die Kirchenväterfiguren sind dem Hochaltarbild
szenisch zugeordnet. Dieses kann, gleich einer Wechselbühne, per Mechanismus versenkt
und – vom Kirchenjahr abhängig – durch einen anderen Prospekt ersetzt werden.[52] In
diesem Zusammenhang erscheinen die seitlichen Oratorien als Theaterlogen. Dem Gläubigen eröffnet sich ein »Theatrum sacrum«, in das er szenisch und heilsgeschichtlich
miteinbezogen ist.

Der bildhafte Zusammenschluß in Dießen von Laienraum, Chor, Altarraum und Hochal-
taraufbau präformiert die spätere Lösung in Berg am Laim. Für die Beurteilung dieser
Präformierung durch das Künstlerteam Fischer und Cuvilliés kann die Dießener
Stiftschronik herangezogen werden: Dall' Abaco erwähnt, daß für den Hochaltar »Franz
Cuvilliés den Entwurf gemacht haben soll«.[53] Die vage Formulierung resultiert daraus, daß
der Chronist erst 1739, also im Weihejahr der Kirche, in das Kloster eingetreten ist und die
Baugeschichte folglich nicht persönlich miterlebt hat. P. Dorners Hinweis, daß in der ab
1764 entstandenen Urschrift der Chronik noch sämtliche Künstlernamen fehlen und erst
in die beiden Abschriften eingetragen wurden, nimmt Dall' Abacos Aussage nichts von
ihrer Glaubwürdigkeit, da er für die späteren Ergänzungen Erkundigungen und Nachfor-
schungen angestellt haben wird.[54] Außer der Absicherung der Entwurfstätigkeit Cuvilliés'
am Hochaltar in Dießen, die von H. v. Poser durch weitere Argumente gestützt wird,[55] ist
auch sein Einfluß zumindest auf die Chorarchitektur wahrscheinlich. Dafür sprechen die
Verwendung und der besondere Einsatz von Chorsäulen, die hier erstmals in einem Werk
Fischers auftreten und die Voraussetzung bilden, Hochaltar und Architektur als »Bild«
zusammenzufassen. Ein Desiderat ist ferner die Klärung der bis heute strittigen Autorschaft des Chors der Klosterkirche in Schäftlarn (ab 1733), der – mit der Dießener
Chorlösung eng verwandt – in der Forschung bisher nur vage mit Cuvilliés in Zusammenhang gebracht wird.[56] Hiermit ist erstmals eine – für das Bauprojekt in Berg am Laim
richtungsweisende – Zusammenarbeit zwischen Fischer und Cuvilliés angesprochen, die
auch auf die Fassade bezogen werden muß.

*42 Dießen, ehem. Augustiner-Chorherrenstiftskirche Mariä Himmelfahrt,
Chor- und Altarraum, Hochaltar-Entwurf von François Cuvilliés,
Ausführung von Johann Joachim Dietrich, fertiggestellt 1738*

Cuvilliés' Einfluß auf die Fassade

Auch an der Fassade der Dießener Klosterkirche ist mit einem Anteil Cuvilliés' zu rechnen. Sie ist Fischers erster anspruchsvoll gestalteter Außenbau, der zu seinen Vorgängerbauten keine Gemeinsamkeiten aufweist: Die Fassade von St. Anna im Lehel wurde nach nicht für Fischer gesichertem Planmaterial rekonstruiert; die Fassaden von Osterhofen, Aufhausen und Ingolstadt stehen über geradem Grundriß, sind einfach aufgebaut und schmucklos gegliedert. In der Literatur mehrfach angesprochene Zusammenhänge mit böhmischen bzw. römischen Vorbildern können nicht gesehen werden.[57] Die im folgenden diskutierte These von Cuvilliés' Planungsbeteiligung (Redaktion eines Fischer-Planes) stützt sich nicht auf Quellenhinweise, sondern auf stilistische Beobachtungen.

Die Dießener Fassade wird von enggestellten, schlanken, auf hoher Sockelung stehenden Pilastern in drei mittlere Fenster- und zwei flankierende Wandachsen gegliedert. Ein durchgezogenes, verkröpftes Gebälk wird nur in der Mittelachse unter dem Dreiecksgiebel an Fries und Gesims unterbrochen und faßt die Achsenfolge als Verband zusammen. Darüber erhebt sich mit steilem Anschwung ein hoher Frontispiz mit rundüberkuppelter Figurennische.

Ein Charakteristikum der Fassade sind die sensibel zueinander gestellten Knickungen und schwach gezeichneten Konkav- und Konvexschwünge. Im Gegensatz zu böhmischen oder römischen Fassaden ist die Bewegung nicht großflächig geführt und schafft keine raumgreifenden, die Bausubstanz durchdringenden Schwünge. Sie zielt vielmehr auf Oberflächenwirksamkeit und in Krümmungs- und Biegeverhalten auf eine Reliefwirkung. Bezüge zum architektonischen Werk Cuvilliés', den etwa zeitgleich entstandenen Münchner Palais Piosasque de Non (wohl ab 1726) und Holnstein (ab 1733) und zu der ab 1733 projektierten und 1734 begonnenen Amalienburg werden erkennbar.

Die von W. Braunfels an Cuvilliés' Außenbauten dargestellten Ergebnisse[58] können auch zur Charakterisierung der Dießener Fassade herangezogen werden: Neben dem aus Frankreich stammenden Motiv der giebeldurchstoßenden (hier: übergreifenden) Hauptkartusche[59] und dem Vertikalzug, fällt besonders die Bedeutung der Flächenverhältnisse auf. Der ästhetische Charakter von Cuvilliés' Fassaden wird nicht mehr von der architektonischen Gliederung allein geprägt, sondern ebenso von ihrem Verhältnis zu Wand- und Fensteröffnungen. Mauermasse ist auf Oberflächenwirkung reduziert, Wandgliederung ist Flächengliederung. Es werden Zusammenhänge zu unserer Analyse der Fassade von St. Michael und von Cuvilliés' Kupferstichprojekt (von 1740) deutlich, die Rückschlüsse auf die Genese der Dießener Fassade zulassen.[60]

Dynamik entsteht hier – wie in Berg am Laim – aus der Überlagerung von Flächen- und Architekturgliederung. Die Mittelachse sucht motivisch durch das Portal, das hochaufragende Segmentbogenfenster mit dem darüber gewölbten Architrav, dem Dreiecksgiebel und durch den ungebremsten Vertikalzug Eigenständigkeit. Sie wird von schmaleren Achsen mit kleineren Fenstern zu einem Dreiermotiv komplettiert, und dieses wird wieder von Wandachsen flankiert. Der Gruppierung durch Fensterformen bzw. Wandfüllungen steht die Architekturgliederung entgegen. Pilasterrücklagen, die bis in die Frieszone hinein verkröpft sind, betonen die Achsen 1, 3 und 5, denen die Achsen 2 und 4 untergeordnet sind. Diese Sehweise wird von den durchgezogenen Gesimsteilen und auch von der Grund-

43 Dießen, ehem. Augustiner-Chorherrenstiftskirche Mariä Himmelfahrt, Fassade, Johann Michael Fischer mit Beteiligung von François Cuvilliés, ab 1732

rißlinie aufgenommen: die breiteren Konvexen werden durch schmalere Konkaven verbunden.

Den monumentalisierten Architekturformen am Palais Holnstein ähnlich, vermitteln auch die Pilaster der Dießener Fassade maßvolle Strenge. Sie markieren nicht nur – leicht schräg gestellt – die Knickungen der Fassade und bestimmen das Verhältnis der Flächen, sondern schaffen eine Gerüsthaftigkeit, die Wand zur Füllung degradiert. Die Rahmenformen der seitlichen Achsen sind mit denen an den Hauptraumdiagonalen von St. Michael direkt vergleichbar. Gleichzeitig erreichen das fein gezeichnete Lineament und die graphisch wirkenden Profilierungen – ähnlich wie in der Amalienburg die Reduktionen des Ordnungsgerüstes zur Präzisierung der Umrisse dienen – ein einheitlich verbindendes Oberflächenrelief, das von der Farbigkeit weiter interpretiert wird.

Die auf den historischen Befund rückgreifende, nun renovierte Fassade in Dießen erscheint – mit deutlichen Bezügen zu Berg am Laim – als dekorativer Zusammenhang von Flächen- und Farbwerten. Wieder wird dies am Gebälk besonders deutlich: Der Fries ist zwischen weißem Architrav und weißem Gesims nur graufarbig abgesetzte Wandfläche und im Kontrast zum Weiß Farbmuster. Die Flankenachsen mit grauer Wandfüllung, weißem Rahmen, weißem Architrav und Gesims und grauem Fries gleichen – in der Farbzuordnung umgekehrt – der Gliederung von St. Michael (am unteren Turmgeschoß). Auch hier läßt sich ein »Ordnungs«-Begriff fassen, in dem die Pilaster, trotz ihrer gliedernden Funktion, in einen dekorativen Bezug von Flächen- und Farbmustern integriert sind.[61]

Die Veränderung des »Ordnungs«-Systems und die Umdeutung der Wand als Flächendekoration zeigen die Handschrift Cuvilliés'. Sein Einfluß kann an der Grundrißführung weiter präzisiert werden.

Die bayerischen Kirchenfassaden bis in die dreißiger Jahre des 18. Jahrhunderts stehen über geradem Grundriß. Eine Ausnahme macht die Münchner Dreifaltigkeitskirche, deren Auskragung durch umliegende Bauten und Straßenführungen bedingt war.[62] Für die sensibel bewegte Grundrißführung der Dießener Kirchenfassade ist Cuvilliés' Amalienburg (ab 1734) mit dem facettierten Lineament von Geraden, Konkaven und Konvexen als Vorbild anzusehen. Die von N. Lieb angedeuteten Zusammenhänge mit J. A. Meissonniers Entwurf für die Fassade von S. Sulpice in Paris (1726) verweisen ebenfalls auf diesen Einflußbereich.[63] Da die Dießener Fassade erst 1738/39, also nach Abschluß der Innenraumarbeiten, aufgeführt wurde,[64] werden auch die engen Bezüge zur Michaelskirche verständlich. Diese war zu jenem Zeitpunkt bereits im Bau.

Es scheint Cuvilliés' Aufgabenbereich und Arbeitsweise gleichermaßen zu kennzeichnen, daß seine Mitarbeit und sein Einfluß meist nur an Einzelmotiven, an Ideenvermittlung aus dem französischen Bereich oder allgemein am »goût« nachgewiesen werden können. Er lieferte »inventions«, die in Dießen und Berg am Laim von J. M. Fischer als kongenialer Künstlerpersönlichkeit aufgegriffen und in seine Entwürfe eingearbeitet wurden.

Kap. VII St. Michael in Berg am Laim – ein Hauptwerk des »Süddeutschen Rokoko«

Bei der Fassaden- und Innenraumanalyse von St. Michael in Berg am Laim, einem für die süddeutsche Architektur der ersten Hälfte des 18. Jahrhunderts exemplarischen Bau, wurde ein neuer »Ordnungs«-Begriff gewonnen. Dieser wurde durch Querverweise auf die zeitgenössische Architekturtheorie abgesichert und in Contraposition zur tradierten vitruvianischen Orthodoxie gestellt. Damit ist ein allgemeiner Ansatz für die Diskussion von Rokoko-Architektur greifbar, der im folgenden als Erweiterung von B. Rupprechts zu eng und einseitig gefaßtem »Stil«-Begriff der »bayerischen Rokokokirche« diskutiert werden soll.[1]

Die von Rupprecht als »Sonderfall europäischer Architekturgeschichte«[2] dargestellte Rokokokirche konstituiert sich – verkürzt gesagt – folgendermaßen: Die architektonischen Formen des Kirchenraums entfernen sich so weit von ihrem traditionellen Formenkanon, werden »verbildet« und in ihrer materiellen Substanz und den struktiven Zusammenhängen so weit verändert, daß sie bildfähig werden. Das Fresko wird zum architektonischen Wölbschluß und schafft einen eigenen Bildraum. Realraum und Bildraum besitzen gleiche Realität. Die Rocaille-»Rahmenzone« übernimmt eine entscheidende, zwischen beiden Kategorien vermittelnde Aufgabe, »da sie an allen im Kirchengebäude vorstellbaren Realitäten irgendwie Anteil hat«.[3]

Rupprechts wesentliche Themen, der »Kirchenraum als betretbares Bild«, die »Ver-bildung traditioneller Architekturformen« und die davon abgeleiteten Hauptbegriffe »Verbildlichung« und »Ornamentalisierung«,[4] sind von der vorangegangenen Rocaille-Diskussion abhängig: H. Bauer (1955) fand gegen F. Kimball (1943), der das Rokoko als französischen Dekorationsstil vorstellte,[5] die »reifste Ausprägung« des Rokoko im süddeutschen Sakralbau.[6] Mit dem Changieren zwischen Ornament- und Bildmodus und ihrer Fähigkeit zur Architektonisierung lieferte er einen wichtigen Ansatz zum Verständnis der Rocaille. Rupprechts Kriterien und Begrifflichkeit lassen den Versuch erkennen, die Ergebnisse der Ornament-Diskussion auf die Architektur zu übertragen und für sie fruchtbar zu machen. Architekturimmanente Ansätze spielen in seiner Untersuchung keine Rolle.

Rokokoarchitektur ist nach Rupprecht nur da greifbar, wo Mauersubstanz wie Ornamentsubstanz behandelt, also »modelliert« wird. Seine Festlegungen sind auf *einen* Architekten zugeschnitten: D. Zimmermann, der als gelernter Scagliolist und Stuckator alle Voraussetzungen für eine »Ornamentarchitektur« mitbrachte.[7] Steinhausen wird als »erste Rokoko-Kirche« konstatiert,[8] die Wies als Inbegriff und Vollendung gewertet.[9] Diese Klassifizierungen sind abhängig vom Rocaille-Ornament und dessen möglichst enger Verbindung mit der Wand, was die vielbesprochenen Okuli-Durchbrüche im Chor der Wies besonders deutlich zeigen: Architektur ist nicht mehr mit Ornament besetzt, sondern ist substantiell selbst Ornament.

Für die Architektur der Rokokokirche bieten Rupprechts Kriterien und Begrifflichkeit, da nur auf wenige Bauten dieser Zeit anwendbar, keine allgemeingültigen Ansätze: Die Diskussion ist auf D. Zimmermanns Personal-Stil zugeschnitten und beschränkt; die geographische Festlegung auf Bayern ist willkürlich, da von ihm vorgestellte Werke auch außerhalb liegen.[10]

Die zu eng gefaßten Grenzen des Begriffs werden bei der Betrachtung des Werkes von Zimmermanns Zeitgenossen J. M. Fischer augenfällig, wie Rupprecht selbst feststellt: »Keines unserer Rokoko-Kriterien greift an der Ottobeurer Kirche«;[11] Dießen klassifiziert er als »Raum des Spätbarock«;[12] St. Michael in Berg am Laim sei den Gestaltungsprinzipien des Rokoko nur angenähert.[13] Diese Unsicherheit im Umgang mit Fischers architektonischem Werk macht eine Begriffserweiterung der »Rokokokirche« unabdingbar, die über stilistische Einzelphänomene hinaus von allgemeinen Kriterien der Architektur ausgehen muß.[14] Der bereits vorgestellte, an St. Michael gewonnene neue »Ordnungs«-Begriff könnte diese Aufgabe erfüllen.

44
Wies, Wallfahrtskirche zum
Gegeißelten Heiland,
Wölbansatz im Chor,
Dominikus Zimmermann,
vor 1749

Fischers Werk wurde dem Werk Zimmermanns bereits gegenübergestellt, St. Michael in Berg am Laim und die Wies als konträre Lösungen einer Stillage erkannt: In beiden Fällen erweist sich Architektur nicht mehr als »Ordnungsmacht«.

In St. Michael sind die kanonischen Architekturglieder nicht ornamentalisiert. Doch sie sind so weit entmaterialisiert, daß sich Strukturzusammenhänge auf Oberflächenzusammenhänge reduziert zeigen und ihre Aufgaben von anderen Kunstgattungen geleistet werden müssen: Das traditionelle Architektursystem ist zerstört. Im Gegensatz zu diesen architektonischen Reduktionen werden Altarausstattung, Fresken, Stuck und im besonderen Maß Farbe und Licht zu raumkonstituierenden, »ordnenden« Kategorien. Sie ergeben – ähnlich den »Ver-bildungen« der Formen bei Zimmermann – beim Betrachten der Architektur Bildhaftigkeit als Voraussetzung für die Erfassung der nicht mehr strukturalen, sondern optischen Zusammenhänge. Die Querverweise auf die Architekturtheorie zeigten, daß dieser neue »Ordnungs«-Begriff von der Relativierung tradierter und allgemein verbindlicher Grundlagen ausging, der Relativierung der vitruvianischen Norm.

45
Berg am Laim, St. Michael,
Diagonalfenster im Wölbansatz
des Bruderschaftsraumes

Kap. VIII   Ikonographie

1   Hintergründe des Zentralbaugedankens

In der Grundrißanalyse wurden der Kirchenraum von St. Michael in Berg am Laim als »Theatrum sacrum et mundi« vorgestellt und Bezüge der Zentralbauform zur Bautradition der Michaels-Rotunde angedeutet.[1] Die Innenraumanalyse brachte hierfür weitere Belege:[2] Die Konkaven des Hauptraumes schließen sich scheinbar zu einer umlaufenden kreisrunden Zylinderform zusammen, über der sich die Fensterzone gleichmäßig nach oben ansteigend verjüngt und von einer deutlich gerahmten, kreisrunden Kuppel abgeschlossen wird. Die Proportionierung des Bruderschaftsraumes – er ist genauso breit wie hoch – greift auf die des römischen Pantheon zurück – ein Bau, der nach seiner Weihe durch Papst Bonifaz IV. im Jahre 609 als »Sancta Maria Rotonda« zum Urbild der Marienkirche wurde.[3] Die Tradition dieses Bautyps läßt sich in Bayern – gerade bei Marienwallfahrtskirchen – bis ins Mittelalter zurückverfolgen. Bevor die Baugestalt von St. Michael in Berg am Laim an ihren Bezügen zur Michaels-Rotunde untersucht werden soll, muß nach Fischers Umgang mit der wesentlich geläufigeren bautypologischen Form in der Nachfolge des Pantheon gefragt werden.

Den äußeren Anlaß für die Gründung des Klosters Ettal durch Kaiser Ludwig den Bayern im Jahre 1330 bot das Geschenk eines Marienbildes. Als Kloster-Kirche wurde ein mächtiger Zentralbau errichtet, der schon bald Ziel einer Wallfahrt »Zu unser frauen Etal« wurde.[5] Hans Hieber griff in seinem unausgeführt gebliebenen Modell für die Wallfahrtskirche zur »Schönen Maria« in Regensburg (um 1519) den Zentralbaugedanken auf.[6] Für Elias Holls Zentralbau der Marienwallfahrtskirche in Klosterlechfeld nennt ein päpstlicher Ablaßbrief aus dem Jahre 1603 als Vorbild »Sancta Maria Rotunda«.[7] Die Pantheonrezeption beim Bau der Wallfahrtskirche Maria Birnbaum (ab 1661) ist quellenmäßig nachgewiesen und gerade deshalb aufschlußreich, da das römische Vorbild nur allgemein an der Zentralbauform festzumachen ist.[8] E. Zuccallis Projekt für die Marienwallfahrtskirche in Altötting (um 1674)[9] ist G. L. Berninis Wallfahrtskirche S. Maria dell' Assunzione in Ariccia verpflichtet, die sich direkt auf das Urbild der Marienkirchen bezieht.[10] Viscardi, als Palier an dem Altöttinger Projekt beteiligt, entschied sich erstmals für den Zentralbau bei der Wallfahrtskirche Maria-Hilf in Freystadt (ab 1700).[11]

Auch J. M. Fischers Zentralbaugedanke muß in direktem Zusammenhang mit der jeweiligen Auftragssituation gesehen werden. Nach einer Reihe von Longitudinalbauten griff er beim Neubau für die beiden etwa zeitgleich (ab 1736) entstandenen Marienwallfahrts- und Klosterkirchen in Aufhausen und Ingolstadt erstmals auf den reinen Zentralbau zurück.[12] Daß Fischer sich weiter – wenn auch unabhängig vom Marienpatrozinium – mit der bautopischen Form der Marienkirche auseinandergesetzt hat, konnte eine Untersuchung der Klosterkirche Rott am Inn nachweisen.[13]

H. Ernst hat die Michaelskirche in Berg am Laim – allein aufgrund ihrer Proportionen – mit dem Pantheon in Verbindung gebracht.[14] Nicht dieses, sondern der bisher wenig beachtete Bautypus der Michaels-Rotunde dürfte die Zentralität festgelegt haben.

Eines der bedeutendsten Michaelsheiligtümer ist die Engelsburg in Rom. Anlaß der Umbenennung und Weihe des ehemaligen Hadrian-Mausoleums war eine Michaelserscheinung Papst Gregor d. Gr., bei der der Erzengel als Zeichen der beendeten Pest sein Schwert in die Scheide stieß.[15] Die 1185 geweihte Rotunde auf der Hügelkuppe neben der ehem. Zisterzienserabtei S. Galgano geht auf eine Michaelserscheinung des Ritters Galganus Guidotti zurück, der von Michael den Hügel von Montesiepi für seine Eremitenzelle angewiesen bekam.[16] Daß hier bewußt auf die Rotundenform der Engelsburg zurückgegriffen wurde, darf auch aufgrund ihrer Darstellung in den späteren Fresken A. Lorenzettis in der 1340 angebauten Nebenkapelle angenommen werden. Bei dem 1198/99 als Erlöserkirche geweihten Rundbau im Chorherrenstift Neustift bei Brixen erfolgte erst 1490 der Wechsel zum Michaelspatrozinium.[17] Damit verbunden waren bauliche Veränderungen – ein Scheitelturm, der die Zentralität der Anlage betont und ein Zinnenkranz – die St. Michael in Neustift als »Michaelsburg« deuten. Für einen Großteil der mittelalterlichen Michaelskirchen – wie auch für Sagra di San Michele bei Turin – war die Höhenlage bestimmend – eine Tradition, die sich in Bayern fortsetzte, wo Michael vornehmlich in hochgelegenen Türmen und Burgkapellen verehrt wurde.[18] Den ersten Rang unter den Michaelsheiligtümern nimmt das Urheiligtum auf dem Monte Gargano ein – für uns von besonderem Interesse. Drei Michaelserscheinungen – die letzte am 8. Mai 492 – waren der Anlaß für eine der »vornehmsten Pilgerfahrten der Welt«, gleichbedeutend denen ans Hl. Grab nach Jerusalem, zu Unserer lieben Frau nach Loreto und zu den Aposteln Petrus und Paulus nach Rom.[19] Die Gründung des dortigen Grottenheiligtums ist noch für das 5. Jahrhundert bezeugt.[20]

In dem von der Michaels-Bruderschaft in Berg am Laim herausgegebenen Büchlein wird neben dem Mont-Saint-Michel, dessen Gründung auf das direkte Eingreifen des Erzengels zurückgeführt wird,[21] vor allem dem Monte Gargano eine herausragende Stellung eingeräumt. Dieses Heiligtum wird beschrieben, seine erlösende Heilskraft durch vielfältige Beispiele belegt und eine Reise dorthin im höchsten Maß anempfohlen.[22] Für das Bruderschaftsmitglied Baron Karl de Simeoni ist eine Pilgerfahrt zum Monte Gargano bezeugt, von wo er 1699 die reliquiengleiche Michaelsfigur mitbrachte, die er für die Bruderschaftskapelle der Josephsburg stiftete, und die später in den Kirchenneubau übertragen wurde.[23] Mündliche Nachrichten und Graphiken werden die Vorstellung von der Baugestalt des Monte Gargano präzisiert haben.

Die Fresken J. B. Zimmermanns in St. Michael in Berg am Laim mit den Darstellungen von Apparitio I, II und III des Erzengels auf dem Monte Gargano zeigen das Grottenheiligtum übereinstimmend als Zentralbau. Aufgrund von Fischers bewußtem Umgang mit der bautypologischen Tradition ist es wahrscheinlich, daß die Zentralbauform der Michaelskirche gezielt auf die Michaels-Rotunde Bezug nehmen sollte. Möglicherweise liegt sogar in dieser von Anfang an geforderten Bauform – wie bereits hypostasiert[24] – die Wahl J. M. Fischers als Architekt begründet, zumal dieser in den kurz zuvor entstandenen Zentralbauten in Aufhausen und Ingolstadt seinen geschickten Umgang mit tradierten Bauformen unter Beweis gestellt hatte.[25]

Für das Ziel der Kölner Kurfürsten und Erzbischöfe, Joseph Clemens und danach Clemens August: die Errichtung eines »neuen Monte Gargano«, bot die leichte Höhenlage von Berg am Laim gegenüber der Residenzstadt München das gewünschte Terrain. Die Übernahme der Zentralbauform der Michaels-Rotunde war wohl die notwendige bauliche Voraussetzung, um sich in die Tradition der Michaelsheiligtümer einreihen zu können. Die offizielle Version der Bruderschaftsstiftung durch Joseph Clemens schuf hierfür – wie noch gezeigt werden soll – eine wichtige Grundlage. Über die vollständige komplexe Programmatik geben der Hochaltar und das Hochaltarbild mit der Darstellung des Erzengels Michael wichtige Aufschlüsse und sollen eingehend untersucht werden.

2 Das Hochaltarbild von St. Michael – Ikonographie und Deutung des hl. Michael als Sieger

2a Problemstellung

1693 gab Joseph Clemens für die Bruderschaftskapelle in Berg am Laim bei dem Hofmaler Andreas Wolff ein Michaels-Bild in Auftrag, das dieser 1694 vollendete und das zusammen mit einem neu errichteten Altar mit den flankierenden Erzengelfiguren Gabriel und Raffael aufgestellt wurde.[26] 1745 wurde dieser Bruderschaftsaltar mit Wolffs Bild – sozusagen als Provisorium – in den von Clemens August in Auftrag gegebenen Kirchenneubau übertragen. Als 1767 nach langer Planung der neue Hochaltar J. B. Straubs aufgestellt wurde, setzte man kein neues Altarbild ein. Statt dessen wurde der Hofmaler Franz Ignaz Oefele beauftragt, Wolffs Michaels-Bild zu vergrößern.[27] In der bisherigen Literatur wurden weder Genese, Inhalt und ikonographischer Typus von Wolffs »hl. Michael«, noch die mit der Vergrößerung des Bildes verbundenen Veränderungen untersucht.

Wolffs »hl. Michael« stellt gegenüber den tradierten Michaels-Darstellungen (Michael als Reichsherold bzw. Himmelsfürst, Michael als Wächter bzw. Beschützer, Michael als Seelengeleiter, Michael als Seelenwäger, Michael als Kämpfer) einen neuen ikonographischen Typus dar: Michael als Sieger. Diese Neuinterpretation der Apokalypsen-Stelle (Apk. 12,7–9) soll im Hinblick auf das Gläubigkeitsverständnis der Bruderschaft, vor allem aber auf das Selbstverständnis des Auftraggebers Joseph Clemens hin, untersucht werden. Dabei ist neben der sakral-religiösen auch nach einer profan-politischen Inhaltsebene des Bildes zu fragen. Als wichtige Quelle wird u. a. das seit 1699 in mehreren Auflagen erschienene Bruderschaftsbüchlein »S. Michael der höchste Seraphin über die himmlischen Geister […]« herangezogen.[28] Weitere Aufschlüsse lassen Vergleiche mit der sich im ausgehenden 17. Jahrhundert allgemein neu konstituierenden Herrscherikonographie bzw. mit der in diesem Zusammenhang häufig auftretenden Bildgattung des »portrait historié« erwarten. Zusammen mit einer im Anhang diskutierten, erstmals als Entwurf für den Hauptaltar der Michaelskapelle identifizierten Zeichnung[29] wird ein Programm greifbar, das den Auftraggeber direkt mit einbezogen hat.

Die Wiederverwendung von Wolffs Bild in dem neuen Hochaltar ist Teil eines von Clemens August verfolgten »Renovatio«-Gedankens, der bereits in der Planungsgeschichte der Michaelskirche dargestellt wurde[30] und auf seine usurpatorisch-politischen Ansprüche verweist. Die Vergrößerung des Bildes – unten um die Szenerie des Höllenschlundes, oben um die in hellem Licht erscheinenden himmlischen Chöre – brachte auch eine grundlegende ikonographische Veränderung von Wolffs Bild. Untersuchungen des neuen Bildinhaltes, der Genese des Hochaltaraufbaus und des damit in Verbindung stehenden Fresken-Programms eröffnen eine eschatologische Deutung, mit Clemens August als Schlüsselfigur. Die Klärung der jeweiligen »concetti« gibt Einblick in Hierarchie, sich wandelndes Selbstverständnis und Ansprüche von Bruderschaft, Ritterorden und Präfekten wie in den Vorgang der künstlerischen Umsetzung programmatischer Ziele. Die Ergebnisse bieten Ansätze zu einer Neubewertung von Clemens Augusts Persönlichkeit. Er war nicht – wie bisher dargestellt – ein frommer ambitionsloser Erzbischof, sondern hauptsächlich ein ehrgeiziger, in höchsten Übersteigerungsformen sich produzierender Kurfürst.

47
Hl. Michael,
Entwurfszeichnung von
Johann Andreas Wolff
für ein Deckenbild
in der ehem. Michaelskapelle
in Berg am Laim, nach 1700

48
Bruderschaftsmedaille,
sog. Pfennig, mit dem
Losungsmonogramm F.P.F.P.
»fideliter, pie, fortiter,
perseveranter« (getreu, fromm,
tapfer, ausdauernd),
Rückseite

49
Bruderschaftsmedaille mit
Darstellung des hl. Michael,
Vorderseite

2b Entwicklung und Hintergründe von J. A. Wolffs Bildkonzept für den Hauptaltar der ehem. Bruderschaftskapelle

Joseph Clemens war von Kindheit an ein besonderer Verehrer Michaels, »Unsern himmlischen Gutthäters, der Unß sammentlich vor so vielen Gefahren erlediget«.[31] Mit der Stiftung der Michaelsbruderschaft am 8. Mai 1693, dem Jahrtag der Erscheinung des Erzengels am Monte Gargano, erhoffte der Kölner Kurfürst und Erzbischof vor allem Hilfe »am Tag des Gerichts« und »durch Fürbitt des heyl. Michael ein glucksel. Sterb-Stündlein und darauf ein gnädiges Urtheil von dem Richter aller Lebendigen und Todten zu erhalten«.[32] Entsprechend bitten die Bruderschaftsmitglieder in ihrem täglichen Gebet, »auf daß wir nicht verloren sind in dem erschrecklichen Gerichte«;[33] für die Todesstunde
48 wird empfohlen, »daß die Sterbenden sollten S. Michaelis Bildnuß [gemeint ist die
49 Bruderschaftsmedaille, der sog. Pfennig] bey sich haben/ selbige öffters anmüthig ansehen/ und zu ihme ihr Gemüth und Hertz erheben«.[34] Michael wurde also hauptsächlich in seiner Funktion als Seelenwäger und Totengeleiter gesehen und angerufen.
47 Auf diese von Michael erhoffte Sterbehilfe und seinen Beistand am Tag des jüngsten Gerichts nimmt ein Deckenentwurf Wolffs für die ehem. Bruderschaftskapelle Bezug, wo Michael als Seelenwäger dargestellt war.[35]
50 Eine erste Entwurfszeichnung Wolffs für das Hauptaltarbild zeigt einen veränderten Typus:[36] Michael – Gestalt, Haltung und Kleidung lassen schon die Ausführung erkennen – hält in seiner Rechten das Schwert, in seiner Linken die Seelenwaage. Diese Veränderung und Loslösung von den tradierten Typen – vereint sind hier Michael als Seelenwäger und Michael als Kämpfer – geben Aufschlüsse über die von Auftraggeber (und Künstler) intendierte, wohl durchdachte Aussage des Bildes und müssen in größerem Zusammenhang gesehen werden.

Während der Gegenreformation war der kämpfende Michael – H. Gerhards Figurengruppe an der Fassade von St. Michael in München ist hierfür ein Beleg – geradezu ein Programmbild seiner Zeit. Die Umwandlung dieses gegenreformatorischen Kämpfers in den siegesgewissen strahlenden Helden ist – nach beendeten Glaubenskämpfen – als zeittypisch für das Ende des 17. Jahrhunderts zu sehen, worauf auch A. Rosenberg aufmerksam machte: »Die strenge alte Überlieferung vom Drachenkampf wird auf eine kapriziöse und verspielte

50
*Hl. Michael als Seelenwäger,
Entwurfszeichnung von
Johann Andreas Wolff
für das Hauptaltarbild
in der ehem. Michaelskapelle
in Berg am Laim, 1693*

51
*Michaels Sieg über Luzifer,
Entwurfszeichnung von
Johann Andreas Wolff
für das Hauptaltarbild
in der ehem. Michaelskapelle
in Berg am Laim, 1693*

Weise zu einer barocken Theaterszene umgebildet, [...] zu einem heilig-heiteren Spiel, bei dem kein Blut mehr fließt, in der Michael ohne Mühe als lächelnder Sieger einen Streit austanzt, dessen Ausgang von seiten Gottes von vornherein feststeht.«[37]

Wolffs Konzeptionen für das Altarbild der Bruderschaftskapelle stehen am Anfang dieser Veränderungen von ikonographischen Aussagemöglichkeiten und Inhalten. Seine zweite Entwurfszeichnung[38] zeigt übereinstimmend mit der Ausführung des Bildes[39] und zeitgenössischen Reproduktionsstichen[40] Michael als apotheotischen Sieger. Grundlegend neu ist Michaels triumphaler und siegessicherer Ausdruck, ebenso die selbstbewußt zur Schau getragene Siegespalme in seiner Linken – sein neues Attribut. Hinzugekommen ist gegenüber der ersten Entwurfszeichnung auch die Gestalt Luzifers, der allerdings nicht als Folge des Kampfes, sondern zerschmettert vom Anblick der siegreichen – von göttlichem Licht mandorlengleich umhüllten – Erscheinung des Erzengels stürzt. Das Feuerschwert in dessen Rechten – wie auch die anderen traditionellen Attribute: Schild, Waage und Kreuzstab, die von assistierenden Putti getragen werden – haben bei dieser Neufassung des Michaels-Typus nurmehr nebensächliche Bedeutung.

Das Bruderschaftsbüchlein (1699) nennt Michael als »Obsiger« und beschreibt in diesem

52
Andachtszettel mit Stich nach Johann Andreas Wolffs Hauptaltarbild in der ehem. Michaelskapelle in Berg am Laim, Stecher unbekannt

53
Michaels Sieg über Luzif[er] Hochaltarbild in St. Michael in Berg am L[aim] Ausschnitt des ursprünglichen Formates von Johann Andreas Wolffs Bild vom Hauptaltar der ehem. Michaelskapelle, 1694; 1745 in den Kirchenneubau übertragen und 1767 vergrößert und teilweise übermalt von Franz Ignaz Oefele

Zusammenhang die ikonengleiche Bedeutung und das Aussehen des Michael-Urbildes am Monte Gargano.[41] Auch wenn Wolff in manchem auf dieses Urbild Bezug nahm,[42] Michaels siegreiche Apotheose, der neue Bildtypus in Berg am Laim, steht damit in keinem Zusammenhang und ist vordergründig aus dem Glaubensverständnis der Bruderschaft zu erklären.

»Daß unsere Seelen in die ewige Seeligkeit/ und zwar in die lähre Sitz der abtrunnigen Teuffel erhebt werden«,[43] wird nur für den greifbar, der »zur ewigen Seeligkeit praedestiniert zu seyn ein sicheres Zeichen an sich trage [hier ist an die Pflicht erinnert, den Pfennig zu tragen]/ [und] welcher den heiligen Ertz-Engel Michael für seinen Schutz-Herrn kindlich verehret und anrufet«.[44] Die folgenschwere Alternative, »nach gefehlten Urtheil an sein [Gottes] Orth der ewigen Seeligkeit zu erheben/ oder in die verfluchte Verdamnuß zu verpannen«, läßt sich mit dem Eintritt in die Bruderschaft zum Guten wenden.[45] Die beabsichtigte Wirkung des Michaels-Bildes beschreibt das Bruderschaftsbüchlein: »[...] wird von vilen gemerckt/ daß sie auß Ansehung der Bildnuß S. Michaelis, ihre inständige oder zukünftige Zuständ besorgen [...].«[46]

Wolffs Bild macht dies anschaulich: Michael ist nicht mehr Kämpfer gegen, sondern Sieger über Luzifer. Seine Apotheose war Wunsch und Überzeugung der Bruderschaftsmitglieder. So war dieser »hl. Michael« ein »Meditations-Bild« im besonderen Sinn:[47] Jedes Bruderschaftsmitglied konnte mit dem gen Himmel schwebenden Michael – zumindest in dem kurzen Moment von Andacht und Identifikation – sein eigenes Ziel sich erfüllen sehen: die Aufnahme in die »ewige Seeligkeit«. Diesen Zustand des meditativen Eins-werdens mit Michael in der Glorie des Sieges über Luzifer ermöglichte der neue ikonographische Typus. Er ist gerade für diese Zeit plausibel, in der in Bayern, in der Tradition der spanischen Mystiker, Nonnen und Mönche auftraten – voran die seherische Gestalt der Münchner Karmeliter-Tertianin Anna Maria Lindmayr – welche die meditative Versenkung als neue religiöse Erfahrung bekannt machten.[48] Es klingt wie eine Beschreibung von Wolffs neuem Michaels-Typus, wenn Kurfürst Max Emanuel in einem Brief aus d. J. 1697 schreibt, »[...] wie der Hl. Ertz-Engel Michael selbst über alle Chöre der Engel erhebt und von aller yrdischen oder unyrdischen Beschwernus befreit ist«.[49]

Beim ersten öffentlichen Auftreten der Bruderschaft wurde dieser neue Michaels-Sieger-Typus vorgeführt. Die Jesuiten hatten anläßlich des hundertjährigen Jubiläums ihrer Michaelskirche (1697) »nach unserer Wenigkeit auff ein Prozession angetragen/ mit selbiger den Umbkraiß der Kirchen und Collegij zu segnen: weilen aber [...] Clemens Josephus seine grosse antragende Andacht gegen den H. Ertz-Engel Michael bey solcher Solennitet wolte ansehnlich machen«, wurde ein prächtiger Umgang veranstaltet. Dafür hatte der Kölner Fürstbischof »seine Theatra her verschaft, auff denen das Lob seines H. Ertz-Patrons Michaels solte vorgetragen werden«. Neben den reich kostümierten »Engel-Knaben«, den »himmlischen Engelchören« und der großen Schar der Bruderschaftsmitglieder, alle in ihre Röcke gekleidet und mit den Stäben in den Händen, war der Glanzpunkt der Darstellung der Sieg des Erzengels. »Auß allen aber und vor allen hatte den Vorzug der Triumph-Wagen deß Heil. Ertz-Engels Michael von sechs Schimbeln bespannt/ welche von sechs Fußgängern in schöner Liberey gelaitet wurden. Auff diesem Sieg-Wagen schwebte der H. Ertz-Engel empor/ und haltete an Stricken zu seinen Füssen geworffen die Ketzerey/Gottlosigkeit/Abgöttery und den Höllen-Fürsten«.[50]

2c   Der Siegertypus in der christlichen und profanen Ikonographie

Die neue Auffassung und Darstellung des siegenden Michael blieb nicht auf das Altarbild der Michaelskapelle in Berg am Laim beschränkt. Wolff begründete damit eine Tradition; in seiner Nachfolge ist beispielsweise J. E. Holzers »Sieg des Erzengels Michael« in Dießen (1737) zu sehen (in Kombination mit G. Renis bekanntem Musterbild in St. Maria della Concezione in Rom);[51] Luzifer stürzt, obwohl sein Widersacher mit dem Schwert gar nicht zustößt. Von Michael geht eine »merkwürdige immobile, affektlose Stille« aus;[52] sein Fingerzeig nach oben weist den Weg der Erlösung. Deutlicher auf Wolff bezogen ist eine frühe Asam-Zeichnung, wo Michael in triumphierender Haltung als Zeichen des Sieges den Lorbeerzweig in seiner Linken hält und von den Himmlischen Chören, die ihm mit Palmwedeln huldigen, mit dem Lorbeerkranz bekrönt wird.[53] Die Attribute des Kampfes sind nicht mehr vorhanden; klein und verkümmert flüchtet die zischende Schlange an den unteren Bildrand.

54

Anfang des 18. Jahrhunderts ist allgemein eine ikonographische Veränderung der »heiligen Kämpfer« zu beobachten. Der hl. Georg am Hochaltar der Klosterkirche Weltenburg tötet spielerisch – mit geradezu arroganter Lässigkeit – den Drachen, um die lybische Prinzessin zu befreien. Roß und Reiter stehen hier für »Sieg« und repräsentieren einen klaren politischen Anspruch (Allusion auf Kurfürst Max Emanuel bzw. Carl Albrecht).[54]

Parallel zum Sieger-Typus in der christlichen Ikonographie sind allgemeine Veränderungen in der Auffassung des profanen Herrscherbildes feststellbar. Zeitgleich mit Wolffs »hl. Michael« entstand M. Desjardins Standbild von Ludwig XIV. auf der Place des Victoires in Paris (1686). Ludwig wird – thematisch und motivisch mit dem Wolff-Bild vergleichbar – als neuer Herkules gezeigt, der die Hydra überwunden hat. Als Zeichen des Sieges reicht ihm ein Genius Lorbeer und Palmwedel; in seiner Nachfolge sind beispielsweise die Apotheosen des Prinzen Eugen oder Kaiser Karls VI. zu sehen.[55]

Einen besonderen Stellenwert nimmt in diesem Zusammenhang das allegorische Porträt bzw. das »portrait historié« ein.[56] Hier erscheint der zu Verherrlichende unter einer mythologischen, historischen oder literarischen Gestalt und kann die Welt als Sieger verlassen. H. Keller machte darauf aufmerksam, daß die Aktualisierung biblischer Gestalten sich auf das Alte Testament beschränkt, ihre Wiedergabe aber fast ausschließlich im protestantischen Bereich zu finden ist.[57]

In den süddeutschen Klosterkirchen des 18. Jahrhunderts beziehen sich Decken- und Wandbilder auf eine traditionsreiche, meist legendäre Lokalgeschichte, die – Jahrhunderte übergreifend – mit der Zeitgeschichte und der göttlichen Heilsgeschichte verknüpft wird; so findet der göttliche Heilsplan seine Erfüllung in der Gegenwart.[58]

Wenn Joseph Clemens und Clemens August auf dem Stammbaum der bayerischen Kurfürsten in der Ahnengalerie der Münchner Residenz aus den »Augusteischen« Wurzeln des legendären Agilolfinger-Herzogs Theodo und schließlich des Karolinger-Königs Karl hervorgehen,[59] entspricht das allgemeinem Zeitgeist.[60] Gleichzeitig werden profan-politische Ambitionen erkennbar, wenn beide deutlich formulierten, sie könnten ein weltliches Regiment besser führen als den geistlichen Hirtenstab.[61]

Die Wahl Michaels ist ein Novum in dem Spektrum möglicher Vorbilder, in deren Gestalt Joseph Clemens und Clemens August erscheinen konnten. Michael garantierte den alludierenden menschlichen »Nachbildern«, ebenso wie Apoll oder Herkules, eine Überhöhung ins Absolute. Michaels Apotheose speist sich aus einem profanen und einem sakralen Strang einer Sieger-Ikonographie, die im folgenden trotz der Komplexität ihrer zeithistorisch-politischen Relevanz nur knapp umrissen werden kann.

54
Hl. Michael als Sieger,
Entwurfszeichnung von
Cosmas Damian Asam
für ein Altarbild

2d Joseph Clemens und die Tradition der politischen Bedeutung Michaels

Joseph Clemens berichtet, über die »continuierlichen Kriegsläufften« des Jahres 1697: »[...] wan nit unser gewöhnlicher Beschützer, der himmlische Feldherr Michael, sambt den seinigen die Wacht über Unß gehalten«, wäre seine Residenzstadt Bonn in Feuer und Flammen aufgegangen und er selbst festgesetzt worden. Mit Michaels Hilfe seien die Angreifer »alß blinde in der irre gangen und herumgetappet, und [hätten] erst bey anbrechenden Tag die Statt in die Augen bekommen, mithin nach ihren bey hellem Licht entdeckten Anschlagen unverrichteter Sache mit Spott und Schand abziehen und den Ruckweg haben nehmen müssen«.[62] Das Eingreifen des Erzengels entschied also den Kampf.

Diese Darstellung und Beurteilung Michaels als Beschützer im Kampf hat lange Tradition: In den Schlachten bei Riade (933), auf dem Lechfeld (955), wie später in den Kreuzzügen, wurde die Fahne des hl. Michael von den Rittern im Namen Gottes vorangetragen. Nach ihrem Verständnis kämpften Engel und Heilige, hier der Erzengel Michael, an ihrer Seite für die Ausbreitung des Reiches Gottes auf Erden.[63] Michael war – wie später für Joseph Clemens – der himmlische Führer der irdischen Heerscharen.

Diese Beschützerfunktion Michaels erhielt während der Gegenreformation eine besondere Ausdeutung. Programmatisch und mit eindringlichen Worten verkündete ein Festprediger 1697 anläßlich des hundertjährigen Jubiläums der Münchner Jesuitenkirche: »[...] wer waiß nit von dem gottloß/und ungerechten Krieg/welchen Luther/ein anderer Lucifer« gegen Michael führte.»Aber (Gott seye ewiges Lob!) eben bey selbigen Zeiten; da dieser höllische Lucifer [...] der H. Catholischen Religion den Garauß zu machen trohete: Hat/ wie ein anderer Fürst Michael, Ignatius ein starck/unnd mächtiger Legion der Englen/oder seiner Ordens-Genossen/in der Kirchen Gottes geworben [...] O! diser H. Mann Ignatius; oder diser gleichsam andere Ertzengel Michael«.[64] Diese Gleichsetzung: Luther = neuer Luzifer, Ignatius von Loyola = neuer Michael, weist Hubert Gerhards Gruppe an der Münchner St. Michaelskirche als gegenreformatorisches Programmbild aus. Gleichzeitig eröffnete sie für die nachfolgenden Michaelsdarstellungen grundsätzlich neue Aussagemöglichkeiten.

55 Ein Kupferstich aus dem Jahre 1688 mit der Erstürmung der Festung Belgrad zeigt Max Emanuel in der Gestalt des Erzengels Michael mit Schwert und Schild (darauf das kurbayerische Wappen);[65] statt Luzifer zwingt er die Türken nieder. Die von Fama begleitete Siegesgöttin bekrönt ihn mit dem Lorbeer. Diese Darstellung – Max Emanuel in der Gestalt des hl. Michael als Türkensieger – konnte für seinen Bruder Joseph Clemens direkte Vorbildwirkung haben.

Joseph Clemens beschrieb die Gründung der Michaelsbruderschaft als Folge einer höheren Eingebung, die er am 6. Mai 1693 in der Ordenskirche St. Michael in München hatte.[66] Die gut organisierte Gründungsfeier mit prachtvollen Ornaten bereits am dritten Tag danach und auch das schon am 29. Mai 1693 zugesandte päpstliche Placet Innocenz' XII. sprechen gegen diese offizielle Version. Wie noch gezeigt werden soll, schuf sich Joseph Clemens mit dieser Bruderschaftsgründung die Möglichkeit, sich direkt in die Michaelsgeschichte einzugliedern, d. h. sich der traditionellen und populären Funktion des hl. Michael für eigene Zwecke zu bedienen.[67] Auch galt es, die von seinem Ahnherrn, Herzog Wilhelm V., mit der Kirchenstiftung von St. Michael in München begonnene »katholische Sache« weiterzuführen und zu vollenden.

Mit der Wahl des Patrons stellte sich Joseph Clemens bewußt in eine Reihe mit diesem Vorfahren, der zur Zeit der Gegenreformation Michael als Kämpfer betont hatte;[68] Wilhelm V. konnte an Karl den Großen anknüpfen, auf dessen Bitte hin Michael zum Patron des Reiches erhoben worden war.[69] Unter diesem Blickwinkel überrascht es nicht, daß Joseph Clemens in Anlehnung an die karolingische Kaiser-Idee sein Kurfürstenamt in theokratischer Tradition verstand: Bei der von ihm initiierten Bruderschaftsprozession im Jahre 1697 war nämlich auf einem Prozessionswagen »S. Michael [dargestellt, der ...] dem Herzog Maximilian das Churfürsten Hüettlein« reichte.[70]

55
Kurfürst Max Emanuel in der Gestalt des hl. Michael als Sieger gegen die Türken, auf dem Schild das kurbayrische Wappen, Stich von Pierre Landry, 1688

Michael war aber nicht nur Spender der bayerischen Kurwürde, sondern gleichsam die himmlische Entsprechung von Joseph Clemens. Dies Selbstverständnis äußert sich klar: »Was nun Michael im Himmel, das ist Unser Churhauß jederzeit auf Erden«.[71] Die hier formulierte Gleichsetzung von Joseph Clemens mit dem hl. Michael wird in der Ämterhierarchie in Bruderschaft und Ritterorden deutlich. Joseph Clemens gründete die Michaels-Bruderschaft mit der Absicht, ein »pur geistlich Werck« zu betreiben, das für jedermann offenstand, »wessen Standes und Geschlechtes« er auch sei.[72] Obwohl laut den Statuten, der sog. Josephsburgischen Regel, »jene christliche Gleichheit [...] von allen Ständen [... als] das ganze Fundament dieser Bruderschaft« gepriesen wird und »solang man den habit am Leib hat, kein weltlicher Rang, dignität oder titul observert werden kann«, war die Bruderschaft seit Anbeginn streng hierarchisch geordnet.[73] Regierte und Regierende waren nach Rangordnung und Ämterkompetenz deutlich voneinander getrennt.

In den wenig später, am Festtag des Erzengels (29. September 1693), von Joseph Clemens gegründeten Michaels-Ritterorden wurden ausschließlich Personen des höchsten Adels aufgenommen, die der Großmeister des Ordens – Joseph Clemens – für würdig hielt.[74] Diese Erhebung der Aristokraten-Schicht über die fromme Gebetsgemeinschaft wird knapp, aber eindeutig begründet: »wie die Ritter durch ihren Stand über den gemeinen Haufen erhoben waren, so sollten sie es in dem Gebrauche der ihnen verliehenen Macht auch allen anderen zuvorthuen in der Verfechtung und Beschützung der göttlichen Ehre unter ihrem Patron St. Michael«.[75]

Über allen stand Joseph Clemens.[76] Er war Oberhaupt und Herrscher über Bruderschaft und Ritterorden. Diese Hierarchie spiegelt das Programm des (im Anhang als Wolff-Zuschreibung diskutierten) Erstentwurfs für den Hauptaltar der Michaelskapelle wider,[77] das im folgenden untersucht werden soll.

2e Das ikonographische Programm des Bruderschaftsaltares der Michaelskirche – Entwurf und Ausführung

57 Auf Wolffs Entwurf steht das Altarbild mit reich verziertem Rahmen und flankierenden Erzengel-Figuren über einem hohen blockhaften Unterbau. Die beiden Engelsfiguren können als allgemeine Glaubenssymbole aufgefaßt werden: Die Schale brennender Herzen in der Rechten des einen ist Hinweis auf die verzehrende Liebe zu Gott, der in den Arm gelegte Pilgerstab Aufruf, in dem Glauben an Gott fortzufahren und ihn weiterzuverbreiten. Der zweite Engel mit einem Bündel von Pilgerstäben, aus dem einer hervorragt, in seiner Linken ist als allegorischer Hinweis auf die Kraft der brüderlichen Gemeinschaft und auf die Vorbildwirkung eines jeden einzelnen für den rechten Glauben zu verstehen; Perlschnur und Anhänger – nur ungenau skizziert – zeigen ein Medaillon. Die Inschriften auf dem Fähnchen »Concoris · Amoris · Fraternitatis« verweisen auf das gemeinsame Ziel der brüderlichen Liebe.

Daneben können die beiden Engel des Entwurfs auch als Gabriel und Raffael gedeutet werden. Damit könnten sie als Abbilder der hierarchischen Bruderschafts-Ordnung begriffen werden. Der rechte Engel stünde für »alle Mitglieder« der Bruderschaft, die in »einer durchgehends brüderlichen Liebe und geistlichen Demueth [... die] ewige Seeligkeit«

suchen.[78] Die Figur links repräsentierte dann den Michaels-Ritterorden, der ja allein durch seinen aristokratischen Stand »über den gemeinen Haufen erhoben« war. Beide Engelsfiguren huldigen dem auf dem Altarbild in der Mitte dargestellten hl. Michael – dem Bruderschaftspräfekten, der »in allem seinen untergegebenen Schäfflein mit gutem Exempel vorleuchten« soll[79] – d. h. präziser ausgedrückt: Bruderschaft und Ritterorden huldigen ihrem gekrönten Oberhaupt Joseph Clemens.

56
Hl. Raffael,
Figur vom Hauptaltar
der ehem. Michaelskapelle,
Andreas Faistenberger,
wohl nach Entwurf von
Johann Andreas Wolff,
um 1693

57
Entwurf für den Hauptaltar
der ehem. Michaelskapelle
in Berg am Laim,
Johann Andreas Wolff,
1693

Ähnlich deuten läßt sich die Dreieckskomposition auch formal. Die Bruderschaft rechts beugt sich vor Ritterorden und Präfekten bzw. Großmeister.[80] Auf der linken Seite nimmt der Ritterorden in devoter Haltung allein auf das Oberhaupt Bezug und verweist mit der Schale brennender Herzen auf das »brennende (ardenti) Verlangen« eines jeden, in diese Gemeinschaft aufgenommen zu werden.[81]

Wie eng die allegorischen Engelsfiguren des Entwurfs auf die Bruderschaftsbelange abzielen, können Einkleidungszeremonie und Habit verdeutlichen. Die Farben des Bruderschaftshabits wählte Joseph Clemens in der Absicht, »daß diese Zusammenstellung der weißen und blauen Farbe die den Bayern eigentümlichen Landesfarben zeigten, welche auch der hl. Erzengel Michael bei seinen Erscheinungen, gleichsam als ihm zugehörig familiariter anzunehmen pflegt«.[82]

Am Gründungstag empfingen der Kurfürst und der Präses in der Michaelskapelle »einen bis zu den Knieen reichenden weißen Rock (tunica pure candida) von Leinwand [... und dann] den weißen Pilgerstab der Bruderschaft« mit weißseidener Fahne.[83] Entsprechend ist auch die Aufnahme der Mitglieder beschrieben: Diese knieten während einer Allerheiligen-Litanei vor dem Bruderschaftsaltar, alle »mit brennenden Lichtern in der rechten hand und in der linken die geweihte Bruderschaftsmedaille haltend. [...] Zuerst reichte der Präses den Habit, dann hängte er um den Hals den Pfennig [...] dann gab er den Stab in die rechte Hand des Kandidaten.[84] [...] Nachdem von den sämtlichen Neuaufgenommenen die [...] Bruderschaftformel[85] laut gesprochen war, wurde das ›Te Deum laudamus‹ gesungen, unter welchem die Männer und Frauen ihre brennenden Kerzen in die Hand des Präses opferten«.[86]

58
104

Wolffs zentrales Altarbild löst die Allusion auf Joseph Clemens auch direkt, ohne den Kontext mit den Personifikationen von Bruderschaft und Ritterorden ein. Der Kreuzstab als tradiertes Attribut des Erzengels, mit dem – in gegenreformatorischer Zeit zur Lanze umfunktioniert – der Drache und damit die lutherische Ketzerei getötet wurde, ist nicht mehr allein auf Michael bezogen. Das Monogramm an den Kreuzenden F.P.F.P. kennzeichnet ihn eindeutig als Bruderschaftsstab. Damit verweist auch er auf das Stiftungszeremoniell, »bei welchem der Kurfürst selbst das Kreuz vorantrug« und zuletzt mit dem Bruderschaftsstab vom Altar aus den Segen erteilte.[87]

53

Durch die Aktualisierung des Altarbildes mittels zeitgenössischer Insignien wurde Sakrales profaniert und im gleichen Maße Profanes in den Bereich des Sakralen erhoben. Damit kommt es zur beabsichtigten Wechselwirkung zwischen Michael und Joseph Clemens: Wolffs Bild zielt einerseits auf den hl. Michael, der – nun mit Bruderschaftsstab – den Bruderschaftsmitgliedern als gen Himmel schwebender Sieger den Weg weist; andererseits zielt es in der Gestalt des Erzengels auf Joseph Clemens, der als geistlicher und weltlicher Fürst für Bruderschaft und Ritterorden eine ähnliche Leit- und Symbolfigur darstellte wie St. Michael, der in dem Bruderschaftsbüchlein als »der erste/ vornehmste/ höchste/ vollkommiste und mächtigste Ertz- und Haupt-Geist« beschrieben wird.[88] In diesem Fall hätte die auf Bruderschaft und Ritterorden bezogene mahnende Frage auf Michaels Schild: »Quis ut Deus?« eine neue Dimension gewonnen. Mit dem ursprünglichen Gründungsziel der Michaelsbruderschaft, »ein pur geistlich Werck« zu betreiben, »ohne die geringsten Ehren-Titulen«, war dieser Anspruch nicht mehr vereinbar.

58
Joseph Clemens im Ornat des Präfekten der Michaelerzbruderschaft, umgeben von den Personifikationen der Bruderschaftstugenden (Treue, Frömmigkeit, Tapferkeit, Beharrlichkeit) und Bruderschaftsmitgliedern. Ein Engel geleitet die Seele eines Bruderschaftsmitglieds (mit Bruderschaftsmedaille) in den Himmel; im Hintergrund der Bruderschaftsaltar der ehem. Michaelskapelle in Berg am Laim. Blatt aus dem Fürstenbuch der Erzbruderschaft St. Michael in Berg am Laim, 1745

In der Ausführung des Bruderschaftsaltars war die Allusion auf Joseph Clemens zugunsten des religiösen Gehalts abgeschwächt: Die seitlichen Figuren Gabriels und Raffaels (denen, für Engel ungewöhnlich »irdisch«, die Flügel fehlen) schließen sich mit dem Michaels-Altarbild zur Erzengeltrias zusammen.[89] In den himmlischen Bereich entrückt, schwebt Michael; ob er im ursprünglichen Altar der alten Bruderschaftskapelle in einen inhaltlichen Zusammenhang mit dem kurkölnischen Wappen gesetzt war, wissen wir nicht. Daß aber eine enge Verknüpfung Michaels mit Joseph Clemens vorgenommen wurde, zeigt das Gebet eines Predigers aus dem Jahre 1697: »[...] nimme unter deine [Michaels] Gnaden-Flügel unsern Durchleuchtigsten Chur-Fürsten [...] Josephum Clementum«.[90]

Deutlicher noch ist die Benennung des Monte Gargano als »Residenz Statt des Himmelsfürsten«, wie es in dem Bruderschaftsbüchlein heißt.[91] München wird zum neuen Sipont (Stadt beim Monte Gargano), Berg am Laim zum neuen Monte Gargano und die Michaels-Kapelle zum Heiligtum, über das Joseph Clemens wacht. Diese Interpretation wird bestätigt durch eine lebensgroße Stifterfigur Joseph Clemens', die nach dessen Tod im Jahre 1723 von der Michaelsbruderschaft bei A. Faistenberger und J. J. Feichtmayr in Auftrag gegeben wurde. Sie fand in der Kapelle in Berg am Laim Aufstellung und stellte den Bruderschaftsmitgliedern die Spannweite von himmlischem Vorbild und irdischem Ebenbild nachdrücklich vor Augen.[92]

59

59
Joseph Clemens, lebensgroße Stifterfigur, mit Talar,
Chorrock und Birett bekleidet (wohl 19. Jahrhundert),
Andreas Faistenberger und Johann Jakob Feichtmayr, 1723,
ehemals in der Michaelskapelle in Berg am Laim,
seit 1960 verschollen

2f Der Sieg des Lichtes über die Finsternis

Die bisherige Interpretation von Wolffs Michaelsbild, d.h. die Untersuchung seiner religiösen und profanen Bezüge, stützte sich auf zeitgenössische und historische Quellen. Wolffs Bild beansprucht wegen seines neuen ikonographischen Michaels-Typus einen besonderen Stellenwert; dem barocken Verständnis entsprechend steht es als Symbol für Sieg. Auf die Parallelen mit dem zeitgleich entstandenen Standbild Desjardins – hier Michaels Apotheose und sein Sieg über Luzifer, dort die Apotheose Ludwig XIV. und sein Sieg über die Hydra – wurde schon verwiesen.[93] Die dargestellte Polarisierung von Gut und Böse, Licht und Finsternis soll weiter untersucht werden, da dies die Voraussetzung ist für das Erkennen der durch Oefeles Erweiterung des Wolffschen Michaels-Bildes entstandenen programmatischen Veränderungen.

Der absolutistische Licht-Kult

Der Sonnenkult Ludwig XIV., des »Roi soleil«, ist hinlänglich bekannt, Versailles als Stätte des Sonnenkultes oft diskutiert.[94] Ludwig wollte Apoll sein, er wurde dem Helios gleichgesetzt, war »sol invictus«. »Quod sol in coelis id rex in terra«.[95] Diese Devise erfuhr an allen europäischen Höfen sklavische Nachahmung. Die Darstellung des Phoebus-Apoll beherrschte die Plafonds der Festsäle im 18. Jahrhundert. Als Hommage an Joseph I. beschrieb J. B. Fischer v. Erlach seine Absicht, über dem Mittelrisalit des gigantischen Schloßprojekts Schönbrunn I die Quadriga zu stellen: »Aigen desshalb zum Zierrath wolt ich auf diesen Turm einen Sonnwaagen placieren, dessen Rösser Unser unüberwindlichster Khönig und Kaiser lenken taet.«[96] Wie Ludwig XIV. in Versailles, sollte Joseph I. als Phoebus »im schönen Brunnen« abends seine müden Rosse tränken. Der Apollo-Mythos verbindet sich in den großen Brunnenbergen des Gartenparterres von Schönbrunn mit dem des Herkules: »Auf dem einen tötet Apoll den Python, auf dem anderen bändigt Herkules, umringt von den vier Weltmonarchien, den Cerberus; Sinnbilder der Kraft des Menschen, der die Mächte der Finsternis bannt«.[97]

Wolffs Michaels-Bild

53 Wolffs Bild illustriert und interpretiert die Textstelle der Geheimen Offenbarung 12, 7–9: »Da erhob sich ein Kampf im Himmel: Michael und seine Engel kämpften mit dem Drachen, und auch der Drache und seine Engel kämpften. Doch sie richteten nichts aus, und es blieb kein Platz mehr für sie im Himmel. Gestürzt wurde der große Drache, die alte Schlange, die den Namen Teufel und Satan trägt, der den ganzen Erdkreis verführt; er wurde hinabgestürzt auf die Erde, und seine Engel wurden mit ihm gestürzt.« Wolff deutete die Pole Himmel und Hölle, oben und unten vor allem durch den Einsatz von Licht und Finsternis.

In der römischen Mythologie war Luzifer der Sohn der Aurora, des Morgensterns. Da Jes. 14, 12 einen in die Unterwelt gestürzten Engel erwähnt, der als »Sohn der Morgenröte« bezeichnet wird, und Luk. 10, 18 den gestürzten Engel mit Satan gleichsetzt, kam es seit den Kirchenvätern zu der Identifizierung von Luzifer mit Satan. Der mythologische

»Lichtbringer« wurde in der christlichen Religion zum »Fürst der Finsternis«; Michael, der ihn überwand, zum »neuen Fürst des Lichts«, der die Schlüssel zum Himmel verwahrt (Gr. Apk. Bar. 11, 2), und damit zum »höchsten der Fürsten« (Daniel 10, 13). Auf Michaels Lichtgestalt nimmt die Fürbitte der Bruderschaft Bezug: »[...] sed signifer sancto Michaelis repraesentat eas in lucem sanctam.«[98]

Auch in diesem Punkt – der ihnen zugeschriebenen Lichthaftigkeit – gleichen sich Michael und das »Oberhaupt« von Michaelsbruderschaft und Ritterorden. Auf ihre Identität zielt das Bruderschaftsbüchlein, wo es über Michael heißt: »Es mag dieser höchste Seraphin erscheinen wie die Sonnen/funcken wie Himmels-Fackeln/ glantzen wie der Blitz/ leuchten und anzündten wie das Fewr«[99] – und (in zeittypischer, auf den Fürsten bezogener Lichtmetaphorik) mit klarer Anspielung auf die Kölner Fürstbischöfe: »Der Regent ist die politische Sonnen seines Landes.«[100] Michael war aber nie »lux per se«, sondern immer nur »ein bestrahlter Glantz des höchsten Liechtes«.[101] Dies hat Wolff wörtlich genommen und dargestellt: Auf seinen Entwurfszeichnungen ist über dem Erzengel das Auge Gottes abgebildet, »ein Sinnbild für das unumgängliche Licht, in dem Gott wohnt, das der zum Schauen erwachte Mensch als letzte, nicht mehr überschreitbare Verhüllung Gottes wahrnimmt«, und ein Zeichen »für jene Gottessonne, deren Licht als Erleuchtung in die Seele einstrahlt«.[102] Dieses »höchste Liecht« bestrahlt Michael (und damit auch Joseph Clemens); in dieser zwischen Himmel und Erde schwebenden Stellung sind Michael und Joseph Clemens »allein minder als der höchste Monarch [gemeint ist Gott], und seine Königin Maria/ höher aber als andere Engel«[103] – oder, bezogen auf den Hauptaltar, höher als Gabriel und Raffael bzw. alle Bruderschafts- und Ritterordens-Mitglieder.

50, 51

Damit kann die in J. H. Zedlers »Universal-Lexikon« (1739) gestellte Frage – zumindest für damals und für Berg am Laim – als beantwortet gelten, »wer den unter diesem Ertz-Engel Michael verstanden werde?« Michael/Joseph Clemens sind beide: »ewiger, Mensch gewordener Sohn Gottes« und »vornehmer, von Gott geschaffener Engel«.[104] Wolffs Altarbild ist ein Manifest dieses theokratischen Sendungsbewußtseins, aus dem heraus Joseph Clemens Michaels-Bruderschaft und -Ritterorden stiftete, die ihm – dem »neuen Michael« – in »kindlicher Verehrung« zugetan waren.

Die Michaels-Monstranz

Aus Anlaß des 1721 von ihm verfaßten »Statuten-Buches« schenkte Joseph Clemens der Bruderschaftskapelle eine Monstranz.[105] Unabhängig von der Tradition und ikonographischen Bedeutung barocker Sonnenmonstranzen,[106] erweist sich die Michaels-Monstranz in Berg am Laim als programmatischer, direkt auf die Bruderschaft bezogener Mikrokosmos.[107]

60
103

Eine Michaelsfigur trägt einen scheibenförmigen, von einem Strahlenkranz hinterfangenen Monstranzkörper. Gabriel und Raffael flankieren anbetend die Lunula mit Hostie, die – mit der Taube des Heiligen Geistes und Gottvater in der Bekrönung – Sinnbild für die Dreifaltigkeit sind. Michael steht gleichsam als Wahrheit über den Reliefmedaillons der vier Evangelisten am Monstranzfuß. Er war es, der laut Apokalypse den Sieg Gottes errang, zum »neuen Lichtbringer« wurde und hier als Stütze des himmlischen Firmaments gezeigt wird.

Im »Arminius« des D. C. von Lohenstein (1689/90) heißt es: »Fürsten sind in der Welt Ebenbilder Gottes.«[108] Damit könnte die hier (wie in Wolffs Michaelsbild) deutlich gestellte Frage »Quis ut Deus« – zunächst nur Hinweis auf den Erzengel – auch als Anspruch des Auftraggebers verstanden werden. Darauf deutet auch das auf der Brust Michaels abgebildete Bruderschaftskreuz.

*60
Monstranz, der hl. Micha[el]
trägt einen strahlenumkränzten Monstranzkörp[er]
auf der Brust das
Bruderschaftskreuz mit
dem Monogramm (F.P.F.
Joseph Grossauer,
München 1722*

2g   Anspruch und Selbstverständnis von Clemens August

Nach Joseph Clemens' Tod im August 1723 trat sein Neffe Clemens August die Nachfolge in der Kölner Kurwürde an und wurde gleichzeitig Oberhaupt von Michaels-Bruderschaft und -Ritterorden. Die besondere Bedeutung, die er diesem Amt beimaß, läßt sich an der reichen Verwendung der Ordensinsignien in der Bauplastik des von ihm ab 1725 wieder aufgebauten Schlosses Augustusburg in Brühl erkennen. An exponierter Stelle, im Mittelgiebel des Ehrenhofes, wird sein Hauswappen von der Michaels-Ordenskette umkränzt; Schwert, Krummstab und Kurhut verweisen auf den Hausherrn, Palmwedel und Adlerschwingen auf dessen Apotheose.[109] Im Deckenstuck des kleinen Speisezimmers umschließt die Ordenskette das aus den Initialen C A und dem Kurhut gebildete Mittelmotiv und verbindet sinnreich die Wappen von Kurköln mit denen der Bistümer Münster, Paderborn und Hildesheim in den Ecken der zur Decke überleitenden Kehlung.
Über Clemens Augusts Selbstverständnis geben seine mit besonderem Prunk begangenen Kirchenfeste Auskunft.[110] Sein übersteigerter, auf Gottähnlichkeit abzielender Anspruch wird an den Hochaltarprojekten für Brühl, Bonn und Berg am Laim erkennbar.

61
Clemens August, Kurfürst und Erzbischof von Köln, Hofmarksherr von Berg am Laim (1723–1761), Kupferstich aus »Noveau Calendrier du très illustre chapitrale Ordre Equestre . . . De Saint Michel Archange«, 1793

Die Hochaltarprojekte für die Hofkirche in Brühl und die
Servitenkirche in Kreuzberg bei Bonn

62 1745 gab Clemens August bei B. Neumann einen Hochaltar für seine Hofkirche in Brühl in Auftrag.[111] Der Entwurf zeigt ein Altarziborium mit vier Säulen als Träger eines baldachinartigen Volutenaufbaus, der oben von einem Kurhut zusammengehalten wird; dies ist architektonisches Würdemotiv für eine plastische Gruppe der Verkündigung Mariä und gleichzeitig Rahmen für die Öffnung des kurfürstlichen Oratoriums. Ein neuer Anbau am Chorscheitel öffnet sich im Obergeschoß des Chorpolygons mit seiner Stirn zum Kirchenraum. Der Ort, der seit jeher mit einem Altarbild oder einer Lichtgloriole als liturgisches Zentrum markiert wurde, dient nun – mit geöffneten Oratorienfenstern – beim Gottesdienst der glorreichen Selbstpräsentation Clemens Augusts.
Der besondere Sinngehalt des Oratoriums wird im Unterschied von Entwurf und Ausführung deutlich. Auf der Entwurfszeichnung B. Neumanns deutet der Erzengel Gabriel nach oben auf die Taube des Heiligen Geistes, die Maria die göttlichen Gnadenstrahlen sendet.[112] Zwischen ihr und Gabriel macht der Strahlenkranz eines monstranzähnlichen Tabernakelaufbaus auf die gottgeweihte Handlung aufmerksam. Der Kurfürst hätte dieser Szenerie von exponierter Stelle aus beiwohnen bzw. durch Gabriels Zeigegestus mit in das Geschehen einbezogen werden können.

63 In der Ausführung wurde anstelle des Oratoriumfensters ein runder Spiegel angebracht.[113] Der Hinweis auf den Dreieinigen Gott, ein Auge in strahlenumkränztem Dreieck – im Entwurf noch zwischen Gabriel und Maria – wurde nach oben genommen und dem Spiegel vorgeblendet; dies brachte eine szenische Gleichsetzung von Kurfürstenoratorium und Verkündigungsgeschehen. Nach dem »Wegschieben« des Spiegels[114] bei der hl. Messe war anstelle der Dreifaltigkeit über dem Altar der Kurfürst zu sehen, »wie ein lebendes Bild in einem goldenen Rahmen gefaßt, aus der Wirklichkeitssphäre der Kirchenbesucher herausgehoben«; er erschien »wie eine Vision an Gottes Statt vor ihren Blicken«.[115] Dieses sich in das göttliche Geschehen einbeziehende übersteigerte Selbstverständnis Clemens Augusts findet seine Bestätigung (und Rechtfertigung) in der zeitgenössischen Literatur. Im bereits genannten »Arminius« des D. C. v. Lohenstein heißt es: Gott und die Sonne bedächten zwar die Welt mit ihren Wohltaten, wie aber die Sonne einen Granatapfel mehr als einen Hagedorn begünstige, so begünstige Gott die Herrscher mehr als den Pöbel. Die Herrscher seien unmittelbar vom Magnetstein der göttlichen Kraft bestrichen.[116] In diesem Sinn ist Clemens August, auf dessen Person Reliquienbüsten des hl. Clemens und des hl. Augustinus zu beiden Seiten des Tabernakels verweisen, »Gott in seiner Allmacht und Allgegenwart nachgeordnet, wenn auch dem Bereich des Göttlichen näher als jeder andere Sterbliche«.[117]

64 Ein ähnlicher Gedanke leitete Clemens August auch beim Neubau der »Heiligen Stiege« der Wallfahrtskirche auf dem Kreuzberg bei Bonn.[118] Das erhöht liegende Kurfürstenoratorium öffnet sich beidseits zu Treppenhaus und Choraltar und wird damit bauliches und inhaltliches Zentrum. Gleich seinem Onkel Joseph Clemens in Berg am Laim erschien Clemens August hier – wie auch in Brühl – als »bestrahlter Abglantz des göttlichen Liechtes«.[119]

62
Brühl, ehem. Franziskaner- und Hofkirche, Entwurfszeichnung für den Hochaltar mit Kurfürsten-Oratorium von Balthasar Neumann, 1745

63
Brühl, ehem. Franziskaner- und Hofkirche, Hochaltar mit Kurfürsten-Oratorium, Ausführung von Johann Wolfgang von der Auwera, 1745

Für Clemens August hatten die Kirchen in Brühl und Kreuzberg wohl christliche Kultfunktion, doch gestaltete er sie zu seiner fürstlichen Selbstdarstellung. Kurkölnisches Hauswappen und Kurhut betonen hier wie an allen anderen von Clemens August in Auftrag gegebenen Kirchenbauten, an privilegierten Stellen auftretend,[120] den Gedanken der »Eigenkirche« und den projektiven Wunsch der Gottesnähe. Dieser Anspruch wurde von ihm als Spiritus rector von Michaels-Bruderschaft und -Ritterorden ebenfalls erhoben und fand im Kirchenprogramm vollendeten Ausdruck.

Das Michaelstor in Bonn

In seiner Bonner Residenz ließ Clemens August Mitte des 18. Jahrhunderts das sog. Michaelstor als Sitz des Michaelsordens erbauen.[121] An zentraler Stelle der Fassade machen wieder Kurfürstenwappen und Kurhut auf den Auftraggeber aufmerksam; seine Macht über Sieg und Niederlage – von flankierenden Symbolen vorgestellt – wird durch die Bekrönungsfigur des siegreichen Michael entschieden, der formal und inhaltlich in engem Zusammenhang mit dem Wappen darunter zu sehen ist.

64
Kreuzberg, Serviten- und Wallfahrtskirche, Hochaltar mit Kurfürsten-Oratorium, ab 1746

2 h Der Hochaltar in St. Michael in Berg am Laim – Entwurf, Programm, Anspruch

Clemens Augusts Wunsch nach Selbstdarstellung kulminierte im Neubau der »Mutter-Kirch« von Michaels-Bruderschaft und -Ritterorden, St. Michael in Berg am Laim. Die Untersuchung der Außenanlage zeigte die Ambivalenz von profanem und sakralem Anspruch.[122] Die Wiederverwendung des alten Altarbildes in dem neuen Hochaltar und die unveränderten Neuauflagen des Bruderschaftsbüchleins (1732 und 1760) zielen vor allem auf die Tradierung des von seinem Onkel vertretenen Selbstverständnisses: Als Kurfürst bzw. Fürstbischof von Köln und als Oberhaupt von Bruderschaft und Ritterorden sah er sich als »neuer Michael«. Mit der Vergrößerung des Wolffschen Altarbildes und der Genese des neuen Hochaltares wird ein neues, über Joseph Clemens hinausführendes anspruchsvolles Programm erkennbar – mit Clemens August als Schöpfer, Träger und Schlüsselfigur in der Öffentlichkeit.

Die Entwürfe für den Hochaltar

Die Bedeutung, die der Konzeption des Hochaltares in Berg am Laim beigemessen wurde, läßt sich an seiner Entstehungsgeschichte ablesen:[123] Nach einem Erstentwurf J. B. Straubs lieferte J. M. Feichtmayr 1751 ein heute verschollenes Alternativprojekt. Von 1760 datiert ein Hochaltarentwurf I. Günthers; dieser übertrug in seinem Entwurf das Programm des alten Hauptaltars in größere Dimensionen:[124] Im Zentrum Wolffs »Triumph des hl. Michael«, noch ohne die Erweiterung Oefeles, flankiert von den Erzengelfiguren Gabriel und Raffael; ein nicht genauer bezeichnetes Engelpaar betont den pyramidalen Aufbau und die Vormachtstellung Michaels. Die monumentale Wappenkartusche zwischen Altarbild und Auszug mit Kurfürstenhut, Bruderschaftskreuz (F.P.F.P.), Ritterordenskreuz, kurkölnischem Hauswappen, Bischofsstab und Schwert sind klare Hinweise auf Clemens August, die auf seine Auftraggeberschaft und ebenso auf seinen Anspruch als »neuer Michael« bezogen werden können.

65

66 Wohl in Konkurrenz zu Günther entstand ein zweiter Entwurf Straubs, der bereits das endgültige ikonographische Programm erkennen läßt. Erst nach Clemens Augusts Tod
67 (6. 2. 1761) schuf Straub einen dritten Entwurf und die – sich daran orientierende – Ausführung: Nun verweisen Veränderungen des ikonographischen Konzepts auf eine Umstrukturierung des etablierten, auf ein Oberhaupt ausgerichteten Bruderschaftsverständnisses.

66 Gegenüber dem einfachen angelologischen Programm Günthers zeigt Straubs Konkurrenzentwurf aus dem gleichen Jahr 1760 ein wesentlich komplexeres Konzept.[125] Auch hier schließt sich das Altarbild mit den flankierenden Erzengelfiguren zur Erzengeltrias zusammen. Die beiden Putti zu Seiten Gabriels und Raffaels und vor allem ihre Sockelre-
100 liefs lassen aber ein weiter gefaßtes Programm erkennen, das der (endgültigen) Altarausführung zugrundeliegt.

Der Verkündigungsengel Gabriel auf der linken Seite gibt mit seinem Namen: »Stärke Gottes« das Thema für die beiden von Putto und Relief dargestellten Szenen: Der Putto verweist auf ein Buch mit der Inschrift »Ecce ancilla Domini« – »siehe, ich bin eine Magd des Herrn« (Luk. 1,26–38). Das Relief darunter zeigt die Opferung Isaaks (1. Mos. 22,9–14): Der Engel aber verschonte den Knaben, als er Abrahams Gottesfurcht erkannte.

Auch auf der Gegenseite ist der Erzengel Raffael mit seinem Namen: »Gott hat geheilt« Thema der beiden Sockelszenen: Der Putto ist auf Tobias zu beziehen, der auf Gottes Weisung mit der Galle eines Fisches seinen blinden Vater heilte (Buch Tobias 5,5). Auf dem Sockelrelief darunter ist der Sohn Isaaks, Jakob, im Kampf mit dem Engel dargestellt (1. Mos. 32,23–33): In der Nacht vor der Versöhnung mit seinem Bruder Esau ringt Jakob mit dem Engel des Herrn, erhält dessen Segen und als Verheißung seines Sieges über alle Widersacher den Namen »Israel«. 99

65
Berg am Laim, St. Michael, Entwurfszeichnung für den Hochaltar von Ignaz Günther, 1760

Das Michaels-Bild in der Mitte komplettiert die Erzengel-Trias. Michaels Name: »Wer ist wie Gott?« ist die Kampfansage an alle Widersacher. Die Wappenkartusche darüber mit Kurhut, Bischofsstab und Schwert steht eindeutig mit dem Bild in Verbindung und erschließt dessen Lesart wie das Lemma ein Emblem; Palmwedel, Lorbeer und Adlerschwingen betonen als zusätzliche Hinweise den triumphalen Sieg und die Apotheose des Auftraggebers und seine Äquivalenz mit Michael.

Erst Altarprogramm und Bildprogramm zusammen schaffen den vollständigen »concetto«.

66
Berg am Laim, St. Michael, Entwurfszeichnung für den Hochaltar von Johann Baptist Straub, um 1760

Die »Opferung Isaaks« und »Jakobs Engelskampf« beziehen sich auf die Genesis, das erste Buch des Alten Testaments; sie markieren also den biblischen Anfang. Die »Verkündigung Mariä« vermittelt zum Neuen Testament. Das Hochaltarbild bezieht sich auf das Ende des Neuen Testaments, die Apokalypse.

Die Erweiterung von Wolffs Hochaltarbild unter Clemens August

Das ursprüngliche Bild Wolffs erhielt durch Oefeles formale Erweiterung auch eine   53, 68, 101
inhaltliche Erweiterung. Dargestellt ist nicht mehr allein »Michaels Sieg über Luzifer«, der

67
Berg am Laim, St. Michael,
Entwurfszeichnung für den
Hochaltar von
Johann Baptist Straub,
um 1766/67

in der Apokalypse 12,7–9 beschrieben ist. Die Erweiterung, vor allem die des unteren Bildteils, faßt – gleichsam in einer Gesamtschau – die letzten und wichtigsten Szenen der Apokalypse zusammen und stellt eine Vision heilsgeschichtlicher Vollendung dar. Im folgenden werden Szenen des Bildes Auszügen aus dem Apokalypsen-Text zugeordnet. Unter dem stürzenden Luzifer baut sich ein Turm aus vier übereinanderliegenden Menschenleibern zu einem Postament für den nach oben schwebenden Michael auf. Züngelnde Flammen deuten auf die Hölle, in der links eine Gestalt mit Turban (Hinweis auf den falschen Glauben), rechts ein mehrköpfiges Fabeltier versinken. Diese Szene bezieht sich auf die Apokalypse (19,20), wo es heißt: »Aber das Tier wurde ergriffen und mit ihm der falsche Prophet, der die Wunder vor ihm getan hatte, durch die er die verführte, die das Zeichen des Tieres angenommen und seinem Bild Verehrung erwiesen hatten. Lebendig wurden die beiden in den Feuersee geschleudert, der mit Schwefel brennt.« Mit dieser Szene wird in der Apokalypse das tausendjährige Reich eingeleitet, eine Zeit, in der – wie es heißt (Apk. 20,2) – »die alte Schlange, die der Teufel und Satan ist, gefesselt« und damit die Welt durch Christus und seine Gemeinde neu gestaltet wird. Daran anschließend beginnt Luzifers letzter Versuch, die Vorherrschaft über die Welt zurückzugewinnen.

Auf dem Altarbild ist Luzifers Fehlschlag und dessen endgültiger Sturz zu sehen: »Der Teufel aber, der die Welt verführt hatte, wurde in den Feuer- und Schwefelsee geworfen, in dem auch das Tier und der falsche Prophet sich befinden, und sie werden gepeinigt Tag und Nacht in alle Ewigkeit« (20,10). »Und wer nicht eingeschrieben war in das Buch des Lebens [es muß in Parallelisierung wohl auch heißen: in das Buch der Michaelsbruderschaft], der wurde in den Feuersee geworfen« (20,15).

Die Gestalt des Erzengels läßt mit der Siegespalme keinen Zweifel am Ausgang des Endgerichts. Michaels Sieg wird zur Vision »eines neuen Himmels und einer neuen Erde« (Apk. 21,1), wie es im vorletzten Kapitel der Apokalypse heißt. Michael – und in seiner Gestalt Clemens August – wird zum Sieger, Lichtbringer und Vollender der Heilsgeschichte und damit zum Verkünder eines neuen Lebens.

Diese Interpretation des Bildes mit seiner Ankündigung »ewiger Glückseligkeit« kann durch die symbolische Verwendung der Farben bestätigt werden.[126] Rot, die Farbe des Feuersees und der Hölle, ist das Zeichen der Sünde und das Abbild des Teufels; (in Apk. 12,3 wird von einem »feuerroten Drachen« gesprochen, gegen den Michael kämpft). Als Sinnbild für den Opfertod Christi – darauf wird durch das Lamm und das Buch mit den sieben Siegeln aufmerksam gemacht – bezeichnet Rot auch die Voraussetzung für das ewige Leben.[127] Blau ist die alttradierte Farbe für den Erzengel Michael.[128] Schon früh wurde Blau mit der göttlichen Weisheit gleichgesetzt;[129] bei Cassiodor steht Blau für den Wunsch, sich mit dem Himmel zu verbinden.[130] Die Weiß- und Goldtöne symbolisieren das göttliche Licht.[131] Sie kennzeichnen Michael als »Abglanz des höchsten Liechtes«, verdichten sich nach oben hin den himmlischen Chören zu und finden im Altarauszug mit Gottvater Ausgangspunkt und Ursprung.

Neben der Symbolbedeutung der Farben Gelb – Rot – Blau bietet die Farbentrias als Abbild der in Erfüllung gegangenen Schöpfungsgeschichte einen »kosmischen Aspekt«.[132] Nur Michael vereint in sich alle drei Grundfarben. Möglicherweise zielen sie auch auf die Elemente[133] als Ausdruck der Vergänglichkeit der Welt, denen das Licht, der »Himmelsbaustoff«, als fünfte Wesenheit gegenübergestellt ist. Das Licht, Sinnbild der Überzeitlichkeit, wird zum Thema; Michael, der neue Lichtbringer, wird – Christus ähnlich – zum Erlöser aus der Finsternis.

In dem Spannungsfeld zwischen Altarmensa und Altarauszug bietet das Altarbild einen weiteren, eng mit der vollendeten Heilsgeschichte verbundenen Gedanken: die Auferstehung. Auf dem Mensarelief sind die drei Frauen am Grab Christi zu sehen, denen ein Engel verkündet: »Fürchtet euch nicht! Ihr sucht Jesus, den Nazarener; der ist auferstanden!« (Mark. 16,6). Auf dem Bild darüber überblenden sich formal und inhaltlich Michaels Apokalypse und Christi Himmelfahrt; mit ihrer beider Hilfe hoffen die Bruderschaftsmitglieder in den Himmel, die »somma luce«, aufgenommen zu werden.

Die verschiedenen Interpretations-Ebenen des Michael-Bildes in Berg am Laim, d. h. sein Frömmigkeitsgehalt, sein theologischer Bedeutungshorizont und politischer Anspruch wurden bereits aufgezeigt. Die zeitgenössische Apokalypsen-Hermeneutik kann die Interpretation des Altarbildes weiter verdeutlichen.
G. Maier machte darauf aufmerksam, daß noch nie »eine solche kontinuierliche Dichte eschatologischer Erwartungen« anzutreffen war wie in dem Jahrhundert zwischen 1650 und 1750.[134] Zu dieser Zeit war der Protestant J. A. Bengel einer der »bedeutendsten und einflußreichsten chiliastischen Theologen«, der auch von katholischer Seite eingehend rezipiert wurde.[135] Die große Zahl seiner Werke, die er dem eschatologischen Thema und besonders der Apokalypsen-Hermeneutik widmete, stellt »einen Höhepunkt in der Geschichte der Apokalypsenauslegung«[136] dar und läßt neben Bengels exegetischer Leistung auch prinzipielle Gemeinsamkeiten mit einem Geschichtsbild erkennen, wie es uns in den süddeutschen Kirchweihpredigten des 18. Jahrhunderts begegnet: Im Jetzt und Heute liegt die Vollendung der Heilsgeschichte.[137]
In Bengels Apokalypsen-Auslegung überrascht der Gedanke an einen historischen Ablauf: Die neutestamentarische Prophetie einer vollkommenen Welt wird zur echten Prophetie für die Gegenwart.[138] Bengel unternahm in seiner »Erklärten Offenbarung Johannis oder vielmehr Jesu Christi« den Versuch einer apokalyptischen Zeittafel, der er eine »Vorstellung nach der Historie« an die Seite stellte.[139] »Die Synopse zeigt, daß Bengel Kirchen- und Weltgeschichte in der Apokalypse geweissagt hat. Es gibt also nur eine Geschichte, die von Gott gestaltet ist.«[140] Die Vorrede der »Erklärten Offenbarung« schließt Bengel mit der Bemerkung: »Die Zeit ist nahe!« Im Anhang lesen wir weiter: »Bald hat man nacheinander zu erwarten, den Jammer, den das andere Thier dem ersten zum Dienste anrichtet: die Ernte und den Herbst: die Ausgiessung der Schalen: Babylons Gerichte: des Thiers letztes Toben und Untergang: O wie grosse Ding! Wie kurze Zeit!«[141]
Bengels Schritte führen von der Schrift zur Heilsgeschichte und weiter zur Eschatologie. Die heilsgeschichtliche Theologie kann nach ihm nicht ohne die Apokalypse auskommen, und umgekehrt ist die Apokalypse erst durch die Einordnung in die Heilsgeschichte faßbar.
Auf dem Hochaltarbild in Berg am Laim ist durch den hl. Michael Luzifers Untergang bereits besiegelt. In Gestalt des Erzengels ließ sich Clemens August, das Oberhaupt von Bruderschaft und Ritterorden, als Überwinder des Bösen, neuer Lichtbringer und Verkün-

*68
Berg am Laim, St. Micha[el]
Hochaltarbild,
Johann Andreas Wolff (1[...])
und Franz Ignaz Oefele
(Erweiterung, 1767)*

der der ewigen Seligkeit feiern. Mit ihm ist die Endzeit eingeleitet, »der neue Himmel und die neue Erde« (Apk. 21, 1 ff.), die Vollendung der Heilsgeschichte. Zwar kann für das Hochaltar-Programm von St. Michael die Rezeption von Bengels Schriften nicht dezidiert nachgewiesen werden. Gleichwohl ist ihr eschatologischer Inhalt als zeitgenössische Quelle zu werten, die seine Ikonographie bestätigt.

Die von Bengel hervorgehobenen Zusammenhänge von Historie und Heilsgeschichte bieten auch einen historisch-politischen Interpretationsansatz. Im »Weltaltar oder Summarische Tafel samt angehängter Erläuterung« (1731) nennt er als Datum für Christi Wiedergeburt das Jahr 1742.[142] In diesem Jahr krönte Clemens August in Frankfurt seinen Bruder, den bayerischen Kurfürsten Carl Albrecht, zum Kaiser. Damit konnten die Wittelsbacher eine über dreihundertjährige Abfolge habsburgischer Kaiser und Könige unterbrechen und gleichzeitig eine Tradition »vollenden«, die vor fast tausend Jahren mit der Kaiserkrönung Karls des Großen begonnen hatte. Dazu mußte das tausendjährige Reich der Apokalypse eine willkommene Parallele sein, da diesem nach dem »Endgericht« (Apk. 20,11–14) eine vollkommenere Welt, der »neue Himmel und die neue Erde« (Apk. 21,1 ff.) folgt. Clemens August konnte sich nach dem frühen Tod Kaiser Karls VII. (1745) zum Erreichen dieses Zieles aufgerufen fühlen.

Bei der Kaiserwahl spielte Clemens August eine zentrale Rolle.[143] Von Jugend an lebte er mit seinem Bruder in Spannung und wollte ihm noch kurz vor den Wahlverhandlungen die Kurstimme verweigern. Am 12. Februar 1742 fungierte er selbst als Coronator und nicht, wie vorgesehen, der Mainzer Kurfürst und Erzbischof Carl v. Eltz-Kempenich. Für die Krönungszeremonie wurde im Frankfurter Dom auf der Epistelseite der Kaiserthron errichtet, der denjenigen Karls des Großen vertreten sollte, ihm gegenüber der Thron von Clemens August. Für ihn, den Zweitgeborenen des bayerischen Kurfürstenhauses, der »eine bis dahin kaum erreichte Kulminierung geistlicher und weltlicher Würden« auf sich vereinte,[144] blieb schon aufgrund der Erbfolge die Kaiserwürde unerreichbar. Bei der Kaiserwahl und Krönungszeremonie trat Clemens August zu seinem Bruder in deutliche Konkurrenz; Carl Albrecht wurde Kaiser von Clemens Augusts Gnaden. In seiner Funktion als Coronator feierte er seinen größten Triumph. »Seine Krönung war die seines Bruders Carl Albrecht gewesen«.[145]

Damit ist der am Außenbau von Berg am Laim bereits nachgewiesene Dualismus zwischen profanem und sakralem Anspruch auch im Hochaltarbild eingelöst: Michael kann nicht nur als Verkünder der ewigen Seligkeit gedeutet werden, sondern auch als Vertreter eines politischen Programms.

Mit Clemens Augusts Tod im Februar 1761 ging der Bruderschaft ihr dominantes Oberhaupt und dem Hochaltar die Projektionsfigur verloren, mit der das Programm rechnete. Infolgedessen fehlen auf Straubs nachfolgendem Entwurf[146] und auf dem 1767 zur Aufstellung gelangten Altar Kurfürstenwappen und kurfürstliche Insignien. Die Kartusche, die noch auf den Entwürfen vorher mit diesen versatzstückhaften Hinweisen auf den Auftraggeber die Lesart des Hochaltarbildes und des übrigen Programms bestimmte, zeigt nurmehr einen nackten Schild mit Rankenwerk.[147] So entstand ein auf die Frömmigkeitsebene reduziertes großangelegtes angelologisches Hochaltar-Programm mit Michael, dem Bruderschaftspatron, im Zentrum. Nur das Bruderschaftskreuz mit dem Losungsmonogramm (F.P.F.P.) zu Seiten des Erzengels deutet auf die verlorengegangene Intention.

2i Das Freskenprogramm der Michaelskirche in Berg am Laim

Auch das Freskenprogramm der Michaelskirche ist mit dem Auftraggeber Clemens August in direktem Zusammenhang zu sehen. J. B. Zimmermanns Deckenbilder von Bruderschafts-, Ritterordens- und Altarraum erzählen – laut Kartuscheninschrift – Apparitio I, II und III der Michaelslegende, wofür das Bruderschaftsbüchlein als direkte Vorlage diente.[148] Die Legende wurde – gleichsam in zweiter Ebene – mit zeitgenössischem Geschehen hinterlegt und aktualisiert.

Apparitio I

69, 90 93 Die Größe des Bruderschaftsraumes entspricht der großen Anzahl ihrer Mitglieder und dem Gebot der uneingeschränkten Aufnahme. Das Fresko darüber berichtet in einer Simultanhandlung »von der Begebenheit der ersten Erscheinung deß Ertz-Engels Michael«:[149] Der Herzog der Stadt Sipont wollte einen auf den Monte Gargano entlaufenen Ochsen erschießen, doch kehrte der Pfeil im Flug um und traf den Schützen. Infolge dieses Wunders ordnete der Bischof der Stadt Sipont, Laurentius Majorianus, ein »dreytägiges Fasten« an; »in der dritten Nacht [am 8. Mai 490]/schon schier bey anbrechung der schönen Morgenröthe, [...] umbgabe den Bischoff ein unaußsprechlicher Glantz und in dem Glantz ersahe er den hl. Michael, der ihm sagte: ›Wisse derowegen/daß dises [Wunder] durch mein Anordnung/Willen und Befelch geschehen seye: [...] diemit ich dann erwöhlet habe dises Orth auff Erden zu besitzen/und unter meinen Schutz zu erhalten [...und] Inhaber und Schutzherr« zu sein. Nach dieser Erscheinung hat der »H. Bischoff Laurentius nach dem angezeigten Orth oder Grotten eine herrliche Procession verfüget«, die auf der südlichen Kuppelhälfte zu sehen ist. Ihr schloß sich auch der Herzog an, dessen »gefährliche Wunden geheylet/sondern so gar auch alle masen augenblicklich verschwunden« waren.

An zentraler Stelle von Zimmermanns Komposition erscheint über dem Grottenheiligtum Michael als Zentrum höchster Helligkeit, als »neuer Lichtbringer«. Wie bereits auf dem Altarbild, sind hier seine Attribute des Kampfes denen des Sieges gewichen: Engel huldigen ihm mit Palmwedel, Lorbeerzweig und -krone. Das von einem Putto herbeigetragene Schild verweist nicht nur auf den Erzengel, sondern mit dem Losungsmonogramm (F.P.F.P.) auch auf die Bruderschaft bzw. ihr Signum, das Bruderschaftsmedaillon. Dieses muß im Zusammenhang mit einer allgemeinen Entwicklung der Freskomalerei gesehen werden.

Ab den dreißiger Jahren des 18. Jahrhunderts wurden in den Deckenbildern nur selten ganzfigurige Personen in den Himmel erhoben, sondern sinnbildlich für sie oft nur mehr Bildnismedaillons.[150] In der Hauptkuppel von Berg am Laim haben sich Ziel und Wunsch der Bruderschaftsmitglieder – die Aufnahme in den Himmel – bereits erfüllt. Die von einem Putto gehaltene Waage verweist nicht mehr auf die Alternative »Himmel« oder »Hölle«, sondern mit nur mehr einer Waagschale auf die von Michael gewiesene Aufnahme »in die lähre Sitz der abtrunnigen Teuffel«.[151]

Apparitio II

70 Waren es in der Hauptkuppel Andacht und Gebet, die auf die Bestimmung der Bruderschaft
96 verwiesen, wird in Apparitio II in klarer Bezugnahme auf den Ritterordensraum der

kämpfende Michael gezeigt, der im Jahre 492 gemeinsam mit den Einwohnern der Stadt Sipont das angreifende Heer Odoakers in die Flucht schlägt.[152] Der Sieg über die feindlichen Truppen wurde Bischof Laurentius »nach erlangten Waffenstillstand« in der »Morgenröthe« des dritten Tages von »unser höchst liebreiche Seraphin der H. Michael« prophezeit, nachdem die ganze Stadt »die drey Täg mit Fasten/ Betten/ Wachen/ Seuffzen und vollkommenere Buß zugebracht« hatte.

Im Fresko ist Michael als »neuer Lichtbringer« inmitten einer gleißend hellen Gloriole dargestellt, dem Engel erneut Palmwedel, Lorbeerzweig und -krone darbringen und damit keinen Zweifel am Ausgang des Kampfes lassen.

Apparitio III

Das Freskenthema im Altarraum mit der Apparitio III des Erzengels Michael ist mit dem Hochaltar zusammenzusehen:[153] Als die Bürger der Stadt Sipont den dritten Jahrtag der Erscheinung des Erzengels am Monte Gargano begingen, wurde Unzufriedenheit darüber laut, daß man sich »biß dato nit getrauete die heilige Stein-Höllen zu betreten. [...] Einige wolten/daß man dise H. Grotten solle zu einer Kirchen weyhen«. Der Papst ordnete aus diesem Grund an, »er, der heilige Laurentius solle mit seinen siben umbliegenden Bischöffen und Burgern in Siponoto ein dreytägiges Fasten anstellen, [um] den Willen Gottes und deß grossen Himmels-Fürsten S. Michaels Vorhaben [zu] erkunden«.

Das Fresko faßt erneut zwei zeitlich unterschiedliche Ebenen zusammen. Zu sehen ist zum einen, wie dem Bischof Laurentius während der letzten Bußnacht der Erzengel Michael erscheint – auf dem Fresko mit goldener Krone gezeigt – und ihm sagt (vgl. das Spruchband): »Es ist gantz nit vonnöthen/dise Kirchen/welche Ich erbauet/einzuweyhen; Ich selbsten, der das Orth also zubereitet und eingerichtet/habe es auch geweyhet«. Parallel dazu sehen wir Laurentius, der »mit dem Beystand der siben Bischöff« am nächsten Tag die Grotte betritt, wo sie »einen altar von gantzen unzertheilten Stein [finden] auff welchem stehete ein Crystallenes Creutz; der Altar aber ware bedeckt mit einem schönen rothen Tuch oder Mantel: welches alles nach alten Gebrauch ein Anzeigen gebe/daß die heilige Grotten samt den Altar schon geweyhet seye worden«. Im Bruderschaftsbüchlein endet die Beschreibung von Michaels dritter Erscheinung mit den Worten: »Damit wurde dises Heyligtumb in ein irdisches Jerusalem verwandelt/auff dessen Mauren die Wächter Tag und Nacht den Namen Gottes zu loben/nit solten erstummen: der dann auch gelobet sey in alle Ewigkeit«! Der Anspruch des Hochaltars von St. Michael in Berg am Laim, die Verkündigung »des neuen Himmels und der neuen Erde«, wird im Fresko darüber mit dem Hinweis auf das »neue Jerusalem« (Apk. 21,9–27) eingelöst. Michaelslegende und Apokalypsentext fallen zusammen; die in Apparitio III erwähnten sieben Bischöfe gleichen den sieben Engeln der Apokalypse, von denen einer Johannes zu seiner Vision verhalf: »Und er entrückte mich im Geiste auf einen hohen Berg und zeigte mir die Heilige Stadt Jerusalem« (Apk. 21,10). Die in der Legende erwähnten »Mauren« sind in Apk. 21,18 »aus Japsis; die Stadt aber war lauteres Gold, gleich reinem Glase«. In Berg am Laim ist dieses »neue Jerusalem« nicht mehr Vision; Clemens August ließ es mit dem Bau seiner neuen Kirche Wirklichkeit werden.

J. B. Zimmermann folgte in seinen Bilderfindungen für die drei Kuppeln der Michaelskirche exakt der Legendenerzählung. Daraus lassen sich beispielsweise die in Apparitio II für ihn untypisch dunkle Farbigkeit erklären[154] oder in Apparitio III die dargestellten Figuren: Die zwei Engel vor dem Altar weisen auf die »Adler von ungewöhnlicher Grösse« hin, die der Prozession »vor den hitzigen Strahlen der Sonne [...] einen sehr annemblichen Schatten gemacht haben [...] durch Schwingung ihrer Flüglen eine beständige Abkühlung verursachten [... und die Prozession] auff den Gipffel des Gebürgs« führten.[155] Um so mehr fällt auf, daß vor der Michaels-Grotte nicht Bischof Laurentius mit seinen sieben Begleitern, sondern insgesamt nur sieben Bischöfe zu sehen sind. Zur Vervollständigung des Freskoinhalts muß eine achte Person projektiert werden: Clemens August – mit dessen geistiger Präsenz schon der Hochaltar rechnet und der nun im Fresko darüber, erneut unter dem Deckmantel Michaels, erscheint und hier die zwei verschiedenen Zeitebenen in sich vereint und zur Überzeitlichkeit führt. Michaels Ausspruch, »Ich selbst hab diss Orth geweyhet«, ist damit auch als geistiges Erbe des Auftraggebers zu werten. Clemens August errichtete in Berg am Laim einen »neuen Monte Gargano« und führt uns – gleich dem Visionär Johannes – ein »neues Jerusalem« vor Augen. Clemens August wird hier zum Vollender des göttlichen Heilsplanes.

70
Berg am Laim, St. Micha Deckenfresko im Ritterordensraum mit Darstel. der zweiten Erscheinung des Erzengels Michael ar Monte Gargano, Johann Baptist Zimmermann, ab 1753

71
Berg am Laim, St. Micha Deckenfresko im Altarraum mit Darstellung de dritten Erscheinung des Erzengels Michael am Monte Gargano, Johann Baptist Zimmermann, ab 1743

APPARITIO II
S. MICHAELIS

2j Die »reichsbekannte Kirch« St. Michael in Berg am Laim – der »neue Monte Gargano«

H. Bauer machte vor der Hauptkuppel von St. Michael in Berg am Laim darauf aufmerksam, daß mit dem »bewußt anachronistischen Aufzug von Zeitgenossen in der Legende [...] eine typologische Gleichsetzung von Monte Gargano und Berg am Laim« erreicht wurde.[156] Entsprechend lassen sich die Fresken auch zeithistorisch deuten.[157] Daß schon der Kölner Fürstbischof Joseph Clemens diese typologische Gleichsetzung zum Ziel hatte, wurde oben bereits nachgewiesen. Wie er sich mit seiner »offiziellen« Version der Stiftung in die Nähe der Michaelslegende rücken wollte, zeigt ein weiterer Blick auf Fresko und Legende.
In allen drei Fresken sind immer nur die Wunder dargestellt, die Michaels Präsenz und Macht beweisen, nie aber seine wirkliche »Apparitio«, denn die fand jeweils bei »Morgenröthe« des dritten Gebetstages vor Bischof Laurentius statt. Es erinnert an topische Dichtung, wenn Joseph Clemens retrospektiv beschreibt, daß ihm am 6. Mai 1693 in der Münchner Michaelskirche in einer visionsähnlichen Eingebung der Gedanke kam, dem Erzengel Michael eine Bruderschaft zu stiften.[158] Bereits am dritten (!) Tag danach – auf die Unmöglichkeit dieser kurzen Vorbereitungszeit wurde schon verwiesen – am 8. Mai, dem Jahrtag der Erscheinung Michaels, wurde mit einem pompösen Festakt die Bruderschaft in Berg am Laim installiert. Damals war es Joseph Clemens selbst, der in der Schloßkapelle »erschien«, Gründungsfeier und Investitur vornahm und der Bruderschaft und später seinem Neffen zum Leitbild wurde.

In der bisherigen Forschung gilt Clemens August als politisch weitgehend profillose Figur.[159] Entgegen dieser Meinung stellt sich in dieser Untersuchung Clemens August als höchst ambitionierter Auftraggeber dar, der mit dem Neubau der Michaelskirche in Berg am Laim nicht nur ein politisches Gegengewicht zur Residenzstadt seines Bruders und für mehrere hunderttausend Bruderschaftsmitglieder eine »Mutterkirch« errichten ließ.[160] St. Michael sollte zu einer Wallfahrtsstätte der Christenheit werden und sein Vorbild, den Monte Gargano, als eine der »vornehmsten vier Pilgerfahrten« ablösen,[161] die »jederzeit von den höchsten Häubtern der christlichen Welt« unternommen wurde.[162] Zum Gargano waren einst die Päpste Gelasius, Gregor der Große, Leo IX. usw. ebenso wie die karolingischen, ottonischen oder sächsischen Kaiser gekommen.
Nach Fertigstellung der Michaelskirche lud Kurfürst und Fürstbischof Clemens August höchste Persönlichkeiten nach Berg am Laim.[163] 1752 verrichtete Kaiserin Maria Theresia ihre Andacht in dieser »reichsbekannten Kirch des höchsten Himmelsfürsten«.[164] Das eingangs diskutierte Motiv der ergebenen Gläubigkeit Clemens Augusts, der einen so »gnädigen Gefallen« an dem Neubau-Projekt der Michaelskirche in Berg am Laim fand, muß also ergänzt werden: Die Fürsten und Herren wissen, »daß die Beyhaltung ihres Gewalts, das Heil ihrer Sceptern und Cronen [...] mit der Aufrichtung und Handhabung deren Kirchen unauslöslich verknüpfet seye«.[165]

Kap. IX Genese

In seiner Untersuchung über den »Anteil der Nachbarländer an der Entwicklung der deutschen Baukunst im Zeitalter des Spätbarocks« wies R. Zürcher St. Michael in Berg am Laim »eine Sonderstellung unter allen deutschen Räumen« zu.[1] Diese Feststellung läßt auf Schwierigkeiten bei der Klärung ihrer baulichen Genese rückschließen, die bis heute offengeblieben ist. Da daraus wichtige Aufschlüsse für das architektonische Werk J. M. Fischers und darüberhinaus für die süddeutsche Architektur der ersten Hälfte des 18. Jahrhunderts zu erwarten sind, soll sie im folgenden untersucht werden.

1 Forschungsstand und Problemstellung

Als erste versuchten M. Hauttmann[2] und A. Feulner[3] mit allgemeinen Querverweisen auf die böhmisch-mährische, österreichische und italienische Barockarchitektur Beiträge zu J. M. Fischers künstlerischer Entwicklung zu liefern, mit denen sie die gesamte weitere Forschung festlegten. Fischers Gesuch an den Rat der Stadt München zur Erlangung der Meistergerechtigkeit (1722) unterrichtet, er habe »das Maurhandtwerch nit allein ordendtlich gelehrnet und an verschidnen Orthen darauf gewandtert, auch zu Prün in Mähren für einen Pällier gestandtn«;[4] dies bot N. Lieb die Grundlage, Stationen seiner Wanderjahre zu rekonstruieren:[5] Von seinem Heimatort Burglengenfeld i. d. Oberpfalz wird er über Böhmen, Mähren und Österreich nach München gezogen sein; eine Beeinflussung seiner Bauten durch C. Dientzenhofer, J. L. v. Hildebrandt und möglicherweise J. B. Fischer v. Erlach ist wahrscheinlich, aber bis heute nicht durch Quellen belegt.[6] Die weiteren Arbeiten von N. Lieb[7] und H. Ernst[8] und die Einzeluntersuchungen von H. G. Franz[9] und G. Neumann[10] über Fischers Verhältnis zur böhmischen bzw. italienischen Architektur beschränken sich weitgehend auf motivische Vergleiche.

Eine Präzisierung von Fischers Auseinandersetzung mit der böhmisch-mährischen Architektur verdanken wir B. Rupprecht.[11] Er nannte »zwei Momente, die eine direkte genetische Beziehung zwischen Böhmen und Bayern verhindert haben«:[12] Strukturale Unterschiede, d. h. Unterschiede im architektonischen System, im logischen Zusammenbinden von aufstrebenden und wölbenden Bauteilen, in der Bedeutung und Ausbildung der Raumgrenze, und Unterschiede in der »materiellen und dynamischen Auffassung des Baukörpers«.[13] Diese Feststellung muß im Zusammenhang mit der bis heute offenen Beurteilung eines Einflusses des Theatinerpaters Guarino Guarini auf die cisalpine Architektur des 17. und 18. Jahrhdcrts gesehen werden.

Auf die Guarini-Rezeption als eine der zentralen Fragen für die Genese der Barockarchitektur machte erstmals C. Gurlitt aufmerksam, der die Verbindungslinie Guarini – Dientzenhofer ansprach.[14] Sie wurde von A. E. Brinckmann mit Hinweisen auf die Guarini-»Erben«

J. L. v. Hildebrandt und B. Neumann erweitert.[15] Die dort jeweils konstatierten Bezüge wurden nie systematisch untersucht und sind bis heute sowohl nach formalen Abhängigkeiten wie nach ihren rezeptionsgeschichtlichen Hintergründen ungesichert.
Die Untersuchungen von H. G. Franz zur Guarini-Rezeption in Böhmen und Mähren brachten neben einer Erweiterung des Motiv-Katalogs nur eine schlagwortartige Begrifflichkeit, wie »Verschleifung der Raumgrenzen«, »Kurvierung der Wände«, »neue Beweglichkeit der Architekturglieder«.[16] Noch weitgehend ungeklärt ist das Verhältnis von Guarini und Hildebrandt.[17] Für eine Guarini-Rezeption durch Fischer v. Erlach stellte W. Hager Material zur Weiterbearbeitung bereit, das keine Beachtung fand.[18] Auch der groß angelegte Guarini-Kongreß brachte für die Klärung von dessen Rezeptionsgeschichte keine wesentlichen Neuansätze.[19] Somit besitzen die Untersuchungen von G. Neumann zur Klosterkirche in Neresheim,[20] der die Vorbildwirkung von Guarinis Kuppelraum von S. Lorenzo in Turin auf B. Neumanns Planungsarbeiten nachweisen konnte und E. Hubala zur »Guarineske an der Fassade der Münchner Dreifaltigkeitskirche«,[21] die von dem für Guarini charakteristischen Einsatz der Säulenordnungen ausgeht, bis heute exemplarischen Charakter. Eine Guarini-Rezeption bei J. M. Fischer blieb bisher unangesprochen.[22]
Im folgenden werden mit Guarino Guarinis Entwurf für die Theatinerkirche in Prag, Johann Lukas v. Hildebrandts Piaristenkirche in Wien und Antonio Viscardis Dreifaltigkeitskirche in München Bauten vorgestellt, die erstmals als wichtige Einflußgrößen für die bauliche Genese von St. Michael in Berg am Laim diskutiert werden sollen. Sie lassen nicht nur untereinander Abhängigkeiten erkennen, sondern markieren auch Stationen von Fischers Ausbildungsgang und dürfen deshalb für ihn als bekannt vorausgesetzt werden. Im Vordergrund stehen nicht Fragen zur Klärung der Typologie von Fischers Oktogonalräumen, für die die oft diskutierten Inkunabeln Murnau und Freystadt und seine eigenen Bauten in Aufhausen, Ingolstadt, Rott am Inn und Altomünster Antworten bieten können.[23] Ebensowenig werden sie als direkte Vorbilder für motivische Übernahmen herangezogen. Genannte Bauten sind vielmehr als Exempla heterogener künstlerischer Modi anzusehen, die – für Fischer bezeichnend – ihm nicht als eklektischer Formenschatz dienten, sondern mit denen ihm ein formales, strukturales und ästhetisches Repertoire bereitstand, das in der Negation, Übernahme und Weiterentwicklung Neulösungen ermöglichte.
Der piemontesischen, böhmisch-mährischen und graubündnerisch-bayerischen Einflußgröße wird erstmals eine französische entgegengestellt. Hierfür bietet bereits die Münchner Dreifaltigkeitskirche wichtige, in der bisherigen Literatur nicht genannte Hinweise. Das direkte Einwirken des graphischen Werkes von J. de Lajoue auf das Bauvokabular von St. Michael eröffnet mit der Transponierung von im Bild präformierten Formen in die Monumentalarchitektur für das Rokoko allgemeine, bisher nicht diskutierte künstlerische Möglichkeiten. Als Gegenpol zum Bereich des »genre pittoresque« wird der »goût grec« als weitere, für die bauliche Genese der süddeutschen Architektur im 18. Jahrhundert bisher ebenfalls unerkannt gebliebene Größe herangezogen. Ein Einfluß der Münchner Jesuiten- und Hofkirche St. Michael auf die Planungsgeschichte von St. Michael in Berg am Laim, der bereits aufgrund ihrer bedeutenden künstlerischen und religionsgeschichtlich-politischen Stellung und ihres gemeinsamen Patroziniums angenommen werden muß, soll ebenfalls erstmals diskutiert werden.

2 St. Michael in Berg am Laim im Vergleich mit dem architektonischen Werk G. Guarinis, J. L. v. Hildebrandts und G. A. Viscardis

2a Johann Michael Fischer und Guarino Guarini

Fischers Kenntnis des architektonischen Werkes von Guarini kann in seine Wanderjahre durch Böhmen und Mähren datiert werden, wo er nicht nur direkt dessen Projekt gebliebenen, für die dortige bauliche Entwicklung kaum zu überschätzenden Entwurf für die Theatinerkirche in Prag, S. Maria de Ettinga, studiert haben kann. Mit den Bauten C. Dientzenhofers und J. L. v. Hildebrandts lernte er auch eine Architektur kennen, die in der Auseinandersetzung mit Guarini entstanden ist. Neben dieser vermittelten Form der Guarini-Rezeption, die in seinen frühen Bauten kaum direkte Nachwirkungen erkennen läßt, wird für die Genese von St. Michael in Berg am Laim Guarinis Stichwerk von Bedeutung gewesen sein.

1737, zeitgleich mit dem Beginn der Planungsarbeiten in Berg am Laim, wird mit der Edition von Guarinis architekturtheoretischer Schrift »Architettura civile« auch die Neuauflage seiner erstmals 1686 komplett herausgegebenen Tafeln mit den Grundrissen, Schnitten und Ansichten seiner Projekte für die breitere Rezeption zugänglich.[24] Daß Fischer selbst eine »Architettura civile« besaß, darf ausgeschlossen werden. Bis zu seiner endgültigen Planfassung für Berg am Laim im Jahre 1739[25] konnte er über Cuvilliés auf verschiedenstes Vorlagenmaterial zurückgreifen. Dieser hatte nicht nur Zugang zur Hofbibliothek, sondern verfügte selbst über eine »beträchtliche Bibliothek«.[26]

Zwar steht Guarinis wissenschaftlich-intellektueller Umgang mit Architektur – der diese als angewandte Mathematik begriff und deshalb nicht mehr den »artes mechanices«, sondern den »artes liberales« zuordnete – der praxisnahen und traditionsgebundenen Architekturauffassung Fischers contrapositorisch gegenüber.[27] Gleichwohl bot sein Werk – von den komplexen architektonischen Concetti losgelöst und verselbständigt – grundsätzliche Neuansätze.

Die an der Gegenüberstellung von St. Michael in Berg am Laim und dem Projekt für S. Maria de Ettinga exemplifizierten Zusammenhänge betreffen den Einsatz der Säulenordnungen, die geometrischen Grundrißsystematisierungen, das Verhältnis von Grundriß und Aufriß bzw. Wölbung, die Tendenzen zu bildhaften Raumprojektionen und die besondere Gestaltung und Verwendung des Lichtes. Daß sich Fischer mit Guarinis Prag-Entwurf intensiv auseinandergesetzt hat, wird an Übereinstimmungen im Grundriß deutlich.

St. Michael in Berg am Laim und S. Maria de Ettinga in Prag

72 Der Grundriß von S. Maria de Ettinga in Prag[28] zeigt – gleich St. Michael in Berg am Laim –
74 eine Folge von Kuppelräumen, die durch schräg gestellte Pfeiler, welche jeweils zwei Räumen gleichzeitig angehören, voneinander getrennt sind. Der oktogonale Kernraum, an den auf jeder Seite Querovalräume angelagert sind, nimmt formal den Ritterordensraum in Berg am Laim vorweg. Dies ist nicht nur an der oktogonalen Grundrißform und dem

charakteristischen, in den Schrägen paarweise zueinander geordneten Säulen-Motiv erkennbar, sondern vor allem an dem Einsatz der Säulenordnungen.

Der Einsatz der Säulenordnungen
E. Hubala erkannte bei Guarini den besonderen Einsatz der Säulenordnungen und sprach bei ihm »geradezu von einer kolumnaren Gliederungsweise«.[29] Im Entwurf für S. Maria de Ettinga werden zwei Grund-Modi zur Verwendung der Säulen vorgeführt, die Fischer aufgriff und modifizierte. Guarini hat die Säulen nach außen zu in den Wandquerschnitt eingebunden; sie sind also wegen der besonderen Stellung zur Wand Strukturelement. Nach innen zu sind sie vor die Pfeilerschrägen gestellt, sind also – gleich denen in Zuccallis Münchner Theatinerkirche – vornehmlich Gliederungs- und Würdemotiv.
In Berg am Laim nahm Fischer eine deutliche Reduktion der Bausubstanz vor. Er verzichtete auf die Pfeilerrücklagen, an deren Stelle nur mehr dünne Mauerzungen die motivische Zuordnung der Säulen leisten. Damit scheinen allein die Säulen tragende Funktion zu übernehmen, die durch eine tief gekehlte Nut in die optisch substanzlosen Außenwände eingestellt und auf der Innenseite – da ohne Wandrücklagen – dem Charakter nach Freisäulen sind.

Die Grundrißgeometrie
Gemeinsamkeiten zeigt auch die in den anderen Fischer-Bauten in dieser komplexen Form nicht zu findende Grundrißgeometrie, die Guarinis »serieller Methode«, wie sie im Prag-Entwurf nachgewiesen wurde, nahesteht:[30] Verschiedene geometrische Figuren werden miteinander verschränkt, voneinander angeschnitten und ineinander überführt. Sie legen die Wandführung ebenso fest wie die Ausrichtung der Sockelung und den Standort der Säulenordnungen. Daraus resultiert ein in St. Michael und in S. Maria de Ettinga gleichermaßen erkennbares und vom Verhältnis von Grundriß und Aufriß bzw. Wölbung abhängiges Spannungsverhältnis zwischen longitudinalräumlicher Verschränkung und zentralräumlicher Separierung.

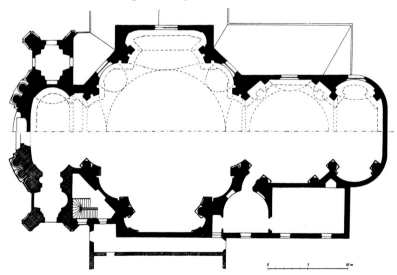

72
Berg am Laim, St. Michael, Grundriß

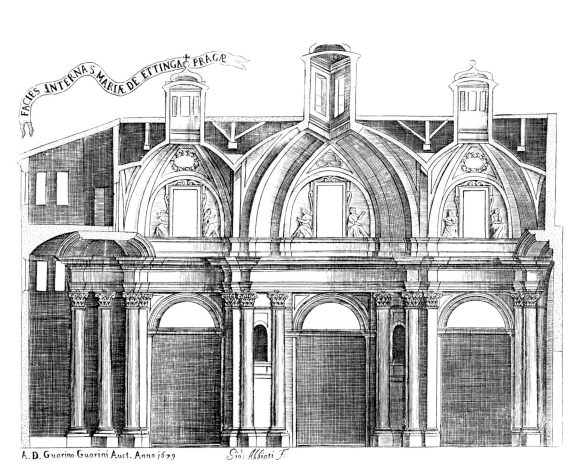

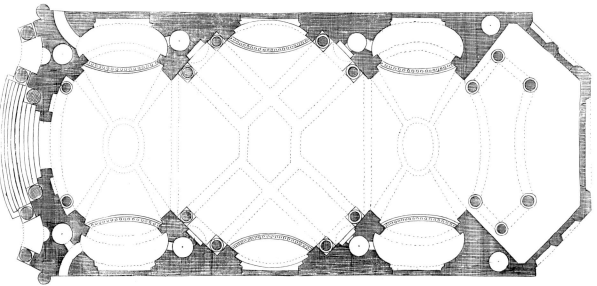

73–74   Prag, Theatinerkirche S. Maria de Ettinga, Längsschnitt und Grundriß, Guarino Guarini (1679) nach dem Stich der ›Architettura civile‹, 1737

Das Verhältnis von Grundriß, Aufriß und Wölbung
In S. Maria de Ettinga dominieren – der raumübergreifenden Grundrißgeometrie entgegen – 73
die räumlichen Separierungen: Die schräg gestellten Sockel weisen spitz aufeinander zu
und bauen, gemeinsam mit den Mauerkanten der Wandpfeiler und den gratigen Gurtbogen-
kanten, optische Membranen auf. Sie stehen den von der gekurvten Linienführung der
Ovalräume bzw. den Oktogonschrägen des Mittelraumes angelegten Raumverbindungen
und der Gelenkfunktionen der Säulen, die mit der Wölbung vor allem in einem Vertikalzusammenhang stehen, entgegen.
In St. Michael sind die gleichen räumlichen Abgrenzungen ausgebildet. Auch hier schaffen
die Sockelkanten gemeinsam mit den Wölbgraten Raumzäsuren, nur werden aufgrund der
weggefallenen Pfeilerwände die dazwischen eingestellten Säulen deutlich als Gelenke
wirksam, die Verbindungen schaffen. Dies führt zu der, gegenüber Guarinis Prag-Entwurf
abgeänderten, Ponderierung zwischen gesamträumlicher Verschränkung und einzelräum-
licher Zentrierung.
Das Verhältnis von Wand und Wölbung macht weitere Gemeinsamkeiten im architektonischen Denken von Guarini und Fischer deutlich. In S. Maria de Ettinga und in St. Michael
sind die Gurtbögen auf der Längsachse nicht, was in einem orthodoxen Architektursystem
die Pfeilerschrägen erwarten ließen, sphärisch gekrümmt, sondern gerade geführt; sie
trennen die Kuppelfolge mit scharfen Graten. Die in der Innenraumanalyse von St. Michael
exemplifizierte Veränderung und Neufassung des kanonischen Architekturmotivs der
Arkade ist damit bereits bei Guarini angelegt.[31] Bei ihm ist ebenso die Betonung der
Diagonalen präformiert.
Im Prag-Entwurf sind die Doppelsäulen des Oktogonalraumes in parallelen Gurtbogenführungen weitergeführt, über deren hexagonaler Schnittfigur sich die Kuppel in einer Laterne
öffnet. Dieser direkte Vertikalzusammenhang ist in Berg am Laim, trotz grundsätzlich
veränderter Wölbform, erhalten geblieben. Im Ritterordensraum sind – wie in dem
Guarini-Projekt – die aufsteigenden Säulen in attikaähnlichen Wölbfüßen weitergeführt,
die sich hier mit einer Rahmenform der Diagonalnischen zusammenschließen. Deutlicher
wird der Zusammenhang im Altarraum, wo – für eine Flachkuppel ungewöhnlich – über
den Säulenschäften ebenfalls gurtbogenartige Wölbfüße ansetzen, die nach oben mit der
Wölbschale verschliffen werden.

Die Verbildlichung von Architektur
Guarinis architektonisches Werk bietet auch Ansätze für die Verbildlichung von Architek-
tur, die oben als stilistisches Kriterium für St. Michael zur Diskussion gestellt wurde.[32]
Zwar dominiert in seinen Bauten, der tradierten horizontalen Raumerschließung entgegen,
die Vertikalsicht mit den lichtdurchsetzten Kuppelstrukturen, was bei ihm – in S. Lorenzo
und SS. Sindone in Turin – auf ein neues Verständnis und eine inhaltliche Umwertung von
Sakralräumen schließen läßt. Seine Raumfolgen brachten aber auch in der horizontalen
Sehweise Neulösungen, die für St. Michael wichtig wurden.
Die schräg gestellten Pfeiler, die Raumsequenzen gleich einer Abfolge von Soffittenwänden
aneinanderbinden, bewirken einen deutlichen tiefenräumlichen Dimensionsverlust. Ihr
Zielpunkt ist jeweils der Altar, der in direkter Wechselwirkung mit der Architektur steht.[33]
Die Ansätze zur Verbildlichung von Architektur resultieren bei Guarini vor allem aus

perspektivischen Wirkungen und nicht – wie bei Fischer in dem späteren Bau von St. Michael besonders zu beobachten – aus der Veränderung und Neuformulierung der Oberflächenwerte von Bausubstanz.
Der Kirchenraum und der Altarraum des Entwurfs für S. Maria de Ettinga stehen in direkter Wechselbeziehung. Der Säulenbaldachin des Hochaltars ist auf die Säulen des architektonischen Systems bezogen. Sie stehen auf gleichem Bodenniveau, sind gleich hoch und werden von einem gemeinsamen Gebälk überfangen. Von dieser motivischen Bezugnahme abgesehen sind die Altarsäulen durch die Grundrißgeometrie der Raumarchitektur festgelegt und komplettieren sie. Guarini architektonisiert die Altarausstattung auf ähnliche Weise wie dann Fischer in St. Michael. Wie dort stehen die Säulen der Architektur mit denen des Hochaltars in direktem Bezug. Der Altarbaldachin wird gleichsam zum Zielpunkt perspektivischer Verjüngung.
Der Längsschnitt des Kirchenraums zeigt für die Zentralraumfolge eine gleichmäßige und direkte Lichtführung. Ihr steht die indirekte Lichtführung des Altarraums konträr entgegen, die den Altar aus dem gesamträumlichen Zusammenhang löst und bildhaft entrückt. Ein Saum kleiner Fenstereinschnitte sollte Licht nach innen führen, sich in dem Altargehäuse sammeln und den Baldachin in großer Helligkeit entrücken. Die Steigerung der Lichtintensität hätte den Altar seiner räumlichen Determinierung entzogen und – vom Eingang her gesehen – wie in St. Michael in Berg am Laim als »Bild« isoliert. Diese Wechselwirkung von Architektur und Ausstattung macht ein neues »Ordnungs«-Denken deutlich, das bei Guarini theoretisch verankert ist und Grundlegungen nicht nur für St. Michael in Berg am Laim, sondern für die gesamte süddeutsche Architekturentwicklung der ersten Hälfte des 18. Jahrhunderts bieten konnte.

Gegen die vitruvianische Orthodoxie, welche bis dahin unbestrittene Gültigkeit besaß, wies Guarini erstmals dem sinnlichen Erlebnis, der Betrachteroptik, dem »piacere al senso« den obersten Primat innerhalb der architektonischen Kategorien zu.[34] Diesem haben sich selbst die »vere simmetrie« und die »vere proportione« zu unterwerfen;[35] als Urteilsinstanz nennt er »un occhio giudizioso«.[36] Guarini läßt den Architekten nicht nur die Möglichkeit offen, aufgrund optischer Erfordernisse Änderungen des festgelegten Architekturkanons vorzunehmen. Er erkannte ebenso die Divergenz von faktischem und optischem Sachverhalt.[37] Somit scheint bei ihm – im Gegensatz zur substantiellen plastischen – die optische ästhetische Qualität der Form und damit das für die Michaelskirche beschriebene Paradoxon vorweggenommen, das in dem »transitorischen Verhalten« der Gattungen zum Kunstprinzip wurde.[38] Farbe und Licht haben daran wesentlichen Anteil.

Die Bedeutung von Farbe und Licht
»Farbe« und »Licht« sind nach Guarinis »Architettura civile« maßgebende Faktoren für die Konstituierung von Architektur.[39] Diese Festlegung konnte für die süddeutsche Architektur der ersten Hälfte des 18. Jahrhunderts und – wie oben beschrieben – gerade für das architektonische Werk J. M. Fischers prinzipielle Neuansätze ermöglichen.[40]
In Guarinis Bauten sind Farbe und Licht auf besondere Weise thematisiert. Sie treten in Widerstreit zur architektonischen Bausubstanz, ohne diese – wie später in der »Süddeut-

173

schen Rokokokirche« – in ihrer Materialität anzugreifen. Ein Beispiel hierfür bieten die farbigen Wandinkrustationen von S. Lorenzo, die als eigener Oberflächenwert die Vorstellung von dahinterliegender Wandsubstanz verunklären. Ebenso brachte der neue tektonisierende Umgang mit Licht eine neue Raumwirksamkeit.

Licht steht bei Guarini im Kontrast zur Bausubstanz. In S. Lorenzo sammelt es sich in langen Schächten, verdichtet sich durch immer neue Reflexe zu maximaler Intensität, materialisiert sich an den Lichtöffnungen und erhält im Verhältnis zur Wand gleichwertige optische Härtequalität. Licht wird zur statischen Kraft und führt gleichzeitig zu einer Neubewertung tektonischer Zusammenhänge im Sinne völliger Atektonik. Die massiven Kuppelstrukturen sind auf graphisch-lineare Oberflächenwerte reduziert und erscheinen schwerelos. Aus dem gezielten Umgang und Einsatz des Lichtes eröffnen sich für die Oberflächenbehandlung von Wand neue ästhetische Möglichkeiten, die bei J. M. Fischer eine grundlegende Weiterentwicklung erfahren.

In St. Michael in Berg am Laim sind die klar bezeichneten tektonischen Raumgrenzen durch Licht entschieden verändert. Als materiell ausgezehrte, unsubstantielle Raumschalen schaffen sie kaum mehr hermetisch feste Raumschlüsse, sondern sind auf dünne lichthaltige Membranen reduziert. Anders als bei Guarini ist bei Fischer die Materialisierung von Licht mit der Entmaterialisierung von Mauersubstanz verbunden. Was sich in und vor Guarinis Bauten und Projekten feststellen läßt: »Architektur als Illusionsraum«[41] – das wurde in St. Michael in Berg am Laim zum Bauprogramm.

2b Johann Michael Fischer und Johann Lukas von Hildebrandt

Johann Lukas v. Hildebrandts Laurentiuskirche in Deutsch-Gabel und seine Piaristenkirche in Wien sind in direkter Auseinandersetzung mit Guarinis architektonischem Werk zu sehen;[42] sie nehmen innerhalb der Guarini-Rezeption eine wichtige Stellung ein. Fischer, der auf seiner Wanderschaft durch Böhmen und Mähren gegen 1715 Brünn erreicht haben soll,[43] wird auf seiner Weiterreise nach München, wo er 1718 eintraf, sicher Wien besucht haben. Hier war neben Fischer v. Erlachs Karlskirche (ab 1716) als zweiter großer Sakralbau gerade Hildebrandts Piaristenkirche Maria Treu im Bau.[44] Ihr, der innerhalb der österreichischen Barockarchitektur eine ähnliche Sonderstellung[45] zugewiesen wird wie der Berg am Laimer Bruderschaftskirche, ist St. Michael eng verpflichtet. Dies sollen Hinweise auf die Raumanlage, d. h. Grundrißform, die Aufstellung der Altäre, auf Lichtführung, Funktion der Räume, ihre szenische Staffelung, das Verhältnis des Hauptraumes zu den Anräumen und auf die besondere Behandlung von Bausubstanz und Architekturmotiven verdeutlichen.

St. Michael in Berg am Laim und Maria Treu in Wien

Hildebrandts Ausführungsplan für Maria Treu wird 1716 vorgelegen haben; 1718 wurde das Chorgewölbe geschlossen, 1752 – in einer zweiten Bauphase – das Hauptkuppelgewölbe. Der unter dem Patronat des Kaisers entstandene Kirchenbau bot ein mit St. Michael vergleichbares Anspruchsniveau.[46]

75 Wien, ehem. Piaristenkirche Maria Treu, Innenraum, Johann Lukas von Hildebrandt, Grundsteinlegung 1698, Aufnahme der Bauarbeiten 1716

Die Raumanlage
Die Raumanlage von Maria Treu zeigt mit St. Michael prinzipielle Übereinstimmungen. Gemeinsamkeiten beider Fassaden wurden bereits nachgewiesen.[47] Ebenso deutlich sind die Zusammenhänge in der Grundrißgestalt. Auch hier öffnet sich der Grundriß in eine Abfolge von drei sich verjüngenden Kuppelräumen: Ein oktogonaler Hauptraum mit seitlich ansetzenden ovalen Konchenräumen, ein längsrechteckiger Chor und ein querovaler Altarraum. Da die Stützen jeweils zwei Raumteilen angehören, sind die Raumgrenzen – wie in St. Michael – fließend.

Auch die Aufstellung der Altäre stimmt mit der in der Michaelskirche überein: Die vier kleineren Diagonalaltäre des Hauptraumes schließen sich in der Querachse mit den großen Konchenaltären und in der Längsachse mit dem Hochaltar jeweils zu einem Dreisatz zusammen.[48]

Gemeinsamkeiten weist auch die Lichtführung auf. Der Hauptraum von Maria Treu erhält – wie in St. Michael – sein Licht durch sechs über dem Gebälk ansetzende Fenster (vier Okulifenster in den Diagonalen und zwei große Segmentbogenfenster in den Konchen). Diese Lichtfülle nimmt zum Chor hin ab, wo die beiden Fenster aufgrund ihrer Laibungen nur eine diffuse Helligkeit einbringen. Zentrum der Helligkeit ist auch hier der Altarraum, der durch vier Fenster – zwei über, zwei unter dem Gebälk – Licht erhält, das sich in den tiefen Ausnischungen des Querovals sammelt und von hier hell reflektiert.

Präformiert war in Maria Treu auch die klare funktionale Trennung der Raumabfolge. Zwischen dem Hauptraum, der – wie in St. Michael – für die Gemeinde (hier die Michaelsbruderschaft) bestimmt war, und dem Altarraum ist der Chor als eigener Raum eingestellt. Hier waren – ähnlich wie in Berg am Laim, wo sich die adeligen Ritterordensmitglieder und der Präfekt, Kurfürst Clemens August, deutlich vom gemeinen Volk abgrenzten – die rechten Oratorien für die Mitglieder des Kaiserhauses, die linken für die Mitglieder des Piaristenordens reserviert.[49]

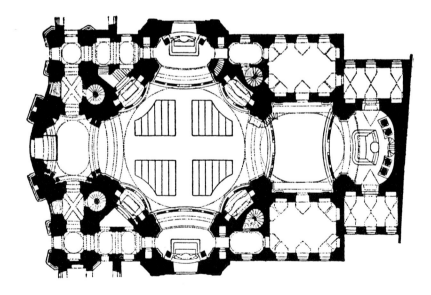

76
Wien, ehem.
Piaristenkirche Maria Treu,
Grundriß, Johann Lukas
von Hildebrandt, 1698

Die szenische Raumstaffelung
Die funktionale Trennung der Räume wird von der szenisch angelegten – mit St. Michael direkt vergleichbaren – Raumstaffelung weiterverfolgt. In Ansätzen werden in die Sakralbaukunst Errungenschaften moderner Bühnenbaukunst übertragen, wie sie in Wien ab 1714 in den Arbeiten F. und G. Galli-Bibienas zu sehen waren (von denen Ferdinando selbst einen Konkurrenzentwurf für die Karlskirche lieferte).[50]
Die schräg gestellten Hauptraumstützen leiten in den Hauptachsen jeweils steil nach außen. In der Querrichtung wird der Bewegungsimpuls von den flachen Konchenpilastern abgefangen; in der Längsrichtung wird er kontinuierlich zum Hochaltar hin verlangsamt. Gegenüber den Hauptraumstützen sind die Chorstützen wesentlich flacher gestellt; die Doppelsäulen des Hochaltars sind schließlich fast der Querachse angenähert. Diese von der veränderten Pfeilerstellung abhängige szenische Staffelung von Haupt-, Chor- und Altarraum geht wie dann in St. Michael mit einer geometrischen Staffelung in der Längsachse im Verhältnis 3:2:1 einher. Damit ist eine reflektierte Gewichtung von Hauptraum und Anräumen erreicht.

Das Verhältnis von Hauptraum und Anräumen
In der Piaristenkirche wurde – wie dann auch in der Michaelskirche – gegen die räumlichen Zäsuren ein einheitlicher Gesamtraum erstrebt. Dieser wird eingelöst durch Schrägstellung der Pfeiler und daraus resultierenden Raumöffnungen; durch raumübergreifende Lösungen für Aufriß und Wölbung; durch Entmaterialisierung der Bausubstanz und Lichthaltigkeit der Wandflächen. Damit stellte Hildebrandts Piaristenkirche – wie ein Vergleich mit der von ihm kurz vorher erbauten St.-Laurentius-Kirche in Deutsch-Gabel deutlich machen kann[51] – ein neues architektonisches Vokabular bereit, das von Fischer aufgenommen werden konnte.

77 Dominantes Motiv im Hauptraum von St. Laurentius sind die deutlich artikulierten

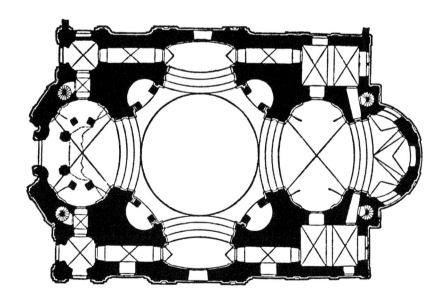

77
Deutsch-Gabel, ehem. Dominikanerkirche St. Laurentius, Grundriß, Johann Lukas von Hildebrandt, 1699

Arkadenstellungen der Hauptachsen, zwischen denen sich in den Diagonalen – gleichsam in mächtige Vierungspfeiler eingelassen – niedrige Altarnischen öffnen. Der Hauptraum bildet mit den Pendentifs und der Tambourkuppel eine monumentale Raumform aus, der sich Chor-, Altar- und Konchenräume deutlich unterordnen.

In der Piaristenkirche ist durch die veränderte Höhenproportion, Wölbform, Lichtführung, durch den entschiedeneren Anteil der Ausstattung und die veränderte materielle Behandlung der Architekturglieder das Verhältnis des Hauptraumes zu den Anräumen neu konstituiert. Der Hauptraum wird von je vier schmalen und breiten Bogenstellungen ausgegrenzt. Die konvex vorbauchenden Diagonalwände rücken so weit nach innen, daß sie die Innenseiten der pilasterummantelten Pfeiler weitgehend überschneiden und sich zusammen mit dem verkröpften Gebälk zu einer Diagonaltravée zusammenbinden. Dieses Diagonal-Motiv führt mit kräftigem Schwung in die ovalen Konchenräume weiter, die nach Grundrißführung, Pilasterordnung und Gebälkführung deutlich an den Hauptraum gebunden sind.

Im Gegensatz zu St. Michael in Berg am Laim, wo das Diagonalmotiv mit den drei Kreissegmenten eine bergende Raumqualität schafft, dominiert in Maria Treu ein weiterführender Bewegungsimpuls. Deutlich sind auch die Konchenwölbungen an die Hauptraumkuppel angebunden. Es »entsteht gegenüber den abgesetzten Raumteilen von Gabel ein von einem zwar kuppelig modellierten, aber oberflächenartigen Wölbungszusammenhang überfangener einheitlicher Gesamtraum«.[52] Damit sind Veränderungen in der Wirksamkeit der Bausubstanz angesprochen.

Ansätze zur Entmaterialisierung des Raummantels
Hildebrandt hat die bei Guarini angelegte Entmaterialisierung der Bausubstanz weitergeführt. Er gestaltet »Raum und Materie nicht als plastisch-körperliches, sondern als ein einseitig-optisches Erlebnis«.[53] Nach R. Zürcher wurde in Österreich »von ungefähr 1710 an den Raum umschließenden Teilen der Charakter fester Stofflichkeit mit malerischen

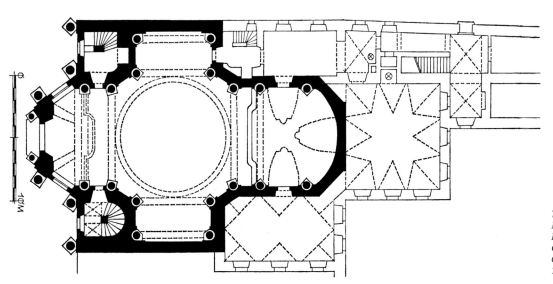

78
München,
Dreifaltigkeitskirche,
Grundriß,
Giovanni Antonio Visca
1711

Mitteln genommen«.[54] Diese in der Piaristenkirche besonders deutlichen Anzeichen von Entmaterialisierung des Raummantels (dünne Pilasterauflagen, flache Stützen, aufgesetzte Gurtstege, Flachkuppel), die auch eine Veränderung des Bauvokabulars mit sich brachte, erfuhr in der Michaelskirche eine wesentliche Weiterentwicklung. Architrav, Fries und Gesims sind – wie in St. Michael – auf Wandstreifen und feingliedrige Profile reduziert. Entsprechend ist auch das Motiv der Arkade substanzlos der Wandfläche appliziert und anschaulich seiner tradierten Funktion als tektonisches Strukturelement beraubt. Einer materiell entleerten ›Hülse‹ gleich erscheint sie – die Lösung der Michaelskirche vorwegnehmend – nur mehr als ›Abbild‹ von Arkade.[55]

2c   Johann Michael Fischer und Giovanni Antonio Viscardi

Viscardis Wallfahrtskirche Mariahilf in Freystadt (ab 1700) nimmt eine zentrale Stellung innerhalb der künstlerischen Entwicklung des im benachbarten Burglengenfeld aufgewachsenen J. M. Fischer ein,[56] da dieser dort seine Lehre absolvierte. Viscardis zweiter großer Sakralbau, die Dreifaltigkeitskirche in München, wurde im Jahr 1718 geweiht, als Fischer sich nach seiner Wanderschaft in der Residenzstadt niederließ.[57] Ihr verdankt die Michaelskirche wichtige Anregungen.
Abhängigkeiten lassen sich in der – durch die dominante kolumnare Gliederungsweise bedingten – Gerüsthaftigkeit des Raummantels, in der gesamträumlichen Wirkung und in der differenzierten Wandbehandlung erkennen. Besondere Beachtung verdienen die Hauptraumdiagonalen, denen nicht nur eine direkte formale Vorbildwirkung zukommt; ihre bisher nicht geklärte motivische Herkunft weist auf das Stichwerk Jean Le Pautres, also auf eine französische Quelle, der für die Genese von St. Michael ein wichtiger Stellenwert zukommt.

St. Michael in Berg am Laim und die Dreifaltigkeitskirche in München

78 Bereits der Grundriß der Münchner Dreifaltigkeitskirche läßt Zusammenhänge mit der
79 Michaelskirche erkennen: die auf der Längsachse gestaffelte Raumfolge mit besonderer Gewichtung des Gemeinderaumes, der über die Flucht von Chor- und Altarraum ausgreift; die Form des Gemeinderaumes, die aufgrund der deutlichen, im Aufriß besonders gestalteten Ecklösungen auch als Oktogon gesehen werden kann; die raumkonstituierende Funktion der Säulenordnungen.

Die Gerüsthaftigkeit des Raummantels
Der Raummantel der Dreifaltigkeitskirche konstituiert sich aus dem besonderen, mit St. Michael vergleichbaren Verhältnis von Säule und Wand. Die Säulen besitzen struktive Aufgaben – im Gegensatz zu ihrer von der römischen Prachtsäule abgeleiteten Verwendung in der Münchner Theatinerkirche, wo sie vor allem als Gliederungs- und Würdemotiv der Wand vorgestellt sind. Sie markieren die Richtungsänderungen der Raumanlage sowie neue Raumabschnitte und schaffen räumliche Zäsuren und Verbindungen.
Dieses ambivalente und in der Michaelskirche wiederzufindende Verhalten wird an den

gegenüber Wand und Gebälkführung gedrehten Säulensockeln deutlich. Die Säulen selbst sind halb der Wand vorgelegt, halb in tiefe Kehlungen eingestellt. Ihre rundplastischen Schäfte mit den kräftigen Kanneluren alternieren mit den dazwischen eingelassenen Wandfelderungen, die durch das verkröpfte Gebälk miteinander verbunden sind. Das Wandkontinuum, in Viscardis Freystadter Kirche noch eine »kontinuierlich-organische raumausgrenzende Mantelform«,[58] ist in der Dreifaltigkeitskirche aufgehoben. Säulen, Sockel und Gebälk verhalten sich zur Wand wie »Gerüst und Füllung«.[59]

Tendenzen der Gesamträumlichkeit
In der Dreifaltigkeitskirche ist, gerade im Vergleich zu dem älteren Kirchenraum in Freystadt,[60] ein Verlust der zentrierenden Kraft des Hauptraumes zu beobachten. Kreuzstruktur und Zentralstruktur sind verschliffen und schaffen eine – am Beispiel St. Michaels bereits beschriebene – ausgeprägte Form von Gesamträumlichkeit.[61] Dies wird in beiden Bauten durch die schräge Ausrichtung der Säulensockel erreicht, die den Hauptraum in die Konchenräume öffnen und im Chor- und Altarraum eine tiefenreduzierende Wirkung besitzen.

Die Abschrägungen des Gemeinderaums orientieren sich in der Dreifaltigkeitskirche nicht an den auf den Raummittelpunkt bezogenen Lotsenkrechten, sondern an der Längsachse; damit wird die Öffnung zu Eingangs- und Chorraum erreicht. Die an den Raumkanten stehenden Säulen folgen – entgegen der Gebälkführung, die die Raumfolge nachzeichnet – weder den Hauptachsen, noch den Schrägen, sondern vermitteln zwischen beiden Richtungen und unterbinden die noch in Freystadt zu beobachtende Trennung von Haupt- und Nebenräumen.

Dem Versuch, Eingangs-, Chor- und Konchenräume dem Hauptraum gleichwertig zuzuordnen, steht die zentrierende Kraft der Halbkreiskuppel entgegen. Bezeichnenderweise legte Viscardi ein die architektonische Entwicklung ab den dreißiger Jahren vorausnehmendes Alternativprojekt mit Flachkuppel vor, gegen die man sich erst entschied, als der Bau bereits über die Wandzone emporgewachsen war.[62]

Die Säulensockel in Chor- und Altarraum mit ihrer 45°-Ausrichtung ergeben – vom Eingang gesehen – nicht nur eine deutliche Tiefenreduktion, sondern sind auch Voraussetzung für eine ›Verbildlichung‹ von Architektur, die hier aufgrund der Materialfestigkeit der Bausubstanz unterbunden ist. Doch kann eine Differenzierung ihrer materiellen Wirksamkeit festgestellt werden, die die spätere Lösung von St. Michael andeutet. Zwar ist St. Michael ebenfalls auf Gesamträumlichkeit angelegt, diese hat Fischer jedoch besonders durch Entmaterialisierung erreicht.

Die Differenzierung der materiellen Festigkeit zwischen Säule und Wand
Mit der Gerüsthaftigkeit des Mauermantels und dem Versuch zu gesamträumlicher Wirkung gehen Veränderungen der Stofflichkeit einher. Diese zielt noch nicht – wie in St. Michael – auf eine besondere, von Lichtführung und Oberflächenbehandlung der Wand abhängige Entmaterialisierung der Bausubstanz im Sinne bloßer Raumschalen.[63] Viscardi erreicht vielmehr, unterstützt durch farbliche Differenzierung von Stütze und Wand, eine Stufung ihrer visuellen Festigkeit, die grundlegend neue ästhetische Möglichkeiten eröffnete, welche dann Fischer in St. Michael aufgriff.

Im Gegensatz zu Freystadt, wo die Körperlichkeit der Mantelform durch eine einheitliche, plastisch schwere Masse erreicht wird, haben sich in der Dreifaltigkeitskirche die verschiedenen Elemente voneinander gelöst.[64] Gegenüber den vollplastischen Säulen bzw. dem kräftig artikulierten Arkadengerüst scheinen die dazwischen eingestellten Wandtafeln und seitlichen Konchenwände von dünnerer Materialität. »Die anschauliche Entlastung von tragender und stützender Funktion ist eine Voraussetzung für die spätere Entstofflichung und Entschwerung« tektonischer Masse,[65] wie sie in der Michaelskirche dann in extremer Weise durchgeführt wurde. Dies kann eine Untersuchung der Hauptraumdiagonalen verdeutlichen.

Das Diagonalmotiv
Bei dem Diagonalmotiv der Dreifaltigkeitskirche wird nicht nur zwischen Säule und Wand unterschieden. Es sind ebenso – für St. Michael später bedeutsame – Veränderungen des klassischen Architekturkanons angedeutet.
Je zwei Säulen sind von einem verkröpften Gebälk zu einer Diagonaltravée zusammengefaßt. Die Wand dazwischen erscheint wegen ihrer kräftigen Rahmung und Profilierung und ihrer stuckierten Füllung als eingestelltes Tableau, welches in direkter Verbindung mit dem Architrav zu sehen ist; es scheint die Faszien des Architravs nach unten fortzusetzen. Durch diese enge Verbindung von Wand und Gebälk wird die kanonisch festgelegte Einheit von Architrav, Fries und Gesims gelockert. Damit ist die Auflösung des Gebälks angedeutet, was an gleicher Stelle in der Michaelskirche ausgeprägter wiederzufinden ist.[66]
An den Turmuntergeschossen der Michaelskirche ist eine mit den Diagonalmotiven der Dreifaltigkeitskirche direkt vergleichbare Lösung zu finden: Die Architravstücke sind jeweils mit senkrechten Profilen zu einer Rahmenform zusammengefaßt, das seiner ehem. Funktion nach tragendes Gebälk ist; es wird – von der farbigen Fassung unterstützt – dekorativ umgedeutet.

Der Einfluß der Stichvorlagen von Jean Le Pautre
Die bisher nicht hinterfragten Vorbilder der eingestellten Wandtableaus liefern für die Genese der Dreifaltigkeitskirche neue Ansatzpunkte, die für die Michaelskirche bisher ebenfalls unbemerkt blieben: Der Einfluß der französischen Ornamentgraphik.
Eingestellte Wandtableaus sind besonders in den Innendekorationen zur Zeit Ludwig XIV. zu finden. Einer der Protagonisten des ›style Louis XIV‹, Jean Le Pautre, bot mit seinem umfangreichen Stichwerk eine Fülle von Anregungen.[67] Es enthält viele Vorschläge für Innendekorationen mit verschieden gestalteten und dekorierten Wandtafeln, die mit der Dreifaltigkeitskirche direkt vergleichbare Lösungen enthalten.
Le Pautres Stichwerk, das seit den achtziger Jahren des 17. Jahrhunderts in Augsburg nachgestochen wurde, hatte auf die Ausbildung der süddeutschen, besonders der Wessobrunner Ornamentik wesentlichen Einfluß.[68] Bekannt ist Johann Schmuzers Stuckdekoration der Decke des Tassilosaales in Wessobrunn, der direkte Vorlagen Le Pautres zugrunde lagen.[69] Vielleicht ist auch die 1714/15 von dem Wessobrunner J. G. Bader ausgeführte Akanthusdekoration auf den Wandtafeln der Dreifaltigkeitskirche direkt auf ihn zurückzuführen?
Die Beschäftigung des Hofarchitekten Viscardi mit französischen Vorbildern könnte vom

kurbayerischen Hof angeregt worden sein, der sich beim Neubau der Dreifaltigkeitskirche zur kostenlosen Lieferung der Baumaterialien verpflichtet hatte.[70] Hier war seit der Regierung Max Emanuels die französische Kunst und Kultur zum großen Vorbild avanciert und löste die besonders durch Henriette Adelaide von Savoyen nach Bayern gebrachte Vorherrschaft des italienischen Stilideals ab.[71]

79
München,
Dreifaltigkeitskirche,
Blick in den Hauptraum mit Querkonche,
Giovanni Antonio Viscardi,
ab 1711

3 Französische Einflüsse auf die Michaelskirche

Für die bauliche Genese von St. Michael in Berg am Laim spielte nicht nur das architektonische Werk G. Guarinis, J. L. v. Hildebrandts und G. A. Viscardis eine wichtige Rolle. Unerkannt blieb auch der aufgrund der Planungsbeteiligung F. Cuvilliés' naheliegende französische Einflußfaktor, wodurch Aufschlüsse für bisher ungeklärte architektonische Motive und stilistische Besonderheiten geliefert werden können. N. Lieb und M. Hauttmann haben einzelne Phänomene zwar angesprochen, aber nicht untersucht: »Am merkwürdigsten, originellsten ist die Ausbildung der Diagonalseiten des Gemeinderaums«[72] bzw.: »Die Kirche von Berg am Laim durchzieht ein Element klassischer Reinheit, das sich nicht allein durch den höfischen Auftrag motivieren läßt und sie für unser Gefühl aus den Fischerschen Bauten heraushebt«.[73] Das graphische Werk Jacques de Lajoues und der – als Reaktion auf das Rokoko entstandene – »goût grec« bieten für die Michaelskirche und darüberhinaus allgemein für die Bauten des süddeutschen Rokoko Neuansätze.

3a Das graphische Werk Jacques de Lajoues

Die besondere Gestalt der Hauptraumdiagonalen in St. Michael – die eingestellte, von den Stützen durch eine Nut abgesetzte Bogenwand und die sich nach oben zylinderförmig schließende Stichkappe mit rundem Deckenplafond – sind in J. de Lajoues Architekturansichten, Bühnenbildentwürfen und Stichfolgen als jeweils selbständige Motive nachweisbar.[74] In Berg am Laim wurden sie zu einem Motiv zusammengefügt, baulich realisiert. Dieser Vorgang gibt sowohl Aufschluß über den oben bereits diskutierten Planungsanteil F. Cuvilliés', wie über ein für das Rokoko besonders bezeichnendes und bisher unangesprochen gebliebenes Phänomen: die architektonische Umsetzung von im Bild präformierten ornamentalen Motiven und Formen.

Die Motivübernahme und bauliche Umsetzung aus dem graphischen Werk de Lajoues können Cuvilliés zugeschrieben werden, dessen (aus seinen Nachlaßpapieren bekannte) »unterschidl. verificationes zu denen Chur=Cölnischen Gebäuen zu Berg gehörig« an dieser Stelle direkt greifbar werden.[75] Schon J. F. Blondel, der in de Lajoue einen der »trois premiers inventeurs du genre pittoresque« sah, bezeichnete den bei ihm zwischen 1720 und 1724 ausgebildeten Cuvilliés als dessen »Nachahmer«.[76] Kimball und Bauer erkannten, daß Cuvilliés in seinem ab 1738 entstandenen Stichwerk nicht nur de Lajoues Vorlagen rezipiert hatte, sondern diese zum Teil direkt kopierte;[77] sogar den Titel einer seiner Stichfolgen, der den »Morceaux de fantaisie« übernahm er wörtlich von de Lajoue.[78] Dies gibt Einblick in Cuvilliés' spezielle Bedeutung für die süddeutsche Kunstentwicklung des 18. Jahrhunderts: Von seiner Ausbildungszeit bei Blondel in Paris und einem späteren Frankreichaufenthalt 1754/55 abgesehen, muß Cuvilliés, auch im Interesse des kurbayerischen bzw. kurkölnischen Hofes, engen Kontakt mit Frankreich gepflegt haben und durch die Vermittlung von französischen Stichvorlagen und allgemeinen Strömungen auf seine zeitgenössischen Künstlerkollegen stilbildend gewirkt haben.

Gerade durch den Einfluß von de Lajoues graphischem Werk auf das Bauvokabular von

St. Michael wird ein besonders für die Genese des süddeutschen Rokoko bezeichnendes Phänomen greifbar: Das architektonische »Trumm« (Bauer) – von de Lajoue ornamentalisiert und im Stich vorgebildet – wird direkt als bauliche Vorlage benutzt und von der Bildgegenständlichkeit wieder zurück in die Architektur übertragen.[79] An dieser Stelle kann das beim Rokoko-Ornament beschriebene »transitorische Verhalten« zwischen »Bild« und »Architektur« direkt festgemacht werden.

3b Der »goût grec«

In der französischen Architektur und Innenraumgestaltung sind zeitgleiche Umsetzungen von Stichvorlagen im Bereich der Monumentalarchitektur nicht nachzuweisen. Die zylinderförmigen Stichkappen mit Deckenplafonds und Rosetten beispielsweise sind erst spät in Soufflots Pantheon (ab 1755) und in Guépières Weißem Saal im Neuen Schloß in Stuttgart – hier in einem Säulen-Architrav-Bau aneinandergereiht – verwendet (ab 1760). Mit Philipp de la Guépière ist der Hauptexponent des »goût grec« genannt, einer Stil-Reaktion auf das »genre pittoresque«. Diese neue Rückbesinnung auf die Antike, von H. Klaiber am Beispiel des Württembergischen Oberbaudirektors nachgezeichnet,[80] wurde für die Genese von St. Michael mitbestimmend.

80
Stuttgart, Neues Schloß,
Weißer Saal,
Philippe de la Guêpière,
ab 1760
(Zustand vor 1944)

In den »Lettres d'un françois« (1745) beklagte Leblanc – symptomatisch für die damalige Kritik am Rokoko – die verlorengegangene Reinheit und Klarheit der Formen und besonders die nicht mehr erkennbare Funktion der struktiven Glieder.[81] Neben der Klassik Louis XIV wurde als neuer, weiterführender Weg die Rezeption der klassisch-griechischen Antike angeraten. Mit Nachdruck propagierte Graf Caylus, ein führender Kopf dieser Antikenbewegung, der bereits 1713–17 Griechenland und Kleinasien bereist hatte, das »beau simple« der griechischen Kunst. In diesem Sinn verstand auch J. F. Blondel die »architecture vraie«, »die einen entschiedenen Charakter besitzt, die jedes Glied an seinen Platz setzt« und »die nur die notwendigsten Ornamente beizieht, um sie zu schmücken«.[82] Paradigmatisch für den Umschwung vom »genre pittoresque« zum »goût grec« steht J. N. Servandonis Fassadenentwurf für S. Sulpice in Paris (1732), der den Konkurrenzentwürfen im Rokokostil G. M. Oppenords und J. A. Meissonniers vorgezogen wurde.

Mit dem »goût grec« wurde nicht – und dies ist ein grundlegender Unterschied zum späteren Klassizismus – eine formale Antikenrezeption angestrebt, sondern ein »sehr subjektiv gefärbtes ›inneres Griechentum‹«.[83] Die Vorbildlichkeit dieses neuen Ideals bezieht sich auf die »Einheit der Gesamterscheinung (l'unité dans l'ordonnance), die eine der hauptsächlichsten Schönheiten in der Architektur sei, ferner die strengen Proportionen, zu denen auch die Säulenordnungen gerechnet wurden, die Ökonomie der Mittel und das Sublime«.[84] »In seiner Struktur behielt der ›goût grec‹ die in Regence und Louis XV. neu gewonnenen Qualitäten bei: ein leichtes, vertikal bestimmtes tektonisches Gerüst, vorgetragen in einer ungemeinen Zartheit und Sensibilität«.[85]

Neben der »simplicité noble« und dem »Sublimen« als Prinzipien der Architektur,[86] wird die »Convenance«, die Angemessenheit – von Blondel als »premier principe« bezeichnet[87] – zur übergeordneten Kategorie. Danach ist das Bauwerk »in allen seinen Teilen, seinen Proportionen, dem Maß und dem Charakter der Zierformen durch seine Bestimmung bedingt, d. h. durch seine Funktion im Leben des Bauherrn. Der ganze Bau aber ist seinerseits wieder in seiner künstlerischen Erscheinung vom Rang und der Stellung des Auftraggebers im öffentlichen Leben abhängig«.[88] In diesem Zusammenhang ist eine Rückbesinnung auf die schon von Vitruv festgelegten Ausdruckswerte und anschaulichen Werte der Säule festzustellen. Die antikische Säule bestimmt wieder in hohem Maß das Ordnungsgefüge der Architektur.[89] Der besondere Einsatz der Säulen-»Ordnungen« verweist auch in der Michaelskirche auf den Einfluß des »goût grec«, wodurch die oben erwähnte Feststellung Hauttmanns von deren »klassischer Reinheit«, die sie »aus den Fischerschen Bauten heraushebt«, ihre Erklärung gefunden hätte.[90]

Die bei der Fassadenanalyse von St. Michael beschriebenen Kriterien[91] stimmen mit denen des »goût grec« überein: der deutliche Einsatz der Säulenordnungen, die Gerüsthaftigkeit der Flächenorganisation, die Klarheit der Gliederung, die auffallende Ornamentlosigkeit. Dem auf den Anspruch des Auftraggebers abgestimmten und oben ebenfalls beschriebenen Programm der »Schauseite« wird durch dir Forderung nach »Convenance« Rechnung getragen. Den Eindruck von Ebenmaß und Harmonie bestimmt im Innenraum ein klar kalkuliertes geometrisches System. Besonders deutlich wird jedoch der Einfluß des »goût grec« am Einsatz und der Gestaltung der Säulen.

Sowohl an der Fassade wie im Innenraum werden die Säulenordnungen in ihrer strukturierenden Funktion förmlich vorgeführt; in klassischer Proportion erscheinen sie am Choreingang geradezu als eigenständige Freisäulen. Bezeichnend ist auch ihr eindeutiges Genus, die Composita, die im Werk Fischers ohne, in der süddeutschen Architektur der ersten Hälfte des 18. Jahrhunderts fast ohne Parallele ist.[92]

Zwar wird die Composita als römisches Derivat im »goût grec« abgelehnt. Gleichwohl wird sie in der klassisch-orthodoxen Architektur als höchste, noch über den drei griechischen »Ordnungen« stehende Würdeform verstanden, die mit ihren reich schmückenden Qualitäten nur wenigen Bauten adäquat ist.[93] Ihre Anwendung bei Blondel, die sich mit der bei Vitruv und Palladio deckt, gibt für unsere Interpretation von St. Michael als »Theatrum sacrum« neue Aufschlüsse: Während die Corinthia als Signum für königliche Paläste und Kircheninnenräume gilt und überall da eingesetzt wird, »wo Eleganz und Magnifizienz, Stärke und Einfachheit vorgezogen werden«, bleibt die Composita Triumphbögen, Theatersälen und Festdekorationen vorbehalten, »an denen die griechischen Ordnungen weniger angebracht sind«.[94]

Der französische Einfluß schafft gegenüber den – für die entwicklungsgeschichtliche Einordnung des architektonischen Werks von J. M. Fischer sowie für die Genese der süddeutschen Barock- und Rokokokirche üblicherweise herangezogenen italienischen, böhmisch-mährischen und österreichischen – Bauten ein bisher nicht erkanntes Gegengewicht. Der Nachweis zeitgleicher, sich contrapositorisch gegenüberstehender Richtungen in einem Bau: das »genre pittoresque« wie der »goût grec« – liefert Erklärungen für die oft beschriebene Sonderstellung von St. Michael. Im Gegensatz zum späteren Klassizismus, der mit der Übernahme antikischen Bauvokabulars wieder die Vorrangstellung der Architektur über Malerei, Plastik und Ornament herstellte, wurde in St. Michael ein neues unorthodoxes »Ordnungs«-Denken ausgebildet.[95] Dies bot die Grundlage für eine im Höchstmaß entmaterialisierte und besonders an den Oberflächen präzisierte Architektur, die Ausstattung, Farbe und Licht nicht subordiniert, sondern sich mit ihnen zu einem Gesamtraumkontinuum zusammenfügt.

4 St. Michael in Berg am Laim und die Jesuiten- und Hofkirche St. Michael in München

Neben den oben geschilderten Einflußgrößen, ist – bisher in der Forschung vollkommen unberücksichtigt – als direktes künstlerisches Vorbild von St. Michael in Berg am Laim, die Jesuiten- und Hofkirche St. Michael in München anzusehen.

Diese Münchner St. Michaelskirche gilt als »Schöpfungsbau« europäischer Kunst (H. Jantzen).[96] Es ist schon aufgrund des gemeinsamen Patroziniums naheliegend, daß die Planungsgeschichte der Bruderschaftskirche in Berg am Laim von ihrem Einfluß nicht unberührt geblieben sein kann. Verbindungslinien sind nicht in der Bautypologie oder stilistischen Problemstellungen, auch nicht in der Baumotivik zu suchen, sondern vielmehr in der weitreichenden, mit der politischen und religiösen Dimension des Erzengels Michael rechnenden Programmatik. Die Hintergründe der Baugeschichte von St. Michael in München verweisen auf direkte Abhängigkeiten.

1583, zeitgleich mit dem Baubeginn der Münchner Michaelskirche, gelang es ihrem Stifter Herzog Wilhelm V. nicht nur, das Erzbistum Köln für den Katholizismus zu erhalten, sondern er konnte auch die Kölner Kurwürde für das Haus Wittelsbach gewinnen.[97] Ihr Amt als Erzbischöfe von Köln verdankten Joseph Clemens und Clemens August folglich diesen Ereignissen des Kölner Krieges inmitten der Gegenreformation. Die Quellen berichten, daß Joseph Clemens der Stiftungsgedanke für eine Michaelsbruderschaft während einer Andacht in der Münchner Michaelskirche kam;[98] hinter diesem »Einfall« steht eine traditionsbezogene politische Absicht. Für beide, das bayerische wie das kölnische Herzogs- bzw. Kurhaus, war bzw. wurde der Erzengel Michael eine anagogische Figur.

Wilhelm V., der kurz nach Vollendung seines ehrgeizigen Kirchenbauprojektes im Herbst 1597 abdankte, um in der Maxburg in unmittelbarer Nähe der Jesuiten als Büßer zu leben, hatte es wohl als Fügung Gottes angesehen, an einem 29. September, dem Festtag des Erzengels Michael – dem Patron Bayerns und seines Reiches – geboren zu sein und beschloß mit der Erbauung einer St. Michaelskirche in seiner Residenzstadt München einen »Brückenkopf der Gegenreformation in Deutschland« einzurichten.[99] Das mit dem Kirchenneubau verbundene kosmopolitische Programm ist Beleg dafür, daß politische Machtansprüche und Selbstdarstellung für Wilhelm V. die wesentlichen Triebfedern waren.[100] Nebensächlich dürfte der in dem Bericht von I. Agricola angegebene Grund gewesen sein, daß Wilhelms Stiftungsgedanke aus räumlicher Bedrängtheit der Jesuiten erwachsen sei, da diesen in München für ihre Liturgiefeiern nur die zu kleine, ständig überfüllte Augustinerkirche zugeteilt war.[101] St. Michael in München entstand als Siegesmonument der Gegenreformation, Castellum der seelsorgerischen und missionierenden Aufgaben der Jesuiten und als Mausoleum für den Auftraggeber.[102] Diese Vielschichtigkeit des Baukonzepts nahm auf den von Clemens August in Auftrag gegebenen Kirchenneubau Einfluß. Mit St. Michael in München und St. Michael in Berg am Laim entstanden Bauten, die innerhalb der Architekturgeschichte einen besonderen Stellenwert einnehmen. Ihnen gemeinsam ist ein überregionales Anspruchsdenken: Wilhelm V. bat in ganz Europa bei Fürsten und Bischöfen um Spenden für seinen Kirchenneubau.[103] Diesem Vorbild folgte dann die im gesamten »Heyl. Röm. Reich« betriebene Sammelaktion für die Berg am Laimer Michaelskirche.[104]

H. Schade[105] und L. Altmann[106] haben das Programm von Fassade und Innenraum von St. Michael in München untersucht. Ihre Ergebnisse können für St. Michael in Berg am Laim fruchtbar gemacht, d. h. Gemeinsamkeiten und Verbindungslinien der beiden Michaelskirchen können aufgezeigt werden.

81 Die Schauwand der Jesuitenkirche, für die Wilhelm V. offenbar selbst das Programm bestimmte,[107] hat innerhalb der Tradition von Kirchenfassaden keine Parallele: In mehreren Etagen sind Standbilder aufgereiht, die nicht der biblischen Heilsgeschichte entstammen, sondern Persönlichkeiten von geschichtlicher oder moralischer Bedeutung zeigen. Besonders auffallend ist der direkte formale Bezug zwischen den Figuren Wilhelms V. und des Erzengels Michael, wie er dann im ikonographischen Programm von St. Michael in Berg am Laim auch zwischen Joseph Clemens/Clemens August und St. Michael nachgewiesen werden kann.

Die in der Festschrift »Trophaea Bavarica« (1597) gestellte Frage: »Warum die Fürsten und Könige an der Front des Tempels Wache halten«, wird damit beantwortet, daß hier Männer gezeigt werden, »ausgezeichnet im Krieg und ausgezeichnet durch die Liebe zur Frömmigkeit. Männer, die durch heilige Religion hervorragend waren, gesellte er zu dem waffentragenden Herzog Michael – es gab keinen größeren als ihn – der wie ein strahlender Stern den Zug der Engel geführt hat«.[108] Wilhelm V. sah sich in dieser Reihe als Endpunkt einer genealogischen Kette in direkter Beziehung zum Erzengel. Darauf Bezug nehmend heißt es in der Festschrift weiter: »Mir blieb die Sorge, meinem Volk immer den Weg zu den Sternen offen zu halten, ihm mit königlichen Geschenken ein Haus [d. i. die Kirche], das in den Himmel führt, zu erbauen«.[109]

Die zwischen die beiden Kirchenportale gestellte Monumentalfigur des kämpfenden Michael hat – wie dann auch in Berg am Laim – programmatischen Charakter und muß, neben der Bezugnahme auf die Apokalypse, auch symbolisch verstanden werden: Der herzogliche Stifter hat, wie der Erzengel den Luzifer, den Protestantismus bezwungen. Diese politische Dimension zeigt auch die Auswahl der dargestellten Personen – was später wieder in Berg am Laim nachzuweisen ist: »Die Gleichrangigkeit, mit der in dieser Schauseite die bayerischen Herzöge und nicht zuletzt auch der Kaiser Ludwig IV., der Bayer, neben Karl den Großen und die Monarchen des Hauses Habsburg gestellt wurden, signalisiert diskret, aber deutlich den Anspruch der Wittelsbacher auf die Kaiserkrone.«[110] Dieser Anspruch ging erst mit Carl Albrecht in Erfüllung, der von seinem Bruder Clemens August von Köln 1745 zum Kaiser gekrönt wurde. In deutlicher Konkurrenz zu ihm hat dieser mit dem Neubau der Michaelskirche in Berg am Laim Ansprüche geltend gemacht und errichtete eine »reichsbekannte Kirch«, in die er höchste politische Persönlichkeiten einlud.[111]

Der in Berg am Laim beschriebene besondere Stellenwert des Lichtes, der baukünstlerisch und ikonographisch greifbar wird,[112] ist in der Münchner Jesuitenkirche präformiert. Diese wurde in der »Trophaea Bavarica« als »Coelum creatum«, von dem »Jerusalem da hinabsteigt« und als »imago coeli« gepriesen.[113] Agricola[114] beschreibt die »Maiestas« des Innenraums, G. Deppen den »Lichtraum, aus kosmischem Denken heraus geschaffen und kosmisches Denken symbolisierend. Die gleichmäßige Überspannung von Wand und Tonne mit einem dünnen Relief, das schwebende Gleichgewicht der Flächen, der axiale Bezug der Anräume, die den Hauptraum wiederholen und bestätigen, ohne sich mit ihm zu vermischen, erlauben, den Raum gleicherweise kosmisch zu deuten, als eine selbstleuchtende Sonne, die von den Planeten und ihren Bahnen umzogen scheint«.[115] Möglicherweise muß darüber hinaus das gesamte baukünstlerische Konzept der Münchner Jesuitenkirche exegetisch verstanden werden: Die »Maiestas« als Umsetzung der herausragenden Stellung des Kirchenpatrons vor allen Himmelsfürsten; ihre Lichthaltigkeit Bezug nehmend auf Michael, den »neuen Lichtbringer«, der das Dunkel überwand.

Das von L. Altmann aufgezeigte Programm der ursprünglich geplanten Ausstattung bietet an dieser Stelle weiterführende Ansätze.[116] Christoph Schwarz' Hochaltarblatt ist formal und inhaltlich in deutlichem Zusammenhang mit den Oberlichten des Chors zu sehen. Ihre ursprüngliche Verglasung mit kleinen farblosen Wabenscheiben schien selbst – wie der lichtumstrahlte Michael auf dem Altarbild – silbriges Licht auszusenden. »Dieses ›phänomenale Eigenlicht‹ kann, weil es wegen der Ausrichtung der Kirche nach Norden von keinen temporären Sonnenstrahlen behelligt wird, als Abbild der ›lux perpetua‹, des Ewigen Lichts gelten«[117] – was hier auf Michael zu beziehen ist. Analog zu der Bronzegruppe an der

82

*81
München, Jesuitenkirche
St. Michael, Fassade,
Kupferstich aus der
»Trophaea Bavarica«,
1595*

Fassade verweist der am Hochaltar abgebildete Kampf Michaels gegen die Feinde Gottes auch »auf den irdischen Verteidiger der Kirche, Wilhelm V., und dessen militärische Erfolge gegen den Protestantismus. [...] Der triumphbogenartige Altar des ›Dux coelestis‹ mit den Viktorienengeln in den Bogenzwickeln, der unübersehbaren Abkürzung des ›In Hoc Signo (Vinces)‹ darüber und dem wechselweise M[ichael]-W[ilhelm]-förmigen Blattornament im Fries wird daher mit zum Siegesmonument des Herzogs, das Altarblatt zur ›Res gestae‹-Tafel des ›imitators‹«.[118]

Das oben beschriebene Hochaltarprogramm in Berg am Laim, wo Michael – als neuer und siegreicher Lichtbringer – auch als direkte Allusion auf die Kölner Kurfürsten gesehen werden muß, deutet auf direkte Zusammenhänge mit dem hier skizzierten Programm.[119]

Die Vorbildwirkung der Jesuitenkirche auf den gut 150 Jahre späteren Neubau der Bruderschaftskirche ist an zwei Stellen näher zu greifen. Während der Planungsphase von St. Michael in München wurde die ursprünglich projektierte Dreiportalanlage aufgegeben und das traditionelle Mittelportal durch eine Nische ersetzt.[120] Diese, mit der Michaelsgruppe bestückt, ist als »Porta coeli« zu interpretieren, die der Erzengel bewacht. In Berg am Laim wurde diese Einheit von Kirchen- und Himmelspforte – nun in Superposition – wieder aufgegriffen.[121] Die oben hypostasierte goldgefaßte Rückwand der Nischenfigur konnte direkt von der Münchner Fassade beeinflußt gewesen sein.[122]

Gemeinsamkeiten läßt auch die Lichtführung erkennen. H. J. Sauermost machte auf die »schwebende« Lichtführung der Jesuitenkirche aufmerksam, die von der Reflektorwirkung der Emporenwände hervorgerufen wird.[123] Das Licht wird zum »Aufbauelement« der Architektur (Hubala). Da die Wandpfeiler der Emporen vom Eingang her gesehen, die Lichtquellen verdecken, entsteht die Illusion eines aus sich selbst leuchtenden Kirchenraumes. Zusammenhänge zwischen der – vom hier erst ansatzweise ausgebildeten Bautypus des Wandpfeilersaals abhängigen – Lichtführung und dem Michaelspatrozinium werden hier offensichtlich. Wiederzufinden ist diese horizontal sich zusammenschließende »Lichtrahmenschicht«[124] in der Jesuitenkirche Mariae Himmelfahrt in Dillingen (Weihe 1617), einem Wandpfeilerbau mit Freipfeilerchor und – bei veränderter Baugestalt – in St. Michael in Berg am Laim.

Joseph Clemens selbst wies bei seiner Gründung der Michaelsbruderschaft auf die vorbildliche Tat des von »Unserem Durchleuchtigsten Voranherrn Wilhelmus V.« gestifteten »schönen Tempels« in München hin, an den noch heute ein in der Sakristei in Berg am Laim aufbewahrtes gemaltes Porträt (mit Kirchenmodell) erinnert.[125] Den Bezug zu Berg am Laim stellte – wörtlich – die Hundertjahrfeier der Jesuitenkirche her, die, nicht vom Orden organisiert, sondern veranlaßt von Joseph Clemens, mit einem monumentalen Festakt gefeiert wurde: Höhepunkt war eine Schauprozession der Michaelsbruderschaft, die von der Bruderschaftskapelle St. Michael in Berg am Laim nach St. Michael in München führte.[126] Damit sind veränderte Machtkonstellationen angedeutet, die im ordenspolitischen Umfeld beider Bauten greifbar werden. Ihre bewußten Abgrenzungen machen weitere Verbindungen deutlich.

Wilhelm V. errichtete mit St. Michael in München ein dem Residenzbau gleichgestelltes Monument politischer Repräsentanz, das von den unter Albrecht V. nach München berufenen Jesuiten getragen wurde und bis zur Aufhebung des Ordens im Jahr 1773 zu einem erstrangigen kirchlichen und weltlichen Machtfaktor angewachsen war.[127]

Gegenüber diesem politischen Anspruch der Jesuiten muß die Berufung der Franziskaner nach Berg am Laim als gezieltes Gegenprogramm zum Münchner Hof verstanden werden. Als Grund dafür nannte Clemens August dem Kurfürsten Max III. Joseph, der das Franziskanische Exerzitien-Haus in Berg am Laim »nit gern sechte«: »Er habe nit allen Enth just das Vertrauen zu denen Jesuiten. Das Exercitien machen ist ein heilig Werck, so man nit verbiethen, sondern viellmehr befördern solle«.[128]

Dieses Bekenntnis zu den Minderbrüdern rückt nicht nur Clemens August in ein aufklärerisches Licht, sondern präzisiert auch die eingangs angesprochene politische Dimension des Kirchenneubaus. Es kann als Versuch gewertet werden, die Kirche, die – gerade von seiten der Jesuiten – den aufklärerischen Ansätzen entgegenstand, um ihre profan-politische Einflußgröße zu beschneiden und die klare Trennung von geistlicher und weltlicher Gewalt zu erreichen. Dies sind Forderungen, die Peter v. Osterwald in seiner 1766 veröffentlichten Programmschrift »Veremund von Lochsteins Gründe sowohl für als wider die geistliche Immunität in zeitlichen Dingen« formulierte, wo die fürstliche Souveränität als allgemeine Grundlage staatlicher Lebensformen vorgestellt wird.[129] In diesem Sinn ist St. Michael in Berg am Laim nicht nur als repräsentatives Monument absolutistischen Machtwillens, sondern auch als Sinnbild einer neuen aufklärerischen Richtung, nicht nur als Programm der Selbstüberhöhung eines Herrschers (durch die deutliche Allusion auf den Erzengel Michael), sondern auch als Anzeichen dafür zu werten, die bis dahin unangetasteten religiösen Bildinhalte zu hinterfragen und als politische Aussage umzudeuten.

82
München, Jesuitenkirche, St. Michael, Innenraum,
Wolfgang Miller nach Entwurf von Friedrich Sustris, ab 1583

Kap. X Schluss

Eingangs wurde auf die »Sonderstellung« hingewiesen, die St. Michael in Berg am Laim im Werk J. M. Fischers wie überhaupt »unter allen deutschen Räumen«[1] einnimmt. Durch Fassaden- und Innenraumanalyse etc. konnten die von der zeitgenössischen Architektur abweichenden Faktoren: die qualitative Gleichsetzung von Architektur mit Ausstattung, Farbigkeit und Licht – festgemacht und in ihrer Genese nachgezeichnet werden. Dies führte zu einem neuen, für die Architektur des Rokoko geltenden »Ordnungs«-Begriff, der neben dem orthodoxen Architekturkanon die oben genannten zusätzlichen Faktoren einbegreift. Die schwer zu fassende atmosphärische Wirkung des Raumes im Zusammenklang von Architektur, Ausstattung, Farbe und Licht soll hier noch einmal – losgelöst von den gewohnten, auch die stimmungshaften gattungsübergreifenden Phänomene klärenden Ergebnissen – zu beschreiben versucht werden. Durch die Kontrastierung mit Fischers vorangegangenen Kirchen in Aufhausen und Ingolstadt, für deren Bestimmung die konventionelle Architekturanalyse (d.h. die Frage nach dem architektonischen System, das Erfassen tektonischer und strukturaler Zusammenhänge) sich als adäquat erweist, kann die Sonderstellung der St. Michaelskirche in Berg am Laim und die daraus resultierende Notwendigkeit einer Erweiterung der gängigen Untersuchungsweise präzisiert werden.

Der erste Raumeindruck der Michaelskirche vermittelt schwer Bestimmbares, fast Verunsicherndes: Nicht die Strukturzusammenhänge der Architektur scheinen dominant, sondern ihre atmosphärischen, erscheinungshaften, dekorativen Werte. Diese konstituieren gemeinsam das Raumbild.

Vom Eingang her gesehen, staffeln sich drei Räume prospekthaft in die Tiefe; Säulen springen soffittenartig ein, markieren deren Übergänge (vom Bruderschafts- und Ritterordens- zum Altarraum) und lenken – in einer perspektivischen Verjüngung – zur theatralen Abschlußwand des Hochaltars. Dessen Entfernung zum Betrachter ist kaum auszumachen: Korrespondierend mit den Diagonalaltären des Laienraums schließt er sich zu einer Einheit bildhaft zusammen, überbrückt Distanzen, die an keiner Stelle nachvollziehbar sind. Die nicht abschätzbare tatsächliche Längenerstreckung läßt das Kircheninnere auffallend steil proportioniert erscheinen. Die gerundeten Formen des an eine Rotunde erinnernden ersten (und größten) Raumes vermitteln den Eindruck einer ruhigen, aber steten Bewegung, die nach oben, zum Rund der Kuppelschale hin, immer mehr retardiert. Deren Wölbform entzieht sich unserer räumlichen Vorstellung und scheint den Raum substanzlos und schwebend abzuschließen.

Trotz der bildhaften Zusammenhänge, trotz der durch Ausstattung, Farbe und Licht ausgelösten Bewegung, die die Räume aneinander bindet und ineinander verschleift, beanspruchen Bruderschafts-, Ritterordens- und Altarraum auch Selbständigkeit. Jeweils an den Übergängen dieser Raumkompartimente scheinen optisch wirksame »Membranen« gespannt, die den Betrachter an der suggerierten Bewegungslinie nach Osten innehalten lassen, ihn zum Kirchenraum in Distanz setzen und am Eingang festhalten. Ein helles, mitunter gleißendes, niemals grelles Licht umfängt zarte Buntwerte, läßt messerscharfe Grate stehen als Schnittfiguren zueinander gebogener, stereometrisch kaum nachvollziehbarer Oberflächen, spielt auf diesen Oberflächen, deren Materialität und tektonische Festigkeit ungewohnte Qualitäten zeigt. Die gesamte Innenraumausstattung – Altäre, Stuck, Fresken und im besonderen Maß Farbe und Licht – ist raumkonstituierend. Es entsteht etwas kalkuliert räumlich Unklares, nur undeutlich Begrenztes – die Erscheinung von »Kirche«. Trotz des schwerelos atektonischen Aufbaus und jenseits der Gesetze von Stütze und Last, ist der Raum rational klar gebaut; das Stützengerüst – obwohl als plastische Substanz ausgezeert – gibt der Raumstruktur Festigkeit.

Ein solch sensibles, auf ein ganzheitliches Raumbild zielendes Erfassen von Architektur ist in den Fischer-Kirchen in Aufhausen (Oratorianer- und Wallfahrtskirche, ab 1736) und Ingolstadt (Augustiner- und Wallfahrtskirche, ab 1736) durch ihr traditionelles architektonisches System nicht möglich und nicht nötig. Die Kirchenräume in Aufhausen und Ingolstadt sind – trotz ihrer »dualistischen Raumbildung«, die an dieser Stelle nicht weiter differenziert werden muß – Varianten eines Bautypus.[2] Dieser ist durch den Begriff des »Acht-Arkaden-Raumes« weitgehend charakterisiert.[3] Als anschauliche Werte dominieren hier jeweils das kraftvolle architektonische Gerüst der Arkatur und die mit Bestimmtheit vorgeführten tektonischen Zusammenhänge. Das gesamte bauliche Vokabular: Stütze, Bogen, Kuppel etc. ist nach seiner festen Materialität und plastischen Substanz kenntlich gemacht.
Gegenüber dieser struktiven räumlichen Klarheit und festgefügten Tektonik als wesentlichen Faktoren der Architektur ist – im Gegensatz zu Berg am Laim – in Aufhausen und Ingolstadt die Ausstattung deutlich subordiniert. Die Farbe dient nur der Färbung, das Licht nur der Beleuchtung von Architektur, ohne daß sie künstlerische Eigenständigkeit erlangen und sich aus ihrer traditionellen Zuordnung zur Architektur lösen würden.
Die Eigen- und Einzigartigkeit von St. Michael in Berg am Laim im Werk J. M. Fischers – wobei F. Cuvilliés' Planungsanteil zu berücksichtigen ist – sowie im gesamten süddeutschen Kirchenbau des 18. Jahrhunderts liegt also im Aufgreifen der Neuformulierung eines unorthodoxen architektonischen Ausdrucks-Modus.[4]

83 *Berg am Laim, St. Michael, Fernsicht der Schauseite, Seitenflügel im 19. und 20. Jahrhundert verändert*
84 *Berg am Laim, St. Michael, Nahsicht der Schauseite*
85 *Berg am Laim, St. Michael, Fassade*

86   Berg am Laim, St. Michael, Innenraum
87   Berg am Laim, St. Michael, Bruderschaftsraum in der Schrägsicht

88   Berg am Laim, St. Michael, Blick vom Bruderschaftsraum in den Ritterordens- und Altarraum
89   Berg am Laim, St. Michael, Bruderschaftsraum in der Schrägsicht

90 Berg am Laim, St. Michael, Deckenfresko im Bruderschaftsraum mit Darstellung der ersten Erscheinung des Erzengels Michael am Monte Gargano, Johann Baptist Zimmermann, ab 1743
91 Berg am Laim, St. Michael, Bruderschaftsraum mit Konchen- und Diagonalaltären

92 Berg am Laim, St. Michael, Innenraum
93 Berg am Laim, St. Michael, Ausschnitt aus dem Deckenfresko im Bruderschaftsraum; der Herzog der Stadt Sipont wird von seinem eigenen Pfeil getroffen
94 Berg am Laim, St. Michael, Ritterordensraum, Wandgeschoß → →
95 Berg am Laim, St. Michael, Blick in die Gewölbezone von Ritterordens- und Altarraum, Stuckrelief des hl. Augustinus von Johann Baptist Zimmermann, 1743/44 und 1753/54 → →

← 96 Berg am Laim, St. Michael, Blick in die Wölbung von Ritterordens- und Altarraum;
Fresken mit Darstellung der zweiten und dritten Erscheinung des Erzengels Michael
Johann Baptist Zimmermann, ab 1743 und 1753/54

← 97 Berg am Laim, St. Michael, Diagonalfenster mit Stichkappeneinschnitten im Gewölbeansatz
des Bruderschaftsraumes, Stuck von Johann Baptist Zimmermann, ab 1743

98 Berg am Laim, St. Michael, Stuckdekoration in der Gewölbezone des Bruderschaftsraumes,
Aufschrift auf westlicher Kartusche »Clementia Clementis«
als Allusion auf den Auftraggeber, Kurfürst und Erzbischof Clemens August (oben)

99 Berg am Laim, St. Michael, Erzengel Raffael und Putto,
darunter im Relief Jakobs Kampf mit dem Engel, Detail vom Hochaltar (rechts)

Folgende Doppelseiten

100 Berg am Laim, St. Michael, Ritterordens- und Altarraum, Hochaltar von Johann Baptist Straub, 1767
101 Berg am Laim, St. Michael, Hochaltarbild, Johann Andreas Wolff (1694) mit Erweiterungen
von Franz Ignaz Oefele (1767)

102 Berg am Laim, St. Michael, Erzengel Michael, Kopie nach dem Urbild vom Monte Gargano,
südwestlicher Seitenaltar

103 Monstranz, der hl. Michael trägt einen strahlenumkränzten Monstranzkörper,
Joseph Grossauer, München 1722; Silber, der überwiegende Teil vergoldet, reicher Steinbesatz

104 Joseph Clemens im Ornat des Präfekten der Michaelserzbruderschaft, umgeben von den
Personifikationen der Bruderschaftstugenden (Treue, Frömmigkeit, Tapferkeit, Beharrlichkeit)
und Bruderschaftsmitgliedern. Blatt aus dem Fürstenbuch der Erzbruderschaft St. Michael
in Berg am Laim, 1745

*104
Joseph Clemens
als Präfekt der
Michaelserzbruderschaft
Aus dem Fürstenbuch
dieser Bruderschaft,
1745*

Anhang

1 Chronologie zur Baugeschichte der Michaelskirche in Berg am Laim

1693   8. Mai: Joseph Clemens, Kurfürst und Fürstbischof von Köln, gründet eine Michaelsbruderschaft und einen Michaelsritterorden mit Sitz in der Kapelle seines »Lusthauses« Josephsburg in Berg am Laim.

1723   Joseph Clemens verwirft Gedanken, die Michaelskapelle zu vergrößern.

1735   August: Der Bruderschaftssekretär Franz de Paula Würnzl läßt ohne Wissen und Einverständnis des Bruderschaftskonziliums bei dem Augsburger S. T. Sondermayr einen (möglicherweise von ihm selbst entworfenen) Idealplan für den Neubau von St. Michael in Berg am Laim in Kupfer stechen (Grundriß und Fassadenansicht). Beginn einer Sammelaktion im gesamten Hl. Römischen Reich.

1737   6. Januar–11. Februar: Clemens August, der Nachfolger von Joseph Clemens, in München.
11. Februar: Kurkölnischer Konsens zum Kirchenneubau.
6. September: Ein von Würnzl während einer Bruderschaftssitzung in Vorschlag gebrachter Neubau von St. Michael wird aus finanziellen Gründen abgelehnt.
15. September: Die bereits vorangetriebene Neubauplanung und die bis dahin geheim gehaltene Sammelaktion werden in München bekannt. Massive Gegnerschaft vor allem durch den Bruderschaftskonsultor und Pfarrer von Baumkirchen, N. Praschler, und den kurfürstlich geistlichen Rat von Köln und Bayern und Dekan von St. Peter, C. v. Unertl. J. M. Fischers Planung (mit von Anfang an projektierter Doppelturmfassade) ist mit einer Überschlagssumme von 11 584 fl. 49 kr. kalkuliert. F. Cuvilliés wurde Fischers Plan wiederholt zur Einsicht vorgelegt. Der Freisingische Ordinariatskonsens wird verweigert. Als Alternative zum Kirchenneubau wird (bis Oktober 1738) eine Erweiterung der alten Michaelskapelle diskutiert.
20. September: Kurbayerischer Erlaß, die Sammeltätigkeit sofort einzustellen.
25. September: Bauhütte wird eingerichtet, Materialtransporte beginnen.
Oktober: Clemens August drängt Würnzl, die Neubauplanung weiter voranzutreiben; Grabungen zur Fundamentierung sollen beginnen.
22. Dezember: Bruderschaftskonsilium fordert Würnzl auf, mit Fischer einen Kontrakt wegen des Neubaus zu schließen.

1738   Februar: Beschwerde von Clemens August bei seinem Bruder Johann Theodor von Freising, daß der erforderliche Ordinariatskonsens noch nicht erteilt wurde und deshalb die geplante Grundsteinlegung verschoben werden mußte. Es droht Streit zwischen Clemens August, Johann Theodor und Carl Albrecht.

1738	4. Februar: Würnzl schließt mit Ph. J. Köglsperger, der offenbar keine Risse vorlegte, einen Bauvertrag. Als Palier Cuvilliés war er seit Anbeginn über die Planungsarbeiten in Berg am Laim unterrichtet. März: Der bauliche Zustand des »Lusthauses« der Josephsburg ist noch unverändert; Abbrucharbeiten sind frühestens für April geplant. 2. April: Neuauflage des Sondermayr-Stichs. August: Clemens August drängt Würnzl zum Baubeginn. Freisingischer Ordinariatskonsens wird weiterhin verweigert, da kein gesicherter Finanzierungsplan vorliegt. 7. Oktober: Grundsteinlegung, offenbar ohne das Einverständnis Freisings. Ende Oktober: 54 Maurer, Zimmerer und Tagelöhner am Bau angestellt. 22. Oktober: Freisingischer Ordinariatskonsens ist erteilt. 2. Dezember: Fischer erwägt Verfahren gegen Köglsperger.
1739	Februar: Köglsperger muß Fischer als Baumeister von St. Michael weichen. 2. März: Beschluß des Bruderschaftskonsiliums, Würnzl abzusetzen (bleibt ohne Folgen). März: Fischer wird für neue Baurisse bezahlt. Mai: Bauvertrag mit Fischer. Ab Juni: Würnzl bestätigt Befehl Clemens Augusts, Cuvilliés die »Inspection« über den Bau zu übertragen und gegebenenfalls neuen Riß und Überschlag zu machen. Ab August: Verschiedenste Eingriffe Cuvilliés an der Neuplanung. Bau geht nur zögernd voran.
1740	Sommer: Spenden für den Neubau fließen nur noch spärlich; weiterhin schleppender Baufortgang. Fassadenstich F. S. Schaurs (nach Entwurf Cuvilliés').
1741	Fassadenstich eines unbekannten Stechers (nach Entwurf Fischers).
1742	Herbst: Dach der Kirche vollendet.
1742/43	J. B. Straub liefert Holzfigur des Erzengels Michael für die Fassade (nicht mehr vorhanden).
1743	31. Januar: Vertrag mit J. B. Zimmermann wegen Freskierung und Stuckierung. Januar: Vertrag mit J. B. Straub für vier kleine Altäre im Gemeinderaum.
1744	März: Chor noch »unausgemacht«, Kirchentüre und Boden fehlen. 1. Mai: Benediktion.
1745	März: Würnzl hat den Bruderschaftsaltar der alten Kapelle abgebrochen und in den Neubau übertragen. Dem Befehl, den Altar wieder rückzuversetzen, kommt er nicht nach.
1749/50	Kupferne Turmabschlüsse.
1750	J. J. Dietrich hat Modelle für fünf Glocken geschnitten.
1751	19. September: Weihe.
1753	17. Januar: Nach Würnzls Bericht beliefen sich die Baukosten mit der Einrichtung auf 42 000 fl.
1753/54	Freskierung des Chorgewölbes.
1758	31. Januar: Vertrag mit Fischer über den Außenverputz.

1758/59	J. B. Straub liefert zwei Altäre für die Querkonchen des Bruderschaftsraumes.
1767	Erweiterung von Wolffs Michaelsbild aus der ehem. Bruderschaftskapelle durch F. I. Oefele. Aufstellung von J. B. Straubs neuem Hochaltar.
1768	Zwei Statuen Christus und Maria aus der Straub-Werkstatt.
1771	Fassung des Hochaltars vollendet.
1779	Eingangsgitter.

2   Ein Erstentwurf von J. A. Wolff für den Hauptaltar der Michaelskapelle in Berg am Laim

57   Für die Baugestalt der ehemaligen Michaelskapelle in Berg am Laim gibt es außer den überlieferten Maßangaben keine Anhaltspunkte. Sie kann mit Hilfe einer bisher nicht zugewiesenen Entwurfszeichnung von J. A. Wolff präzisiert werden, die im folgenden nach dem stilistischen, maßstäblichen und ikonographischen Befund als Erstentwurf für den Bruderschaftsaltar in Berg am Laim vorgestellt werden soll.[1]

Eine vorspringende Mensa wird seitlich von figurenbekrönten Sockeln umrahmt, die sich zusammen mit dem gleich hohen, aber zurückversetzten Retabel und den beiden flankierenden Türen zu einem blockartigen Altarunterbau zusammenfügen. Darüber erhebt sich ein monumentaler, reich geschmückter Bildrahmen; C-Bogen vermitteln zu einem schmalen Gesims, auf dem zwei Putti den ovalen Auszug halten. Nach dem eingezeichneten Gewölbeverlauf sollte der Altar die volle Breite und Höhe der Kapelle einnehmen.[2]

Für eine Zuweisung der Entwurfszeichnung als Bruderschaftsaltar in Berg am Laim sprechen zunächst die beigegebenen Maßangaben: »Die völige Höche des Altars ist 35 Schuch«. Die Gesamtbreite kann daraus auf 23 Schuh festgelegt werden. Dies entspricht der Breite der Michaelskapelle.[3] »Die Höche des Altar Blatt aber ist 13 Schuch 3 Zohl und die Breite dessen nach 8 Schuch 4 Zohl«. Diese Größenangaben stimmen mit der ursprünglichen Größe des Michaelsbildes überein, die aufgrund der deutlich sichtbaren Anstückelung der Leinwand rekonstruiert werden kann. Ein bei

105   N. Barth abgebildeter Reproduktionsstich von Wolffs Altarblatt ist mit seinem Rahmenverlauf mit der auf dem Altarentwurf vorgesehenen Rahmung weitgehend identisch.[4]

Stilistisch läßt sich der Entwurf mit den schweren Festons und den Akanthusranken in die neunziger Jahre des 17. Jahrhunderts und damit gleichzeitig mit Wolffs Altarbild datieren.[5] Den bruderschaftlichen Auftraggeber benennt das Schriftband der linken Engelsfigur mit »fraternitatis«. Auf die Michaelsbruderschaft verweist das Bruderschaftskreuz als Bekrönung beider Türen und als Dekoration der Mensa; (an der gleichen Stelle weisen auch die Altäre des Kirchenneubaus das Bruderschaftskreuz auf).

Die beiden seitlichen Türen boten Zugang zu einem dahinterliegenden Raum – zu einer in der Apsis untergebrachten Sakristei, möglicherweise auch zu einem Umgang. Auf jeden Fall sollte der Altar frei vor einer Konche aufgestellt werden, wie es der in der Baugeschichte als »Renovatio«-Projekt

5   angesprochene Chor des »Luzerner Plans« zeigt, der mit seinem ⅜-Schluß als ursprüngliche Bauform der Zuccallischen Schloßkapelle nachgewiesen wurde.[6]

Aufgrund der quellenmäßig belegten Maßangaben und der Form des Altarentwurfs läßt sich die Baugestalt der Michaels-Kapelle rekonstruieren: Ein zweigeschossiger, vielleicht spiegelgewölbter Saal[7] wird nach Osten von dem frei vor der Apsis stehenden Hauptaltar gleich einer architektonischen Abschlußwand geschlossen. Da die Kapelle – laut Wening- und Sondermayr-Stich – an den beiden Längsseiten umbaut war, muß neben dem Westfenster als Hauptlichtquelle eine durchfen-

217

sterte Apsis angenommen werden (vgl. auch den Luzerner Plan). Vor ihrer hellen Textur haben sich Altarbild und flankierende Figuren deutlich abgehoben.[8]

Unterschiede zwischen Wolffs Altarentwurf und der Altarausführung gab es im ikonographischen Programm. Ein Brief aus dem Jahre 1745 nennt seitlich des Michaels-Bildes die Figuren der Erzengel Gabriel und Raffael,[7] L. Trost darüber hinaus einen »in das obere Rondell des Altares gemalten, überaus schönen heiligen Geist, vom Himmel niederschwebend, das Ritterkreuz des St. Michaelsordens im Schnabel«.[10] In dem Entwurf ist im Auszug jedoch Moses während des Mannawunders gezeigt – ein ikonographisches Programm, das ebenfalls Beziehungen zur Michaelslegende aufweist.[11] Davon abgesehen lassen die beiden projektierten Erzengelfiguren deutliche Gemeinsamkeiten mit der Ausführung erkennen.

Die auf dem Entwurf dargestellten Engel sind zwar nicht mit den später ausgeführten Figuren identisch, zeigen aber zu A. Faistenbergers hl. Raffael, der allein überliefert ist, auffallende Ähnlichkeiten:[12] Übereinstimmend sind sie in Komposition und Größe,[13] in ihrer knienden Haltung, dem gegürteten, tunikaähnlichen, weich fließenden Gewand, der Schärpe über den Schultern und dem Faltenwurf. Die hier nahegelegte These, daß Faistenberger in Berg am Laim nach dem »Modello« Wolffs gearbeitet hat, wird zwar mit einer weiteren Faistenberger-Figur für Berg am Laim – einem hl. Rochus, für den ebenfalls ein Wolff-Entwurf bekannt ist – plausibel und bedürfte der weiteren Klärung.[14]

56

105
Johann Andreas Wolffs Hauptaltar der ehem.
Michaelskapelle in Berg am Laim, zeitgenössische
Reproduktion mit originaler Rahmenführung

Anmerkungen

Die Anmerkungen sind nach den Kapiteln der Arbeit zusammengefaßt.

Einleitung

[1] K. Trautmann, Der kurbayerische Hofbaumeister Franz Cuvilliés d. Ä. und sein Schaffen in Altbayern, in: Monatsschrift des Historischen Vereins von Oberbayern IV, 1895, Anm. 39.

[2] M. Hauttmann, Münchens Kunstleben im 18. Jahrhundert, München 1909/10, Anm. 464 (Manuskript im Kunsthistorischen Seminar der Universität München).

[3] Ders., Geschichte der kirchlichen Baukunst in Bayern, Schwaben und Franken, München-Berlin-Leipzig ²1921, S. 177.

[4] A. Feulner, Bayerisches Rokoko, München 1923, S. 53.

[5] W. Braunfels, François de Cuvilliés. Ein Beitrag zur Geschichte der künstlerischen Beziehung zwischen Deutschland und Frankreich im 18. Jahrhundert, Würzburg 1938, S. 93.

[6] Ebda., S. 91 ff.; dieser Hinweis wieder aufgenommen bei N. Lieb, Barockkirchen zwischen Donau und Alpen, München ⁵1984, S. 68.

[7] H. Ernst, Der Raum bei Johann Michael Fischer, (Diss. Masch.) München 1950; vorausgehend die Arbeit von P. Heilbronner, Studien über Johann Michael Fischer, (Diss. Masch.) München 1933.

[8] H. Ernst, 1950, S. 58.

[9] F. Hagen-Dempf, Der Zentralbaugedanke bei Johann Michael Fischer, München 1954, S. 72.

[10] G. Neumann, Die Gestaltung der Zentralbauten Johann Michael Fischers und deren Verhältnis zu Italien, in: Münchner Jahrbuch der bildenden Kunst, 1951, S. 238 ff.

[11] H. G. Franz, Johann Michael Fischer und die Baukunst des Barock in Böhmen, in: Zeitschrift für Ostforschung, 4. Jg., Heft 2, 1955, S. 220 ff.

[12] B. Scharioth, Aufhausen und Ingolstadt. Zur dualistischen Raumbildung Johann Michael Fischers, in: Gießener Beiträge zur Kunstgeschichte 3, 1975, S. 219 ff.

[13] B. Rupprecht, Die bayerische Rokoko-Kirche, Kallmünz 1959, S. 86.

[14] B. Schütz, Rott am Inn und die Zentralbauten Johann Michael Fischers, in: Rott am Inn. Beiträge zur Kunst und Geschichte der ehemaligen Benediktinerabtei (hrsg. v. W. Birkmaier), Weißenhorn 1983, S. 86 ff.

[15] N. Barth, Die St. Michaelskirche in Berg am Laim, München 1931.

[16] N. Lieb, St. Michael in Berg am Laim vor München (= Große Kunstdenkmäler, Heft 96), München 1948.

[17] C. Graf, Die St. Michaelskirche in München-Berg am Laim, Eisenärzt/Obb. 1951, ³1962.

[18] V. Loers, St. Michael in Berg am Laim, in: Münchens Kirchen, München 1973, S. 177 ff.; Ders., Die Hofkirche St. Michael in Berg am Laim. Neues zur Baugeschichte und Bauform. Norbert Lieb zum 70. Geburtstag, in: Ars Bavarica, München 1977, S. 55 ff.
Loers legt mit seinen Arbeiten neues Plan- und Quellenmaterial vor, schließt aber bei seiner Interpretation der Baugeschichte bisher bekanntes Quellenmaterial aus. In der Beurteilung der Luzerner Pläne kommt er in seinen Beiträgen zu unterschiedlichen Ergebnissen.

[19] N. Lieb, Johann Michael Fischer. Baumeister und Raumschöpfer im späten Barock Süddeutschlands, Regensburg 1982, S. 64 ff.; ders., 1984, S. 68 ff.

[20] P. Steiner, St. Michael in Berg am Laim (= KKF Nr. 1408), München 1983.

[21] N. Lieb, 1982, S. 67.

[22] Beispielsweise verrichtete hier im Jahre 1752 Kaiserin Maria Theresia eine Andacht. (Vgl. N. Barth, 1931, S. 28).

[23] R. Zürcher, Der Anteil der Nachbarländer an der Entwicklung der deutschen Baukunst im Zeitalter des Spätbarock, Basel 1938, S. 63.

[24] A. Reinle, Ein Fund barocker Kirchen- und Klosterpläne, I. Teil: Caspar Mosbrugger, in: Zeitschrift für schweizerische Archäologie und Kunstgeschichte, 1950, S. 216 ff.; II. Teil: Süddeutsche Meister, in: ebda., 1951, S. 1 ff.

Kapitel I

[1] Zur Michaelsbruderschaft in Berg am Laim: L. Trost, Geschichte des St. Michaels-Ordens und der St. Michaelsbruderschaft, München 1888; Ders., Geschichte der St. Michaelsbruderschaft und Kirche in Berg am Laim, München 1893.

[2] Vollständig zitiert bei: R. Paulus, Der Baumeister Henrico Zuccalli am Kurbayerischen Hofe zu München, Straßburg 1912, S. 90. Der Brief liegt dem Akt Zuccalli bei (StAM, HR Fasz. 96, Nr. 26).

zu Seiten 14-16

[3] M. Wening, Historico-Topographica Descriptio, I. Teil, Rentamt München, München 1701, Tafel Nr. 253.

[4] Ebda., S. 131.

[5] R. Paulus, 1912, S. 91.

[6] Das Blatt wurde im Auftrag Franz de Paula Würnzls' von Simon Thaddäus Sondermayr in Augsburg gestochen.

[7] Protokolleintrag vom 25. IX. 1737 (HStAM, HR Fasz. 146, Nr. 116 = Protokollbuch der Erzbruderschaft).

[8] Aus einem Brief von Nikolaus Praschler an Bischof Johann Theodor vom 29. X. 1737 (EOAM, Fasz. Berg am Laim).

[9] In einem »Votum« des Geistlichen Rats v. Werdenstein heißt es (o. Datum): »[...] so will doch anscheinen, daß S. Churfürstl. Durchl. zu Cöln, als haubt und Präfect dieser Erz Bruderschafft von solche verhabendten Samblung gewußt, und derselben nit entgegen gewesen.« (EOAM, Fasz. Berg am Laim).

[10] L. Trost, 1893, S. 18.

[11] Zuletzt bei: V. Loers, 1977, Anm. 2.

[12] Brief von Joseph Clemens an Cajetan v. Unertl, Bonn, 20. II. 1721 (EOAM, Fasc. Berg am Laim); als Begründung heißt es dort weiter: »[...] in welcher zwey von euren haubt festen, als den 8. May am Tag der Erscheinung, und am end Augusti, oder anfang Septembris, wan der Sonntag des fest der schuz Engeln einfallet, umb so mehr fuglich gehalten werden könne, da es zu selbigen Zeiten gemeinlich schön weter zu seyn pfleget, und also [...] ohne sonderbahres beschwer solche Kirchfahrten verrichten mögen: die übrige festen aber, S. Michaelis, S. Raphaelis, S. Gabrielis, und sonst noch mehr, wären in der S. Michaelis bruderschafft Kirch bey denen Franciscanern in München zu begehen [...]«.

[13] Brief von Clemens August an C. v. Unertl, Bonn 10. V. 1739 (EOAM, Fasz. Berg am Laim).

[14] Würnzls Unterschrift auf einem gedruckten Zettel vom 24. VI. 1753 (HStAM, GL Fasz. 4566 Nr. 117).

[15] Brief von Nikolaus Praschler an Clemens August vom 31. VIII. 1741 (EOAM, Fasz. Berg am Laim); ebenso Brief von Franz Würnzl an Bischof Johann Theodor vom 17. I. 1738 (EOAM, Fasz. Berg am Laim).

[16] Die vollständige Inschrift lautet:
Weil ich auf dich, mein Gott, getraut,
Hab ich mit Hilf dieß gotts-hauß baut,
Dein höchste Ehr zu mehren,
Die Sinder zu bekehren.
Die Mühe, Verfolgung, zur Buß nimme an,
Daß ich dich ewig loben, und lieben kann.
Dann von der Welt nichts bitt, begehr,
Alß mein Begräbnus allda her.
Auch zu betten für mich Sünder,
Daß ich komm in Himmel gschwinder.
O dieß thue liebster Christ für mich,
Dann ich bitte zu Gott für dich.
O heiliger Michael beschüz mich in letzten Streit,
Daß ich von Mund auß komm zur ewigen Glückseeligkeit;
Zu meiner Seele Trost habe dieß anhero verordnet
Anno 1752
Da mein Alter war, Sechs und Sechzig Jahr.
F. P. Würnzl, Churkölnischer Verwalter

[17] Zitiert nach N. Barth, 1931, S. 29; (die Quelle ist im Bruderschaftsarchiv verbrannt).

[18] Bei der letzten Renovierung fand man unter dem Steinboden der Vorhalle der Michaels-Kirche eine ausgebaute Grabkammer mit Sarg. Freundlicher Hinweis von Pfarrer Wagner, Berg am Laim.

[19] Eintragung im Sterbebuch der Pfarrei Baumkirchen; nach N. Barth, 1931, S. 29 wurde Würnzl »auf Anordnung des damaligen Pfarrers und Dekans von Baumkirchen, Christoph von Klingensperg, am 2. Mai [1759] vormittags 9 Uhr unter Bruderschaftsgeleit in Baumkirchen begraben, wie der damalige Präses der Bruderschaft und Direktor des Franziskanerhospizes F. Chrysostomus Mehrer ausdrücklich bezeugt [...]«.

[20] Zitiert nach N. Barth, 1931, S. 29; der Hinweis entstammt einer nicht ausgewiesenen und heute verschollenen Quelle.

[21] N. Barth, 1931, S. 15.

[22] Brief, ohne Verfasser und Adressat vom 14. XII. 1737 (HStAM, GL Fasz. 4566 Nr. 117).

[23] Brief von C. v. Unertl an Bischof Johann Theodor, 19. X. 1737 (EOAM, Fasz. Berg am Laim).

[24] Brief von Nikolaus Praschler an Bischof Johann Theodor 15. IX. 1737 (EOAM, Fasz. Berg am Laim).

[25] Abschrift des päpstlichen Breve von Benedikt XIII. (Juni 1725) im EOAM, Fasz. Berg am Laim.

[26] L. Trost, 1893, S. 14–15.

[27] N. Barth, 1931, S. 13.

[28] Aus dem kurkölnischen Konsens zum Neubau der Michaelskirche, 11. II. 1737, Abschrift im EOAM, Fasz. Berg am Laim.

[29] Brief von Franz Würnzl an Bischof Johann Theodor, 28. X. 1738 (EOAM, Fasz. Berg am Laim). In dem Brief wird erwähnt, daß die Spende bereits vor eineinhalb Jahren eingegangen war.

[30] HStAM, Bestand: Deutschorden – Lit. Nr. 2336 (für 1748/49), Rechnungen der Ballei Franken, S. 38 (Kosten insgemein): »Der Ertz-Bruderschafft St: Michaelis zu Josephsburg nechst München gdg. angeschaffter massen zur Kirchen-bau-bey-steur, durch die allhiesige P:P: Franciscaner, an 2 Carolins à 9 fl. 45 × übermacht Nr: 169 19 fl. 30 ×.« (Freundlicher Hinweis von Herrn Josef H. Biller, München).

[31] Brief von Nikolaus Praschler an Bischof Johann Theodor, 15. IX. 1737 (EOAM, Fasz. Berg am Laim). Das Protokollbuch der Erzbruderschaft (HStAM, HR Fasz. 146 Nr. 116) wurde seit 1723 von Würnzl geführt. Seine letzte Eintragung stammt interessanterweise vom 6. IX. 1737, »bei erfolgter Jährl: Bruderschaftsberechnung«.

[32] Brief von Nikolaus Praschler an Bischof Johann Theodor, 15. IX. 1737 (EOAM, Fasz. Berg am Laim).

[33] HStAM, HR Fasz. 146, Nr. 116; Eintragung vom 25. IX. 1737.

[34] R. Paulus, 1912, Abb. 91. Das Exemplar im Pfarrarchiv Berg am Laim ist 1945 verbrannt. Ein weiteres Exemplar befindet sich im EOAM, Fasz. Berg am Laim.

[35] H. Ernst, 1950, S. 61.

[36] G. Neumann, 1951, S. 242.

[37] Ebda., S. 240.

[38] F. Hagen-Dempf, 1954, S. 33.

[39] Ebda., S. 31.

[40] V. Loers, 1977, S. 58.

[41] Ebda., S. 57 ff. und Abb. 3.

[42] N. Lieb, 1982, S. 64.

[43] P. Steiner, 1983, S. 6; mit dieser These greift Steiner auf eine Vermutung M. Hartigs zurück.

[44] Brief abgedruckt bei N. Barth, 1931, S. 18–19; die Quelle ist 1945 verbrannt.

[45] G. Neumann, 1951, S. 240 ff.

[46] Siehe dazu: Augsburger Barock (Ausstellungskat.), Augsburg 1968, hier bes.: B. Bushart, Augsburger Barock (S. 5 ff.) und E. v. Knorre, Die Augsburger Baukunst des Barock (S. 25 ff.). Zu Elias Holl allgemein: Elias Holl und seine Zeit (Ausstellungskat.), Augsburg 1946. Ebenso erinnern die Volutenschwünge an die Bekrönung von Guarinis P. Carignano; siehe: G. Guarini, Architettura civile del Padre D. Guarino Guarini cherico regolare. Opera Postuma, Turin 1737 (hrsg. von B. Vittone), vgl. Tafel 31; das Stichwerk war seit dem ausgehenden 17. Jahrhundert in Umlauf. Die Kugelpodeste sind an ähnlicher Stelle an der Augsburger Rathausfassade zu sehen und waren allgemein als Schmuckform bis gegen 1700 üblich (Vgl. dazu M. Wenings Stichwerk: Historico-Topographica Descriptio, München 1701). Anfang des 18. Jahrhunderts finden sie sich an der Fassade von Viscardis Münchner Dreifaltigkeitskirche. Das Rahmenwerk der Michaelsnische im Obergeschoß findet sich vergleichbar als Türrahmen im Goldenen Saal des Augsburger Rathauses, wie er in einem Stich S. Kleiners überliefert ist (»Das Prächtige Rath Hauß der Stadt Augspurg«, 1732).

[47] Siehe dazu: W. Worobiow, Die Fensterformen D. Zimmermanns. Versuch einer genetischen Ableitung, (Diss.) München 1934; jüngst bei H. und A. Bauer, Johann Baptist und Dominikus Zimmermann. Entstehung und Vollendung des bayerischen Rokoko, Regensburg 1985, S. 182.

[48] Vgl. L. Trost, 1893, S. 12 ff.

[49] Brief von C. v. Unertl an Bischof Johann Theodor, 17. III. 1745 (EOAM, Fasz. Berg am Laim). v. Unertl berichtet: »[...] Uneracht diser gdister anbefelchung habe ich in die sichere Erfahrenheit gebracht, das Er [Würnzl] den Opferstockh aus der Bruderschaffts Capellen würckl: in die neue Kürch transferieret: Ingleichen die 2 grossen Engel Raphael: und Gabriel, so in der alten Capellen über dem Chor Altar gestandten [...].« Die beiden Figuren lieferte A. Faistenberger; die Raphaelfigur befindet sich heute im Heim der Barmherzigen Schwestern; die Gabrielfigur ist verschollen.

[50] Nach V. Loers, 1977, S. 82 befindet sich die Quelle im HStAM, Fasz. HR 146, Nr. 116 (=Protokollbuch der Erzbruderschaft) mit Eintrag vom 25. IX. 1737. Diese Angabe ließ sich nicht verifizieren.

[51] Diesen Titel des Sondermayr-Stiches erwähnt N. Barth, 1931, S. 15–16. Ein entsprechendes Blatt ist nicht mehr erhalten. Im 17. und 18. Jahrhundert bezeichnete der Begriff »Vorstellung« u. a. eine »allgemeine bildliche Darstellung«; vgl. dazu: Deutsches Wörterbuch von J. und G. Grimm, München (Repr.) 1984, Bd. 26, Sp. 1688 ff.

[52] Brief von C. v. Unertl an Bischof Johann Theodor, 5. V. 1738 (EOAM, Fasz. Berg am Laim).

[53] N. Barth, 1931, S. 17.

[54] Zu S. T. Sondermayr siehe allgemein: N. Lieb, Sondermayr, Simon Thaddäus, in: Thieme-Becker Künstlerlexikon, Bd. 31, Leipzig 1937, S. 271–272; dort weitere Literatur. Bisher unbekanntes Quellenmaterial liegt im Stadtarchiv Augsburg, Handwerksakten der Kupferstecher (1723–1804) Fol. 49 (1751) und Fol. 117 (1766). Die Ratsbücher aus den Jahren 1726 ff. geben Einblick in Sondermayrs Tätigkeitsfeld.

[55] Diesen Eindruck ergab die Durchsicht von Sondermayr-Kupferstichen in der Augsburger Stadtbibliothek und den Städtischen Kunstsammlungen Augsburg und wurde von Herrn Wolfgang Seitz, Augsburg, bestätigt, dem ich an dieser Stelle für seine Auskünfte danke. Ein kleines Heiligenbild in der Stadtbibliothek Augsburg mit Jesuskind und dem hl. Johannes ist signiert mit »S. T. Sondermayr Graveur de S.A.S.E. Cologne, Cath. sc. exc. A.V.«

[56] Im Grundriß ragt die Kirchenfassade um Pilasterbreite aus der Flucht der Seitengebäude vor; in der Fassadenansicht ist diese direkt in deren Flucht eingebunden. Im Grundriß ist die Portalwand leicht vorgebaucht und das Portal mit hinterlegten Pilastern betont. Der Aufriß zeigt eine gerade Portalwand mit einfacher Pilasterordnung. Möglicherweise sollen die beiden vorschwingenden Stufen vor dem Eingang auf

zu Seiten 20-22

eine konvexe Wandführung verweisen, die Sondermayr nicht darstellen konnte.

⁵⁷ Daß Franz de Paula Würnzl der Sohn eines in Wasserburg am Inn ansässigen Maurermeisters war, darauf verweist – ohne Quellenbeleg – N. Lieb, Barockkirchen zwischen Donau und Alpen (5. völlig neu bearbeitete Auflage), München 1984, S. 68. Eine Anfrage im Stadtarchiv Wasserburg konnte den Hinweis nicht bestätigen. Laut Eintrag im Traubuch der Pfarrei St. Peter in München wurde Würnzl 1686 in Wasserburg am Inn geboren.

⁵⁸ Darauf verwies bereits H. Ernst, 1950, S. 61.

⁵⁹ Einen Überblick über entsprechende Traktatliteratur gibt U. Schütte, »Ordnung« und »Verzierung«. Untersuchungen zur deutschsprachigen Architekturtheorie des 18. Jahrhunderts, (Diss. Masch.) Heidelberg 1979, S. 397 ff.; zu L. C. Sturm S. 437 ff.

⁶⁰ Abschrift im EOAM, Fasz. Berg am Laim. In dem Konsens heißt es u. a.: »[...] und es mithin nöttig seye, das ein so gross Seelen nuzlich werck an statt einer Capell mit einer anständig Kirch nach ausweis des von gewisenen Rises versehen, auch zu anders eröffneten Gottseeligen Übungen und Beförderung des nechsten Heyl applizirt, [...] Also ertheilen mehr höchst gndtl. G:C.Drtl: hierdurch nicht nur den gndigsten Consens, sondern befehlen dero Erzbruderschafftl. Consilio in Krafft dises gdist, der selbiges nicht allein erwend nötig Bau erhaltenen Risses gemäss führen, sondern auch, wie: und wo mögl: noé Consilii durch dero Geheimen Canzley verwanden als zugleich ersagten Erzbruderschafft verpflichteten Secretarius Franz Paul Würnzl/: deme ohne der alle Bruderschafftlⁿ Expeditiones obliq:/ zur bestreitung der erforderl. Bau Kosten gutthättige Gemüdther ansucht: fort all der iemige von Hand genohmen werden solle, was immer zu ermeltem Kirchen Bau erforderlich seyn könne.«

⁶¹ Chur-Bayrischer Hof-Kalender, München 1738: Merckwürdigkeiten/so sich allhiesig-churfürstl. hof pro Anno 1737 zugetragen haben: »den 6. Jenner/als am Fest-Tag der Heil.drey Köenig/ wurde von allhiesigem Churfürstlichen Hof aus/ Nachmittag um 4. Uhr eine Schlittenfahrt angestellt/ bey welcher sich a. Sr. Churfürstl. Durchl. zu Cölln u. a. Ihre Churfürstl. Durchl. zu Bayrn/ unser gnädiger Herr/ [...] betroffen hat.« Am 17. Januar fuhr Clemens August »mit einer kleinen Suite zu der Wunderthättigen Mutter Gottes nacher Alten-Oettingen.« 11. Februar 1737: »Ihre Churfürstl. Durchleucht von Cölln nach angenommener allerzärtlichsten Beurlaubung die Abreise über Donauwörth/ und Mergenthall nacher Manheim genommen habe.« Nach M. Braubach; Clemens August. Versuch eines Itinerars, in: Kurfürst Clemens August: Landesherr und Mäzen des 18. Jahrhunderts, Ausstellungskat.,

Köln 1961, S. 64ff. war Clemens August schon im Oktober 1736 in München, reiste aber bereits im Dezember wieder ab.

⁶² Eine Nachricht von N. Praschler an den Bischof Johann Theodor läßt Würnzls Vorgehen erkennen: »Das er Würnzl sich erkekhet habe S. Churfrtl. Drtl. von Cölln als seinem gdigsten Herrn, gleich anfengl: mit einer so grossen unwahrheit anzugehen, und vorzutragen, das ein gesambter Erzbruderschafft Magistrat wegen Erbauenter Kürchen zu Berg eine sehr grossen Eifer und Grund bezeigen thun, [...]. Da doch von allen diesen gedachter Magistrat nit des mindeste wußte, und wider dessen Intention [...] ist missbrauchet worden.« (Zettel in einem Brief vom 24. VI. 1741; EOAM, Fasz. Berg am Laim). Daß am 11. II. 1737, als Clemens August den Konsens zum Kirchenneubau gab, Fischers Pläne bereits vorlagen, wie N. Barth, 1931, S. 16 angibt, wäre möglich, ist jedoch unwahrscheinlich. Barths Hinweis, »Fischer war als Baumeister schon angestellt gewesen« (S. 16), widerspricht nämlich einer Quelle vom 22. XII. 1737, wonach Würnzl aufgefordert wird, »mit dem Baumeister Fischer einen Contract« zu schließen. (HStAM, Fasz. HR 146, Nr. 116).

⁶³ Die Überschlags-Summe ist erstmals in einem Brief von N. Praschler an Bischof Johann Theodor vom 15. IX. 1737 erwähnt. (EOAM, Fasz. Berg am Laim).

⁶⁴ HStAM, HR Fasz. 146, Nr. 116, Eintrag vom 22. Dezember 1737.

⁶⁵ Zitiert nach F. Hagen-Dempf, 1954, S. 96; (die Quelle ist im Bruderschaftsarchiv verbrannt).

⁶⁶ »In geordneter Prozession, an der der Pfarrer von Baumkirchen als Offiziator, der Präses und die Mitglieder der Bruderschaft, Fahnen- und Kreuzträger und zwölf Franziskaner als Sänger teilnahmen, wurden unter dem Beten einer ›ungemeinen Volkmenge‹ die heiligen Leiber von der Kirche der Salesianerinnen [...] durch das Isartor nach Josephsburg getragen«. (N. Barth, 1931, S. 23/24).

⁶⁷ Brief des kurkölnischen Rats v. Stephne an Würnzl, 12. X. 1737 (EOAM, Fasz. Berg am Laim).

⁶⁸ Brief vom Geheimen Rat v. Stephne an Würnzl (Abschrift), 12. X. 1737 (EOAM, Fasz. Berg am Laim).

⁶⁹ Brief von Clemens August an die Michaels-Erzbruderschaft, 13. IX. 1738 (Kopie, EOAM, Fasz. Berg am Laim).

⁷⁰ So wird beispielsweise in einem Brief vom 14. XII. 1737 erwähnt (o. V.): »[...] nebst einer sonderbahren wohnung für einen in geistlichen Exercitys woll erfahrenen Priester [...].« (HStAM, GL Fasz. 4566, Nr. 117).

⁷¹ HStAM, Kl. Lit. Bayr. Franziskanerprovinz, Nr. 278 (=Archivium novum capellaniae Josephsburg, Anno MDCCLI), S. 8/9.

⁷² L. Trost, 1893, S. 25.

[73] Brief, ohne Verfasser und Empfänger, 14. XII. 1737; HStAM, GL Fasz. 4566, Nr. 117.
[74] »Votum« des Geistlichen Rats v. Werdenstein, (o. D., sicherlich aber 1738, EOAM, Fasz. Berg am Laim).
[75] Brief von Clemens August an Bischof Johann Theodor, 12. II. 1738 (EOAM, Fasz. Berg am Laim).
[76] »Votum« des Geistlichen Rats v. Werdenstein, (o. D., sicherlich aber 1738), EOAM, Fasz. Berg am Laim. In einer vorangehenden »Relatio« wird der gesamte bisher geführte Schriftverkehr zusammengefaßt.
[77] N. Barth, 1931, S. 17. Die Festpredigt des Franziskanerpaters Landelinus ist verschollen.
[78] Brief des Geistlichen Rats von Freising an Würnzl, 20. X. 1738 (EOAM, Fasz. Berg am Laim).
[79] Brief von Bischof Johann Theodor an C. v. Unertl, 22. XI. 1738 (EOAM, Fasz. Berg am Laim).
[80] Siehe EOAM, Fasz. Berg am Laim.
[81] Brief von N. Praschler an Bischof Johann Theodor, 15. IX. 1737 (EOAM, Fasz. Berg am Laim).
[82] Brief von Clemens August an den Vicepräfekten und die sämtlichen Consultoren der Erzbruderschaft (Kopie), 7. XII. 1737; darin faßt Clemens August alle bisher an ihn herangetragenen Einwände zusammen.
[83] Brief von N. Praschler an Bischof Johann Theodor, 24. VI. 1741 (EOAM, Fasz. Berg am Laim).
[84] Brief eines Franciscus Textor Archiconfraternitatis S:M:Archay:Capellanus an den Geistlichen Rat von Freising, 11. IX. 1745 (EOAM, Fasz. Berg am Laim); darin heißt es weiter: »[...] das S^{ro}: Churfrtl: Drlt: Josephus Clemens hegst Seeligister gedechtnuss, als diser Erzbruderschafft mildreichister Fundator, bey aufrichtung, und Einsezung bemelter Erzbruderschaft gdist anbefohlen, und geordtnet, das jeder zeitl:H:Pfarrer zu Pämbkürchen iederzeit solle Consultor seyn, und ernennet werden, wie dan bishero allzeit geschehen, und observieret worden, auch jeziger Herr Pfarrer selbsten, sobald er auf die Pfarr kommen, alsobald als Consultor alle Sorg für bemelte Erzbruderschaft iederzeit getragen, auch allen Bruderschafft festen mit gresten Eifer auferbaulichist, und würdigist beywohnet.«
[85] Brief von N. Praschler an Bischof Johann Theodor, 15. IX. 1737 (EOAM, Fasz. Berg am Laim).
[86] HStAM, HR Fasz. 146, Nr. 116; Eintrag vom 25. II. 1752.
[87] v. Unertl erlangte 1708 an der Universität Ingolstadt den Grad eines »Doctor theologiae«; siehe dazu: O. Mederer, Annales III., S. 104, 113. Zu Cajetan v. Unertl siehe: E. Geiß, Geschichte der Stadtpfarrei St. Peter in München, München 1868, S. 121 ff.
[88] »Relatio« des Geistlichen Rats v. Werdenstein, (o. D., sicherlich 1738, EOAM, Fasz. Berg am Laim).

[89] Brief Würnzls an Clemens August, 13. II. 1739: Der »Maurermeister [Fischer...], der seines Verstandes genugsam beruembt und schon 20 Kirchen gebaut alleinig aber anfangs beyseits gesetzt worden, weil ihn Herr v. Unertl nicht haben wolle«; zitiert nach F. Hagen-Dempf, 1954, S. 97 (die Quelle ist im Bruderschaftsarchiv verbrannt).
[90] Quelle zitiert nach J. Mois, Die Beteiligung der Gebrüder Asam am Hochaltar der St. Peterskirche in München, in: Das Münster, 7. Jg., Heft 5/6, 1954, S. 178 (ohne Quellenangabe).
[91] J. Mois, 1954, S. 175 ff.
[92] Siehe dazu: H. Voelker, Die Gunezrhainer, (Diss. Masch.) München 1923, S. 60.
[93] Ebda., S. 80 ff.
[94] Siehe dazu: Ebda., S. 60 ff.; N. Lieb, München. Die Geschichte seiner Kunst, München 1971, S. 195; F. Naab, Damenstiftskirche St. Anna, in: Münchens Kirchen, München 1973, S. 151 ff.
[95] P. L. Abstreiter, OSB, Geschichte der Abtei Schäftlarn, Selbstverlag des Klosters 1916, S. 118.
[96] HStAM, KL Schäftlarn, Landshuter Abgabe Rep. 46/2, Nr. 501.
[97] C. v. Unertl war kurkölnischer Geistlicher Rat und stand darüberhinaus mit Clemens August in engem Kontakt.
[98] Brief Fischers an Würnzl, 17. XII. 1738, zitiert nach N. Barth, 1931, S. 18; (die Quelle ist im Bruderschaftsarchiv St. Michael verbrannt).
[99] Brief (o. V.), 14. XII. 1737, HStAM, GL Fasz. 45 566, Nr. 117.
[100] Erwähnt in dem Brief von N. Praschler an Bischof Johann Theodor, 15. IX. 1737, (EOAM, Fasz. Berg am Laim).
[101] Brief von Würnzl an Clemens August, 7. VII. 1739, zitiert nach F. Hagen-Dempf, 1954, S. 97; (die Quelle ist im Bruderschaftsarchiv verbrannt).
[102] Brief von N. Praschler an Bischof Johann Theodor, 29. X. 1737, (EOAM, Fasz. Berg am Laim).
[103] Vgl. Anm. 64.
[104] N. Barth, 1931, S. 16/17; die Zuweisung der Fundamentierungsarbeiten als selbständige und eigenverantwortliche Leistung Köglspergers zuletzt bei V. Loers, 1977, S. 59.
[105] Zitiert nach F. Hagen-Dempf, 1954, S. 96; (die Quelle ist im Bruderschaftsarchiv St. Michael verbrannt).
[106] Siehe: N. Lieb, Münchener Barockbaumeister, München 1941, S. 107.
[107] Brief Würnzls an Clemens August, 2. III. 1738 (EOAM, Fasz. Berg am Laim).
Hier heißt es u. a.: »[...] sohin mit anfang des Aprils als ordentlichen Bau Zeit

zu Seiten 25-30

des alte gebäu abgetragen und nach gelegten ersten Stein im Nammen des allerhöchsten angefangen [...].«

[108] N. Lieb, 1941, S. 106 ff.

[109] Bericht des »Handwerks der Steinmetzen und Maurer in der kleinen Stadt Prag« vom 2. X. 1730 an das Münchner Handwerk; StAM, Maurerakt 1701/30; zitiert bei N. Lieb, 1941, S. 106-07.

[110] Aus einem Gesuch Köglspergers aus dem Jahre 1737; StAM, Maurerakt 1697-1743; zitiert bei N. Lieb, 1941, Anm. 1232.

[111] StAM, Maurerakt 1731-69; zitiert bei N. Lieb, 1941, S. 107-08, Anm. 1237.

[112] Brief von Fischer an Würnzl, 17. XII. 1738, zitiert nach N. Barth, 1931, S. 18; (die Quelle ist im Bruderschaftsarchiv St. Michael verbrannt.)

[113] N. Barth, 1931, S. 17.

[114] Geistlicher Rat von Freising an den Bruderschaftsmagistrat von St. Michael, Dekret vom 30. IV. 1738 (Abschrift), EOAM, Fasz. Berg am Laim.

[115] Brief von Clemens August an den Bruderschaftsmagistrat von St. Michael, 13. IX. 1738 (Abschrift); EOAM, Fasz. Berg am Laim.

[116] Brief Würnzls, wohl an Bischof Johann Theodor, 28. X. 1738 (EOAM, Fasz. Berg am Laim).

[117] Brief von C. v. Unertl an Bischof Johann Theodor, 10. XI. 1738 (EOAM, Fasz. Berg am Laim).

[118] StAM, Ratsprotokoll 1739/I, Bl.249, 291b; II., Bl. 3, 65. Maurerakt 1731/69; vgl. N. Lieb, 1941, S. 109. und Anm. 1245.

[119] StAM, Maurerakt 1731/69; zitiert bei N. Lieb, 1941, S. 108.

[120] Eine bisher unbekannte Quelle im Pfarrarchiv Dommelstadl beschreibt Köglspergers Arbeit an der Fassade der Pfarrkirche Dommelstadl: Am Tag der Weihe sind die von Köglsperger an der Fassade der Kirche aufgeführten Lisenen heruntergefallen, worauf der Auftraggeber, Kardinal Jos. Dominikus v. Lamberg, Köglsperger sofort entließ. (Brief im Pfarrarchiv Dommelstadl).

[121] A. Reinle, Ein Fund barocker Kirchen- und Klosterpläne, I. Teil: Caspar Mosbrugger, in: Zeitschrift für schweizerische Archäologie und Kunstgeschichte 1950, S. 216 ff.; II. Teil: Süddeutsche Meister, in: ebda., 1951, S. 1 ff.

[122] A. Reinle, 1951, S. 5.

[123] H. G. Franz, Johann Michael Fischer und die Baukunst des Barock in Böhmen, in: Zeitschrift für Ostforschung, 4. Jg., Heft 2, 1955, S. 220 ff.

[124] V. Loers, 1977, S. 59. Loers weiterer Hinweis an dieser Stelle, Köglsperger habe nur einen Fassadenriß gefertigt und keinen Grundriß, ist quellenmäßig nicht belegt.

[125] Bei V. Loers, 1973, wird eine weitere Grundrißzeichnung (Abb. 191) in Zusammenhang mit der Baugeschichte von St. Michael in Berg am Laim diskutiert (Zentralbibliothek Luzern, Graphische Sammlung). Sie findet in der späteren Literatur (V. Loers, 1977, und N. Lieb, 1982) keine Beachtung mehr.

[126] A. Reinle, 1950, S. 216-17. Zur Person und Tätigkeit des Augustin Schmid siehe: L. Marfurt-Elminger, Die Luzerner Kunstgesellschaft 1819-1933 (= Beiträge zur Luzerner Stadtgeschichte, Bd. 4), Luzern, 1978, S. 82 ff.

[127] Siehe dazu: N. Lieb, Johann Michael Fischer. Das Leben eines bayerischen Baumeisters im 18. Jahrhundert, in: Münchner Jahrbuch der bildenden Kunst, Bd. XIII, 1938-39, S. 149.

[128] N. Lieb, 1938-39, S. 149 erwähnt, daß Maria Monika Juliana Fischer den Georg Michael Schmid wohl außerhalb von München geheiratet hat. Das Kind Augustin ist 1785 als Badergeselle in Bozen nachzuweisen.

[129] Über den Architekten Johann Schmid siehe: N. Lieb, 1941, S. 110.

[130] Ebda., S. 110.

[131] StAM, VA 1/12 (Asam-Testament).

[132] Neben der Zusammenarbeit Fischer-Asam in St. Anna im Lehel, München, und in Osterhofen wird eine Gutachtertätigkeit Fischers an der St.-Johann Nepomuk-Kirche in München angenommen. (R. Bauer, G. Dischinger, H. Lehmbruch und H.-J. Sauermost, St. Johann Nepomuk im Licht der Quellen, München 1977, S. 7, Anm. 9).

[133] Das Blatt ist nicht datiert und signiert; Größe 580 × 340 mm; Feder (schwarze Tusche), Altäre rosa und grün laviert; Wasserzeichen: ☿; Konstruktionszeichnung in Blindriß und eventuell in Blei (da das Blatt restauriert wurde, ist dies nicht eindeutig feststellbar); Beschriftung auf Piedestal eines beigegebenen Risses mit Säule und Arkadenbogen: »Säulen«. Der Riß ist wohl teilweise als Kopie entstanden, da kaum Einstichlöcher einer Konstruktionszeichnung vorhanden sind; Radierspuren: am linken Turm, der ehemals größer geplant war (dies ist kein Hinweis dafür, daß die Doppelturmfassade von anderer Hand in einen bereits vorhandenen Plan eingezeichnet worden wäre); außerhalb der beiden Seitenaltäre deutliche Radierspuren (die ursprünglich geplante konvexe Ausbuchtung dieser Wandteile ist nur mehr als schwach gestrichelte Linie zu erkennen); Maßstab: nach beigegebenem Maßstab war die Fassade 90 Fuß (= 29,80 m) breit geplant. Zustand: das Blatt ist vollkommen hinterklebt, von der Restaurierung vor einigen Jahren gibt es keinen Bericht, entlang des linken Blattrandes Anheftlöcher, z. T. schwache blaue Farbreste (möglicherweise von Pauspapier).

¹³⁴ Brief von Clemens August an Würnzl, zitiert nach N. Barth, 1931, S. 19; (die Quelle ist verbrannt).
¹³⁵ Die Frage nach dem Anteil Cuvilliés' an der Chorarchitektur von Dießen bei N. Lieb, 1984, S. 68.
¹³⁶ Die Fassadendisposition, die ondulierende Bewegung und die Gliederung mit Doppelsäulen lassen sich auf Guarini-Projekte (z. B. S. Maria de Ettinga, Prag; S. Maria della Divina Provvidenza, Lissabon) zurückführen, die – nach der ersten Gesamtpublikation 1686 – 1737 in dessen »Architettura civile« erneut publiziert wurden. (Guarino Guarini, Architettura civile, Torino 1737; Repr. Milano 1968). Sie hatten wesentlichen Einfluß auf die Entwicklung der Kirchenfassade im österreichisch-böhmisch-mährischen Raum (siehe dazu: H. G. Franz, Bauten und Baumeister der Barockzeit in Böhmen. Entstehung und Ausstrahlung der böhmischen Baukunst, Leipzig 1962, bes. S. 57 ff.; E. Hubala, Guarineskes an der Fassade der Münchener Dreifaltigkeitskirche, in: Das Münster, 25. Jg., 1972, S. 165 ff.). Als direktes Vorbild konnte die Fassade der St.-Niklas-Kirche auf der Kleinseite in Prag dienen, (die Fassade entstand in den Jahren 1709–1711, dazu: H. G. Franz, 1962, S. 66 ff.), die, von der leicht einschwingenden mittleren Eingangswand abgesehen, im Untergeschoß nach Linienführung und Gliederung zu den eingestellten Doppelsäulen des Luzerner Planes deutliche Bezüge erkennen läßt. Eine große Ähnlichkeit weist auch aufgrund der gleich ausgeprägten Kurvierung und der Schrägstellung der Eckpfeiler die 1718–21 errichtete Fassade von Lechwitz auf. (Die Fassade wurde von Christian Damel aus Wien nach fremden Plänen errichtet; H. G. Franz, Die deutsche Barockbaukunst Mährens, München 1943, S. 38/39, vermutet wegen der konkaven Fassadenschwingung, wie sie auch die Wiener Dorotheerkirche zeigt, Matthias Steindl als Entwerfer). Schließlich dürfen Zusammenhänge mit Hildebrandts Fassade der Wiener Piaristenkirche angenommen werden, deren ursprüngliche Baugestalt uns in einer Zeichnung von P. C. Vogl überliefert ist und von der – bisher unbeachtet – sich ebenfalls in der Luzerner Planmappe eine Nachzeichnung befindet. (Dazu: B. Grimschitz, Johann Lucas von Hildebrandt, Wien 1959, S. 40 ff.; R. Wagner-Rieger, Die Piaristenkirche in Wien, in: Wiener Jahrbuch für Kunstgeschichte 17, 1958, S. 49 ff.).
¹³⁷ N. Barth, 1931, S. 22 (ohne Quellennachweis): »Würnzl hatte schon am 3. Dezember 1738 mit dem Prälaten von Tegernsee wegen Lieferung von acht Säulen für die Fassade aus dem Tuffsteinbruch von Mühlthal bei Weyarn verhandelt«.
¹³⁸ M. Hauttmann, Die Entwürfe Robert de Cottes für Schloß Schleißheim, in: Münchner Jahrbuch der bildenden Kunst, Bd. IV, 1911 S. 256 ff., Abb. 2.

¹³⁹ Ansatzweise wurde diese Kombination schon von C. D. Asam in Weltenburg verwendet (ab 1716). Allerdings bilden sie hier noch kein homogenes Stützenmassiv; stattdessen sind Pilaster mit Rücklagen und (in die ausgekehlte Wand eingestellte,) leicht vorkragende Vollsäulen verwendet, die optisch als »Massiv« zusammengebunden werden.
¹⁴⁰ Quellen im EOAM, Fasz. Berg am Laim.
¹⁴¹ Zu »Renovierungen« im 18. Jahrhundert in Bayern siehe: C. Liebold, Das Rokoko in ursprünglich mittelalterlichen Kirchen des bayerischen Gebietes – ein von maurinischem Denken geprägter Stil, München 1981 (= Miscellanea Bavarica Monacensia, Heft 98); R. Stalla, Der »Renovatio«-Gedanke beim Neubau der Benediktiner-Klosterkirche von Rott am Inn, in: Rott am Inn. Beiträge zur Kunst und Geschichte der ehemaligen Benediktinerabtei, Weißenhorn 1983, S. 105 ff.
¹⁴² Geistlicher Rat von Freising an Würnzl (Dekret), 5. V. 1745, (EOAM, Fasz. Berg am Laim).
¹⁴³ So beispielsweise bezeichnet in einem Brief von N. Praschler an Bischof Johann Theodor, 15. IX. 1737, (EOAM, Fasz. Berg am Laim).
¹⁴⁴ Brief von Joseph Clemens an C. v. Unertl, 20. II. 1721, (EOAM, Fasz. Berg am Laim).
¹⁴⁵ Brief von N. Praschler an Bischof Johann Theodor, 15. IX. 1737, (EOAM, Fasz. Berg am Laim).
¹⁴⁶ Brief von Johann Theodor an den Bruderschaftsmagistrat (z. H. von Pfarrer von Baumkirchen), 30. X. 1737, (EOAM, Fasz. Berg am Laim).
¹⁴⁷ Brief vom 20. X. 1738, (EOAM, Fasz. Berg am Laim).
¹⁴⁸ N. Barth, 1931, S. 8 ff.
¹⁴⁹ Über die Fassung der Kreuzpartikel sind wir durch einen Stich von Michael Wening unterrichtet, für den dieser am 7. VIII. 1716 mit 30 Gulden bezahlt wurde. Die silberne Statue des hl. Michael befindet sich heute in einem Nebenraum der Michaelskirche (links vom Chor).
¹⁵⁰ So bezeichnet auf dem Kupferstich von S. T. Sondermayr (1735).
¹⁵¹ Ein vergleichbares Bauvorhaben wurde Anfang des 18. Jahrhunderts in St. Anton in Partenkirchen durchgeführt, wo einem 1708 geweihten Kirchenraum (dem späteren Chor) 1733–39 ein Zentralraum (Gemeinderaum) angebaut wurde.
¹⁵² Brief (o. V. und Adressat), 14. XII. 1737, (HStAM, GL Fasz. 4566, Nr. 117).
¹⁵³ Vgl. Anm. 107.
¹⁵⁴ Brief von N. Praschler an Clemens August, 31. VIII. 1741, (EOAM, Fasz. Berg am Laim).
¹⁵⁵ Brief von Würnzl an Clemens August, 13. II. 1739; zitiert nach N. Barth, 1931, S. 22. Der genannte Bauschaden bezieht sich möglicherweise auf einen zu hohen Materialverbrauch; dazu N. Barth, 1931, S. 17:

»1737 hatte man noch mit einer Bausumme von 15 000 Gulden gerechnet, 1738 aber hatte man sich schon mit 20 000 Gulden abgefunden und meinte, mit 500 000 Steinen auszukommen. Nun brauchte Köglsperger schon zu den Grundmauern und zu einem kleinen Stück der Fassade 180 000 Steine: 40 000 hatte er verschwendet und Sachverständige redeten schon von 50–60 000 Gulden[...]«.

[156] Quelle zitiert nach N. Barth, 1931, S. 19; (die Quelle ist im Bruderschaftsarchiv verbrannt).

[157] Unter »Ausständt zum Kirchen Bau S. Michaelis in Josephsburg«, verfaßt am 16. III. 1739; zitiert nach F. Hagen-Dempf, 1954, S. 97 (die Quelle ist im Bruderschaftsarchiv verbrannt).

[158] Brief von Würnzl an Clemens August, 5. V. 1739, zitiert nach F. Hagen-Dempf, 1954, S. 97; (die Quelle ist im Bruderschaftsarchiv verbrannt): Würnzl beschwert sich über Köglsperger und bittet, man möge ihn entfernen und die »beschehene Anstellung des entgegen wohl bemittelt und erfahrenen Maurermeisters Fischer, der schon 20 Kirchen löblich gebauet und dahero in bestem Ruemb stehnt, gnädigst zu konfirmieren.«

[159] Brief Würnzls an Clemens August, 13, II. 1739, zitiert nach F. Hagen-Dempf, 1954, S. 97; (die Quelle ist im Bruderschaftsarchiv verbrannt): Würnzl beschwert sich über Intrigen, in denen wohl »der abgeänderte Hof Maurerpallier die Hauptperson« sei, weil er Fischer habe weichen müssen.

[160] Ab 21. VI. 1739 finden sich eine Reihe von Wochenzetteln, die alle ungefähr den gleichen Text haben; z. B.: »Dem Herrn Fischer Gesellengelt vom 12.–18. July 1739 a 76 Täg a 2 × 7 fl. 37 ×; zitiert nach F. Hagen-Dempf, 1954, S. 98; (die Quellen sind im Bruderschaftsarchiv verbrannt).

[161] Brief von Würnzl an Clemens August, 7. VIII. 1739, zitiert nach F. Hagen-Dempf, 1954, S. 98; (die Quelle ist im Bruderschaftsarchiv St. Michael verbrannt).

[162] Ebda., S. 98.

[163] K. Trautmann, 1895, Anm. 39; siehe auch: R. Paulus, Die Verlassenschaften des Baumeisters Cuvilliés, in: Altbayerische Montsschrift 11. Jg., 1912, S. 115 ff.

[164] V. Loers, 1973, S. 174, Abb. 192; Ders., 1977, S. 74 ff., Abb. 12.

[165] N. Lieb, 1982, S. 212.

[166] Die eigenwilligen Turmabschlüsse mit übereck gestellten Volutenschwüngen, die, von kleinen Dreiecksgiebeln zusammengefaßt, in die Turmhelme einschneiden, sind identisch mit den Turmabschlüssen, die von J. Mungenast nach dem Brand in der Klosterkirche Melk aufgeführt wurden. (Siehe dazu: F. Klauner, Die Kirche von Stift Melk, Wien 1946 = Kunstdenkmäler Heft 3). Sie wurden möglicherweise von dem in Salzburg tätigen Stecher des Fassadenrisses von St. Michael in Berg am Laim, F. S. Schaur, eingebracht. (Dazu: Thieme-Becker, Künstlerlexikon, Bd. 29, Leipzig 1935, S. 590).

[167] Das Hôtel Soubise in Paris wurde 1705–1709 von Pierre-Alexis Delamair erbaut. Siehe: L. Hautecoeur, Histoire de l'Architecture Classique en France, Bd. III., Paris 1950, S. 29 ff. und 167 ff. Delamair arbeitete zunächst unter der Leitung von Robert de Cotte, stand ab 1703 in Kontakt mit dem Kurfürsten Max Emanuel und lieferte, wie auch de Cotte, Entwürfe für Bauprojekte in München und Schleißheim, die nicht zur Ausführung gelangten. Die Aufstellung von Säulen vor einer mit Fugenschnitt dekorierten Wand war besonders im französischen Hôtel-Bau des 18. Jahrhunderts üblich und konnte von Cuvilliés während seiner Lehrzeit in Paris studiert werden.

[168] Das ehem. Palais Piosasque de Non in München wurde ab 1726 ff. von Cuvilliés errichtet; siehe dazu: W. Braunfels, 1938, S. 83; F. Wolf, 1967, S. 41 ff.

[169] W. Braunfels, 1938, S. 36; F. Wolf, 1967, S. 42 ff.

[170] W. Braunfels, 1938, S. 93; F. Wolf, 1967, S. 101 ff.; D. Riedl, Theatinerkirche St. Kajetan, in: Münchens Kirchen, München 1973, S. 113 ff.; siehe dazu auch den Kupferstich aus der Ecole de l'architecture Bavaroise von François Cuvilliés d. J., ca. 1770.

[171] W. Braunfels, 1938, S. 36.

[172] V. Loers, 1973, Abb. 193.

[173] N. Barth, 1931, S. 23; siehe dazu auch: C. Thon, J. B. Zimmermann als Stukkator, München – Zürich 1977, S. 144 ff., Kat. Nr. 78.

[174] N. Barth, 1931, S. 24.

[175] Brief von Würnzl an Bischof Johann Theodor, 20. IX. 1743 (EOAM, Fasz. Berg am Laim).

[176] Bericht vom Geistlichen Rat von Freising, 30. III. 1744 (EOAM, Fasz. Berg am Laim).

[177] Annotation von Würnzl an Bischof Johann Theodor, 13. IV. 1744 (EOAM, Fasz. Berg am Laim).

[178] N. Barth, 1931, S. 24.

[179] V. Loers, 1977, S. 85.

[180] HStAM, HR Fasz. 146, Nr. 116, Protokoll vom 18. I. 1753 (S. 49 ff.).

[181] N. Lieb, Barockkirchen zwischen Donau und Alpen, München [4]1976, S. 155.

[182] N. Barth, 1931, S. 26.

[183] N. Lieb, [4]1976, S. 155.

[184] N. Barth, 1931, S. 30.

[185] N. Lieb, [4]1976, S. 155.

[186] Das Franziskaner-Kloster wurde Anfang des 19. Jahrhunderts abgebrochen.

[187] HStAM, HR Fasz. 146, Nr. 116, Protokoll vom 5. III. 1946, S. 1–4; Ebda., S. 9–10:
»Augenschein
So beede Maurer: Respee Chur Cöln. HofBaumeister

Rae einer Michael: Erzbruderschafftl.: Behaltnus in Franciscaner Closter alhier zu München miteinander vorgenohmen, den 1. Aug. 1746

1mo Sagen beede Herrn Bau verständigen, das sich der offerierte 30 Schuh lang 24,5 Schuh breite, mithin eben so grosse behaltnus, als die dermahlige, also gewölben lasse, das die 8 Schuch hohe Kästen darinnen füglich stehen können.

2do wird solche behaltnus durch zwey auf führente Feurmauren versicheret, so auf unkosten des Closters hergestellet werden, auf welchen gebäu kein wollwerck mehr kombt.

3^{tio} nach zeig des Risses kombt die Lodery/: wovon die Schaben entspringen :/ 53 Schuh von der behaltnus wegg, also, das der mindeste schaden davon zubesorgen: umb so weniger als von wohl hierinnen kein Kleidung oder dergleichen: sondern lauter leinen: und sindersachen nebst silber werck aufbehalten wird, so die Schaben nie angreiffen.

4to kan die einerseits anfallente : vor schädlich angegebene Sonn mit einen tächlein abgewendet werden.

5to Ist vom Preuhaus weder ein Dampf, noch Rauch zu besorgen, weilen Dampflöcher verhandten, und entfernet seind nach erbietten des hochwürdigen P. Quadianz aber zwey davon, auf den bederffungs fahl gar vermauret werden wolten.

6to den Bau kossten belanget, wurde solcher auf 200 f: belauffen, wofür das Closter nit mehrer begehren werde, weilen Sie ohnedem in Bau gegriffen, und mit allen gerüstern und anderen Materialiis versehen sind.

Welch alles beede Herren Bauverständige mit ihrer eigenen Handt unterschrifft bekräfftigen«

Johann Michael Fischer, Chur Cöln. Hof Baumeister
Lorenz Säppl, burger und Maurer Meister in München.
[188] HStAM, HR Fasz. 146, Nr. 116, S. 11.

Kapitel II

[1] H. Sedlmayr, Fünf römische Fassaden, in: Epochen und Werke II, Mittenwald 1977, S. 57 ff.; Ders., Die Schauseite der Karlskirche in Wien, in: ebda., S. 174 ff.
[2] Erwähnung der Fassade von St. Michael in Berg am Laim bei N. Lieb, Barockkirchen zwischen Donau und Alpen, München ^{1}1953, S. 67 und ^{5}1984, S. 68 ff.; Ders., J. M. Fischer, Regensburg 1982, S. 75 ff.; V. Loers, 1977, S. 74 ff. frägt vor allem nach Vorbildern für die Fassade von St. Michael, ohne aber ihr künstlerisches Konzept zu erkennen. Einen Großteil seiner Analysen bezieht er auf den Fassadenstich von 1740, dem aufgrund seiner Verzeichnungen und verfälschenden Wiedergabe nur bedingte Authentizität zukommen darf.
[3] N. Lieb, 1982, S. 76.
[4] Siehe dazu besonders: H. Sedlmayr, 1977, S. 174 bis 175.
[5] Ebda., S. 175: Nach der einen Auffassungsweise sind es die drei hochragenden Körper des Kuppelbaus und der beiden Säulenkolosse, nach der anderen die antike Tempelhalle, die von zwei antiken Triumphsäulen flankiert wird. Siehe dazu die schematischen Zeichnungen ebda., S. 176, Abb. 31 und 32.
[6] Vgl. S. 176 ff.
[7] Die Verwirklichung des Bußhauses scheiterte aus finanziellen und kirchenrechtlichen Gründen (StAM, Fasz. GL 4566, Nr. 117, 118; EOAM, Fasz. Berg am Laim). Mit Genehmigung des Kurfürsten Max III. Joseph vom 2. März 1751 wurde stattdessen bei St. Michael ein Franziskanerhospiz errichtet. Drei Patres als Hofkapläne mit einem Laienbruder erhielten den auf der Südseite der Kirche gelegenen Pavillon zur Wohnung, während der Pavillon auf der Nordseite der Erzbruderschaft eingeräumt blieb. Am 2. März 1802 wurde das Franziskanerhospiz aufgehoben. Unter Max IV. Joseph wurde der Plan gefaßt, in den nun leerstehenden Gebäuden eine Invalidenanstalt für die bayerische Armee zu errichten, der aus finanziellen Gründen scheiterte. Durch ministerielles Reskript vom 24. Mai 1840 wurde dann der südliche Teil den Barmherzigen Schwestern überlassen; der nördliche wurde 1893 von der Ortsgemeinde für Schulzwecke erworben und 1953 ebenfalls den Barmherzigen Schwestern abgetreten. (Vgl. L. Trost, 1893, S. 25 ff.).
[8] Dazu: P. Guinard, Madrid, l'Escorial et les anciennes résidences royales, o. J. 1935.
[9] J. L. v. Hildebrandts Idealplan für Stift Göttweig lag in seiner endgültigen Fassung 1722 vor. Sicher wurde J. M. Fischer bei seinem Wien-Aufenthalt auf diese Planung aufmerksam. Zur Rezeption des Escorial und des Tempels von Jerusalem siehe P. G. M. Lechner OSB, Stift Göttweig, (= KKF Nr. 645), München-Zürich 1980. Den profanen Anspruch, der auf Hildebrandts Idealplan zu erkennen ist, deutete schon im Dezember 1718 Kurfürst Lothar Franz an: »Was nuhn der h. praelat zu köttweig under der direction des H. R. V. canclers mit zuziehung des Jean Luca ausbruhen wirdt, das wirdt vermutlich nicht so gahr sehr nach den munchen schmecken«. (Zitiert nach B. Grimschitz, Johann Lucas von Hildebrandt, Wien 1959, S. 99).
[10] Auf Anregung der Bayerischen Akademie der Wissenschaften wurde um 1764 der französische Ingenieurgeograph De St. Michèl mit einer geometrischen und topographischen Landesaufnahme beauftragt. Als Ergebnis seiner Arbeit erschienen 1768 die in Kupfer

gestochenen Probeblätter im Maßstab 1:86000 von München und Umgebung (89,0 x 55,9 cm); München, Bayerisches Landesvermessungsamt.

[11] Im gleichen Maßstab 1:86400 wie das Blatt von De St. Michèl ist das Blatt der Gegend um München von dem Architekten und Kupferstecher F. Cuvilliés d. J., das er zusammen mit dem Kupferstecher Joseph Kaltner publizierte (um 1770). München, Bayerisches Landesvermessungsamt.

[12] Die Türme der Frauenkirche waren ehemals durch hereinführende Schneisen weithin sichtbar und ortsbezeichnend und beherrschen auch heute in der zerdehnten Großstadt das innere Stadtbild. (Zur ehemals dominanten Wirkung der Frauenkirche siehe das Stadtmodell von Jakob Sandtner von 1570 im Bayerischen Nationalmuseum; die Stadtgrenze blieb bis gegen 1800 unverändert.) Der Topographische Atlas von Bayern, Blatt München (1812), zeigt, wie in einer fast geraden Wegführung in Ost-West-Richtung eine Achse von der Frauenkirche bis zur Josephsburg in Berg am Laim führte.

[13] Topographischer Atlas von Bayern, Blatt München (1812), 1:50000 (82,5 × 53,3 cm), links u. bez.: »Gezeichnet Green, Ingenieur Geographe«; München, Bayerisches Landesvermessungsamt.

[14] In der ersten Hälfte des 19. Jahrhunderts entstanden die Uraufnahmen der Bayerischen Katasterkarten. Uraufnahme SO I.2. (1809) zeigt das Gebiet um St. Michael in Berg am Laim. Übereinstimmend mit dem Topographischen Atlas läßt sich hier die Wegführung bis zum Kirchplatz der Michaelskirche nachweisen; der Kirchplatz war bereits 1809 umzäunt (München, Bayerisches Landesvermessungsamt).

[15] Die Veränderungen der Seitenflügel und ihre Verlängerung auf der rechten Seite fanden im 19. Jahrhundert statt.

[16] Die dreieckige Silhouette der Mansardwalmdächer auf den Eckpavillons wird durch den Fassadenstich von 1741 nahegelegt und ist auch hier zu der Dachform der Kirche in deutlichen Bezug gesetzt. Auf dem Stich von 1740, der die Form des Kirchdaches offen läßt, ist die Bedachung des Pavillons noch trapezförmig gezeichnet.

[17] Den Auftrag zu der Michaelsstatue erhielt J. B. Straub am 10. Dezember 1742; im Oktober 1743 war sie fertiggestellt, wurde mit 100 Gulden bezahlt und erhielt 1758 ihre Fassung. Straubs Michaels-Figur trug in der einen Hand den Schild, in der anderen einen Donnerkeil. Die Figur zeigte offensichtlich schon bald starke Spuren der Verwitterung (N. Barth spricht davon, daß sie 1792 herabgestürzt sein soll), so daß man am 5. Juni 1789 bei R. A. Boos eine neue bestellte. Als sich der Hofbildhauer Johann Muxel anbot, die Figur billiger zu fertigen, bekam dieser im Januar 1793 den Auftrag. Muxel gab seiner Michaelsfigur den Kreuzstab in die Hand, mit dem Michael den Luzifer stürzte. Als auch diese Figur verwittert war, wurde 1911 von dem Hofkupferschmied Ragaller in München die heutige (zu kleine) Michaelsfigur in Kupfer getrieben. (Siehe dazu: N. Barth, 1931, S. 31 ff.).

[18] Vgl. Anm. 17.

[19] Das Motiv der Säule wurde wahrscheinlich von Ph. J. Köglsperger in die Planung von Berg am Laim eingebracht; vgl. Baugeschichte, S. 32 f. Zum Gebrauch der »Ordnungen« siehe: E. Forssman: Dorisch, Jonisch, Korinthisch. Studien zum Gebrauch der Säulenordnungen in der Architektur des 16.–18. Jahrhunderts, Stockholm – Göteborg – Uppsala 1961, S. 32 ff.; K. Mertens, Barockarchitektur und Säulenordnung, in: Wissenschaftliche Zeitschrift der Universität Dresden 18, 1969, S. 21 ff.; U. Schütte, »Ordnung« und »Verzierung«. Untersuchungen zur deutschsprachigen Architekturtheorie des 18. Jahrhunderts, (Diss. Masch.) Heidelberg 1979; ders., »Als wenn eine ganze Ordnung da stünde...«. Anmerkungen zum System der Säulenordnungen und seiner Auflösung im späten 18. Jahrhundert, in: Zeitschrift für Kunstgeschichte 24, München-Berlin 1981, S. 15 ff.; Architekt und Ingenieur. Baumeister in Krieg und Frieden Ausstellungskat.), Wolfenbüttel 1984 (mit Beitr. v.: A. Beyer, E. Brües, P. G. M. Lechner OSB, L. v. Mackensen, W. Müller, H. Neumann, W. Oechslin, U. Schütte, L. Vossnack).

[20] Aus dem von Max III. Joseph erlassenen Kurfürstlichen Generalmandat (1770).

[21] Ein Turm wurde im Februar 1749, der andere im Juli 1750 mit einem 65½ Pfund schweren, kupfernen und vergoldeten Knopfe abgeschlossen. (Vgl. N. Barth, 1931, S. 27).

[22] Erschienen in: Neuer Büchersaal der schönen Wissenschaft und freyen Künste, Leipzig (4. Bd.) 1747, S. 411 ff.

[23] Der Begriff bei W. Wolters, Plastische Deckendekorationen des Cinquecento in Venedig und Veneto, Berlin 1968.

[24] Diese charakteristische Form des geschwungenen Dreiecksgiebels als Turmabschluß findet sich in Fischers gesamtem architektonischen Werk: Zuerst in der Heilig-Grab-Kirche in Deggendorf, dann (über rechteckigem Querschnitt) in Osterhofen, (als Renovierungsergebnis) in Niederaltaich und in Dießen (vgl. die Bestandsaufnahme nach dem Brand von 1827, gezeichnet von Martin Dietl). Auf den Kupferstich-Projekten für Berg am Laim (1740/1741) ist dieser Übergang zu den Turmhelmen sehr ungeschickt gelöst; auffallenderweise zeigt erst die Bauausführung – wohl nach Fischers Endredaktion – diesen geschwungenen

Turmabschluß. Diese Form wiederholt sich zuletzt auf Fischers Plänen für Ottobeuren.

²⁵ Diese rechteckigen, stumpf in die Wand eingeschnittenen Schallöffnungen wirken zunächst befremdlich, erhalten jedoch als Flankenmotiv zu der Figurennische und somit als Ponderierung des Obergeschosses Bedeutung; die nachträglichen Vermauerungen sind innen sichtbar. Diese werden im Zuge des endgültigen Fassadenprogramms entstanden sein, da eine starke Geschlossenheit der Wand den wehrhaften Anspruch Michaels steigern sollte.

²⁶ Das Kupferstichprojekt von 1740 zeigt eine Dreiportalanlage, ebenso das von 1741, das aber ungewöhnlicherweise noch zwei weitere Eingänge an den Turmseiten aufweist. Da die zwei übereck gestellten Eingänge kaum Sinn geben, sind sie wohl als Alternative zu den Seiteneingängen der Kirchenfront zu sehen – wie sie (mit den darüberliegenden Okuli) auch ausgeführt wurden. Möglicherweise hatte man zunächst eine Drei-Portalanlage projektiert, von der die beiden äußeren Portale später vermauert wurden. Dafür spricht zumindest die Wandgestaltung der Türme in der Vorhalle. Neben dem Hauptportal noch zwei weitere Zu- bzw. Ausgänge zu planen könnte von der Funktion der Bruderschaftskirche abhängig sein, wo Umgänge und Prozessionen abgehalten wurden.

²⁷ J. B. Fischer v. Erlach veröffentlichte 1721 den »Entwurff einer historischen Architectur«, wo unter dem Kapitel »Andres Buch von einigen alten unbekannten Römischen Gebäuden...« S. 64, Tafel V (l.u.) der »L'Arc de Triomphe de Drusus« abgebildet ist – ein eintoriger Triumphbogen mit dreieckiger Übergiebelung und zwei Säulenpaaren. Dieser ist in seiner Grundstruktur mit dem Obergeschoß der Fassade von St. Michael vergleichbar.

²⁸ In dem Bruderschaftsbüchlein aus d. J. 1699 (S. Michael der höchste Seraphin über die himmlischen Geister..., Einleitung, Blatt 2) ist als Bitte der Bruderschaftsmitglieder zu lesen: »[...] daß unsere Seelen in die ewige Seeligkeit/und zwar in die lähre Sitz der abtrunnige Teuffel erhebt werden [...]«.

²⁹ Mit Hilfe von Profilleisten bzw. Gesimsbändern Wandflächen optisch Festigkeit zu geben ist ein Charakteristikum von Fischers Außenbauten. An der Fassade von Dießen bekommt die steil aufragende Figurennische des hl. Augustinus, die in dem geschwungen ansetzenden Frontispiz wie von oben eingeschoben erscheint, durch ein mehrfach verkröpftes Gesimsband optischen Halt. Dies ist auch an den Fassaden von Ottobeuren, Rott am Inn oder Schäftlarn zu beobachten, wo farbige Gesimsbänder das gleichfarbig umrahmte Mittelfenster in der Wand fixieren. An der Fassade von Altomünster ist – wie auch sonst bei Fischer – das architektonische Gerüst farblich gefaßt und von der Wand abgesetzt; Gesimsbänder der Kolossalordnung führen dort in die gleichfarbig ausgekleidete Nische mit der Figur des hl. Alto und binden sie als festen Bestandteil in die Gesamtkomposition ein.

³⁰ Demgegenüber vermutet V. Loers (1977, S. 81 und Anm. 54) »laut Befund«, daß die Blendnischen ursprünglich durch hellere Färbung von der übrigen Fassade abgesetzt gewesen sein dürften.

³¹ Eine ähnliche ikonographische Ausdeutung der Fassadengestalt finden wir, etwa gleichzeitig, an der Fassade der Münchner Asamkirche, wo, eingebunden in ein kolossales Triumphbogenmotiv, die konvexe Glasfläche als schimmernd spiegelnde Fläche, als Lichtfolie, für die symbolhafte Apotheose der im Gebet versunkenen Johann-Nepomuk-Figur benutzt wird; beschrieben bei: H. Lehmbruch, Asamkirche S. Johann Nepomuk, in: Münchens Kirchen, München 1973, S. 160 ff.

³² L. C. Sturm, Vollständige Anweisung /Alle Arten von regularen Pracht-Gebäuden nach gewissen Reguln zu erfinden/auszutheilen und auszuzieren..., Augsburg 1717, fol. a 2a.

³³ J. C. Sturm, Mathesis juvenilis, Nürnberg 1702, S. 1039.

³⁴ N. Goldmann, Vollständige Anweisung zu der Civilbau-Kunst... in öffentlichen Druck gebracht... und mit verschiedenen Anmerckungen/sonderlich einer weitläufigen Vorstellung des Tempels zu Jerusalem vermehret/Von Leonhard Christoph Sturm, Wolfenbüttel 1696, S. 129.

³⁵ K. F. Penther, Collegium architectonicum, Göttingen 1749, S. 11. Genauere Aufgliederung bei Sturm, in: Goldmann, 1696, S. 161: »[...] kan man an Privat-Häusern sich meistens an die Tuscanische und Dorische/an zarten Gebäuden, an die Jonische Ordnung halten. An offentlichen Gebäuden und grosser Herren-Höfe/schicken sich die Dorische/Römische und Corinthische Ordnung am besten«. Zur Kategorisierung der Gebäudetypen siehe H. Mühlmann, Albertis St. Andrea-Kirche und das Erhabene, in: Zeitschrift für Kunstgeschichte 32, 1969, S. 154 ff.; U. Schütte, 1979, S. 129 ff. und 217.

³⁶ Goldmann/Sturm, 1696, S. 146.

³⁷ Durch Ablösung der Herzoglich-Württembergischen Schirmvogtei gewinnt das Kloster Zwiefalten im April 1750 die volle Reichsunmittelbarkeit. Der Aufbau der Fassade wird im gleichen Jahr begonnen (vgl. N. Lieb, 1984, S. 161).

³⁸ Siehe dazu: E. Forssman, 1961, S. 32 ff.

³⁹ V. Scamozzi, Idea dell'architettura universale, Venedig 1615, Parte seconda, S. 104.

⁴⁰ Vgl. E. Forssman, 1961, S. 37.

⁴¹ Ebda., S. 35 ff.

⁴² L. C. Sturm, Kurtze Vorstellung der gantzen Civil-Baukunst, Augsburg 1718, S. 25.
⁴³ E. Forssman, 1961, S. 35.
⁴⁴ H. Sedlmayr, Fünf römische Fassaden, in: Epochen und Werke II., Mittenwald, 1977, S. 57 ff.
⁴⁵ Ebda., S. 64.
⁴⁶ Dieser Frage wird erst in letzter Zeit Aufmerksamkeit geschenkt. Eine umfassende Untersuchung, die wesentliche Aufschlüsse für die Architektur des 17. und 18. Jahrhunderts erwarten läßt, steht bisher aus. Siehe dazu: W. Oechslin, Bildungsgut und Antikenrezeption des frühen Settecento in Rom. Studien zum römischen Aufenthalt Bernardo Antonio Vittones, Zürich 1972. Jüngst wurde G. L. Berninis Verhältnis zum Cinquecento untersucht, in: Gian Lorenzo Bernini Architetto e l'architettura europea del Sei-Settecento, Rom 1983, Bd. I: siehe bes. Beiträge von T. Carunchio: Ipotesi 'barocche' in Sebastiano Serlio, S. 35 ff.; C. L. Frommel, S. Andrea al Quirinale: genesi e struttura, S. 211 ff.; S. Ray, Bernini e la tradizone architettonica del Cinquecento romano, S. 13 ff.; C. Thoenes, Bernini architetto tra Palladio e Michelangelo, S. 105 ff.; C. V. Vatavec, Buontalenti e Bernini. Due Temi per un' ipotesi di recerca, S. 145 ff.
⁴⁷ Das Stichwerk wurde zusammen mit der »Architettura Civile« publiziert (hrsg. von Bernardo Vittone), Turin 1737; neu hrsg. und mit einer Einleitung versehen von N. Carboneri, Mailand 1968.
⁴⁸ Besonders deutlich zu sehen auf Tav. 1, 9, 10, 14, 15, 19, 20, 22, 28, 34.
⁴⁹ E. Hubala, Guarineskes an der Fassade der Münchner Dreifaltigkeitskirche, in: Das Münster, 1972, S. 170.
⁵⁰ Ebda., S. 165 ff. Als wesentliche Kriterien für die Guarini-Rezeption nennt Hubala die Zweischaligkeit der Wand und die Verwendung der Säule als Strukturelement.
⁵¹ Die Theresianerinnen des Klosters bei der Münchner Dreifaltigkeitskirche kamen aus Prag. Die in Akten bekundete Mitwirkung eines Karmeliterfraters Domenikus, den Lippert mit D. Loiper identifizierte, ist in diesem Zusammenhang wegen der engen Beziehungen der Münchner und Prager Karmeliten zu erwähnen. Bei der Planung unter Abt Rupert II. Neß von Ottobeuren wird 1711 ein Karmelit, »Architectus« aus München, erwähnt (N. Lieb, Ottobeuren und die Barockarchitektur Oberschwabens, München [Diss.] 1931, S. 14). J. G. Ettenhofer, der seit 1694 oft als Palier unter Viscardi arbeitete und den Bau der Dreifaltigkeitskirche führte, absolvierte seine Lehre in Prag und Nordböhmen (N. Lieb, 1941, S. 95).
⁵² V. Loers, 1977, S. 76 ff.
⁵³ Vgl. Anm. 47.

⁵⁴ Siehe dazu: R. Paulus, Die Verlassenschaft des Baumeisters Cuvilliés, in: Altbayerische Monatsschrift, 1912, S. 115 ff. Hier wird ersichtlich, daß Cuvilliés eine »beträchtliche Bücherei« besaß; ein Teil der Literatur ist von Paulus aufgelistet.
⁵⁵ U. Spindler-Niros, Farbigkeit in bayerischen Kirchenräumen des 18. Jahrhunderts, Frankfurt 1981, S. 104.
⁵⁶ Diese unterschiedliche Auffassung von Wand, die heute (wohl zu deutlich) zwischen dem Rauhputz der Türme und dem Feinputz des Mittelteils veranschaulicht wird, entspricht wohl dem ursprünglichen künstlerischen Konzept.
⁵⁷ Siehe dazu: A. Riegl, Stilfragen. Grundlegungen zu einer Geschichte der Ornamentik (1893), Berlin ²1923; ders., Spätrömische Kunstindustrie, Wien ²1927.
⁵⁸ H. Sedlmayr, Österreichische Barockarchitektur, Wien, 1930, S. 29 ff.
⁵⁹ H. Bauer, Rocaille. Zur Herkunft und zum Wesen eines Ornament-Motivs, (Diss. 1955), Berlin 1962, S. 47.
⁶⁰ C. Nordenfalk, Bemerkungen zur Entstehung des Akanthusornaments, in: Acta Archaeologica, 1935, S. 257 ff.
⁶¹ H. Bauer, 1962, S. 48.
⁶² Ein Blick auf die Rocaille-Dekoration in der ehem. Klosterkirche Rott am Inn kann diesen Gedanken verdeutlichen: Die Monumentalkartuschen im Hauptraum bestehen aus einem Schild und zwei rahmenden C-Bögen mit Rocaille-Besatz. Sie werden von kompakten freiplastischen Wolkenmassen umquellt und kommen, über die Arkadenbögen hinaus fließend, freischwebend zum Hängen; dies ist die Atmosphäre, in der rosafarbene, vollplastische Putti mit einem Blütenband spielen. An der südöstlichen Seite scheinen sie aus dem Fresko isoliert – wo drei Putti Geißel, Bußgürtel, Abtstab und Lilie der hl. Scholastika tragen – und in die Gattung des Ornaments übertragen. Die Rocaille ist hier nicht nur Szenenrahmen, sondern auch Bildinhalt: Himmel! Entsprechend Bauers Erweiterung des »Nordenfalkschen Gesetzes« (H. Bauer, 1962, S. 48 ff.) besitzt hier die Rocaille ein Höchstmaß an Bildgegenständlichkeit, ist also ikonographisch »aufgeladen«; die Bindung mit der Wand ist kaum mehr gewährleistet. Darunter, an den Scheitelpunkten der Emporenfenster sind dieselben rosafarbenen, vollplastischen Putti auf Wolkenbänken zu sehen. An der Zusammengehörigkeit von Diagonalkartusche und Fensterdekoration kann kein Zweifel bestehen. Nur ist hier mit entsprechenden Attributen, die die Putti als christliche Kardinaltugenden kennzeichnen, ihr ikonographischer Inhalt weiter präzisiert. Gleichzeitig haben die Putti ihren Rocaille-Rahmen abgestoßen; das bildgegen-

ständliche Ornament ist nur mehr Bildwerk, das gleichsam als »leerer« ikonographischer Inhalt an der Wand hängt. Aus dieser Beobachtung scheint das Verhältnis von Ornament und Ornamentträger weiter präzisiert werden zu können: Anfänglich ist die Rocaille Ornament ›per se‹ und steht so in enger Bindung an den Ornamentträger. Diese Bindung beginnt sich zu dem Zeitpunkt zu lösen, als die Rocaille ikonographischen Inhalt bekommt. Wird diese Bildgegenständlichkeit innerhalb des ornamentalen Gefüges dominant, stößt es seinen Rocaille-Rahmen ab. Das Ornament ist zerstört; als ›Rest‹ bleibt nur noch ein beziehungslos an der Wand hängendes Bildwerk. (Vgl. dazu: R. Stalla, Bau und Ausstattung der Klosterkirche Rott am Inn, München (Mag. Masch.) 1982, S. 35 ff.)

[63] H. Bauer, 1962, S. 49 ff. und Abb. 77.

[64] Zu Architektur und Bild siehe: D. Frey, Wesensbestimmung der Architektur, in: Kunstwissenschaftliche Grundfragen. Prolegomena zu einer Kunstphilosophie, Darmstadt 1972, S. 93 ff.

[65] Dies erinnert an Maximen J.-F. Blondels, der einen Schwebezustand zwischen dem Hervorheben von Gebäudeteilen und der »union des facades« fordert (J.-F. Blondel, De la distribution des maisons de plaisance, Paris 1737–38, 1.T. 55).

[66] Seit Serlio werden diese Begriffe synonym gebraucht. »Ordine« kann bei ihm sowohl die »ordinatio« einer Fassade oder eines Stockwerkes meinen (Serlio 1618 f., lib. 4 fol. 15 ov und passim) wie ein spezielles Säulengenus – »maniere de colonne«. Dieser Sprachgebrauch prägt die gesamte folgende Traktatliteratur. Siehe dazu: U. Schütte, 1981, S. 26.

[67] Sturm schreibt: »Dan Serlii Art wird nicht mehr hoch ästhimiret/Alberti, Barbaro, Rivius sind auch alt/ u. noch nicht weit von der Vollkommenheit entfernet/ die man itziger Zeit in der Baukunst erlanget/Palladio und Scamozzi sind zu schwer/Vignola ist zwar leicht/ und dahero bey den Handwerckern am meisten beliebet/es kömt aber viel dabey auf einen guten Zug der freyen Hand an/der sich bey diesen nicht leichtlich findet«. (L. C. Sturm, Erste Ausübung der... Anweisung zu der Civil-Bau-Kunst Nicolai Goldmanns, Leipzig 1708, S. 2).

[68] Dazu: U. Schütte, 1979, S. 15 ff. Neben Goldmann und Sturm sind die wichtigsten Vertreter der deutschen Architekturtheorie bis 1750 C. Wolff, J. F. Penther und L. J. D. Succov; sie werden in der Vorrede zum ersten Band der »Sammlung nützlicher Aufsätze und Nachrichten die Baukunst betreffend«, Berlin 1797, genannt und ihre Werke als eigenständiger Beitrag zur Architekturtheorie gewürdigt.

[69] N. Goldmann, 1969, S. 1.

[70] So bei L. C. Sturm; vgl. dazu: U. Schütte, 1979, S. 25, Anm. 15 und S. 33 ff. Darauf verweist beispielsweise die »Zivilbaukunst« (1752), S. 11: »[...] besteht ferner die Zierlichkeit in rechter Proportion des Gebäudes«. N. Goldmann schreibt (1696, S. 28): »Durch die Zierlichkeit verstehen wir die Außzierung/dadurch ein Gebäu also bereitet wird/daß es der Ansehenden Augen/vornehmlich dem Auge des Gemüths wohlgefällt«. J. G. Jugel, Gründliche Anleitung zu der vollkommenen Bau-Kunst, Berlin 1744, S. 260 schreibt: »Die größte Zierlichkeit eines Gebäudes besteht hauptsächlich darinnen, daß eine gute Symmetrie an demselbigen wohl in acht genommen wird.« Es war offenbar diese gewichtige Rolle der »Zierlichkeit«, die später den Klassizisten J. G. Sulzer zur Kritik veranlaßte: »Überhaupt bestehet die Zierlichkeit in Schönheit, die nicht durch Einmischung besonderer schöner Theile, sondern durch die beste Wahl des Nothwendigen hervorgebracht wird« (in: Allgemeine Theorie der schönen Künste, Leipzig 1792–94, Bd. 4, S. 758). Entsprechend spielt in der zweiten Jahrhunderthälfte die »Zierlichkeit« eine immer untergeordnetere Rolle, zugunsten der beiden anderen, nun »wesentlichen« Kategorien. (Schon L. J. D. Succov, Erste Gründe der bürgerlichen Baukunst, Jena 1751, spricht in der Vorrede (S. 2) von »Bequemlichkeit und Stärke« als den »wesentlichen Vollkommenheiten, welche durch angebrachte Schönheiten zu vergrößern sind«).

[71] Gründliche Anweisung zur Civil-Bau-Kunst, (o. V.) Frankfurt und Leipzig 1752, S. 10. Zum Begriff der »Zierlichkeit« im 18. Jahrhundert vgl. U. Schütte, 1979, S. 38 ff.

[72] L. C. Sturm, Alle Arten von regularen Pracht-Gebäuden, Augsburg 1716, S. 3. Zur Verwendung der Säulenordnung im 18. Jahrhundert vgl. U. Schütte, 1979, S. 49 ff.

[73] Siehe dazu: B. Rupprecht, 1959, S. 29 ff.

[74] U. Schütte, 1979, S. 40.
In der Vitruv-Übersetzung von C. Fensterbusch (Darmstadt 1976) heißt es: »Mancherlei geschichtliche Ereignisse aber muß der Architekt kennen, weil die Architekten oft an ihren Bauten viel Schmuck anbringen, über deren Bedeutung sie denen, die danach fragen, warum sie ihn angebracht haben, Rechenschaft ablegen müssen«. (S. 25). Der Begriff »ornamentum« im Sinne der Säulenordnung geht auf Vitruv zurück. Er schreibt z. B. von der Stellung der »epistyloreum et ceterorum ornamentorum« der Säulen; s. Vitruv VII, Vorr., 1976, S. 310; vgl. U. Schütte, 1979, S. 246, Anm. 105.

[75] G. B. da Vignola, Regola delle cinque Ordini... Regel der fünff orden von Architectur, Arnheim 1620, S. 14; Ders., Nürnberg 1687, S. 3; Ders., Augsburg 1735, passim; Ders., Nürnberg 1739, passim.

zu Seiten 64-72

[76] Zur Verwendung des Begriffs »Ornament« bzw. »Ornamente« im Sinne von »Gebälk« siehe: U. Schütte, 1979, S. 246, Anm. 105.

[77] »Gantz neu sehr nützliche Säulen und andern Ornamenten«, entworfen von J. A. Bergmüller, gestochen von J. A. Friderich; siehe dazu: Bayerische Rokokoplastik. Vom Entwurf zur Ausführung (Ausstellungskat.), München 1985, S. 51 ff.

[78] Vgl. Anm. 30.

[79] Siehe dazu: U. Schütte, 1979, S. 37.

[80] H. Bauer, 1962, S. 74.

[81] Über die genannten Arbeiten von F. Kimball, B. Rupprecht und H. Bauer zum Rokoko-Begriff hinaus siehe: H. Tintelnot, Zur Gewinnung unserer Barockbegriffe, in: Die Kunstformen des Barockzeitalters, Bern 1956, S. 13 ff.; H. Bauer, Zum ikonologischen Stil der süddeutschen Rokokokirche, in: Münchner Jahrbuch der bildenden Kunst, 1961, S. 218 ff.; H. Sedlmayr und H. Bauer, Rococo, in: Encyclopedia of World Art 12, New York 1966, Sp. 230 ff.; H. Sedlmayr, Zur Charakteristik des Rokoko, in: Manierismo, Barocco, Rococò, Concetti e termini, Rom 1962, S. 343 ff.; eine einseitige und verkürzte Darstellung bietet C. Liebold, Das Rokoko in ursprünglich mittelalterlichen Kirchen des bayerischen Gebietes, ein von maurinischem Denken geprägter Stil, München 1981, S. 3 ff. Zu einer Kritik des Rokoko-Begriffs siehe vor allem: W. May, Rokokoarchitektur, in: Zeitschrift des deutschen Vereins für Kunstwissenschaft 28, 1974, S. 3 ff.; V. Loers, Rokokoplastik und Dekorationssysteme. Aspekte der süddeutschen Kunst und des ästhetischen Bewußtseins im 18. Jahrhundert, München/Zürich 1976, bes. S. 1–8.

[82] Auf das Problem und die Grenzen der Stilbegriffe verweisen H. und A. Bauer, 1985, S. 86 ff.

[83] F. Kimball, Le Style Louis XV. Orgine et évolution du Rococo, Paris 1949.

[84] Dieser Titel von B. Rupprechts Dissertation wurde zu einem Begriff; dazu auch: H. Bauer, 1962, S. 41 ff.

[85] B. Rupprecht, Die bayerische Rokoko-Kirche, Kallmünz 1959, S. 29 ff.

[86] Ebda., S. 31.

[87] Die Schwierigkeit einer stilistischen Einordnung von Fischers Architektur zeigt etwa der Titel von N. Liebs Buch: Johann Michael Fischer. Baumeister und Raumschöpfer im späten Barock Süddeutschlands, Regensburg 1982.

[88] W. Braunfels, 1938, S. 31.

[89] H. und A. Bauer, 1985, S. 47 ff.

[90] In der zweiten Jahrhunderthälfte (beispielsweise in der Klosterkirche St. Blasien) geht diese Affinität zum Licht verloren, die Graufarbe der Architektur verdichtet die Oberflächen und betont die feste Stofflichkeit der Bausubstanz.

[91] Vergleiche mit zeitgenössischen Festdekorationen sind naheliegend, wie sie uns etwa mit den Entwürfen Fischer v. Erlachs für einen Triumphbogen der Wiener Bürgerschaft zum Einzug Josephs I. (1699), dem Triumphbogen der Fremden Niederleger zum selben Anlaß und einem Entwurf für einen großen Triumphbogen überliefert sind. (H. Sedlmayr, Johann Bernhard Fischer von Erlach, Wien 1976, Abb. 102, 103, 104). Solche Festdekorationen bestanden aus einem leinwandbespannten Holzgerüst. H. Sedlmayr vermutet, daß der Entwurf für den großen Triumphbogen wohl für den Kohlmarkt neben der Michaelerkirche geplant war. »Trifft diese Vermutung zu, dann wäre im Gedanken dieser große Triumphbogen schon etwas von dem Hauptmotiv der künftigen Michaelerfront angeklungen«. (S. 267). Diese Feststellung, daß sich wirklich gebaute Architektur auf ephemere Festarchitektur beziehen kann, scheint für die nachfolgende Zeit paradigmatisch zu sein. Dazu allgemein: W. Oechslin und A. Buschow, Festarchitektur. Der Architekt als Inszenierungskünstler, Stuttgart 1984.

Kapitel III

[1] In der bisherigen Literatur wurden nur kursorische Bemerkungen zur Grundrißgestaltung von St. Michael in Berg am Laim gemacht, die alle mit dem Aufrißsystem, d. h. mit der Innenraumanalyse eng verwoben sind.

[2] M. Hauttmann, 1921, S. 175–176.

[3] Diese lange kastenförmige Gestalt des Chor- und Altarraums ist für einen Neubau des 18. Jahrhunderts unüblich und erinnert in dieser Form an mittelalterliche Chorhäuser, wie sie in der ersten Hälfte des 18. Jahrhunderts »renoviert« wurden; die »Renovierung« des Freisinger Doms (i. J. 1724) ist hier nur eines von vielen Beispielen. Ob mit diesem Chor- und Altarhaus in Berg am Laim eine bewußte Anlehnung an mittelalterliche Traditionen beabsichtigt war, muß an dieser Stelle offen bleiben.

[4] Die Flächen der Pilasterpfeiler grenzen ein Quadrat aus, dessen Seitenlänge zur Konchentiefe (von der Pilasterstirn aus gemessen) im Verhältnis 4 : 1 steht. Der Stützenabstand der Querachse (lichtes Maß) verhält sich zur Diagonalen wie 2 : 1.

[5] Der Eindruck der »kreisenden« Rotunde wurde von H. Ernst, 1950 an mehreren Stellen beschrieben.

[6] V. Loers, 1977, S. 66.

Kapitel IV

[1] Einen Überblick über die Entwicklung des Bühnenbildes geben u.a.: K. Niessen, Das Bühnenbild. Ein kulturgeschichtlicher Atlas, Bonn 1927; J. Gregor, Weltgeschichte des Theaters, Wien 1933; G. Schöne, Die Entwicklung der Perspektivbühne von Serlio bis Galli-Bibiena nach den Perspektivbüchern, Leipzig 1933; H. Tintelnot, Barocktheater und barocke Kunst, Berlin 1939; O. Schuberth, Das Bühnenbild, München 1955; E. Stadler, Die Raumgestaltung im barocken Theater, in: Kunstformen des Barockzeitalters, Bern 1956, S. 190 ff.; H. Knudsen, Deutsche Theatergeschichte, Stuttgart 1959; Bretter die die Welt bedeuten (Ausstellungskat.), hrsg. von E. Berckenhagen und G. Wagner, Berlin 1978; hier weitere Lit.

[2] A. Pozzo, Prospettiva de pittori e architetti, Rom 1693; deutsche Erstausgabe, Augsburg 1706 (Der Mahler und Baumeister Perspektiv).

[3] Vgl. E. Stadler, 1956, S. 220 ff.

[4] Die »maniera di veder per angolo« verwendete F. Galli-Bibiena erstmals bei einer Operninszenierung der »Accademia del Porto« in Bologna; siehe dazu: ebda., S. 223 ff. Diese neue Perspektivform, »veduta per angolo« beschreibt F. Galli-Bibiena 1711 in seiner »L'Architettura Civile«, die 1731/32 mit einigen Erweiterungen nochmals ediert wurde. (F. Galli-Bibiena, L'Architettura Civile, Parma 1711; die Erweiterung in zwei Bänden ist den ›giovani studenti‹ der Accademia Clementina gewidmet). Die perspektivischen Elemente von Bibienas Bühnenform beschrieb G. Schöne wie folgt: »Die Breite der Öffnung beträgt 20 Ellen, die Tiefe bis zum Prospekt 50–60 Ellen. Seine Hauptbühnenform ist also eine Tiefenbühne, bei der das Verhältnis Breite zu Tiefe den Wert 1:3 erreicht. [...] Der Hauptpunkt ist von der Rampe 67,5 Ellen entfernt. Der Gesichtspunkt wird im Zuschauerraum angenommen, und zwar dort, wo die vornehmsten Personen sind [...] im ersten Logenrang«, dem Hauptpunkt gegenüber. (G. Schöne, 1933, S. 76 ff.).

[5] Im Ausstellungskat. Bretter die die Welt bedeuten, Berlin 1978, S. 105 ff. ist das Prinzip der »scena per angolo« erläutert und mit Bildmaterial und Konstruktionszeichnungen veranschaulicht.

[6] H. Knudsen, 1959, S. 169.

[7] M. Baur-Heinold, Theater des Barock. Festliches Bühnenspiel im 17. und 18. Jahrhundert, München 1966, S. 129.

[8] Siehe dazu: H. Tintelnot, 1939, S. 76 ff.; E. Stadler, 1956, S. 224 ff.; Bretter die die Welt bedeuten (Ausstellungskat.), 1978, S. 109 ff.; hier jeweils weitere Lit.

[9] G. Galli-Bibiena, Architettura e Prospettive, Augsburg (bei J. A. Pfeffel) 1740; Kaiser Karl VI. gewidmet.

[10] Dieses Blatt wurde ebenfalls in die »Architettura e Prospettive« aufgenommen; siehe dazu: Bretter die die Welt bedeuten (Ausstellungskat.) 1978, S. 113 ff.

[11] Vgl. L. Trost, 1888, S. 6 und 37.

[12] Ebda., S. 37.

[13] Aus der Einleitung des von Joseph Clemens eigenhändig konzipierten Statuten-Buches des Michaelordens; teilweise zitiert bei L. Trost, 1888, S. 4 ff.

[14] Damit ist auch verständlich, daß der in der süddeutschen Architektur des 18. Jahrhunderts häufig zu findende und hier nahegelegte Vorhang am Choreingangsbogen wegfallen mußte, um den Zusammenhang und die Raumkontinuität zwischen Bruderschafts- und Ritterordensraum zu wahren. Ursprünglich war die Altarwand mit einem gemalten Vorhang drapiert, der deutlich auf die szenische »Aufführung« des Hochaltars hinwies und sich mit den weißen Stuckvorhängen der Oratorienfenster und den goldenen der Diagonalaltäre zusammenschloß. (Vgl. A. Feulner, Bayerisches Rokoko, München 1923, Abb. 33); vgl. auch S. 89.

[15] Einen Überblick gab zuletzt K. Pörnbacher, Jesuitentheater und Jesuitendichtung in München, in: St. Michael in München, Festschrift zum 400. Jahrestag der Grundsteinlegung und zum Abschluß des Wiederaufbaus (hrsg. v. K. Wagner SJ und A. Keller SJ), München-Zürich 1983, S. 220 ff.; hier eine Auflistung der wichtigsten Literatur.

[16] Das Jesuitentheater war ein wichtiges Instrument für die Durchsetzung der ordenspolitischen Ziele – die »Restauratio« der katholischen Kirche; gleichzeitig übernahm das Münchner Jesuitentheater auch die Funktion des Hoftheaters. Herzog Wilhelm V. erließ am 2. April 1590 die Verfügung, nach der alljährlich das Studienjahr der Jesuiten mit einer Theateraufführung begonnen werden sollte: »Die Renovatio Studiorum soll jederzeit wie auch vorgebreuchig gewesen um Michaellis solemniter angestellet und darzue sovill sich thuen läßt, ein Nutzliche Commedi oder Dialogus cum Distributione praemiorum gehalten werden« (zitiert nach K. Pörnbacher, 1983, S. 202/203).

[17] Noch 1677 wurde in der St. Michaelskirche in Luzern eine neue Bühne für das Jesuitentheater errichtet. (M. Baur-Heinhold, 1966, S. 135).

[18] Zitiert nach K. Pörnbacher, 1983, S. 201.

[19] Ebda., S. 201.

[20] Ebda., S. 201.

[21] »1657 wurde in München erstmals ein opernartiges Werk im Georgs-Saal der Neuveste aufgeführt. Noch im gleichen Jahr begann der Bau eines Kurfürstlichen Opernhauses. An seiner Planung scheint Hans Konrad Asper beteiligt gewesen zu sein, die Ausführung leitete Marx Schinagl. [...] 1654 konnte das Haus schon in Gebrauch genommen werden. Bei der innenräumli-

chen Ausgestaltung freilich wurden die Deutschen von dem Venezianer Santurini abgelöst«. (N. Lieb, München. Die Geschichte seiner Kunst, München ²1977, S. 125).

22 H. Tintelnot, 1939, S. 299.

23 A. Pozzo, Der Mahler und Baumeister Perspektiv, Erster Theil, Augsburg 1708; Fig. 71: »Ein Theatrum/ so die Hochzeit zu Cana in Galileia vorstellet/und Anno 1685 bey Aussetzung des Sacraments in der Farnesischen Jesuiter Kirche zu Rom auffrichtet worden«. Siehe dazu: H. Tintelnot, 1939, S. 276 ff.; die entsprechenden Konstruktionszeichnungen Fig. 67 ff.

24 A. Pozzo, 1719 (Fig. 45–48); an anderer Stelle erinnert sich Pozzo, »daß ich etliche Personen gesehen/ die diese Stafflen hinauf steigen wolten/ auch den Betrug nicht eher vermerckt/bis sie selbige mit den Händen betastet«.

25 A. Pozzo, 1708, Fig. 67–71. »Vorbereitung und das Theatrum in der Farnesischen Kirchen«.

26 A. Pozzo, 2. Theil, Augsburg 1709, Text zu Fig. 72: »Zu den Schau-Bühnen«.

27 Ebda.

28 Vgl. dazu: P. Stein, Guarino Guarinis Kirche S. Lorenzo in Turin. Licht, Tektonik und Malerei als Elemente eines barocken Illusionsraumes, München (Mag. Masch.) 1984, S. 15 ff. Guarinis nur im Stich überlieferter Entwurf für den Hochaltar von S. Nicolo in Verona veranschaulicht – gerade mit dem Blick auf Pozzos Dekorationsentwürfe – die wechselseitige Umsetzungsmöglichkeit von ephemerer und gebauter Architektur. Pozzo sagt, auf dieses Problem Bezug nehmend: »[...] Woraus dann zu erlernen/daß/wann man dergleichen Machinen erfinden wolle/ein Mahler eben so nöthig habe/die Bau-Kunst zu verstehen/als ein Bau-Meister solcher Wissenschaft benöthigt ist/wann er ein dichtes Gebäu auffzuführen sich vorgenommen«. (A. Pozzo, 1708, Text zu Fig. 68).

29 E. Q. Asams Ostabschluß des Chores in der Kirche des ehem. Augustinerchorherrenstiftes Rohr entstand 1722/23, der Altaraufbau in der Benediktinerklosterkirche Weltenburg zwischen 1721 und c. 1735. (Vgl. B. Rupprecht, 1980, S. 90 und 104).

30 M. Baur-Heinold, 1966, S. 136.

31 Der einzige Beleg für die Entwurfstätigkeit Cuvilliés' am Hochaltar der Klosterkirche Dießen entstammt der Dießener Chronik von 1770 (Staatsbibliothek München, Teil III, S. 19): »Es ist dieser Herrliche Altar, der Hochaltar der Klosterkirche in Diessen ein Werk des berühmten Churbayerischen Hofbildhauers Dietrich, wozu der gleichfalls Churbayerische Oberhofbaumeister und Direktor Franz Cuvilliés den Entwurf gemacht haben soll«. Diese szenographische Leistung tatsächlich Cuvilliés zuzuschreiben, ist mit dem Hinweis auf das später von ihm entworfene »Churfürstlich neue Opern-Haus-Gebäude« in München möglich.

32 Die Bilder wurden von J. G. Bergmüller gemalt und zeigen – hinter einem gemalten Vorhang (!) – die Geburt Christi, die Pietà vor dem Kreuze, Christi Grablegung und die Auferstehung Christi. (Vgl. H. Tintelnot, 1939, S. 283 f. und M. Baur-Heinold, 1966, S. 136 und Abb. 150).

33 H. Tintelnot, 1939, sieht darin eine allgemeinere Entwicklung, wenn er schreibt: »Die Gewohnheit, in den Kirchen riesige Scheindekorationen mit gemaltem Fiktivraum zu sehen und das Presbyterium gewissermaßen als Vorderbühne aufzufassen, ließ im 18. Jahrhundert die Beliebtheit der Chorprospekte anwachsen«. (S. 296).

34 Der Text des Festspiels stammte vermutlich von den Patres J. Gretse und M. Rader; Programm in lateinischer und deutscher Sprache (»Damit aber ein jeder leicht fassen und verstehen möchte, was auf dem Theater fürgeht und was jedes bedeutet, so ist aller Act und jeder Scenen summarischer Inhalt kürzlich allhie verfasset worden«). Mit dem Ende des 16. Jahrhunderts ist bei diesen überwältigenden Exempelstücken eine Änderung der Themen festzustellen. Anstelle der Geschichten aus dem Alten und Neuen Testament sowie der ersten christlichen Jahrhunderte wird nun die Einzelperson und die Rettung ihrer Seele in den Mittelpunkt gerückt: Der Mensch erscheint »als Akteur auf dem großen Welttheater. Gott ist der Theaterdirektor, der die Rollen zuweist und als oberster Zuschauer und Rezensent darüber urteilt, wie sie gespielt worden sind« (K. Pörnbacher, 1983, S. 203). Aus diesem Vorstellungsbereich entstand auch 1693 die Gründung der Michaelsbruderschaft in Berg am Laim. Hier war es der Erzengel Michael (und in ihm Clemens August selbst), dessen Macht über die Aufnahme in den Himmel und den Sturz in die Hölle anerkannt wurde. Entsprechend bitten die Bruderschaftsmitglieder in ihrem täglichen Gebet, »auff daß wir nicht verloren sind in dem erschrecklichen Gerichte«. Ihr jenseits gerichteter Wunsch gipfelt in der Bitte, »daß unsere Seelen in die ewige Seeligkeit/und zwar in die lähre Sitz der abtrünnigen Teuffel erhebt werden«; (vgl. L. Trost, 1888, S. 43; S. Michael der höchste Seraphin über die himmlischen Geister [...], 1699, Einleitung Blatt 2).

35 Vgl. S. 104 f.

Kapitel V

[1] B. Rupprecht, 1959, S. 86.

[2] B. Rupprecht (1959, S. 86) verwies bereits auf eine zur Michaelskirche zeitgleiche Parallele, den Bibliothekssaal des Stiftes Altenburg (ausgemalt 1742), den H. Sedlmayr mit dem Begriff »Raum aus Farben« beschrieb. (H. Sedlmayr, Österreichische Barockarchitektur, Wien 1930, S. 53ff.).

[3] Das nachträglich eingebaute eiserne Gitter (aufgestellt am 9. April 1779, ausgeführt von dem Münchner Schlossermeister J. G. Geiger; vgl. N. Barth, 1931, S. 31) schafft eine ursprünglich nicht geplante räumliche Zäsur. Der heutige Zugang durch die Seiteneingänge vermittelt (mit dem Blick in die gedrungene Vorhalle) einen künstlerisch und konzeptionell falschen Eindruck.

[4] Auf solche, den Betrachterstandpunkt einkalkulierende Veränderungen von Architektur zielt bereits G. L. Berninis Vorschlag beim Besuch von G. Guarinis Theatinerkirche S. Anna Reale in Paris (1665) – einem aufgrund der Abfolge von Kuppelräumen mit St. Michael vergleichbaren Raum (wobei in St. Michael die berninieske Forderung eingelöst ist): »Es würde sich empfehlen, der Front dieser Kirche einen Bauteil vorzusetzen, da man nämlich beim Eintritt in einen Bau unwillkürlich erst nach sieben oder acht Schritten stehen bleibe, wo sich dann bei einer gänzlich runden Kirche kein befriedigender Anblick der Form mehr biete«. (Tagebuch des Herrn von Chantelou über die Reise des Chavaliere Bernini nach Frankreich, deutsche Bearbeitung von H. Rose, München 1919, S. 25). P. H. Boerlin präzisierte dieses Problem, indem er konstatierte, daß ein Zentralbau letztlich nicht »erlebbar« sei, da sein idealer Betrachterstandort, der Mittelpunkt, nicht ohne Verlust des vollkommenen Raumerlebnisses eingenommen werden könne; wird aber die Raummitte erreicht, gebe das begrenzte Blickfeld nur einen fragmentarischen Eindruck. (P. H. Boerlin, Die deutsche Spätbarockarchitektur im Spiegel der Stiftskirche St. Gallen, in: Die Kunstform des Barockzeitalters, Bern 1956, S. 111 ff.).

[5] Vgl. S. 67 f.

[6] Diese Beziehung der Koncheneingangsstützen zu den Konchenpilastern wird von den nachträglich zwischen den Sockeln eingebauten Beichthäuschen empfindlich gestört.

[7] Die Marmorierung von Säulen, Pilasterpfeilern, Pilastern und Fries besorgte J. M. Kaufmann im Jahre 1745. (Vgl. N. Barth, 1931, S. 24–26). Zur Form- und Raumwirkung von Farben siehe: P. Renner, Ordnung und Harmonie der Farben, Ravensburg 1947, bes. S. 23 ff. und 34 ff.; J. Itten, Kunst der Farben, Ravensburg ²1970, bes. S. 17 ff. und 75 ff.; hier jeweils weitere Literatur.

[8] Zum Begriff und der künstlerischen Genese der »Lichtrahmenschicht« siehe: F. Naab und H.-J. Sauermost, Möglichkeiten des Wandpfeilersystems, in: Die Vorarlberger Barockbaumeister (Kat.Ausst.), Einsiedeln 1973, S. 85 ff. und dies., Die Entwicklung der Vorarlberger Wandpfeilerräume, in: ebda., S. 91 ff.

[9] A. Pozzo, 1708, Text zu Fig. 90 (»Eine Kuppel in Horizontal-Perspektiv«).

[10] Eine Arkade besteht aus zwei Stützgliedern (Pfeilern, Säulen) und einer darüber ruhenden Archivolte. In der römischen Antike wurde die Arkade häufig verwendet, weil der aus Keilsteinen zusammengefügte Rundbogen weitere Abstände überbrücken konnte und vor allem größere Tragfähigkeit besaß als der Architrav. Die Arkade hatte also statische Aufgaben – im basilikalen Kirchenbau beispielsweise die Hochschiffwand, im Zentralbau die Kuppel zu tragen. Auch wenn sie als Zierform (Blendarkade) auftreten kann – hier ebenfalls mit deutlichem Stirn- und Innenprofil des Bogens – blieb ihre statisch-strukturale Aufgabe bis ins 18. Jahrhundert erhalten. In der Michaelskirche in Berg am Laim wurde der Arkadenbogen durch ein Wölbstück ersetzt, das mit einem anderen verschnitten ist. Damit ist die traditionelle Arkade zerstört; Kanten, Farb- und Flächenzusammenhänge bilden »Arkade« nur mehr ab. Siehe dazu: G. Stuhlfauth, Arkade, in: RDK I., 1937, Sp. 1044 ff.; B. Schütz, (1983, S. 100 ff.) sieht zwischen den klassischen Arkaden in Fischers Kirchenbauten in Aufhausen und Ingolstadt und den erscheinungshaften Reduktionen in Berg am Laim keinen Unterschied.

[11] Zu den Straub-Altären und -Figuren siehe: P. Steiner, Johann Baptist Straub (= Münchner Kunsthistorische Abhandlungen VI), München-Zürich 1974, S. 93 f., 103 f., 105; P. Volk, Johann Baptist Straub 1704–1784, München 1984, S. 199 f.; Bayerische Rokokoplastik. Vom Entwurf zur Ausführung (Ausstellungskat.), München 1985, S. 155 ff.; hier jeweils weitere Lit. 1743 verpflichtete sich J. B. Straub für 600 Gulden zur Herstellung von vier Seitenaltären. Die Altäre der Unbefleckten Empfängnis und des heiligen Johann Nepomuk waren bis zum 1. Mai 1744 aufgestellt, und zwar an der Stelle, wo jetzt die Konchenaltäre stehen. Bis 1745 waren der Norbert- und der Franz v. Paul-Altar aufgestellt. Für die Fassung des Marienaltars bekam W. Gartenschmidt am 30. Dezember 1749 167 Gulden. Die beiden anderen Altäre (und Kanzel) faßte J. J. Feichtmayer bis zum 13. Oktober 1751 für 520 Gulden. Die Aufstellung des Marien- und Johann-Nepomuk-Altars in den Konchenräumen war wohl von vornherein nur provisorisch. Denn schon am 29. November 1745 wurde mit J. B. Zimmermann »we-

gen eines Portiunkulaaltarblatts« und am 4. Juni 1746 mit dem »edl kunstreichen Herrn« J. G. Wintter »wegen des Altarblattes Familiae sacrae« der Vertrag geschlossen. Die zugehörigen Altäre fertigte laut Vertrag vom 27. März 1758 J. B. Straub, der sie bereits 1759 fertiggestellt hatte und dafür 110 Gulden erhielt. Die Fassung beider Altäre besorgte J. M. Kaufmann für annähernd 1000 Gulden; sie wurde 1762 abgeschlossen. (Siehe dazu: N. Barth, 1931, S. 24 ff.).

[12] »Wegen Fassung des Hochaltars wurden im Konsilium der Erzbruderschaft vom 4. Januar 1769 im Graf Preysingischen Hause in München drei Voranschläge besprochen, der des Münchener Hofmalers Michael Singer, auf zweitausend Gulden lautend, der des bürgerlichen Vergolders Johann Georg Stocker um zweitausendfünfhundert Gulden und der des Freisingischen Domkapitelmalers Joseph Anton Wunderer, der nur 1984 Gulden verlangen und noch dazu das Gerüst umsonst stellen wollte. [...] Wer sie in Auftrag erhielt, ist nicht bekannt, wohl aber daß sie 1771 zu Ende geführt war.« (N. Barth, 1931, S. 30–31).

[13] Wo heute in der Altarrückwand nur mehr eine vermauerte, reich profilierte Fensternische zu sehen ist, war wohl ehemals eine große, zum Altarauszug konzentrisch geführte Fensteröffnung geplant. Ob diese jemals ausgeführt bzw. wann sie geschlossen wurde, ist unbekannt. Auf jeden Fall hätte das von hier einfallende Licht nur den Strahlenkranz des Auszugs von hinten beleuchtet und durch diese Reflexion das unräumliche Verhalten des Hochaltars weiter gesteigert. In den Restaurierungsakten des BLfD, München war darüber erstaunlicherweise kein Hinweis zu finden. Vgl. auch Anm. 8 und 16.

[14] Der Hochaltar wurde 1767 aufgestellt. Daß die Christus- und Marienfiguren kompositionell auf ihn bezogen sind, kann auch die Aufstellung beider Figuren i. J. 1768 belegen. Sie wurden für 200 Gulden in der Straub-Werkstatt gefertigt. (Vgl. N. Barth, 1931, S. 30).

[15] A. Pozzo, 1708, Fig. 69, 71–77.

[16] Wie alte Abbildungen bei M. Hauttmann, 1921, Tafel 21, oder bei A. Feulner, 1923, Abb. 33, zeigen, war noch vor dem Krieg die Bogenwand hinter dem Hochtaltarauszug mit einem Brokatvorhang bemalt. Zu Befund und Restaurierung siehe einen Brief von Herrn Dr. Habel, Bayr. Landesamt für Denkmalpflege, an Herrn Dr. Fries (12. 11. 1981): »Wir haben spärliche Reste dieser blauen Malerei, die sich an einer Wand befindet, die 1945 besonders beschädigt wurde, während der Restaurierungsarbeiten aufgedeckt und sind [...] zu der Ansicht gelangt, daß eine totale Freilegung dieser Restsubstanz technisch, zeitlich und finanziell sehr aufwendig wäre und das Ergebnis aufgrund des schlechten Erhaltungszustandes, wie er an mehreren Stellen bei der Befunduntersuchung sichtbar wurde, nur ein fragmentarisches sein könne, so daß der Vorhang großenteils hätte rekonstruiert werden müssen. [...] Wichtig erschien uns noch ein weiterer Gesichtspunkt: die bemalte Fläche reicht weit unter den Auszug des bestehenden Hochaltars hinab und umfaßt Bereiche, deren Bemalung im kompositorischen Zusammenhang mit diesem nicht begründet und verständlich erscheinen. Wenn man sich vergegenwärtigt, daß [...] der jetzige Hochaltar aber erst 1764 [richtig ist 1767] vollendet wurde, viele Jahre nachdem die Deckenbilder und die übrige Ausstattung bereits vorhanden waren, kann vermutet werden, daß die Ausdehnung des gemalten Vorhangs mit einem ersten, zweifellos viel kleineren Hochaltar noch ohne mächtigem Säulenaufbau in Zusammenhang steht«. (Vielleicht dem von Würnzl in den Neubau übertragenen alten Bruderschaftsaltar).

[17] Vgl. S. 68 f.

[18] Im Süd- und Nordwesten sind in diese Mauerzungen Zugänge zu den Sakristeiräumen eingeschnitten.

[19] Vgl. Anm. 13.

[20] Dieses Phänomen fand selbst in der Arbeit von U. Spindler-Niros, 1981 keine Beachtung.

[21] U. Schießl, Rokokofassung und Materialillusion, Mittenwald 1979, S. 98.

[22] H. Bauer, Über Licht und Farbe im Rokoko, in: Rokokomalerei, Mittenwald 1980, S. 117.

[23] Ebda., S. 118 f.

[24] Vgl. S. 62 ff.

[25] Auf die Veränderung gegenüber dem von H. Sedlmayr geprägten Architekturbegriff (Zum Wesen des Architektonischen, in: Epochen und Werke, Mittenwald 1977, S. 203 ff.) wird später eingegangen. Vgl. S. 105 f. und 121 ff.

[26] Zur gleichen Feststellung kam H. Ernst, 1950, S. 8.

[27] Dazu allgemein: U. Spindler-Niros, 1981, S. 108 und Anm. 71.

[28] Ebda., S. 108.

[29] Vgl. H. Ernst, 1950, S. 9.

[30] Zur Konstruktion der Holzbohlenlamellengewölbe siehe H.-J. Sachse, Barocke Dachwerke, Decken und Gewölbe. Zur Baugeschichte und Baukonstruktion in Süddeutschland, Berlin 1976, bes. S. 14 f.; zur Wölbkonstruktion der Michaelskirche in Berg am Laim: ebda., S. 42 ff.

[31] Falls der Hinweis von N. Barth zutreffen sollte, daß eine der Planänderungen Köglspergers eine steinerne Gewölbekonstruktion vorsah (1931, S. 16/17), hätte demnach von Anfang an die Absicht bestanden, die Kirche (in der Planung Fischers und Cuvilliés) mit einem Holzgewölbe zu decken. Sachse hat darauf verwiesen, daß die Holzbohlenlamel-

len-Konstruktion von Philibert de l'Orme um 1560 aus Mangel an langem Bauholz für die Bedachung erfunden wurde, und er sie in seinem Werk »Architecture« eingehend beschrieb (1976, S. 14). Da wir wissen, daß Cuvilliés, der die Holzwölbung in der Amalienburg angewandt hat, von Anfang an zur Planung der Michaelskirche hinzugezogen wurde, andererseits das Holzgewölbe sonst in Fischers Werk nicht mehr vorkommt, ist die Idee der Holzwölbung Cuvilliés zuzuweisen. Dies wird um so wahrscheinlicher, als sich bestimmende Motive der Wölbung in der Michaelskirche von der französischen Ornamentgraphik ableiten lassen (vgl. S. 183 f.).

[32] Zur Wölbkonstruktion der Wies siehe H.-J. Sachse, 1976, S. 48 ff. Neben statischen Unsicherheiten Zimmermanns ist die Holzwölbung der Wies auch stilistisch begründet. Im Falle der Massivwölbung in Steinhausen sind wir von statischen Schwierigkeiten unterrichtet. Der nachfolgende Bau in Günzburg (ab 1736) ist holzgewölbt. Sich über den dünnen Hauptraumstützen der Wies und dem entschwerten Mauermantel ein massives Flachgewölbe vorzustellen, ist ebenso unmöglich, wie eine gemauerte Wölbung im Chor.

[33] B. Neumann hatte die Hauptkuppel der von ihm erbauten Klosterkirche Neresheim massiv gemauert vorgesehen. Nach seinem Tod wurde die Kuppel deutlich flacher und in Holz ausgeführt. (Dazu zuletzt H. Reuther, Balthasar Neumann. Der mainfränkische Barockbaumeister, München 1983, S. 87).

[34] Zur Arkade siehe: G. Stuhlfauth, in: RDK I, 1937, Sp. 1044 ff. und Anm. 10.

[35] Vgl. S. 88 f.

[36] Der Hochaltar J. B. Straubs wurde 1767 aufgestellt; Lit. dazu: vgl. Anm. 14.

[37] Lit. vgl. Anm. 11.

[38] Die Tendenz bei Altären zur Reduzierung architektonischer Aufbauten und der Bildung von Rahmenaltären stellte R. Hoffmann ab den dreißiger Jahren des 18. Jahrhunderts in Bayern fest. (R. Hoffmann, Bayerische Altarbaukunst, München 1923, S. 225).

[39] P. Steiner, 1974, S. 119.

[40] Vgl. Anm. 25.

[41] Zur Stuckierung der Michaelskirche allgemein: C. Thon, J. B. Zimmermann als Stukkator, München-Zürich 1977, S. 144 ff. und Kat. Nr. 78. Die dort getroffenen Aussagen beschränken sich auf eine Beschreibung der Stuckmotive, ohne weiter auf eine Systematik der Dekoration einzugehen.

[42] Zur Farbigkeit des Stucks in der Michaelskirche: U. Spindler-Niros, 1981, S. 110 ff.

[43] B. Rupprecht, 1959, S. 31.

[44] H. und A. Bauer, 1985, S. 67.

[45] Ebda., S. 65 und 67 ff.

[46] Der Begriff bei Bauer, ebda., S. 67.

[47] Die raumkonstituierende Bedeutung der Farbigkeit von Innenräumen ist in der ersten Hälfte des 18. Jahrhunderts ein allgemeines Phänomen. Der Begriff »Räume aus Farben« wurde von H. Sedlmayr mit Blick auf Kirche und Bibliothek des Stiftes Altenburg geprägt (Ausmalung 1742, also zeitgleich mit Berg am Laim) und ist auch in unserem Zusammenhang anwendbar. (H. Sedlmayr, Österreichische Barockarchitektur, Wien 1930, S. 53 ff.).

[48] Der Bruderschaftsraum wird direkt von sechs Fensteröffnungen belichtet, wo Licht sich an reflektorähnlichen Wandflächen konzentriert, sich in der Horizontalen zu einer ungravitätischen, »schwebenden« Lichtrahmenschicht zusammenschließt und, da radial ausgerichtet, wodurch die Lichtbahnen aufgehoben werden, eine richtungslose, aber intensive Helligkeit entsteht. Der Ritterordensraum hat nur zwei Fenster, die, in der Querachse (und deshalb vom Weststandpunkt nicht sichtbar) so weit nach innen gerückt sind, daß keine Reflektoren ausgebildet sind und nur eine diffuse Helligkeit entsteht. Der Altarraum erhält sein Licht ebenfalls durch zwei Fenster in der Querachse, doch bieten die tiefen und weich geführten Konchen so große Reflektorflächen, daß hier – obwohl nur indirekt beleuchtet – die stärkste Lichtintensität zu finden ist. Die differenzierte Lichtführung nimmt auf den künstlerischen, ikonographischen und liturgischen Stellenwert der Raumteile Bezug und interpretiert sie: Das direkte Licht des Bruderschaftsraumes erinnert an höfische Anlagen, etwa an die kurz vorher entstandene Amalienburg und betont mit ihrer intensiven Helligkeit die Dominanz und Weite der Rotunde; die weitgehende Lichtlosigkeit des Ritterordensraumes korreliert mit der Absicht seiner räumlichen Reduzierung; schließlich das eigentliche Zentrum eines jeden Sakralraums – der Altarraum als hellster »Ort«, der direkt auf das Licht des Bruderschaftsraumes Bezug nimmt und somit auch die Absicht zu gesamträumlicher Geschlossenheit erkennen läßt.

[49] Vgl. W. Schöne, Über den Beitrag von Licht und Farbe zur Raumgestaltung im Kirchenbau des alten Abendlandes, in: Evangelische Kirchenbautagung, Stuttgart 1959. Schöne sieht in dem »Silberlicht« von Rokokokirchen ein Weiterleben des »Lichtnebels« des alten Kirchenbaus.

[50] H. Sedlmayr, Das Licht in seinen künstlerischen Manifestationen, Mittenwald 1979, S. 8.

[51] U. Spindler-Niros, 1981, S. 303.

[52] Dies scheint eine Bestätigung von E. Heimendahls Feststellung: »Alles, was wir sehen, hat für uns eine Farbe. So bezeichnen wir auch die Helle als ›weiße‹ Helle oder das Licht als ›weißes‹ Licht«. (E. Heimen-

dahl, Licht und Farbe. Ordnung und Funktion der Farbwelt, Berlin 1961, S. 112).

⁵³ Zum Begriff des »Luminösen«: E. Strauß, Zur Wesensbestimmung der Bildfarbe, in: Koloritgeschichtliche Untersuchungen zur Malerei seit Giotto und andere Studien, Berlin ²1983, S. 11 ff.

⁵⁴ H. und A. Bauer, 1985, S. 73.

⁵⁵ G. Haupt, Die Farbensymbolik in der sakralen Kunst des abendländischen Mittelalters, Leipzig 1940, S. 40.

⁵⁶ Zum Problem der Fassung: U. Schießl, Rokokofassung und Materialillusion. Untersuchungen zur Polychromie sakraler Bildwerke im süddeutschen Rokoko, Mittenwald, 1979; Ders., Techniken der Fassmalerei in Barock und Rokoko, Worms 1983.

⁵⁷ Vgl. S. 82 ff. und 192 f.

⁵⁸ H. Sedlmayr, Zum Wesen des Architektonischen, in: Epochen und Werke II, Mittenwald, 1977, S. 204.

⁵⁹ Vgl. Th. Hetzer, Über das Verhältnis der Malerei zur Architektur, in: Aufsätze und Vorträge II, Leipzig 1957, S. 171 ff.

⁶⁰ D. Frey, Wesensbestimmung der Architektur, in: Kunstwissenschaftliche Grundfragen. Prolegomena zu einer Kunstphilosophie, Darmstadt 1972, S. 99.

⁶¹ Ebda., S. 99.

⁶² Der Kirchenraum als »betretbares Bild« beschrieben bei B. Rupprecht (1959); zu Steinhausen (S. 34 ff.) und zur Wies (S. 37 f.).

⁶³ Nach H. Bauer, 1961, S. 233, ermöglicht die terrestrische Anlage des Hauptkuppelbildes mit dem bewußt anachronistischen Aufzug der Zeitgenossen in der Legende eine typologische Gleichsetzung von Monte Gargano und Berg am Laim (als Sitz der Michaelsbruderschaft). »So ist im Fresko der Michaelskirche von Berg am Laim eine historische Projektion auf das Proto-Heiligtum vom Monte Gargano zu sehen«.

⁶⁴ Hier sind die wesentlichen Ergebnisse von H. und A. Bauer, 1985, S. 38 ff. teilweise wörtlich zusammengefaßt.

⁶⁵ Zur venezianischen Vedute allgemein: K. Merx, Studien zu den Formen der venezianischen Vedutenmalerei des 18. Jahrhunderts, München 1970.

⁶⁶ Dazu: C. Niessen, Servandoni und seine »Spectacles de décoration«, in: Die vierte Wand. Organ der Deutschen Theaterausstellung Magdeburg 1926/27, Leipzig 1927, Heft 22, S. 10 ff.; Ders., Servandoni und seine »Spectacles de décoration«, in: Otto Jung, Der Theatermaler Friedrich Christian Beuther und seine Welt, Emsdetten 1963, S. 345 ff.; C. Heyrock, Jean Niclas Servandoni (1695–1766). Eine Untersuchung seiner Pariser Bühnenwerke, Köln 1970, bes. S. 151 ff.; A. M. Nagler, J. N. Servandonis und F. Bouchers Wirken an der Pariser Oper, in: Bühnenformen – Bühnenräume – Bühnendekorationen. Beiträge zur Entwicklung des Spielorts (hrsg. v. R. Badenhausen und H. Zielske), Herbert Frenzel zum 65. Geburtstag, Berlin 1974, S. 64 ff.

⁶⁷ Damit verwandt ist das sog. Diorama, das in den letzten Jahren des 18. Jahrhunderts erfunden wurde und seine Blütezeit im 19. Jahrhundert hatte. Obwohl gerade von den Autoren des 19. Jahrhunderts Servandonis Schauspielform oft als Diorama bezeichnet wurde, hat »Servandonis Erfindung mit der des Dioramas nichts zu tun«. (C. Heybrock, 1970, S. 153).

⁶⁸ Eine ausführliche Beschreibung von »Saint Pierre de Rome« unter Hinzuziehung der Quellen bei C. Heybrock, 1970, S. 162 ff.

⁶⁹ Ebda. S. 169.

⁷⁰ Diese Kritik ist nachzulesen in dem einzigen zeitgenössischen Quelle über »Saint Pierre de Rome«, dem Tagebuchbericht des Herzogs von Luynes; zitiert nach C. Heybrock, 1970, S. 171 bzw. S. 342.

⁷¹ Zu »Pandore« ausführlich bei C. Heybrock, 1970, S. 173 ff.

⁷² Auszug aus dem Mercure de France, März 1739, S. 590. Zitiert nach C. Heybrock, 1970, S. 176; originaler Wortlaut im Anhang, S. 342–43.

⁷³ Eine systematische Auflistung aller von Servandoni verfaßten Programmhefte bei C. Heybrock, 1970, S. 382.

⁷⁴ U. Schütte, »Ordnung« und »Verzierung«. Untersuchungen zur deutschsprachigen Architekturtheorie des 18. Jahrhunderts, (Diss.Masch.) Heidelberg 1979, S. 7; das folgende ist Schütte eng verpflichtet.

⁷⁵ Nach C. Mertens hat die architektonische Traktatliteratur vorzugsweise Kavaliersstudien gedient und blieb dem Kreis der Aristokraten vorbehalten. (C. Mertens, Barockarchitektur und Säulenordnung, in: Wissenschaftliche Zeitschrift der Technischen Universität Dresden, 18, 1969, S. 21–30, hier bes. S. 28). Seinem Hinweis auf das Vorwort in Sturms »Vollständige Anweisung zu der Civil-Bau-Kunst«, in der die »gnädigsten Fürsten und Herren« angesprochen sind, läßt sich die Widmung eines Traktates J. J. Schüblers an den »Hoch Edelgebohrnen Herrn Balthasar Neumann […]« entgegenstellen. Siehe dazu auch: V. C. Habicht, Die Herkunft der Kenntnisse Balthasar Neumanns auf dem Gebiete der ›Civilbaukunst‹, in: Monatshefte für Kunstwissenschaft 9, 1916, S. 46–61.

⁷⁶ Dazu Sturm: »In der Römischen Kirche wird vornehmlich darauf gesehen, daß viel Capellen mit kleinen Altären können gemacht werden, und daß unten auf der Erde viel Volcks stehen könne, und vornehmlich in dem Schiff grosser Platz sey, damit wenn an sonderlichen Solennitäten in dem Chor das hohe Ampt verrichtet wird, eine große Anzahl Volcks hineinsehen könne«. Sie sind weiter gekennzeichnet durch »ein

prächtiges Aussehen innwendig und auswendig«. (L. C. Sturm, Vollständige Anweisung alle Arten von Kirchen wohl anzugeben, 1708, S. 4, 9; allgemein: Kap. 2: Außführlicher von Römisch-Katholischen Kirchen/ und insonderheit). Protestantische Kirchen erfordern hingegen »mehr eine Reinigkeit als Pracht«; man solle darauf achten, »daß man sonderlich bey Anlegung der Protestantischen Kirchen nicht auf die Nachahmung der alten Römischen Theatrorum geraten ist«. (Ebda., S. 7 und 27; allgemein Kap. 4: ›Von Protestantischen Kirchen gehandelt [...] wird‹).

[77] G. A. Böckler, Neues [...] Seulen-Buch, Frankfurt am Main 1684, S. 4 der Vorrede. Zur Definition und Begriffsbestimmung der »Säulen-Ordnung« vgl. U. Schütte, 1979, S. 50 ff.

[78] Ebda., S. 1.

[79] Zum Begriff der »Säulen-Ordnung« in der italienischen Renaissance siehe: E. Forssman, Dorisch, Ionisch, Korinthisch. Studien über den Gebrauch der Säulenordnungen in der Architektur des 16.–18. Jahrhunderts, Stockholm-Göteborg-Uppsala 1961, S. 18 ff.

[80] Vgl. S. 64.

[81] U. Schütte, 1979, S. 182.

[82] U. Schütte, 1979, S. 3.

[83] A. Pozzo, Perspectiva Pictorum et Architectorum, 2 Bde., Rom 1693, 1698.

[84] Dazu: M. Cantor, Vorlesungen über Geschichte der Mathematik, Leipzig 1907, Bd. IV, bes. S. 594 ff.

[85] Beispielsweise ist nach N. Goldmann die auf der Grundlage der Mathematik gefundene »Kunst der Vorrisse und des Absteckens« eine »freye Kunst«. (N. Goldmann, Vollständige Anweisung zu der Civil-Bau-Kunst [...] vermehret von L. C. Sturm, Leipzig 1708, S. 1).

[86] Diese Kriterien hat Schlitt anhand des »Hannoverischen Magazins« (1752 ff.) nachgewiesen. (G. Schlitt, die Betrachtung und Würdigung einzelner Bauwerke in deutschen Zeitungen und Zeitschriften, (Diss. Masch.) Hannover 1965, S. 37 ff.).

[87] Bestes Beispiel ist hierfür wohl J. B. Fischer von Erlach, Entwurff einer historischen Architectur, Wien 1721.

[88] L. C. Sturm, Von den Bey-Zierden der Architectur, Augsburg 1720.

[89] C. T. Weinlig, Brief über Rom, III., Dresden 1784, S. 45.

[90] U. Schütte, 1979, S. 182.

Kapitel VI

[1] Der Vertrag mit J. B. Zimmermann »wegen Ausmalung und benötigter Auszierung der Kirche mit Stukkaturarbeit« wurde am 31. Januar 1743 geschlossen. Die Arbeit sollte für 1100 fl. bis Michaeli 1743 zu Ende gebracht sein. Es scheint aber, daß sich die Arbeit bis ins nächste Jahr hinüberzog: In der Zeit vom 13. April bis 21. Juni 1744 wurde Joseph Marian als Stukkator mit 50 Gulden bezahlt. (N. Barth, 1931, S. 23; C. Thon, 1977, S. 144 ff. und Kat. Nr. 78; H. und A. Bauer, 1985, S. 222 ff. und S. 320/21). Die Marmorierung von Säulen, Pilasterpfeilern und Fries besorgte Johann Michael Kaufmann, der sie 1745 fertigstellte (N. Barth, 1931, S. 24–26).

[2] Die Untersuchung von W. Braunfels (1938) ist nach dessen Urteil als »ein Beitrag zu einer späteren Monographie Cuvilliés'« zu verstehen. Die Untersuchung von F. Wolf, 1967, brachte kaum weiterführende Erkenntnisse. Es bleibt zu hoffen, daß die Cuvilliés-Monographie, die gerade von W. Braunfels vorbereitet wird, weitere Aufschlüsse bietet.

[3] Vgl. dazu: W. Braunfels, 1938, S. 65 ff.

[4] K. Trautmann, 1895, S. 86 ff. und 100 ff.; E. Renard, 1896, S. 6 ff. und W. Braunfels, 1938, S. 65 ff.

[5] Zitiert nach W. Braunfels, 1938, S. 71.

[6] Ebda., S. 92.

[7] J. Gamer, Entwürfe von François Cuvilliés d. Ä. für den Kurfürsten Clemens August und den Kardinal Fürstbischof Johann Theodor von Lüttich, in: Aachener Kunstblätter 32, 1966, S. 126 ff.

[8] Siehe dazu: W. Braunfels, 1938, S. 72 und J. Gamer, 1966, S. 148 ff.

[9] J. Gamer, 1966, S. 126.

[10] Vgl. W. Braunfels, 1938, S. 83; F. Wolf, 1967, S. 41 und C. Thon, 1977, S. 97.

[11] C. Thon, 1977, S. 97.

[12] W. Braunfels, 1938, S. 51 und 60.

[13] Siehe dazu: C. Thon, 1977, S. 196 ff.

[14] Wolf kommt zu dem Schluß, daß in Cuvilliés' Entwürfen »alles par excellence und verbindlich bis zur letzten Einzelheit dargestellt« sei, so daß den ausführenden Künstlern »nach Rissen so extremer Verbindlichkeit wenig Spielraum zur Entfaltung weseneigener Züge noch verblieb«. (1967, S. 127).

[15] Vgl. dazu aus der I. Reihe, 8. und 11. Folge, 1738–40. Livre de Plafonds; abgebildet bei F. Wolf, 1967, Ab. 67/68.

[16] Zum Verhältnis von F. Cuvilliés–J. B. Straub siehe: P. Steiner, 1974, S. 126 ff.

[17] Ebda., S. 127.

[18] Abgebildet ebda., Abb. 123.

[19] Die Frage einer Beteiligung Cuvilliés' an Straubs

zu Seiten 109-112

Seitenaltären in Dießen ergibt sich neben stilistischen Beobachtungen auch aus seiner dortigen entwerferischen Tätigkeit für Hochaltar, Eingangsgitter und Architektur. Die Seitenaltäre in Schäftlarn sind mit denen von Dießen und Berg am Laim direkt vergleichbar; auch hier ist eine Beteiligung Cuvilliés' an der Architektur nachgewiesen. P. L. Koch OSB, Ettal, äußerte die Vermutung einer »künstlerischen Intendanz« Cuvilliés' an der Ausstattung der Klosterkirche in Ettal; für diesen Hinweis bedanke ich mich herzlich.

[20] Die ehem. Kloster- und Wallfahrtskirche St. Marien in Ingolstadt wurde nach der Zerstörung des Chors 1945 im Jahre 1949/50 abgetragen. Zur Stuckierung Zimmermanns in Ingolstadt siehe: C. Thon, 1977, S. 142 ff. und Kat. Nr. 72. Thon erwähnt auch die Dorfkirche in Endlhausen (Lkr. Tölz-Wolfratshausen), wo es zu einer Zusammenarbeit zwischen Fischer (?) und Zimmermann gekommen sein soll (C. Thon, 1977, S. 144 und Anm. 568).

[21] Fischer hatte Zimmermann 1744 als Freskomaler empfohlen, und man wollte ihm zunächst auch von Seiten des Klosters den Auftrag geben, da er als »von vielen Hauptarbeithen ser berüemter Mann und als Hof-Stukhator [...] dem noch nit wohl erfahrnen H. Modler«, dem die Stukkatoren verdingt waren, »maas und ordnung zu geben in stand wäre«. Zitiert nach W. Buchner, Der Stukkator Johann Baptist Modler von Kößlarn, ein Meister des deutschen Rokoko, Passau 1936, S. 24.

[22] Siehe P. Steiner, 1974. S. 103.

[23] »Es ist dieser Herrliche, Altar, der Hochaltar der Klosterkirche in Dießen ein Werk des berühmten Churbayerischen Hofbildhauers Dietrich, wozu der gleichfalls Churbayrische Oberhofbaumeister und Direktor Franz Cuvilliés den Entwurf gemacht haben soll«. (Dießener Chronik von 1770, Teil III, S. 19, Staatsbibliothek München).

[24] W. Braunfels, 1938, S. 91.

[25] N. Lieb, 1984, S. 68: »Der Forschung bleibt noch eine Aufgabe: die Frage nach einem Entwurfsanteil von Cuvilliés. Die Chorarchitektur ließe sich über Schäftlarn mit Cuvilliés verbinden. Die Fassade hat im Außenbau der Amalienburg eine zeitnahe, stilverwandte Entsprechung«.

[26] Am 16. April 1732 wurde der Neubau der Klosterkirche Dießen begonnen. 1736 datieren die Deckenbilder J. G. Bergmüllers, 1736-37 stuckierten F. X. und J. M. Feichtmayr und J. G. Übelher. Da das Hochaltarbild von B. A. Albrecht 1738 fertiggestellt wurde, wird der Entwurf für den Hochaltar für 1736 bis 1738 wahrscheinlich, also etwa zeitgleich mit der beginnenden Planungsphase für St. Michael in Berg am Laim.

[27] Brief von J. M. Fischer an F. P. Würnzl, 17. XII. 1738, abgedruckt bei N. Barth, 1931, S. 18-19; (die Quelle ist im Bruderschaftsarchiv verbrannt).

[28] Aus einem Brief Würnzls, der den von Clemens August ergangenen Befehl bestätigt (7. VII. 1739), zitiert nach F. Hagen-Dempf, 1954, S. 97/98; (die Quelle ist im Bruderschaftsarchiv verbrannt).

[29] Vgl. S. 108.

[30] Die Zahlung an Fischer ist für den 16. III. 1739 vermerkt (F. Hagen-Dempf, 1931, S. 97).

[31] Vgl. Anm. 26.

[32] Vgl. S. 38 ff.

[33] Vgl. S. 41 f. und 46 f.

[34] Das dreieckig geschwungene Abschlußgesims ist übereinstimmend an den Fischer-Türmen in Deggendorf, Niederalteich, Osterhofen und Ottobeuren (Planzeichnungen) zu finden.

[35] Vgl. S. 118 ff.

[36] Vgl. S. 95.

[37] Vgl. S. 183 f.

[38] Vgl. S. 184 ff.

[39] Nach E. Renard (Die Bauten der Kurfürsten Joseph Clemens und Clemens August von Köln, in: Bonner Jahrbuch, 1897, S. 49) wurde das Bonner Hoftheater in der zweiten Hälfte der vierziger Jahre in einen Trakt neben dem Michaelstor eingebaut; dazu auch W. Braunfels, 1938, S. 61 f. und F. Wolf, 1967, S. 71 ff.

[40] Dießener Chronik, Bayer. Staatsbibliothek München, Cgm 1769, III, S. 19.

[41] W. Braunfels, 1938, S. 91 f.

[42] N. Lieb, 1984, S. 68.

[43] Zur Baugeschichte siehe: N. Lieb, Dießen am Ammersee (= KKF Nr. 30), München-Zürich ⁶1973; ders., 1982, S. 54 ff.; ders., 1984, S. 62 ff.; D. Dietrich, Ehem. Augustiner-Chorherren-Stift Dießen am Ammersee (= GKF, Nr. 128), München-Zürich 1985.

[44] Zitiert nach N. Lieb, 1982, S. 54. Bei dieser Besichtigungsreise sollten »sonderlich aber jene [Kirchen besichtigt werden], die [...] Fischer selbst gebaut« hat; die Reise scheint also bis nach Osterhofen geführt zu haben.

[45] N. Lieb, 1973 (= KKF, Nr. 30), S. 3.

[46] Herculan Karg wuchs als Sohn eines Hofmusikers in Innsbruck auf. Aufgrund seiner hohen musikalischen Begabung kam Karg schon als Knabe nach München in das »Gregorianische Haus«, wo er als Sänger und Musiker ausgebildet wurde. Während dieser Zeit konnte er mit der neuesten Kunst am kurfürstlichen Hof vertraut werden und Kontakte schließen. 1712 trat Karg in das Chorherrenstift Dießen ein; Studienjahre der Theologie und Philosophie an der Universität Ingolstadt folgten. Zu Leben und Person Herculan Kargs siehe: W. T. Auer, Geschichte der Augustiner-Pröpste in Dießen, Dießen 1968, S. 98 ff.

[47] Zum Innenraum siehe: B. Rupprecht, 1959, S. 78 ff.
[48] Dazu: F. Naab und H. J. Sauermost, Die Entwicklung der Vorarlberger Wandpfeilerräume, in: Vorarlberger Barockbaumeister, (Ausstellungskat.) Einsiedeln 1973, S. 91 ff.; ebenso: O. Freiermuth, Die Wandpfeilerhalle im Werke Johann Michael Fischers, in: Das Münster 1955, S. 322 ff.
[49] Vgl. S. 78 f.
[50] Abgebildet bei N. Lieb, 1982, Abb. 21.
[51] B. Rupprecht, 1959, S. 80.
[52] Vgl. S. 78 ff.
[53] Vgl. Anm. 41.
[54] P. Dorner, Joseph Dall' Abaco (1718–1792) und seine Dießener Chronik, in: Lech-Isar-Land, 1971, S. 3 ff. Auch Dorner verweist nachdrücklich auf den hohen Quellenwert der Chronik. Die Dießener Chronik ist in drei Fassungen bekannt:
1) Urschrift, Bischöfliche Bibliothek Augsburg, Nr. 126.
2) Pollinger Abschrift (heute Handschriftenabteilung der Bayr. Staatsbibliothek München, Cgm 1769).
3) Dießener Abschrift, Pfarrarchiv Dießen.
[55] Zur Entwurfs- und Planungsgeschichte des Hochaltars in Dießen siehe: H. v. Poser, Johann Joachim Dietrich und der Hochaltar zu Diessen, (Diss. Masch.) München 1975, S. 34 ff.
[56] Zu Schäftlarn allgemein: N. Lieb, 1982, S. 181; jüngst zur Baugeschichte und zum Anteil Cuvilliés' an der Chorarchitektur: E. Langenmayr, Die Klosterkirche Schäftlarn. Untersuchungen zur Architektur, (Mag. Masch.) München 1985.
[57] So etwa N. Lieb, 1982, S. 67.
[58] Zu den Außenarchitekturen F. Cuvilliés' siehe: W. Braunfels, 1938, S. 30 ff.
[59] Dieses Motiv findet sich z. B. am Hôtel de Matignon, von Courtonne 1721-24; (W. Braunfels, 1938, S. 32).
[60] Vgl. S. 38 ff. und 51 ff.
[61] Vgl. S. 62 ff.
[62] Siehe dazu: F. Naab, Dreifaltigkeitskirche, in: Münchens Kirchen, München 1973, S. 135 ff.
[63] N. Lieb, 1982, S. 63.
[64] N. Lieb, Dießen am Ammersee (= KKF, Nr. 30), München-Zürich 6.1973, S. 15.

Kapitel VII

[1] B. Rupprecht, Die bayerische Rokoko-Kirche, (Diss. 1957), Kallmünz 1959. Wie sehr Rupprechts Titel zu einem Begriff wurde, zeigt die Nachfolge von T. Harries, The Bavarian Rococo Church, New Haven–London 1983.
[2] B. Rupprecht, 1959, S. VII.
[3] Ebda., S. 31.
[4] Zum »Kirchenraum als betretbares Bild« siehe bes. ebda., S. 13 ff., 29 ff.; weiter ausgeführt in den Analysen zu Steinhausen (S. 34 ff.) und der Wies (S. 37 ff.). Zur »Ver-bildung traditioneller Architekturformen« ebda., S. 55 f.
[5] F. Kimball, Le Style Louis XV. Origine et évolution du Rococo, Paris 1949.
[6] H. Bauer, Rocaille. Zur Herkunft und zum Wesen eines Ornament-Motivs, (Diss. 1955), Berlin 1962, bes. S. 75 ff.
[7] Auf die Ornamentalisierung der Architekturen D. Zimmermanns machte als erster A. Feulner aufmerksam. (A. Feulner, Bayerisches Rokoko, München 1923, S. 63); weiter: H. Schnell, Die Wies. Ihr Baumeister Dominikus Zimmermann. Leben und Werk, München–Zürich 1979; jüngst: H. und A. Bauer (Johann Baptist und Dominikus Zimmermann. Entstehung und Vollendung des bayerischen Rokoko, Regensburg 1985), die auf die Genese von Zimmermanns Architektur aus der Altarbaukunst aufmerksam machten (S. 47 ff.).
[8] B. Rupprecht, 1959, S. 34.
[9] Ebda., S. 37 ff.
[10] So beispielsweise Steinhausen und Zwiefalten.
[11] B. Rupprecht, 1959, S. 60.
[12] Ebda., S. 80.
[13] Ebda., S. 87.
[14] Weitere Lit. zur Rokoko-Debatte: H. Tintelnot, Zur Gewinnung unserer Barockbegriffe, in: Die Kunstformen des Barockzeitalters, Bern 1956, S. 13 ff.; H. Sedlmayr, Zur Charakterisierung des Rokoko, in: Manierismo, Barocco, Rococò, Concetti e termini, Roma 1962, S. 343 ff.; H. Sedlmayr und H. Bauer, Rococo, in: Encyclopedia of World Art 12, New York 1966, Sp. 230 ff.; W. May, Rokokoarchitektur, in: Zeitschrift des deutschen Vereins für Kunstwissenschaft 28, 1974, S. 3 ff.; V. Loers, Rokokoplastik und Dekorationssysteme. Aspekte der süddeutschen Kunst und des ästhetischen Bewußtseins im 18. Jahrhundert, (= Münchner Kunsthistorische Abhandlungen VIII), München–Zürich 1976, S. 1 ff.; H. und A. Bauer, 1985, S. 86 ff.

zu Seiten 124-125

Kapitel VIII

[1] Vgl. S. 67 ff., bes. S. 73 ff.

[2] Vgl. S. 82 ff.

[3] Bereits R. Wittkower wies auf die Bedeutung der Pantheon-Rezeption hin. Er kam vor den Kirchenbauten der italienischen Renaissance zu der Feststellung, daß abhängig vom Platonismus und Neuplatonismus sich »erst im 15. Jahrhundert der zentrale Grundplan als der angemessenste Ausdruck des Göttlichen durchsetzte« und »daß viele, wenn auch nicht alle unserer Zentralbauten der Heiligen Jungfrau geweiht sind« (R. Wittkower, Grundlagen der Architektur im Zeitalter des Humanismus, München 1983, S. 29 und 31). Mitbestimmend für diese Entwicklung mag die im Jahre 1439 festgelegte Doktrin von Mariae Unbefleckter Empfängnis gewesen sein, die 1476 von Papst Sixtus IV. bestätigt wurde. Ansätze für die Kreisform boten die Legendenbildung, die Krone der Himmelskönigin, die Sternkrone der Immaculata, die Rundung des Universums, über das sie als Schirmherrin der Welt herrscht. (Vgl. dazu: R. Wittkower, S. Maria della Salute, in: Saggi e memorie di storie dell'arte, Venedig 1963, S. 43 ff.

[4] Zusammenfassende Hinweise zur Zentralbaugestalt der Marienkirchen und der Michaelsrotunden bei: A. Reinle, Zeichensprache der Architektur. Symbol, Darstellung und Brauch in der Baukunst des Mittelalters und der Neuzeit, München-Zürich 1976, S. 145 ff. und 156 ff.

[5] Dazu: W. Götz, Die gotische Klosterkirche in Ettal. Zur Herkunft ihrer ursprünglichen Baugestalt, in: Das Münster 18, 1965, S. 115 ff. Allgemein zur mittelalterlichen Pantheonrezeption: R. Krautheimer, Sancta Maria Rotunda, in: Arte del Primo Millenio. Atti del II convegno per lo studio dell'arte dell' alto medioeva, Pavia 1950, S. 21 ff.

[6] Dazu: I. Büchner-Suchland, Hans Hieber. Ein Augsburger Baumeister der Renaissance, München 1962, S. 15 ff.

[7] Dazu: N. Lieb, Wallfahrtskirche Maria Hilf auf dem Lechfeld (= KKF, Nr. 662), München 1955; Quellenhinweis S. 5.

[8] Dazu: B. Schütz, Die Wallfahrtskirche Maria Birnbaum und ihre beiden Baumeister, Frankfurt/M. 1974 (= Kieler Kunsthistorische Studien, Bd. 4), bes. Anm. 157.

[9] Dazu: R. Paulus, Der Baumeister Henrico Zuccalli am Kurbayerischen Hofe zu München, Straßburg 1912, S. 13 ff.

[10] Dazu: F. Borsi, Bernini Architetto, Milano 1980, S. 124 ff.

[11] Allgemein zur Baugeschichte: K.-L. Lippert, 1969, S. 13 ff.

[12] Zur Baugeschichte: N. Lieb, 1982, S. 77 ff. und 85 ff.

[13] R. Stalla, Der »Renovatio«-Gedanke beim Neubau der Benediktiner-Klosterkirche von Rott am Inn, in: Rott am Inn. Beiträge zur Kunst und Geschichte der ehemaligen Benediktinerabtei (hrsg. v. W. Birkmaier), Weißenhorn 1983, S. 105 ff.

[14] H. Ernst, Zur Himmelsvorstellung im späten Barock besonders bei Johann Michael Fischer, in: Zwischen Donau und Alpen. Festschrift für Norbert Lieb zum 65. Geburtstag, S. 266 ff. Ernsts Hinweis auf die Pantheonrezeption beschränkt sich auf die Beobachtungen, daß der Hauptraum genau so breit wie hoch ist, und daß ihn die Goldbrokatierung der Segelgewölbe an die Kassettierung des Pantheon erinnere.

[15] Dazu: E. Lavagnino, Castel Sant' Angelo, Roma 1951; zur Geschichte S. 3 ff.

[16] Dazu: L. Bianchi, La Rotonda di Monte Siepi, in: Rivista del R. Instituto d'archaeologia e storia dell'arte IV, 1937, S. 226 ff.

[17] Dazu: M. Schrott, Neustift bei Brixen. Augustiner-Chorherrenstift (= KKF, Nr. 717), München–Zürich 1960, S. 12 ff.

[18] M. Fastlinger, Die Kirchenpatrozinien in ihrer Bedeutung für Altbayerns ältestes Kirchenwesen, München 1897, S. 64 ff.

[19] Dazu: S. Michael, der höchste Seraphin über die himmlischen Geister, (hrsg. vom Bruderschaftsmagistrat), München 1699, S. 51.

[20] Zum Michaelsheiligtum auf dem Monte Gargano und seiner baulichen Entwicklung siehe: A. Petrucci, Aspetti del culto e del pellegrinaggio di S. Michele Arcangelo sul Monte Gargano, in: Pellegrinaggio e culto dei Santi in Europa fino alla Iª crociata, Todi 1963, S. 145 ff.; A. v. Keyserlingk, Vergessene Kulturen in Monte Gargano, Nürnberg 1968, bes. S. 20 ff. und 89 ff.

[21] Im Jahre 708 erschien dem Bischof Aubert von Avranches der Erzengel Michael, der diesen aufforderte, für ihn auf dem Mont-Tombe, dem heutigen Mont-Saint-Michel, eine Kirche zu gründen. Erst als der Erzengel bei seiner dritten Erscheinung (vgl. die drei Michaelserscheinungen auf dem Monte Gargano!) das Haupt des Bischofs berührte, wurde der Bischof von dem Wunsch des Erzengels überzeugt; dazu: P. Gout, Mont-Saint-Michel, 2 Bde., Paris 1910; M. Aubert und P. Marcel, Mont-Saint-Michel, Grenoble 1937. Gleich zu Beginn des Vorworts des Bruderschaftsbüchleins wird die französische Stiftung des Michael-Ritterordens durch König Ludwig XI. im Jahre 1469 erwähnt, auf die sich auch die Münchner Gründung beruft. Da der französische Ritterorden seinen Sitz auf dem Mont-Saint-Michel hatte, darf eine genaue Kenntnis der

dortigen baulichen Situation angenommen werden. (S. Michael, der höchste Seraphin über die himmlischen Geister, München 1699, Vorwort Blatt 1).
²² S. Michael, der höchste Seraphin über die himmlischen Geister, München 1699, S. 12 ff. (Kap. II: Was Gargan für ein Berg seye/und wann der heilige Ertz-Engel Michael darauff erschinen?), S. 50 ff. (Kap. VI: Von vilen grossen Dingen/welche auff den H. Berg Gargan von S. Michael werden vorbehalten) und S. 77 ff. (Kap. IX: Von vilfältiger Gutthätigkeit und Seelen-Hülff deß H. Ertz-Engels Michael).
²³ Ebda., S. 69 ff. (Kap. VIII: Von S. Michaels steinernen Bildnuß/welche auß seiner Stein-Grotten zu Gargan/ nach Berg bey München ist herauß gebracht worden). Die Michaelsfigur befindet sich heute auf dem nordwestlichen Diagonalaltar des Bruderschaftsraumes.
²⁴ Vgl. S. 110.
²⁵ Zu den Kirchen in Aufhausen und Ingolstadt siehe allgemein: N. Lieb, Johann Michael Fischer. Baumeister und Raumschöpfer im späten Barock Süddeutschlands, Regensburg 1982, S. 77 ff. und 85 ff.
²⁶ Die folgenden Teile wurden in verbesserter und erweiterter Fassung im Februar 1988 im ›Verein für christliche Kunst‹, München, als Vortrag gehalten.
Zu Wolffs Bild allgemein: L. Waagen, Johann Andreas Wolff, München 1932, S. 43; zu der Versetzung des Hauptaltars i. J. 1745: Brief des Geistlichen Rats v. Freising an Würnzl (Dekret) vom 5. V. 1745 (EOAM, Fasz. Berg am Laim).
²⁷ F. I. Oefele erhielt für die Vergrößerung des Bildes 350 Gulden (N. Barth, 1931, S. 30).
²⁸ S. Michael der höchste Seraphin über die himmlischen Geister/der erste Haupt und Ertz-Engel/über alle englische Gespanschaften/der stärckiste Verfechter/ Göttlichen Namens und seiner Eheren/der gewussiste Schutzhalter in Noth- und Todts-Aengsten/Scheinbar und huelfreich/wundervoll und namhafft in seiner Bildnuß/..., (hrsg. vom Bruderschaftsmagistrat), München 1699. (Ein Exemplar befindet sich in der Bayer. Staatsbibliothek München; 1732 und 1760 wurde das Bruderschaftsbüchlein mit unwesentlichen Veränderungen neu aufgelegt).
²⁹ Vgl. S. 139 ff. und 217 f.
³⁰ Vgl. S. 34 ff.
³¹ Buch, worin die Statuta des von Weyland Seiner Churftl. Drchlt. zu Cölln, Herzogen Joseph Clement in Ob: und Niedern Bejern, Höchstseligsten Angedenkens gestifteten Hochadelichen Ritter Ordens der Beschützer Göttlicher Ehre, unter dem Schutz des Heiligen Erz-Engels Michaelis enthalten seind. Bonn, den 3. April 1721; aus der Einleitung des von Joseph Clemens eigenhändig konzipierten Statuten-Buches des Michael-Ordens, teilweise zitiert bei L. Trost, 1888,

S. 4 ff. Da im letzten Krieg das Bruderschaftsarchiv vollständig verbrannte, ist ein Teil der im folgenden genannten Quellen aus der älteren Sekundärliteratur zitiert.
³² Buch worin die Statuta des [...] Hochadelichen Ritterordens [...], 1721 (Vgl. Anm. 31), zitiert nach L. Trost, 1888, S. 43.
³³ Ebda.; das Gebet lautet: »Sancte Michael archangele, quem constituit Dominus super omnes animas suscipiendas, defende nos in Proelio, ne pereamus in tremendo Judico« (Cf. Off. in fest. appar. S. Mich. ant. III. in I. vesp. und Grad. fest. Dedic. S. Mich.).
³⁴ S. Michael der höchste Seraphin über die himmlischen Geister, 1699, S. 67/68.
³⁵ Graphische Sammlung der Staatsgalerie Stuttgart. Feder in Bister, grau laviert, schwarze Einfassungslinie, 272 × 135 mm; Inv. Nr. 1215. (Vgl. Kat. Ausst., Der Barocke Himmel, Stuttgart 1964, Nr. 89). Das Blatt wurde in dem Ausstellungskat., Kurfürst Max Emanuel. Bayern und Europa um 1700, München 1976, Bd. II, S. 112 als ein Deckenbildentwurf von J. A. Wolff für die Michaelskapelle in der Josephsburg angesprochen. Für diese – bisher nicht abgesicherte – Zuweisung des Blattes für Berg am Laim sprechen vor allem ikonographische Gründe: Das Thema, Michael als Seelenwäger, mag durch den jenseits gerichteten Anspruch der Bruderschaft begründet sein. Die Seelenwaage in Form von drei Kreuzen nimmt Bezug auf das »Michaels-Kreuz«. Die Drei-Zahl könnte neben dem Hinweis auf die Dreifaltigkeit auch auf die streng geordnete Hierarchie von Michaels-Bruderschaft, Michaels-Ritterorden und Oberhaupt von Bruderschaft und Orden verweisen. Ein zweiter Engel – rechts unter dem hl. Michael – trägt eine als kleine, betende Gestalt dargestellte Seele empor. Diese ungewöhnliche »inventione« Wolffs könnte durch das Bruderschaftsprogramm motiviert gewesen sein. Im Bruderschaftsbüchlein von 1699 wird die Hoffnung formuliert, »daß unsere Seelen in die ewige Seeligkeit/und zwar in die lähre Sitz der abtrünnigen Teuffel erhebt werden«. (S. Michael der höchste Seraphin über die himmlischen Geister, 1699, Einleitung, Blatt 2). Die folgenschwere Alternative, »nach gefehlte Urtheil an sein [Gottes] Orth der ewigen Seeligkeit zu erheben/oder in die verfluchte Verdamnuß zu verpannen« (ebda., Blatt 4) hat sich hier auf Wolffs Entwurf bereits zum Guten gewendet. Das »Auge Gottes« über Michael ist auf den beiden anderen Vorzeichnungen Wolffs für das Altarbild ebenso zu sehen und deutet Michael als »ein bestrahlter Glantz des höchsten Liechtes«. (Ebda., S. 10). Über die Planung oder Ausführung einer Freskierung der Michaels-Kapelle in Berg am Laim sind wir nicht unterrichtet; vielleicht darf die erwähnte »schöne Zierdt« der Kapelle, die alle Anwe-

senden »zumb Eiffer und Andacht anregen thuet«, darauf bezogen werden (Brief v. N. Praschler an Bischof Johann Theodor, 15. IX. 1737, EOAM, Fasz. Berg am Laim). Die im Ausstellungskatalog ›Der barocke Himmel‹, Stuttgart 1964, S. 43, vorgeschlagene Datierung des Blattes auf 1700 scheint uns angesichts des Zeichenduktus, gerade im Vergleich zu den übrigen Wolff-Zeichnungen für Berg am Laim, zu früh. Für diese Zeit wäre auch ein Deckenbild, das die gesamte Gewölbefläche einnimmt, kaum wahrscheinlich. Aus diesen Gründen scheint eine Neudatierung des Blattes auf die letzten Lebensjahre Wolffs (1710-16) gerechtfertigt. Für die Zuweisung des Blattes als Entwurf für ein Deckenbild sprechen die ovale Ausgrenzung und die Untersichtigkeit der Komposition, die für ein Altarbild ungewöhnlich wären; für die Zuweisung für St. Michael in Berg am Laim sprechen auch das Längen- und Breitenverhältnis des Deckenbildentwurfes, das der Proportion der Michaels-Kapelle entspricht. Die dominante Wirkung der beiden Engels-Figuren nimmt auf den steilen Anstieg der Kapelle Bezug (Länge: 41 Schuh = 13,60 m, Breite: 23 Schuh = 7,60 m, Höhe: mindestens 35 Schuh = 11,60 m).

[36] Köln, Wallraf-Richartz-Museum (Inv. Nr. Z 3458), Feder über Bleistift, laviert.

[37] A. Rosenberg, Engel und Dämonen, Gestaltwandel eines Urbildes, München 1967, S. 106/107. Symptomatisch für den neuen Michaels-Typus steht auch P. A. v. Verschaffelts Michael auf dem Castel Sant' Angelo in Rom (1753), der sein Schwert in die Scheide steckt, auch wenn sich diese Darstellung direkt auf die Vision Papst Gregors I. während einer Prozession zur Abwendung der Pest bezieht.

[38] Graphische Sammlung München, Inv. Nr. 30 152 H. M. III. 43 (Feder in Braun, grau laviert; 282 × 196 mm).

[39] Dazu: L. Waagen, Johann Andreas Wolff, München 1932, S. 43.

[40] Eine zeitgenössische Reproduktion – mit originaler Rahmenführung – abgebildet bei N. Barth, 1931, S. 25. Weitere Reproduktionen von Wolffs Michaels-Bild auf verschiedenen Bruderschaftszetteln mit Gebeten (Pfarrarchiv St. Michael in Berg am Laim, 162 × 130 mm; Stadtmuseum München).

[41] S. Michael der höchste Seraphin über die himmlischen Geister, 1699, S. 62 f. Als das »älteste und beste Bildnuß des H. Michaels« wird hier dasjenige bezeichnet, welches »im Jahr deß Herrens 493. der Pabst Gelasius I. samt seinen gegenwärtigen Bischöffen im Eingang der Grotten zu Gargan gefunden hat.« Nach der Legende haben damals »die Engel selbsten solche ihres höchsten Himmels-Fürsten Michaelis Bildnuß/ in der Stein-Höllen zu Gargan [...] beygebracht/und auffgestellt«. Über die Wertschätzung dieses Michaels-Urbildes heißt es S. 69 ff.: »Ist auff dem Berg Gargan ein Eremit oder Ensidl/von der Kunst ein Bildhauer; deme allein erlaubt wird/auß dem Original-Felsen die Bildnuß S. Michaelis herauß zu hauen/und zu gestalten/in der Grösse/Höhe und Ansehnlichkeit/ wie sie von den Englen ist dahin gebracht und gestellet worden. Und dergleichen Bildnuß wird sonst alleinig an die vornehmste Königliche und Fürstliche Personen in der Christenheit verehret. Ist aber auch solche von hochgemelten Herrn Probsten Baron von Simeoni nach Josephsburg in S. Michaels Mutter Capellen gebracht und verehret worden«. Über die »Stein-Bröcklein« vom Monte Gargano heißt es, daß es statt Reliquien »gleichwohl aber sollte zur Einweyhung S. Michaels-Altären genug seyn/ wann an statt der H. Gebein kleine Stücklein von seiner Stein-Grufft [...] gebraucht werden« (S. 71).

[42] Das Urbild am Monte Gargano wird u. a. so beschrieben: »[...] Zwey Flügel seynd zum schnell-fliegen bereitet. Ein Fürstlicher Mantel über den Rucken. Über die Brust ein gespiegelter Harnisch. Die Lenden mit einer gewickelten Feld-Scherpen umbgürtet. Die gantze Bekleydung auff ein alte Ritters Weiß außgefertiget. Die ober und unter Knye gantz ritterlich entblesset. Beyde Füß mit gebrochnen Stifflen geziert.« (S. Michael der höchste Seraphin über die himmlischen Geister, 1699, S. 63).

[43] S. Michael der höchste Seraphin über die himmlischen Geister, 1699, Einleitung Blatt 2.

[44] Ebda., Blatt 4.

[45] Ebda., Blatt 4.

[46] Ebda., S. 66; hier heißt es weiter: »[...] dann auß einem frölichen/gnädigen oder mildreichen Anblick/ nemen sie etwas gutes ab.«

[47] Siehe dazu: A. Rosenberg, Die christliche Bildmeditation, München 1955, bes. S. 26 ff. und S. 227 ff. »Das Meditationsbild [...] vermag durch die Erregung der Einbildekraft auf jenes geistige Zentrum im Menschen zu wirken, das einer tieferen Schicht der menschlichen Innerlichkeit angehört als Gefühl und Reflexion. Die sowohl aktive wie produktive Einbildekraft ist darum von größter Bedeutung für den Prozeß der Bildmeditation, weil sie eine Auswirkung der ursprünglichen Bildekraft des Menschen darstellt«. (S. 26/27).

[48] Zur Frömmigkeitshaltung der Zeit siehe: B. Hubensteiner, Die geistliche Stadt. Welt und Leben des Johann Franz Eckher von Kapfing und Liechteneck, Fürstbischof von Freising, München 1954, S. 210 ff. und ders., Vom Geist des Barock, München ²1978, S. 159 ff.; über A. M. Lindmayr S. 187 ff.

[49] Joseph Clemens bat seinen Bruder, Max Emanuel, die Michaels-Bruderschaft »mit allem Zugehör« in

seinen »Schutz« nehmen zu wollen. Diesem Wunsch entsprach im Jahr 1697 der Kurfürst mittels eines »Protektions-Briefes« aus Brüssel; zitiert nach L. Trost, 1888, S. 12.

[50] Die Jubiläumsfeierlichkeiten und die Prozession sind ausführlich beschrieben in: Erstes Jubel-Jahr oder Hundertjähriger Weltgang/von dem Hochlöblichen Collegion der Gesellschaft Jesu in München, München 1697, S. 263 ff.: »Acht-Tägiges Danck-Fest Von der Gesellschaft Jesu, angestellt den 7. Julij des annoch lauffenden 1697. Jahrs«, S. 273 f. Ein anderes ausführliches Manuskript von der »Michaelitischen« Bruderschaftsprozession ist abgedruckt bei L. Trost, 1888, S. 13 ff. Danach gab den »Befelch« zu der Prozession Joseph Clemens.

[51] Abgebildet bei: E.-W. Mick, Johannes Holzer 1709–1740, in: Cultura atesina. Kultur des Etschlandes, XIII, 1959, Abb. 160.

[52] Ebda., S. 43.

[53] Cosmas Damian Asams Zeichnung befindet sich in der Graphischen Sammlung München, Inv. Nr. 346 (Feder in Braun, braun laviert, weiß gehöht, auf bläulichem Papier, 388 × 221 mm). Nach S. Schoener, Handzeichnungen von Cosmas Damian Asam, (Mag. Masch.) München 1966, S. 6/7 ist die Zeichnung ein Entwurf für das Hochaltar-Bild in der Klosterkirche Metten (1715).

[54] Dazu: G. Hojer, Die frühe Figuralplastik E. Q. Asams, (Diss.) München 1964, Witterschlick bei Bonn 1967, S. 113 ff.; H. J. Sauermost, Weltenburg – Ein bayerisches Donaukloster, in: Das Münster, 22, 1969, S. 257 ff.

[55] Martin Desjardins Apotheose Ludwig XIV. wurde 1686 enthüllt und in der franz. Revolution zerstört. Abgebildet bei F. Souchal, French Sculptors of the 17th and 18th centuries, Bd. I. Oxford 1977, S. 253; hier weitere Angaben und Literatur. Interessant ist hier, gerade in Hinblick auf Wolffs »Sieg des Hl. Michael über Lucifer«, das für die Apotheose wichtige Motiv der Hydra zu Füßen Ludwig XIV.

[56] Zur Terminologie des »Portrait Historié« siehe R. Wishnevsky, Studien zum »portrait historié« in den Niederlanden, München 1967, S. 13 ff.; zur Entwicklung des »portrait historié« im 18. Jahrhundert siehe: H. Bauer, Zum Rokokoporträt, in: Rokokomalerei, Mittenwald 1980, S. 125 ff., bes. S. 133 f.

[57] H. Keller, Das Nachleben des antiken Bildnisses. Von der Karolingerzeit bis zur Gegenwart, Freiburg – Basel – Wien 1970, S. 181 f. Am englischen Hof wurde Jakob I. als neuer Salomon gefeiert, und unter der Herrschaft Cromwells »war unter freikirchlicher Führung, war durch sie das Volk des Neuen Bundes geworden; man hatte sich rückhaltlos in Gedankenwelt und Sprechweise der Urkunden des Alten Bundes vertieft, man redete die Sprache Kanaans« ... Cromwell »hatte in seinen Reden die Engländer selbst als die verlorenen zehn Stämme Israels angesprochen und ihnen die Weltherrschaft verheißen«. (Schöffler, Wirkungen der Reformation. Religionssoziologische Forschungen für England und Deutschland, Frankfurt am Main 1960, S. 1 ff. und 65 ff.). Der brandenburgische Hofmaler Matthias Czwiczek stellte den Kurfürsten Georg Wilhelm als König Salomon und seine Gemahlin Elisabeth Charlotte als Königin von Saba dar (Barock in Deutschland. Residenzen, Ausstellungskat., Berlin 1966, S. 67, Kat. Nr. 90). In dem Porträt des Preußischen Kronprinzen Friedrich Wilhelm (des späteren Soldatenkönigs) als »David«, das A. Schoonjons 1702, also ein Jahr nach der Erhebung Preußens zum Königreich, malte, sind verschiedene politische Ansprüche zu erkennen, die – in der Bezugnahme auf den abendländischen Ursprung des Königtums – in Karl d. Gr. gipfeln, der sich in seiner Tafelrunde als »David« feiern ließ. (Dazu: H. Börsch-Supan, Anton Schoonjons in Berlin, in: Zeitschrift des Deutschen Vereins für Kunstwissenschaft, 1967, S. 1; P. Mai, St. Michael in Bayern, München–Zürich 1978, S. 1.).

[58] Siehe dazu: B. Rupprecht, 1959, S. 18 ff.; H. Bauer, Zum ikonologischen Stil der Süddeutschen Rokokokirche, in: Münchner Jahrbuch der bildenden Kunst, 1961, S. 218 ff.; ders., Der Himmel im Rokoko, Regensburg 1965; C. Liebold, Das Rokoko in ursprünglich mittelalterlichen Kirchen des bayerischen Gebietes – ein von maurinischem Denken geprägter Stil, München 1981; zuletzt: H. Bauer, Über einige Gründungs- und Stiftungsbilder des 18. Jahrhunderts in bayerischen Klöstern, in: Land und Reich, Stamm und Nation (Festgabe für Max Spindler zum 90. Geburtstag), München 1984, Bd. II, S. 259 ff.

[59] In der Profanikonographie wird Karl d. Gr. zu einer zentralen Figur. Seine Genealogie ließ sich auf Konstantin d. Gr., den ersten christlichen Kaiser, zurückführen und damit eine bruchlose Verbindung von der Zeitgeschichte zu den Herrscherreichen des Altertums herstellen. Karl wird zum »neuen Konstantin« des Abendlandes. Gleichzeitig führt die Kaiserkrönung Karls aus der Weltgeschichte in die »historia ecclesiastica«, woran nicht nur den Klöstern gelegen sein konnte. Für die absolutistischen Herrscher war Karl der Ursprung ihres theokratischen Selbstverständnisses. »Historia ecclesiastica translationis S. R. Imperii in personam Caroli Magni« heißt es im Programm des Ottobeurer Kaisersaales von 1723 über dem großen Deckenbild mit der Darstellung der Kaiserkrönung Karls d. Gr., dem sich der Habsburger Karl VI. als Türkensieger würdig an die Stelle stellt. (Siehe dazu:

zu Seiten 135-139

A. Herbst, Zur Ikonographie des barocken Kaisersaals, (Diss. Masch.) Frankfurt a. M. 1969.

⁶⁰ Die Ahnengalerie entstand 1726–1730. Der Stammbaum ist unterschrieben mit »Genealogia Augustae Gentis Domusque Boicae«. Literatur- und Quellenangaben bei C. Thon, Johann Baptist Zimmermann als Stukkator, München-Zürich 1977, Kat. Nr. 44.

⁶¹ L. Trost, 1888, S. 2, Anm. 1.

⁶² Aus den Aufzeichnungen des Joseph Clemens zu den Ereignissen des Jahres 1697, zitiert nach L. Trost, 1888, S. 38. Zum politischen Anlaß des Krieges siehe: ebda., S. 38, Anm. 2. (Pfalzgraf Franz Ludwig, der unterlegene Rivale bei der Bischofswahl in Lüttich, suchte sich bei Joseph Clemens mit der Unterstützung Frankreichs zu rächen.)

⁶³ Siehe dazu: P. Mai, 1978, S. 13 ff., und A. Rosenberg, Engel und Dämonen. Gestaltwandel eines Urbildes, München 1967, bes. S. 236 ff.

⁶⁴ Predigt des Franziskaner-Paters Paschali Stozinger, München, gehalten anläßlich des 100jährigen Jubiläums der Münchner Jesuitenkirche S. Michael im Juli 1697. Vorspruch: ›Vil grosse Ding von dem Ertz-Engel Michael‹; Inhalt: ›Englische Gleichständigkeit zwischen dem Heil. und grossen Himmels-Fürsten Michael, und der Hochlöblichisten Societet Jesu‹. Abgedruckt in: Erstes Jubel-Jahr oder Hundertjähriger Weltgang/ von dem Hochlöblichen Collegio der Gesellschaft Jesu zu München, München 1697, S. 108 f. In diesem Band sind alle Jubelpredigten, die in St. Michael in München gehalten wurden, abgedruckt und auch die Jubiläumsfeierlichkeiten ausführlich beschrieben.

⁶⁵ Freundlicher Hinweis von Frau Christl Knaur, München. Das Blatt befindet sich in Paris, Bibliothèque Nationale, Cabinet des Estampes (Coll. Hennin Nr. 5692). Siehe dazu: Ausstellungs-Kat. Kurfürst Max Emanuel. Bayern und Europa um 1700, München 1976, Bd. II, S. 86, Kat.-Nr. 219.

⁶⁶ Das Motiv der Bruderschaftsstiftung hat Joseph Clemens selbst in der Einleitung des eigenhändig konzipierten Statutenbuches (1721) beschrieben; abgedruckt bei L. Trost, 1888, S. 4 ff.

⁶⁷ Eine besondere Verbindung wird in dem Bruderschaftsbüchlein von Berg am Laim mit dem 1469 in Frankreich gegründeten Michaels-Ritterorden hergestellt. Er wurde von König Ludwig XI. aus Dank eines Sieges gegründet, den sein Vorgänger Karl VII. nur mit des »grossen Himmels-Fürsten S. Michaelis« Hilfe gegen England erringen konnte. Und »was der hochgemelte König Karl/ nach erhaltnen Sig wider die Engelländer auffs löblichist hinauß gebracht/ das hat Seine Churfürstl. Durchleuchtigkeit [Joseph Clemens...] aufferbäwlich erneuret«. (S. Michael der höchste Seraphin über die himmlischen Geister, 1699, S. 1).

⁶⁸ Zur Person Wilhelms V. siehe: D. Albrecht, Das konfessionelle Zeitalter, in: Handbuch der bayerischen Geschichte (hrsg. v. Max Spindler) I, II, München 1977, S. 351–363; hier weitere Literatur; vgl. auch S. 186 ff.

⁶⁹ Karl d. Gr. formulierte auf der Reichssynode von Mainz (813) gegenüber Papst Leo III. die Bitte, Michael zum Patron des Reiches zu erheben – ein Gesuch, dem der Papst nachkam. Das Fest des Erzengels bestimmte er für den 29. September. (Siehe dazu: P. Mai, 1978, S. 13 ff. – St. Michael als Schutzherr des Heiligen Römischen Reiches).

⁷⁰ Das Manuskript einer genauen Beschreibung der »Michaelitischen« Bruderschaftsprozession ist bei L. Trost, 1888, S. 13–20 abgedruckt. Hier heißt es u. a.: »6 Schimmel von 6 englisch gekleydeten Stallknechten gezieret aus dem Hoffstall ziechen den Triumphwagen. S. Michael der Erzengl auf dem Triumphwagen. Joannes Ignatius Schmid. Vor allen auf das schönste geschmucket, stehet zwischen zweyen Schuz Engln, deren Herzogen Wilhelmj und Maximilianj; deren beyden contrefé waren zierlich aufgemacht. Herzog Wilhelm stellte vor das Jesuiter-Collegium, Herzog Maximilian die Bragerschlacht auf dem weißen Berg. S. Michael raichet dem Herzog Maximilian das Churfürsten Hüettlein«. (S. 18).

⁷¹ Das 1721 von Joseph Clemens verfaßte »Statutenbuche« ist bei L. Trost, 1888, S. 37 ff. auszugsweise abgedruckt; Zitat ebda., S. 42.

⁷² Zitiert nach L. Trost, 1888, S. 6 und 37.

⁷³ Buch worin die Statuta des [...] Hochadelichen Ritter Ordens [...], 1721 (Vgl. Anm. 31), zitiert nach L. Trost, 1888, S. 9. Joseph Clemens bestimmte für die Organisation der Bruderschaft einen Magistrat. Dieser umfaßte 63 Personen, die »in drey Theill, als die Erste, zweite und dritte Classis abgetheilt« waren. Die erste Klasse war mit der Leitung, die zweite mit der Beratung, die dritte mit der Verwaltung betraut. (Siehe dazu allgemein: L. Trost, 1888, S. 8 ff.).

⁷⁴ Beim Ordenskapitel in Bonn gab Joseph Clemens am 4. April 1721 die von ihm ausgearbeiteten »Statuten« bekannt (vgl. Anm. 31), wonach der Michaels-Ritterorden »in zwey Theile abgetheilt wird, nämlich die geistlichen und weltlichen Ordensritter und Bediente [...]. Diese Zwey Theile werden abgetheilt unter zwey Fahnen, als die blaue Fahne, worunter die Geistlichen gehören und die weiße Fahne, worunter die Weltlichen begriffen, jeder Theil aber auch hinwieder in drey Classen der Abtheilungen, [...]«. Zur Organisation des Michael-Ritterordens siehe: L. Trost, 1888, S. 45 ff.

⁷⁵ Ebda., S. 37.

⁷⁶ Nach § 4 der Ordensstatuten war Großmeister des

246

Ordens und damit »Gemeines Ordens-Oberhaupt«, »solang uns gott das Leben vergünstigen will«, Joseph Clemens. Er war auch der Generalpräfekt und damit das Oberhaupt der Bruderschaft, ohne dessen Erlaubnis sie in Sachen ihrer Regeln, des Zeremonials und Rituals, überhaupt in keiner wichtigen Angelegenheit, eine Veränderung oder Entscheidung treffen konnte. (Siehe dazu: L. Trost, 1888, S. 12 und 47).

[77] Vgl. S. 217f.

[78] Zitiert nach: L. Trost, 1888, S. 9.

[79] Ebda., S. 9.

[80] Mit der Stiftung des Ritterordens unterstellte Joseph Clemens die Bruderschaft dem Großmeister des Ordens. (L. Trost, 1888, S. 12).

[81] Aus der Ansprache zur Investitur eines Ordensritters. (L. Trost, 1888, S. 60).

[82] Ders., 1893, S. 10. Die Übereinstimmung der bayerischen Landesfarben mit denen des Erzengels Michael wurde in der Kanzel des Kirchenneubaus aufgenommen: Auf dem Schalldeckel steht der »Bannerträger« Michael – hier mit der bayerischen Landesfahne.

[83] Zitiert nach L. Trost, 1888, S. 6.

[84] Das Bruderschaftsbüchlein aus d. J. 1732 schildert den »besonderen sittlichen Verstand« des Bruderschafts-Habits: »Erstlich: der weisse Rock bedeutet ein reines Gewissen allzeit zu halten. 2. Daß solcher von Leinwand, zeiget an die Demuth, so allein ohne weltliche Ehren und Präcedenz-Streit herrschen solle. 3. Die blaue Gürtel ist ein Zeichen der getreuen Verbündnuß mit dem göttlichen Willen. 4. Das blaue Creutz auf dem Herzen bemerket die Gedult in widrigen Zufallen. Dann nächstdeme die weiß und blaue Farb des gnädigsten Herrn Stiffters Durchlaucht Chur-Haus Bayern eigen ist, so wird auch von allen Farben-Auslegern die blaue Farb der Treu und Gedult zugeeignet. 5. Die vier Buchstaben heissen so viel, als F. Fideliter, Getreu ohne Gleißnerey. P. Pie, Fromm ohne Launigkeit. F. Fortiter, Starckmüthig ohne Verdruß. P. Perseveranter, Beharrlich ohne Wankelmuth, dem heiligen Schutz-Patron zu dienen. [Es gab fünf Arten des Bruderschaft-Habits: den solennen, gewöhnlichen, den Buß-, Trauer- und Pilger-Habit]. 6. Der Pfenning dienet allen Einverleibten vor einen Schild wider alle Anbefechtungen des Satans, sonderbar im letzten Sterb-Stündlein, wie das tägliche Gebett lehret: »H. Erz-Engel Michael! Bewahre uns in dem Streitt, daß wir nicht in den strengen Gericht zu Grund gehen mögen«. Derowegen dieses Zeichen nicht von sich zu legen, absonderlich in den letzten Todtes-Kampf, um jenen vollkommenen Ablaß zu erlangen, welchen Innocentius XII. in seiner Confirmations-Bullen, den 29. May, 1693. in Articulo Mortis, verliehen hat. 7. Der Pilgerstab letztlich zeigt unser zeitliche Wanderschaft, wie wir in gemeldten Tugenden, in dieser Erzbruderschaft fortgehen sollen, um endlich in das ewige Vatterland zu gelangen.«

[85] Die Gelöbnisformel lautet: »Ich [...] erwöhle dich heut zu meinem Schuz- und Schirm-Herrn meiner armen Seel, und nimb mir kräfftiglich vor, dich hinfüran beständig zu verehren, auch niemahl zu gedulten, daß von mir, oder meinen Untergebenen, deiner ehr und Wolgfallen etwas zuwider gehandelt werde. Bitte dich dann demüthiglich, nimme mich zu deinem beständigen Pflegkind an, stehe mir bey, in allem meinem Thun und Lassen, bevorab an meinem letzten Ende. Da sey mein Beschüzer wider alle teüfflische Anstöß. Bewahre mein Seel und begleyte sie in das Himmlische Vatterland! Ammen!«

[86] L. Trost, 1888, S. 10/11.

[87] Ders., 1888, S. 7.

[88] S. Michael der höchste Seraphin über die himmlischen Geister, 1699, S. 1.

[89] Faistenbergers Raffael-Figur war von Anfang an ohne Flügel geplant.

[90] Aus der Predigt des Augustiner-Eremiten Leopoldo Gramiller, München, gehalten anläßlich des 100jährigen Jubiläums der Münchner Jesuitenkirche St. Michael im Juli 1697, in: Erstes Jubel-Jahr oder Hundertjähriger Weltgang/von dem Hochlöblichen Collegio der Gesellschaft Jesu zu München, München 1697, S. 63.

[91] S. Michael der höchste Serpahin über die himmlischen Geister, 1699, S. 25.

[92] Diesen Hinweis verdanke ich einem Manuskript von Herrn Dr. Anton Kreuzer (†) über die Geschichte von Berg am Laim, das mir seine Frau freundlicherweise zur Einsicht überließ. (Kapitel: Die Josephsburg, S. 9; hier heißt es: »Kurfürst Joseph Clemens ist in Bonn, fern seiner geliebten St. Michaelskapelle, im Alter von 52 Jahren verschieden. Die Bruderschaft hat zum Andenken an ihren Stifter Andre Faistenberger und Johann Jakob Feichtmayer beauftragt, vom Erzbischof Joseph Clemens dessen lebensgroße Statue zu schaffen, die in seiner Kapelle Aufstellung gefunden hat. Wie das meiste aus dieser barocken Kapelle ist auch das Standbild ihres Stifters im lieblosen 19. Jahrhundert zu Verlust geraten.«)

[93] Ludwig XIV. erhebt sich als neuer Herkules über die getötete Hydra, Sinnbild für die chaotische Unnatur und das Böse; zu dem Standbild vgl. Anm. 55.

[94] C. Hinrichs, Zur Selbstauffassung Ludwig XIV. in seinen Mémoires, in: Formen der Selbstdarstellung. Analekten zu einer Geschichte des literarischen Selbstportraits. Festgabe für Fritz Neubert, Berlin 1956, S. 160; H. Sedlmayr, Allegorie und Architektur, in: Epochen und Werke, Bd. II., Wien 1959, S. 235, bes. S. 240ff. und 253ff.; A. Heissmeyer, Apoll und Apollo-Kult seit der Renaissance, Tübingen (Diss.) 1966,

S. 90 ff.; zuletzt bei K. Möseneder, Zeremoniell und monumentale Poesie. Die »Entreé solennelle« Ludwig IV. 1660 in Paris, Berlin, 1983.

[95] H. Sedlmayr, 1959, S. 239.

[96] G. Kunoth, Die historische Architektur Fischers v. Erlach, Düsseldorf 1956, S. 122 (briefliche Äußerung Fischers). Interessant ist auch eine Gründungsmedaille aus d. J. 1700. Sie zeigt auf dem Revers die Anlage von Schönbrunn II und trägt die Legende: »Sol ubi Romanus curis percurrerit orbem / Hoc pulchro fessos fonte relaxat equos«. (Ebda. und Abb. 106).

[97] H. Sedlmayr, Johann Bernhard Fischer v. Erlach, Wien 1956, S. 33. Auch die alte Flurbezeichnung »Schönbrunn« wird in den Dienst des Apollo-Mythos gestellt.

[98] Diese Bitte ist ein altes Meßformular der Liturgie. Im Bruderschaftsbüchlein (S. Michael der höchste Seraphin über die himmlischen Geister, 1699, S. 10) heißt es: »S. Michael ist/welchen unser Kirchen der Heiligen anruffet für ihren Schutz- und Ober-Herrn: welcher Christi deß Göttlichen Richters Endurtheil für die Sterbenden vollziehet/und die Gerechte Seelen an das heilige Liecht vorstellet.«

[99] Ebda., S. 9.

[100] Ebda., S. 16.

[101] Ebda., S. 10.

[102] A. Rosenberg, 1955, S. 236–237.

[103] S. Michael der höchste Seraphin über die himmlischen Geister, 1699, S. 5.

[104] Grosses vollständiges Universal-Lexikon, hrsg. von Joh. Heinrich Zedler, Leipzig und Halle 1739, Bd. 21, S. 22.

[105] Silber, gegossen und getrieben, der überwiegende Teil vergoldet; reicher Steinbesatz, vor allem Amethyste und Goldtopase; H. 99,5 B. 42,5 cm; Datierung 1722 auf der Kartuscheninschrift QVIS UT DEVS. Die Monstranz ist im Besitz der kath. Pfarrei St. Michael in Berg am Laim. N. Barth (1931, S. 11) nennt den Münchner Goldschmied Joseph Grossauer als Schöpfer der Monstranz, deren Wert er mit 1200 Gulden angibt. Weitere Literatur: L. Trost, 1888, S. 23; C. Graf, 1951, S. 3; Ausstellungskatalog Kurfürst Max Emanuel, Bayern und Europa um 1700, Bd. II., München 1976, S. 268 f.

[106] Siehe dazu: F. X. Noppenberger, Die eucharistische Monstranz des Barockzeitalters. Eine Studie über Geschichte, Aufbau, Dekoration, Ikonologie und Symbolik der barocken Monstranzen vornehmlich des deutschen Sprachraums, München 1958, bes. S. 65 ff.

[107] Die »Michaels-Monstranz« übernimmt das ikonographische Programm des alten Bruderschaftsaltars und deutet exegetisch Michael als »neuen Lichtbringer«.

[108] D. C. v. Lohenstein, Großmüthiger Feldherr Arminius oder Hermann als sein tapfferer Beschirmer der deutschen Freyheit, Leipzig 1689/90, Bd. I. S. 619.

[109] Die Verwendung der Insignien von Michaelsbruderschaft und -ritterorden in der Bauplastik des Schlosses Augustusburg zu Brühl beschreibt E. Schalkhausser, ohne aber aus seinen Beobachtungen Schlüsse zu ziehen. E. Schalkhausser, Clemens August als Großmeister des Michaelsordens, in: Kurfürst Clemens August, Landesherr und Mäzen des 18. Jahrhunderts. Ausstellungskat., Köln 1961, S. 197 ff.

[110] Grundlegend zu Clemens August: E. Renard, Clemens August. Kurfürst von Köln. Ein rheinischer Mäzen und Waidmann des 18. Jahrhunderts, Bielefeld und Leipzig 1927; ebenso Ausstellungskatalog Kurfürst Clemens August, Landesherr und Mäzen des 18. Jahrhunderts, Köln 1961, bes. S. 17–98, hier jeweils weitere Literatur.

[111] Der Altar wurde 1745 von J. W. v. d. Auwera nach dem Entwurf B. Neumanns errichtet. (M. Kranzbühler, Johann Wolfgang van der Auwera. Ein fränkischer Bildhauer des 18. Jahrhunderts, in: Städel-Jahrbuch 7–8, 1932, S. 201 ff.). Zur Planungsgeschichte des Altars siehe bes.: W. Hansmann, Der Hochaltar Balthasar Neumanns in der Pfarrkirche St. Maria von den Engeln zu Brühl – Entwurf und Ausführung, in: Wallraf-Richartz-Jahrbuch, Bd. 40, 1978, S. 49 ff.; hier Abbildungen des heute großteils verbrannten Planmaterials und weitere Literatur. Damit Clemens August vom Schloß Augustusburg seine neu bestimmte Schloßkirche bequem erreichen konnte, entstand eine Orangerie mit Galerie und im Anschluß daran am Scheitel des polygonalen Chores ein zweigeschossiges Gebäude mit dem Oratorium des Kurfürsten im Obergeschoß und einer Sakristei im Erdgeschoß.

[112] Aufriß des Hochaltars: Feder aquarelliert. Oben beschriftet: »Auftrag des hohen altars in löbb[liche] franciscaner Kirchen zu Bryhl littera A. B. ist daß churfürst[liche] oratorium.« Unten rechts signiert: »Balthasar Neumann obrister von Würzburg 22. febr. 1745.« Ehemals Würzburg, Martin von Wagnersche Sammlung der Universität; 1945 verbrannt, abgebildet bei W. Hansmann, 1978, S. 52, Abb. 3.

[113] Im Barock war der Spiegel ein Symbol Gottes (Philippo Picinelli, Mundus symbolicus, Bd. 2, Buch 15, Köln 1687, S. 37).

[114] Älteren Beschreibungen zufolge wurde der Spiegel »weggeschoben«, wenn sich der Kurfürst zum Gottesdienst einfand (R. W. Rosellen, Geschichte der Pfarreien des Dekanates Brühl, Köln 1887, S. 127).

[115] D. Frey, Der Realitätscharakter des Kunstwerkes, in: Kunstwissenschaftliche Grundfragen. Prolegomena zu einer Kunstphilosophie, Darmstadt ²1972, S. 131.

[116] D. C. v. Lohenstein, 1689/90, Bd. 2, S. 539.

[117] W. Hansmann, 1978, S. 56.
[118] Auf dem Kreuzberg bei Bonn befand sich eine seit dem 15. Jahrhundert nachweisbare Marienwallfahrt mit einem wundertätigen Gnadenbild. 1628 gründete hier der Erzbischof von Köln, Ferdinand, eine kurkölnische Bruderschaft zu Ehren der schmerzhaften Maria und ließ die heutige Kreuzbergkirche erbauen. Clemens August ließ den Innenraum neu ausstatten und ab dem 18. Juli 1746 die Heilige Stiege anbauen. Als Substruktion wurde ein Hl. Grab errichtet. Das Treppenmotiv, zugleich Anstieg zum Tod des Erlösers wie zum lebenden Fürsten, der im Bild (durch das Oratoriumsfenster) anwesend sein konnte, hat Aussagekraft über die Persönlichkeit Clemens Augusts. Siehe dazu: P. W. Schulten, Die Himmelsleiter auf dem Kreuzberg, Bonn 1957; ders., Die Heilige Stiege auf dem Kreuzberg zu Bonn, Düsseldorf, 1964.
[119] S. Michael der höchste Seraphin über die himmlischen Geister, 1699, S. 10.
[120] Das Kurfürstenwappen und die Insignien Clemens Augusts befinden sich an exponierten Stellen u. a. an den Fassaden der Hl. Stiege auf dem Kreuzberg, der Clemenskirche in Münster und an den Hochaltären der Schloßkirche in Clemenswerth, der Gymnasialkirche in Meppen und allgemein in allen von Clemens August in Auftrag gegebenen Schloßkirchen, beispielsweise der in Wohlenburg: »Sein Wappen mit Kurhut, Krummstab und Schwert erscheinen sowohl am Hochaltar als auch an der Brüstung der Orgel; außerdem weisen sämtliche Gestühlswangen den Kurhut als oberen Abschluß auf.« (H. Reuther, Die Schloßkapellen von Kurfürst Clemens August als Fürstbischof von Hildesheim, in: Das Münster 17, 1964, S. 301 ff.).
[121] Das Michaelstor wurde 1751–55 unter Planbeteiligung von F. Cuvilliés von M. Leveilly errichtet; die bekrönende Michaelsfigur stammt von M. Rottermond (1730).
[122] Vgl. S. 45 ff.
[123] Zuletzt eine zusammenfassende Übersicht über die Entstehungsgeschichte des Hochaltars von St. Michael in Berg am Laim bei P. Volk, Johann Baptist Straub 1704–1784, München 1984, S. 199 ff.; hier weitere Literatur.
[124] Der Entwurf befindet sich in der Staatlichen Graphischen Sammlung München, Inv. Nr. 14 605; Feder in Grau, hell- und dunkelgrau laviert über Bleigriffelzeichnung auf weißem Papier (642 × 410 mm); rechts unten bez.: »f:Ignati Gündter inv:et del:1760«. Siehe dazu: G. P. Woeckel, Ignaz Günther. Die Handzeichnungen des kurfürstlich-bayerischen Hofbildhauers Franz Ignaz Günther (1725–1775), Weißenhorn 1975. S. 300 ff.
[125] Eine Entwurfszeichnung für den Hochaltar von St. Michael in Berg am Laim in der Staatlichen Graphischen Sammlung München, Inv. Nr. 30 492; Feder in Schwarz, grau laviert, weißes Papier (605 × 351 mm); rechts unten bez.: »J: Babtist Straub/Churfrtl. Hofbildhauer in/Cöllen u. Minchen«. 1767 kam der Hochaltar in veränderter Form zur Aufstellung (1700 fl.). Am 4. 1. 1769 wurden drei Vorschläge für die Fassung des Hochaltars besprochen; 1771 war die Faßmalerei vollendet.
[126] Zur Farbsymbolik siehe: Lexikon der christlichen Ikonographie (hrsg. von W. Braunfels), Rom – Freiburg – Basel – Wien 1970, Bd. II, S. 7 ff.
[127] Rot als Zeichen des Blutvergießens Jesu (Eucharistie, Passion) bei Sicardus v. Cremona, Mitrale I 12 (PL 214,40).
[128] Nach A. Rosenberg, 1967, S. 64–67, ist der blaufarbene Michael schon in frühchristlicher Zeit nachzuweisen und gilt nach alter Überlieferung als Repräsentant des Gerichts und des Totenreiches. »Im Blau offenbart sich Gott dem Moses auf dem Sinai (2. Mose 24,10). Saphierblau sind die Fundamente des Thrones Gottes und der himmlischen Stadt (Ezechiel I, 26; Jesaia 54,11). Blau ist zu allen Zeiten das Farbsymbol des Geistigen, Fernen und Erhabenen gewesen«. (Rosenberg, 1967, S. 66).
[129] Bruno v. Segni, Expos. in Ex 28 (PL 164,341), Beda Venerabilis, De templo Salom: 14 (PL 10,1087). 91,770.
[130] Cassiodor, Expos. in Cant. (PL 70. 1087).
[131] Apk. 20,11–15; Beda Venerabilis, De templo Salom. 12 (PL 91,763); Bruno v. Segni, Sent.4 De Templo Salom. (PL 165,886); Honor Aug., Expos. in Cant, 5 (PL 172,440).
[132] Zu dem »kosmischen Aspekt« der Farbtrias siehe: H. Sedlmayr, Bemerkungen zur Inkarnatfarbe bei Rubens, in: Epochen und Werke, III., 1982, S. 178.
[133] In dem Fall würde Rot das Feuer und Blau die Luft und das Wasser bezeichnen; die Farbe der Erde entsteht aus Rot und Blau bzw. unbunten Farben.
[134] G. Maier, Die Johannesoffenbarung und die Kirche (=Wissenschaftliche Untersuchungen zum Neuen Testament), Tübingen 1981, S. 393.
[135] So das Urteil von Hans Urs von Balthasar, in: Apokalypse der deutschen Seele, Salzburg 1937, S. 38. G. Maier verwies auf die Rezeption von Bengels Schriften auch im katholischen Bereich.
[136] G. Maier, 1981, S. 447.
[137] Vgl. Anm. 58.
[138] G. Maier, 1981, S. 432 und 438.
[139] J. A. Bengel, Erklärte Offenbarung Johannis oder vielmehr Jesu Christi, ¹1740, ²1746; siehe dazu: G. Maier, 1981, S. 429/430.
[140] Erklärte Offenbarung, 1740, S. 1062 f.; siehe dazu: G. Maier, 1981, S. 430.
[141] Zitiert nach G. Maier, 1981, S. 431.

zu Seiten 158-166

[142] Ebda., S. 425.

[143] Zur Kaiserwahl Karls VII. und zum Verhältnis Clemens August – Karl Albrecht siehe: H. Fillitz, Die Kaiserkrönung von 1742 und 1745, in: Ausstellungskatalog Kurfürst Clemens August, Köln 1961, S. 202 ff.; A. Kraus, Das Wittelsbachische Kaisertum und der österreichische Erbfolgekrieg (1741–1745), in: Handbuch der bayerischen Geschichte (hrsg. v. M. Spindler), Bd. II., München ²1977, S. 466 ff.

[144] M. Braubach, Kurfürst Clemens August. Leben und Bedeutung, in: Kurfürst Clemens August (Ausstellungskat.), Köln 1961, S. 18; zu den geistlichen und weltlichen Würden Clemens Augusts siehe: H. Nottarp, Titel, Wappen und Orden des Kurfürsten Clemens August, in: Ebda., S. 40 ff.

[145] H. Fillitz, in: Kurfürst Clemens August (Ausstellungskat.), Köln 1961, S. 205.

[146] J. B. Straubs Entwurfszeichnungen für den Hochaltar von St. Michael in Berg am Laim im Städelschen Museum in Frankfurt am Main, Inv. Nr. Z 15 295; Feder in Grau über Bleistift, quadriert, 571 × 346 mm, links unten rotes Siegel der Michaelsbruderschaft von Berg am Laim, um 1766; abgebildet bei G. P. Woeckel, 1975, Abb. 243. In dem Entwurf wurde, entgegen der Ausführung, auf die Putti als Hinweise auf Mariä Verkündigung bzw. die Tobiasgeschichte verzichtet wurde.

[147] Ein Stich von Johann Michael Stöckler (nach 1767!) zeigt den aufgestellten Hochaltar mit leerer Kartusche, d. h. ohne Inschrift, Wappen oder Insignien. (»Michaelitisches Denk-Maal für alle Erz-Bruderschafftl. Mit-Glieder...«). Der Stich wurde als Bittbrief zur Beisteuerung der Fassung benutzt; abgebildet bei G. P. Woeckel, 1975, Abb. 245.

[148] Im folgenden zitiert nach der Ausgabe aus d. J. 1699 (S. Michael der höchste Seraphin über die himmlischen Geister).

[149] Die nachfolgenden Zitate aus: S. Michael der höchste Seraphin über die himmlischen Geister, 1699, S. 16 ff.

[150] Vgl. etwa das Bildnismedaillon Karls V. im großen Kuppelsaal der Hofbibliothek in Wien (D. Gran, 1730) oder J. E. Holzers Bozzetto für das Deckenbild in der Galerie der Würzburger Residenz (um 1737), wo das Bildnismedaillon des Bauherrn, Carl Friedrich v. Schönborn, am Scheitel einer Bogenlaibung direkt unter der Öffnung des Gewölbes zu sehen ist. Siehe dazu: H. Keller, 1970, S. 187 f.

[151] S. Michael der höchste Seraphin über die himmlischen Geister, 1699, Einleitung, Blatt 2.

[152] Die nachfolgenden Zitate ebda., S. 26 ff.: »von der zweyten Erscheinung deß H. Ertz-Engels Michael bey dem Sig der Sipontiner wider die Gothen«.

[153] Die nachfolgenden Zitate aus: S. Michael der höchste Seraphin über die himmlischen Geister, 1699, S. 36 ff.: »Von der dritten Erscheinung des H. Michaels, bey Einweyhung der heiligen Höllen oder Grotten deß Bergs Gargans«.

[154] Ebda., S. 33/34 heißt es: »Denn augenblicklich fangte es an zu donnern/damit dem ankommenden himmlischen Fürsten der schuldige Kriegs-Gruß deß Bergs Gargans/zum Zeichen/daß er aldorten sein Gezelt auffgeschlagen; die erde fangte sich an zuerschütten/als wolte sie den Feind des Himmels nit länger ertragen; [...]. Endlich fangte an der von Wolcken schwangere Himmel zu gebären/ und bracht auß seiner schwär-tragenden Schoß vil hundert Donner-Keil hervor/welche also richtig auff die Gothen zihlten«.

[155] Ebda., S. 45/46.

[156] H. Bauer, Der ikonologische Stil der Rokokokirche, in: Rokokomalerei, Mittenwald 1980, S. 77.

[157] Der Herzog von Sipont (auf der nördlichen Seite der Hauptkuppel) könnte als Kurfürst Carl Albrecht gesehen und die Kartuscheninschrift darunter, »contra hostes«, als deutliche Warnung gegen ihn ausgelegt werden. Der Bischof, der gegenüber die Prozession (von Freising her?) anführte, könnte auf den Bischof Johann Theodor deuten; die Kartuscheninschrift »pro justitia« wäre demnach als Aufruf für die weiteren Bauverhandlungen zu verstehen. Über Carl Albrecht und Johann Theodor triumphiert Clemens August, der »neue Lichtbringer«, der »Obsiger« im Streit um den Neubau, der stolz auf »sein Grottenheiligtum« weist. Die Engel neben ihm preisen seine »clemens clementia«, wie es in der Inschrift über der Eingangsseite, wohl mit deutlicher Anspielung auf Clemens August zu lesen ist. Die Schlachtenszene in Apparitio II könnte als Hinweis auf die Besetzung Münchens nur zwei Tage nach der Kaiserwahl i. J. 1742 durch die Truppen Maria Theresias verstanden werden. Erst im dritten (!) Jahr, am 23. Oktober 1744, konnte Carl Albrecht wieder in München einziehen. Auf die engen Bezüge der Michaelsfigur in Apparitio III mit dem Auftraggeber Clemens August wurde schon verwiesen.

[158] Über die »ersten gedancken« der Bruderschaftsstiftung berichtet Joseph Clemens in der Einleitung des von ihm eigenhändig konzipierten Statuten-Buches (1721); vgl. Anm. 31; zitiert bei L. Trost, 1888, S. 4 ff.

[159] Vgl. Anm. 110.

[160] Nach L. Trost, 1888, S. 22 zählte die Bruderschaft 1732 »bei hunderttausend Seelen und 53 inkorporierte Orte«; S. 20 f. erwähnt L. Trost die Filialen der Michaelsbruderschaft im In- und Ausland und bedeutende Bruderschaftsmitglieder. Nach dem Manuskript von Herrn Dr. Anton Kreuzer (†) »zählte die Bruderschaft zu ihren Glanzzeiten mehr als 200 000 Mitglieder«

(Kap.: Die Erzbruderschaft vom heiligen Erzengel Michael zu Berg am Laim, S. 1).

[161] S. Michael der höchste Seraphin über die himmlischen Geister, 1699, S. 51; hier heißt es: »Ob der Englische Berg Gargan seye eine auß den vornehmsten Pilgerfahrten der Welt! Antwort von Ja. Die vornehmsten 4. Pilgerfahrten aber seynd/zu Jerusalem bey den H. Grab: zu Loreto in unser lieben Frauen Hauß: zu Rom bey denen HH. Apostlen Petrus und Paulus: und zu Gargan bey dem H. Ertz-Engel Michael«.

[162] Ebda., S. 52.

[163] N. Barth, 1931, S. 28.

[164] Ebda., S. 28.

[165] B. Neumann, Die Leib und Zierd Deß Hauß Gottes, Würzburg 1745, S. 21.

Kapitel IX

[1] R. Zürcher, Der Anteil der Nachbarländer an der Entwicklung der deutschen Baukunst im Zeitalter des Spätbarock, Basel 1938, S. 63.

[2] M. Hauttmann, Geschichte der kirchlichen Baukunst in Bayern, Schwaben und Franken 1550–1770, München/Berlin/Leipzig 1921, S. 168 ff.

[3] A. Feulner, Bayerisches Rokoko, München 1923, S. 44 ff.

[4] Am 20. Februar 1722 lag dem Münchner Stadtmagistrat ein in der Kanzlei des »Stadtoberrichteramtsprokurators« Balthasar Staimer geschriebenes Gesuch vor, in dem sich J. M. Fischer um Zulassung als Maurermeister in München anstelle des Marx Geiger bewarb (in: Stadtarchiv München, Maurerakten; abgedruckt bei P. Heilbronner, 1933, S. 58 f.). In der Ratssitzung vom 2. März 1722 wurde das Gesuch dem »Handwerk der Maurermeister« zur Stellungnahme vorgelegt (Stadtarchiv München, Ratsprotokolle 1722, Bd. 1, Bl. 98 a). Vgl. dazu: N. Lieb, Johann Michael Fischer. Das Leben eines bayerischen Baumeisters im 18. Jahrhundert, in: Münchner Jahrbuch der bildenden Kunst, 1938/39, S. 142 ff.

[5] Ebda., S. 142 ff.

[6] Ebda., S. 144 ff.; zuletzt bei N. Lieb, Johann Michael Fischer, Baumeister und Raumschöpfer im späten Barock Süddeutschlands, Regensburg 1982, S. 12 f.

[7] Dazu: N. Lieb, Barockkirchen zwischen Donau und Alpen, München 1953, ⁵1984; ders., 1982.

[8] H. Ernst, Der Raum bei Johann Michael Fischer, (Diss. Masch.) München 1950, bes. S. 103 ff.

[9] H. G. Franz, Johann Michael Fischer und die Baukunst des Barock in Böhmen, in: Zeitschrift für Ostforschung, 1955, S. 220 ff.

[10] G. Neumann, Die Gestaltung der Zentralbauten Johann Michael Fischers und deren Verhältnis zu Italien, in: Münchner Jahrbuch der bildenden Kunst, München 1951, S. 238 ff.

[11] B. Rupprecht, Die bayerische Rokoko-Kirche, Kallmünz 1959.

[12] Ebda., Anm. 49.

[13] Ebda., Anm. 49.

[14] C. Gurlitt, Geschichte des Barockstiles und des Rococo in Deutschland, Stuttgart 1889, S. 203 ff.

[15] A. E. Brinckmann, Von Guarino Guarini bis Balthasar Neumann, Berlin 1932; siehe dazu auch: Ders., Theatrum Novum Pedemontii, Düsseldorf 1931.

[16] In den frühen Arbeiten von Franz findet Guarini keine Beachtung, so bei: H. G. Franz, Studien zur Barockarchitektur in Böhmen und Mähren, Brünn–München–Wien 1943; zur Guarini-Rezeption: ders., Die Kirchenbauten des Christoph Dientzenhofer, Brünn–München–Wien 1942, S. 89 ff.; ders., Gotik und Barock im Werk des Johann Santini Aichel, in: Wiener Jahrbuch für Kunstgeschichte, 1950, S. 65 ff., bes. S. 105 ff.; ders., Bauten und Baumeister der Barockzeit in Böhmen. Entstehung und Ausstrahlung der böhmischen Barockbaukunst, Leipzig 1962; ders., Guarini und die barocke Baukunst in Böhmen, in: Evolution Générale et Développements régionaux en Histoire de l'art, Budapest 1972, S. 121 ff.

[17] B. Grimschitz, Johann Lucas v. Hildebrandt, Wien 1959, bes. S. 175 ff. und 207 ff. In dessen vorangegangener Untersuchung: Hildebrandts Kirchenbauten, in: Wiener Jahrbuch für Kunstgeschichte, 1929, S. 205 ff. findet Guarini keine Beachtung. Auf die Beziehung Hildebrandt-Guarini verwies zuletzt W. G. Rizzi, Die Kuppelkirchenbauten Johann Lucas von Hildebrandts, in: Wiener Jahrbuch für Kunstgeschichte, 1976, S. 121 ff.

[18] W. Hager, Zum Verhältnis Fischer [v. Erlach] – Guarini, in: Kunstchronik, 1957, S. 206–208.

[19] Guarino Guarini e l'internazionalità del barocco. Atti del convegno internazionale promosso dell' Accademia delle Scienze di Torino, 30 settembre–5 ottobre 1968, 2 Bde., Torino 1970.

[20] G. Neumann, Neresheim, München 1947, S. 206 ff.

[21] E. Hubala, Guarineskes an der Fassade der Münchener Dreifaltigkeitskirche, in: Das Münster, 1972, S. 165 ff.

[22] Kurze Hinweise bei: G. Neumann, 1951, S. 240 ff., der den Sondermayr-Stich für Berg am Laim (fälschlicherweise als Erstentwurf Fischers) mit Guarinis Santuario in Oropa in Zusammenhang brachte, und bei B. Rupprecht, der darauf verwies, daß die Art der Raumverknüpfung in Berg am Laim »letztendlich auf Guarini zurückgeht« (1959, S. 85).

zu Seiten 168-177

23 Siehe dazu: F. Hagen-Dempf, Der Zentralbaugedanke bei Johann Michael Fischer, München 1954; zuletzt bei B. Schütz, 1983, S. 93 ff.
24 Guarino Guarini, Dissegni d' architettura civile, et ecclesiastica, Inuentati, e delineati Dal Padre D. Guarino Guarini modenese, De Chierici Regolari Theatini. Matematico dell' Altezza Reale di Sauoia, Torino 1686; Faksimile in: Daria De Bernardi Ferrero, I »Dissegni d' architettura civile et ecclesiastica« di Guarino Guarini e l' arte del maestro, Torino 1966. Architettura civile del Padre D. Guarino Guarini cherico regolare. Opera postuma, Torino 1737 (hrsg. v. Bernardo Vittone); Repr. London 1964 und Milano 1968 (Introduzione di Nino Carboneri, Note e appendice di Bianca Tavassi La Greca).
25 Nach seiner Planung aus dem Jahre 1737 wird Fischer im März 1739 erneut für seine Risse bezahlt. Vgl. S. 36.
26 Vgl. dazu: R. Paulus, Die Verlassenschaft des Baumeisters Cuvilliés, in: Altbayerische Monatsschrift, 1912, S. 115 ff. Obwohl in Cuvilliés' Verlassenschaftsakten Guarinis »Architettura civile« nicht gesondert aufgeführt ist, darf unter der Vielzahl französischer, deutscher, österreichischer und italienischer Traktatliteratur auch Guarinis Opus vermutet werden.
27 Zum architektonischen Werk Guarino Guarinis und dessen Rezeptionsgeschichte ist eine eigene Arbeit im Entstehen.
28 Dazu: Architettura civile, Tav. 19–21.
29 E. Hubala, 1972, S. 165.
30 Die serielle Methode von Guarinis Raumgestaltung wurde von C. Müller (1982) nach ihrer übergreifenden Gesetzmäßigkeit untersucht. Zuvor verwiesen W. Hager auf Guarinis »Raumkombinatorik« (W. Hager, Guarini. Zur Kennzeichnung seiner Architektur, in: Miscellanea Bibliothecae Hertziana, 1961, S. 418 ff.) und H. Sedlmayr auf Guarinis »Raumzellen« (H. Sedlmayr, Die Architektur Borrominis, München ²1939, S. 101 ff.).
31 Vgl. S. 87 f. und 95 f.
32 Vgl. S. 102 ff.
33 P. Stein hat jüngst in einer Untersuchung zu S. Lorenzo in Turin auf die Bedeutung des Gegenlichts bei Guarini hingewiesen. Die hypothetische Rekonstruktion eines freistehenden Hochaltars stützt sich auf die Exegese von Architekturformen, Ausstattung und Lichtführung und beschreibt ein »Raumbild«, das, vom Eingang gesehen, Chor und Altarraum zusammenschließt. (P. Stein, Guarino Guarinis Kirche San Lorenzo in Turin. Licht, Tektonik und Malerei als Elemente eines barocken Illusionismus, Mag. Masch., München 1984).
34 Guarino Guarini, Architettura civile, 1968, S. 19.

35 Ebda., S. 102.
36 Ebda., S. 127 ff.
37 Nach Guarini »darf der Architekt durch seine Kenntnis der Perspektive durch Ergänzung oder Verringerung einen optischen Ausgleich schaffen.« H.-W. Kruft, Geschichte der Architekturtheorie, München 1985, S. 119.
38 Vgl. S. 64 ff.
39 Dazu: C. Müller, 1982, S. 212.
40 Vgl. S. 100 ff. und 121 ff.
41 Siehe dazu allgemein: C. Müller, 1982.
42 Den Einfluß von Guarinis S. Lorenzo in Turin auf die Wiener Piaristenkirche machte G. Neumann besonders deutlich (G. Neumann, 1947, S. 212 f.).
43 Zuletzt bei N. Lieb, 1982, S. 12 f.
44 Siehe dazu vor allem: B. Grimschitz, Johann Lucas von Hildebrandts Kirchenbauten, in: Wiener Jahrbuch für Kunstgeschichte, 1929, S. 232 ff.; R. Wagner-Rieger, Die Piaristenkirche in Wien, in: Wiener Jahrbuch für Kunstgeschichte, 1956, S. 49 ff.; B. Grimschitz, Johann Lucas von Hildebrandt, Wien–München 1959, S. 40 ff.; W. G. Rizzi, Die Kuppelkirchenbauten Johann Lucas von Hildebrandts, in: Wiener Jahrbuch für Kunstgeschichte, 1976, bes. S. 126 ff.
45 Zur Sonderstellung der Piaristenkirche innerhalb der österreichischen Barockarchitektur siehe: R. Zürcher, 1938, S. 36 und H. G. Franz, 1962, S. 58.
46 Vgl. dazu B. Grimschitz, 1959, S. 40 ff.
47 Vgl. Kap. I, Anm. 36 und S. 60 ff.
48 K. I. Dientzenhofers Planstudie der Piaristenkirche sieht bereits neben dem Hochaltar vier Diagonal- und zwei Konchenaltäre vor. Sie wird von Rizzi in die Mitte des zweiten Jahrzehnts datiert. (W. G. Rizzi, 1976, S. 127 f.) 1721 begann die Aufstellung von provisorischen Altären, 1754 in ihrer endgültigen Form.
49 Der Bau der Piaristenkirche stand unter dem Patronat des Kaiserhauses. 1698 legte Kaiser Leopold I. den Grundstein für eine Kapelle, später besichtigte er bei Hildebrandt das Modell für Deutsch-Gabel. Vgl. O. Biba, Die Piaristenkirche Maria Treu, Salzburg ³1981, S. 14 und 17.
50 Ferdinando Galli-Bibiena, der Inventor der »scena per angolo«, ist i. J. 1712 zusammen mit seinem Sohn Giuseppe nach Wien übergesiedelt. Im gleichen Jahr erscheint Ferdinandos theoretisches Hauptwerk »L'architettura civile«. 1714 begannen seine Wiener Operninszenierungen, 1716 die von Giuseppe; für beide sind eine Vielzahl von Festdekorationen für das Kaiserhaus überliefert. 1715 beteiligte sich Ferdinando zusammen mit J. B. Fischer v. Erlach und J. L. v. Hildebrandt an der Konkurrenz für die Karlskirche. (Vgl. O. Pollak-Prag, in: Thieme-Becker III, Leipzig 1909, S. 599 ff.).
51 Dazu allgemein: B. Grimschitz, 1959, S. 37 ff.

⁵² G. Neumann, 1947, S. 231.
⁵³ B. Grimschitz, 1959, S. 178.
⁵⁴ R. Zürcher, 1938, S. 54.
⁵⁵ Vgl. S. 87f. und 95f.
⁵⁶ A. Feulner, Johann Michael Fischer, Wien 1922, S. 14.
⁵⁷ Zur Dreifaltigkeitskirche siehe bes.: K.-L. Lippert, Giovanni Antonio Viscardi, München 1969, S. 29ff.; F. Naab, Die Dreifaltigkeitskirche, in: Münchens Kirchen, München 1973, S. 135ff. Laut Lippert (1969, bes. S. 41ff.) arbeitete Viscardi ab April 1674 als Palier E. Zuccallis an der Fundamentierung der Wallfahrtskirche Altötting (siehe auch: R. Paulus, Der Baumeister Henrico Zuccalli am Kurbayerischen Hofe zu München, Straßburg 1912, S. 13ff.) – einem Bau, der in direkter Nachfolge von G. L. Berninis Wallfahrtskirche S. Maria dell'Assunzione in Ariccia zu sehen ist. Möglicherweise hatte Zuccalli direkten Kontakt zu Bernini und arbeitete bei ihm (vgl. Anm. 71). In der Literatur wird auch wiederholt auf die enge Abhängigkeit von Viscardis Maria-Hilf-Kirche in Freystadt mit Rainaldis und Borrominis S. Agnese in Piazza Navona verwiesen (z. B. Lippert, 1969, S. 45). Neben E. Zuccalli mag für Viscardi als Vermittlung römischer Kunst J. de Rossis Romserie (Insignum Romae templorum prospectus, Roma 1684) eine Rolle gespielt haben, die wenig später in Deutschland in der übersetzten Ausgabe J. v. Sandrarts Verbreitung fand.
⁵⁸ B. Rupprecht, 1959, S. 75.
⁵⁹ H. Ernst, 1950, S. 90.
⁶⁰ Siehe dazu allgemein: K.-L. Lippert, 1969, S. 13ff.
⁶¹ Vgl. S. 82ff.
⁶² Vgl. dazu: K.-L. Lippert, 1969, S. 13ff.
⁶³ Vgl. S. 93ff.
⁶⁴ B. Rupprecht, 1959, S. 75.
⁶⁵ Ebda., S. 75.
⁶⁶ Vgl. S. 62ff., 84 und 96f.
⁶⁷ J. Le Pautre, Oeuvres d'Architecture. Das Werk wurde nochmals von Jombert (1751) dreibändig herausgegeben; ein Exemplar befindet sich in der Staatsbibliothek München.
⁶⁸ Le Pautres Stiche wurden in Augsburg bereits im ausgehenden 17. Jahrhundert von J. U. Kraus und A. M. Wolfgang nachgestochen. Zu dem Einfluß der Wessobrunner siehe: G. Hager, Die Bautätigkeit und Kunstpflege im Kloster Wessobrunn und die Wessobrunner Stuccatoren, in: Oberbayerisches Archiv 48, 1893/94, S. 379ff.
⁶⁹ Dazu: G. Dischinger, E. C. Vollmer, Wessobrunn (= KKF Nr. 526), München–Zürich 1986, S. 13.
⁷⁰ K.-L. Lippert, 1969, S. 30.
⁷¹ Bereits unter Ferdinand Maria beginnt »das Heranziehen französischer Meister [...] Damals weilt Pierre Mignard vorübergehend am Hofe, 1680 erfolgt durch die Heirat Max Emanuels Schwester mit dem Grand Dauphin die Verschwägerung mit Versailles, die auch auf künstlerischem Gebiete nicht ohne Folgen bleibt, 1699 lassen sich französische Einflüsse in den Künstlerkreisen der Münchner Jesuiten nachweisen, 1703 fertigt Alexis Delamair die ersten Interieurentwürfe für den Kurfürsten«. (O. Aufleger und K. Trautmann, Die königliche Hofkirche Fürstenfeld, München 1884, S. 7). Einige Jahre später lieferte R. de Cotte Pläne für das Schloß Schleißheim. (Siehe dazu: M. Hauttmann, Die Entwürfe Robert de Cottes für Schloß Schleißheim, in: Münchner Jahrbuch der bildenden Kunst, 1911, S. 260ff.). Interessant ist in unserem Zusammenhang die Vermutung Lipperts, daß Viscardis Lehrer, »E. Zuccalli möglicherweise bei Bernini in Italien gearbeitet hat und im Zusammenhang der Louvre-Planung nach Paris gekommen ist«. (K.-L. Lippert, 1969, S. 44).
⁷² N. Lieb, 1982, S. 73.
⁷³ M. Hauttmann, 1921, S. 177.
⁷⁴ Die Diagonaltravée mit abgesetzter Bogenwand findet sich auf dem Titelblatt von de Lajoues, Livre d'architecture, paisages et perspectives (ca. 1740), abgebildet bei M. Roland Michel, Lajoue et l'art rocaille, Neuilly-sur-Seine 1984, Fig. 232, und dem Blatt »Jardin donnant sur un lac« (ebda., Fig. 149); die zylinderförmigen Stichkappen mit rundem Plafond und Mittelrosette finden sich in den Bühnenbildentwürfen »Colonnade voutée menant à un pont«, 1737–40 (ebda., Fig. 290) und »Le Triomphe de Colombine«, (ebda., Fig. 185), in einem Architekturgemälde für den Sammler Bonnier de la Mosson, 1734 (ebda., Fig. 38) oder dem Stich »Sphynge devant une arche«, 1737–40 (ebda., Fig. 313).
⁷⁵ R. Paulus, Die Verlassenschaft des Baumeisters Cuvilliés, in: Altbayerische Monatsschrift, 1912, S. 117.
⁷⁶ Zitiert nach F. Kimball, The creation of Rococo decorative Style, New York 1980, S. 170 und 172.
⁷⁷ Ebda., S. 170ff., und H. Bauer, 1962, S. 38f.
⁷⁸ F. Kimball, 1980, S. 173.
⁷⁹ Vorstellbar wäre auch ein direkter Zusammenhang zwischen den aus Rocaillen zusammengefügten Torbögen in P. E. Babels »Differents Compartiments d'Ornaments« (nach 1740; abgebildet bei Bauer, 1962, Abb. 66) und dem nach Kuechels Plan von J. M. Feichtmayrs ausgeführten Gnadenaltar von Vierzehnheiligen.
⁸⁰ H. A. Klaiber, Der Württembergische Oberbaudirektor Philippe de la Guêpière. Ein Beitrag zur Kunstgeschichte der Architektur am Ende des Spätbarock, Stuttgart, 1959; zum »goût grec« siehe bes. S. 1ff. und 24ff. Das folgende ist den Ergebnissen Klaibers verpflichtet.
⁸¹ Vgl. dazu: Ebda., S. 24.

zu Seiten 184-188

[82] J. F. Blondel, Cours d'Architecture ou Traité de la décoration, distribution, et construction des batiments, Paris 1771–77 (=Vorlesung seit 1750), I., S. 391.
[83] H. A. Klaiber, 1959, S. 27.
[84] Ebda., S. 26. (Vgl. J. F. Blondel, Cours I., S. 396, 453).
[85] Ebda., S. 27.
[86] Ebda., S. 1.
[87] Vgl. Blondel, Cours I, S. 389. Zum Begriff der »Convenance« siehe auch W. Braunfels, 1938, S. 11ff.
[88] W. Braunfels, 1938, S. 12.
[89] Dazu: H. A. Klaiber, 1959, S. 3ff.
Diese Forderung nach der Eindeutigkeit der Säulengenera findet ab der Mitte des 18. Jahrhunderts in der deutschsprachigen Architekturtheorie eine Parallele und kündet hier den nachfolgenden Klassizismus an. Der Autor der »Anweisung zu der Civil-Bau-Kunst« (Frankfurt–Leipzig 1752) fordert, daß »die ordines nicht also untereinander vermenget werden« sollen; solche Vermischungen bezeichnet er als »extravagantien« (S. 147). J. G. Fünck sieht 1747 in der Vermischung der Genera den »wahren Geschmack« verletzt; er spricht von »Unordnung«, die sich aus entsprechenden Derivatformen ergebe, (in: Betrachtungen über den wahren Geschmack der Alten in der Baukunst, und über desselben Verfall in neuern Zeiten = Neuer Büchersaal, Leipzig 4. Bd., 1747, S. 417 f.).
[90] Vgl. Anm. 73.
[91] Vgl. S. 51ff.
[92] In der süddeutschen Architektur der ersten Hälfte des 18. Jahrhunderts zeigen die Kapitelle fast ausnahmslos ornamentale Mischformen, die sich einer eindeutigen Genus-Bestimmung entziehen. Hingegen ist in der Architektur Cuvilliés' das Säulengenus anhand des Kapitells immer eindeutig bestimmbar.
[93] Siehe dazu: H. A. Klaiber, 1959, S. 5ff.
[94] Ebda., S. 5.
[95] Vgl. S. 64ff., 105ff. und 121ff.
[96] Zu St. Michael in München siehe bes.: H.-J. Sauermost, Jesuitenkirche St. Michael, in: Münchens Kirchen 1973, S. 87ff.; St. Michael in München. Festschrift zum 400. Jahrestag der Grundsteinlegung und zum Abschluß des Wiederaufbaus hrsg. v. K. Wagner SJ/A. Keller SJ), München–Zürich 1983, hier weitere Lit.
[97] Dazu: D. Albrecht, Der Kampf um Köln, in: Handbuch der Bayerischen Geschichte, II, München 1973, S. 354ff.
[98] Über Motive und Hergang der Bruderschaftsstiftung berichtet Joseph Clemens in der Einleitung des von ihm konzipierten Statuten-Buches »Buch, worin die Statuta des von Weyland Seiner Churfrtl. Drchlt. zu Cölln, Herzogen Joseph Clement in Ob: und Niedern Bejern, Höchstseligsten Angedenkens gestifteten Hochadelichen Ritter Ordens der Beschützer Göttlicher Ehre, unter dem Schutz des Heiligen Erz-Engels Michaelis enthalten seind. Bonn, den 3. April 1721«; teilweise abgedruckt bei: L. Trost, Die Geschichte des St.-Michaels-Ordens in Bayern und der St.-Michaels-Bruderschaft seit dem Jahre 1693 bis auf die Gegenwart, München–Leipzig 1888, S. 4ff.
[99] H.-J. Sauermost, Jesuitenkirche St. Michael, in: Münchens Kirchen, München 1973, S. 89.
[100] Dazu: L. Altmann, St. Michael in München. Mausoleum – Monumentum – Castellum. Versuch einer Interpretation, in: Beiträge zur altbayerischen Kirchengeschichte 30, 1976, S. 11ff.
[101] I. Agricola, Historiae provinciae Societatis Jesu Germaniae superioris quinque primas annorum complexa decades Bd. I, Augsburg 1927, S. 251, Decas quinta, no. 94.
[102] Siehe Anm. 100.
[103] H. Schade SJ., Die Monumentalisierung des Gewissens und der Kampf zwischen Licht und Finsternis. Zur Fassade der St. Michaelskirche in München und zur »Genealogie« ihrer Herrscherbilder, in: St. Michael in München, München–Zürich 1983, S. 27f.
[104] Vgl. S. 16.
[105] H. Schade, 1983, S. 23ff.
[106] L. Altmann, Die ursprüngliche Ausstattung von St. Michael und ihr Programm, in: St. Michael in München, München–Zürich 1983, S. 81ff.
[107] Ebda., S. 28 und 51ff.; es ist ein Manuskript Wilhelms V. bekannt mit dem Titel: »Verthailung der grossen Stainen bilder im antiquario, an der neuen Khirchen zue München«, (ebda., S. 52).
[108] Trophaea Bavarica sancto Michaeli Archangelo in Templo et Gymnasio Societatis Jesu Dedicata Monachij, 1597. (H. Schade, 1983, S. 52).
[109] Ebda. (H. Schade, 1983, S. 64).
[110] Ebda. (H. Schade, 1983, S. 74).
[111] N. Barth, 1931, S. 28.
[112] Vgl. S. 101f. und 145ff.
[113] Nach H. Schade, 1983, S. 30.
[114] »Und kaum, wenn du in die Kirche hineinzugehen beginnst und dein erster Schritt die Schwelle betritt, bietet sich deinem Auge vom Grunde des Portals bis zur (Gewölbe-)Höhe und zum Altar und der Wand, die den Altar zugleich mit dem Tempel begrenzt, die bewundernswerte Weite des Bauwerks und seine Maiestas in einem einzigen Blick zu einer Gesamtschau dar«. (I. Agricola, 1927, II, S. 155).
[115] G. Deppen, Die Wandpfeilerkirche des deutschen Barock, unter besonderer Berücksichtigung der baukünstlerischen Nachfolge von St. Michael in München, (Diss. Masch.) München 1953, S. 23.
[116] Vgl. Anm. 106.

[117] L. Altmann, 1983, S. 90.
[118] Ebda., S. 91.
[119] Vgl. S. 127 ff.
[120] H.-J. Sauermost, Jesuitenkirche St. Michel, in: Münchens Kirchen, München 1973, S. 92.
[121] Vgl. S. 55 f.
[122] Vgl. S. 56.
[123] H.-J. Sauermost, Jesuitenkirche St. Michel, in: Münchens Kirchen, München 1973, S. 96.
[124] Dazu: F. Naab und H.-J. Sauermost, Möglichkeiten des Wandpfeilersystems in: Vorarlberger Barockbaumeister (Ausst.-Kat.), Einsiedeln 1973, S. 85 ff. und dies., Die Entwicklung der Vorarlberger Wandpfeilerräume, in: ebda., S. 91 ff.
[125] In der Einleitung des von Joseph Clemens konzipierten Statuten-Buches des Michaelritterordens, abgedruckt bei L. Trost, 1888, S. 5.
[126] Vgl. S. 134.
[127] Dazu: L. Hammermayr, Staatskirchliche Reformen und Salzburger Kongress, in: Handbuch der bayerischen Geschichte (hrsg. v. M. Spindler) II, München 1977, S. 1091 ff.
[128] HStAM, Kl. Lit. Bayr. Franziskanerprovinz, Nr. 278 (= Archivium novum capellaniae Josephsburg, Anno MDCCLI), S. 8/9.
[129] P. v. Osterwald, Veremund von Lochsteins Gründe sowohl für als wider die geistliche Immunität in zeitlichen Dingen, Straßburg 1766; siehe dazu: H. Rall, Kurbayern in der letzten Epoche der alten Reichsverfassung 1745–1801, München 1952.

Kapitel X

[1] R. Zürcher, Der Anteil der Nachbarländer an der Entwicklung der deutschen Baukunst im Zeitalter des Spätbarocks, Basel 1938, S. 63.
[2] Dazu: B. Scharioth, Aufhausen und Ingolstadt. Zur dualistischen Raumbildung Johann Michael Fischers, in: Gießener Beiträge zur Kunstgeschichte 3, 1975, S. 219 ff.
[3] Dazu: B. Schütz, Rott am Inn und die Zentralbauten Johann Michael Fischers, in: Rott am Inn. Beiträge zur Kunst und Geschichte der ehem. Benediktinerabtei (hrsg. v. W. Birkmaier), Weißenhorn 1983 S. 86 ff.
[4] Zur Modus-Lehre und den Begriff des »Modus« siehe: J. Bialostocki, Das Modusproblem in den bildenden Künsten, in: ders., Stil und Ikonographie, Dresden 1966, S. 9 ff.; G. Pochat, Geschichte der Ästhetik und Kunsttheorie. Von der Antike bis zum 19. Jahrhundert, Köln 1986, S. 316 ff.

Anhang

[1] Die Zeichnung befindet sich in der Graphischen Sammlung München, Inv. Nr. 32 081 H. M. XIV. 56 (Feder in Braun, braun und blau laviert; 590 × 395 mm; links und rechts leicht beschnitten; Maßstab und Beschriftung). L. Waagen, Johann Andreas Wolff, München (Diss.) 1932, Kat. Nr. 81 führt die Zeichnung – ohne weitere Argumente – als »Altarentwurf« Wolffs und datiert ihn in die Zeit 1698–1701.
[2] Diesen Monumentalisierungs- und Architektonisierungsprozeß der Altaraufbauten im ausgehenden 17. Jahrhundert beschreibt R. Hoffmann, Der Altarbau im Erzbistum München und Freising in seiner stilistischen Entwicklung vom Ende des 15. bis zum Anfang des 19. Jahrhunderts, München 1905, S. 134 ff.; ders., Bayerische Altarbaukunst, München 1923, S. 27. Zur Entwicklung des »säulenlosen Rahmenaltars« siehe R. Laun, Studien zur Altarbaukunst in Süddeutschland 1550–1650, München 1982, S. 94 f.
[3] Brief (o. V. und Adressat), 14. XII. 1737, HStAM, GL Fasz. 4566, Nr. 117; hier wird die »in der lenge mit 41 und 23 schuech in der breitte erpautten schöne Capelle« beschrieben.
[4] Eine bei N. Barth, 1931, S. 25, abgebildete Reproduktion von Wolffs Bild (konnte im Original nicht mehr gefunden werden) ist in seinem Rahmenverlauf mit dem auf dem Wolff-Entwurf weitgehend identisch. Die deutlich sichtbaren Nähte am heutigen Altarbild lassen die ursprünglichen Abmessungen von Wolffs Bild erkennen. Eine Kontrolle bietet hier auch Wolffs Entwurfszeichnung in der Graphischen Sammlung München, Inv. Nr. 30 152 H. M. III. 43 (Feder in Braun, grau laviert; 282 × 196 mm).
[5] Wolffs »Hl. Michael« entstand 1693/94; Kurfürst Joseph Clemens zahlte dafür 1000 Reichstaler. (L. Trost, 1888, S. 29; ders., 1893, S. 21, Anm. 2; L. Waagen, 1932, S. 43 und Anm. 144). Das heutige Hochaltarbild zeigt die Vergrößerung durch F. I. Oefele.
[6] Vgl. S. 34 ff.
[7] Der Bruderschaftskaplan Sauter berichtet 1694 an den Kurfürsten Joseph Clemens, daß dasjenige »›Altärle‹, so der Kurfürst vor ungefähr 2 Jahren von Bonn gebracht hat, und die Zeit her im Hofgarten zu Freysing gestanden sei, nach Berg habe bringen und auf den Altar des heil. Martin im Oratorium [!] des Kurfürsten setzen lassen«.
(Zitiert nach L. Trost, 1888, S. 22, Anm. 1).
[8] Für die Einbeziehung von Licht in die Altar-Architektur sind die bischöfliche Hauskapelle in Freising oder – monumental – der Hochaltar der Münchner Theatinerkirche Beispiele, für die Aufstellung eines Altars vor einer lichten Fensterfolie der Hochaltar in

zu Seiten 217-218

St. Ulrich und Afra in Augsburg; siehe dazu: R. Laun, 1982, S. 137.

⁹ Brief von C. v. Unertl an Bischof Johann Theodor, 17. III. 1745 (EOAM, Fasz. Berg am Laim). Unertl berichtet, daß Würnzl »den Opferstockh aus der Bruderschaffts Capellen würckl: in die neue Kürch transferieret: Ingleichen die 2 grossen Engel Raphael: und Gabriel, so in der alten Capellen uber dem Chor Altar gestandten«.

¹⁰ L. Trost, 1888, S. 21.

¹¹ Es gibt zwei Gründe, die ein Auszugsbild mit Moses und dem Mannawunder als Erstentwurf für den Bruderschaftsaltar für Berg am Laim sinnvoll erscheinen lassen: Nach Judas 9 kämpft der Erzengel Michael mit Luzifer um die Seele des verstorbenen Moses. Moses und Michael bezeichnen den Anfang des AT und das Ende des NT (Apk.), was der neue Bruderschaftsaltar J. B. Straubs thematisiert. In dem eigenhändig konzipierten Statuten-Buch des Michael-Ritterordens schreibt Joseph Clemens als Motiv der Bruderschaftsstiftung, er wolle »es dem grossen Heldensohne gleich tuehn, welcher, nachdem er auf Anführung des Engels mit seinem Volk durch den Jordan übergesetzt, auß demselben etliche Stein erwehlet und heraußgezogen, mit welchen er an dessen Ufer ein beständiges Denkmal seiner Erkanntlichkeit zur ewigen Gedächtnuß ausgerichtet: positi sunt lapides isti in monumentum usque in aeternum« (Josua 4,7). Dieser »Heldensohn« war Josua, der Begleiter des Moses, den dieser zu seinem Nachfolger bestimmte. Der Entwurf deutet also Joseph Clemens als zweiten Josua und damit auch als Nachfolger des Moses.

¹² Faistenbergers Raffael-Figur befindet sich heute im Besuchszimmer des Instituts der Englischen Fräulein in Berg am Laim. Siehe dazu: H. Stern, Münchner Barockplastik von 1660–1720, in: Münchner Jahrbuch der bildenden Kunst, NF IX, 1932, S. 188.

¹³ Die Höhe der Figur (165 cm) entspricht der Figurengröße auf dem Entwurf (etwa 5,5 Schuh).

¹⁴ Der Entwurf für den hl. Rochus verbrannte im letzten Krieg in der Graphischen Sammlung München (HM. IV); abgebildet bei H. Stern, 1932, Abb. 24. Wohl auf Grund der großen Ähnlichkeit von Skizze und ausgeführter Figur war für Stern die Zeichnung »der einzig sichere Entwurf von Faistenbergers Hand« (S. 188). Nach freundlicher Mitteilung von N. Lieb ist die Zeichnung J. A. Wolff zuzuweisen. Ließe sich eine kontinuierliche Zusammenarbeit zwischen Wolff und Faistenberger verifizieren, wäre weiter nach der kunstsoziologischen Stellung Wolffs zu fragen, der sich im ausgehenden 17. Jahrhundert in München offenbar neben E. Zuccalli und A. Viscardi als »Kunstintendant« behaupten konnte. Daß Wolff für Faistenberger Entwürfe geliefert haben könnte, wäre von der Künstlerhierarchie verständlich: Wolff war kurfürstlicher wie bischöflich freisingischer Hof- und Kammermaler (laut Inschrift des Grabsteines); den Titel eines kurbayerischen Hofkünstlers führte er spätestens ab 1690. (Siehe dazu: L. Waagen, 1932, S. 6). Faistenberger war (nur) hofbefreiter Bildhauer, der spätestens ab dem Jahr 1689 den Titel »Churcölnischer Hofbildhauer« führte. (Siehe dazu: H. Stern, 1932, S. 177). Ein Wolff-Entwurf für die Figuren des ehem. Hochaltars von St. Martin in Landshut blieb bisher ohne Würdigung. Zu prüfen ist, wer die Figuren ausgeführt hat. Die Kunstdenkmäler Bayerns IV, 16 (Stadt Landshut), bearbeitet von Felix Mader, München 1927, S. 144: »1698 machte Andreas Wolff einen Vorschlag zu 280 fl. für die zwei Figuren, St. Martin und Kastulus, nebst Engeln. Andreas Faistenberger [!] meinte, es müßten 300–400 fl. dafür aufgewendet werden: Balthasar Ableither soll sie ausgeführt haben [?!].« Siehe dazu: Schöffmann, in: Beiblatt der Landshuter Zeitung 1890, S. 147. Interessant ist in diesem Zusammenhang auch der Hochaltar der ehem. Klosterkirche Indersdorf, für den Wolff das Altarblatt lieferte. Die überlebensgroßen Holzfiguren St. Petrus und Paulus »erinnern an die Art des Münchner Hofbildhauers Andreas Faistenberger.« (R. Hoffmann, 1905, S. 138). Für eine Stellung Wolffs als »Kunstintendant« gibt es neben seiner Entwurfstätigkeit für Bildhauer verschiedene Hinweise: L. Waagen, 1932, erwähnt, daß Wolff »anscheinend vom Hofe bei verschiedenen Gelegenheiten verwendet [wurde]; so war ihm anläßlich eines kurfürstlichen Geburtstages die künstlerische Vorbereitung des Feuerwerks übertragen, wie einer Quittung des Jahres 1672 zu entnehmen ist.« (S. 8, Quellenangabe Anm. 37). Max Emanuel zog Wolff regelmäßig zum Abschätzen von Deckenbildern in der Residenz heran. (S. 6 und Anm. 23). Waagen erwähnt weiter dekorative Arbeiten in der »Architektur- und Perspektivkunst«, so »Ehrenpforten, Decken, Altäre, sowie hl. Gräber, letztere für die Frauen- und Peterskirche in München und den Dom zu Regensburg« (S. 15 ff.). Interessant ist Wolffs architektonische Tätigkeit (Kloster Schäftlarn, Schloß Haimhausen). Waagen vermutet (S. 17 f.), daß Wolff dort jeweils Bauaufsicht führte. Aufschlußreich ist auch, daß Wolff mit A. Viscardi wohl eng befreundet war, während E. Zuccalli Wolffs persönlicher Feind gewesen sein muß; Zuccalli schreibt, daß ihm »der Johaß (es war Wolffs Hausname) in der Seelen zu wider« war. (S. 6; Quellenangabe ebda., Anm. 27).

Dank

Die vorliegende Untersuchung über die ehem. Bruderschafts-, Ritterordens- und Hofkirche St. Michael in Berg am Laim entstand als Dissertation an der Ludwig-Maximilians-Universität München und wurde im Oktober 1985 fertiggestellt.
All jenen, die mich bei dieser Arbeit unterstützt haben, möchte ich danken. Dieser Dank gilt besonders meinem verehrten Lehrer, Herrn Prof. Dr. Hermann Bauer, für Anregung, Hilfe und Verständnis. Den Hinweis auf die Kirche in Berg am Laim verdanke ich Herrn Dr. Heinz-Jürgen Sauermost, der mir ein hilfreicher Gesprächspartner war. Herrn Wolf-Christian von der Mülbe danke ich herzlich für das teilweise neu angefertigte und zur Verfügung gestellte Abbildungsmaterial. Ebenso danke ich Herrn Pfarrer Wolfgang Wagner und Herrn Pfarrer Leonhard Huber für das Interesse an der Arbeit und die Einsichtnahme in das Pfarrarchiv Berg am Laim; Herr Pfarrer Huber hat mich kurz vor Drucklegung dieses Buches auf neues, hier erstmals publiziertes Abbildungsmaterial (eine heute verschollene Stifterfigur Joseph Clemens' und das Fürstenbuch der Michaelsbruderschaft) aufmerksam gemacht.
In folgenden Archiven, Bibliotheken und Sammlungen fand ich bereitwillige Unterstützung: Augsburg, Stadtarchiv, Stadtbibliothek und Städtische Kunstsammlungen; Bonn, Stadtarchiv; Düsseldorf, Nordrhein-Westfälisches Hauptstaatsarchiv; Köln, Historisches Archiv der Stadt und Historisches Archiv des Erzbistums; Luzern, Zentralbibliothek und Graphische Sammlung; München, Bayerisches Hauptstaatsarchiv mit Geheimem Hausarchiv und Staatsarchiv für Oberbayern, Bayerisches Landesamt für Denkmalpflege, Erzbischöfliches Ordinariatsarchiv, Bayerische Staatsbibliothek, Staatliche Graphische Sammlung und Stadtarchiv; Ottobeuren, Klosterarchiv, Klosterbibliothek und Plansammlung; Siegburg, Archiv des Rhein-Sieg-Kreises; Wasserburg, Stadtarchiv.
Weiterhin schulde ich Dank für die großzügige finanzielle Unterstützung zur Drucklegung der Arbeit dem Förderungs- und Beihilfefonds Wissenschaft der VG Wort, der Erzbischöflichen Finanzkammer München, der Hypo-Kulturstiftung München, der Ludwig-Maximilians-Universität München und der Pfarrei St. Michael in Berg am Laim. Herrn Ordinariatsrat Dr. Hans Ramisch und Herrn Staatsminister für Wissenschaft und Kunst Prof. Dr. Wolfgang Wild bin ich für die Hilfe bei der Beschaffung der Mittel dankbar.
Der Studienstiftung des deutschen Volkes weiß ich mich für die Förderung meines Studiums und meiner Promotion verpflichtet.
Danken möchte ich auch Frau Beatrice Habersaat für das erstellte Register, Herrn Kurt Zeitler für die angefertigten technischen Zeichnungen und Herrn Anton H. Konrad für die verlegerische Arbeit.
Mein besonders herzlicher Dank gilt schließlich meinen Freunden August und Jutta für viele Gespräche und Anregungen und meinen Eltern, die mir das Studium ermöglichten.

Verzeichnis der Literatur

Dall' Abaco Joseph: Chronick des Uralt unser lieben Frauen Stifts, und Klosters der Regulierten Chorherren unter der Regel des H. Augustin zu Diessen in Ober-Baiern am Ammer-See gelegen, 1769/70.
Abstreiter, P. Leo: Geschichte der Abtei Schäftlarn, Schäftlarn 1916.
Agricola, Ignatius: Historiae provinciae Societatis Jesu Germaniae superioris quinque primas annorum complexa decades, Augsburg 1927.
Albrecht, Dieter: Das konfessionelle Zeitalter, in: Handbuch der bayerischen Geschichte (hrsg. v. Max Spindler), München 1977, Bd. II., S. 351 ff.
Altmann, Lothar: St. Michael in München. Mausoleum–Monumentum–Castellum. Versuch einer Interpretation, in: Beiträge zur altbayerischen Kirchengeschichte 30, 1976, S. 11 ff.
– Die ursprüngliche Ausstattung von St. Michael und ihr Programm, in: St. Michael in München (Festschrift), München–Zürich 1983, S. 81 ff.
Aubert, Marcel und P. Marcel: Mont-Saint-Michel, Grenoble 1937.
Auer, Wilhelm Theodor: Geschichte der Augustiner-Pröpste in Dießen, Dießen 1964.
Aufleger, Otto und Karl Trautmann: Die königliche Hofkirche Fürstenfeld, München 1884.
– Münchener Architektur des 18. Jahrhunderts, München 1892.
– Die Reichen Zimmer der Königlichen Residenz in München, München 1893.
– Die Amalienburg, München 1894.
Badt, Kurt: Wissenschaftslehre der Kunstgeschichte, Köln 1971.
Balthasar, Hans Urs. v.: Apokalypse der deutschen Seele, Salzburg 1937.
Bandmann, Günter: Ikonologie der Architektur, in: Zeitschrift für Ästhetik und Allgemeine Kunstwissenschaft 1, 1951, S. 67 ff.
Barth, Nikolaus: Die St. Michaelskirche in Berg am Laim, München 1931.
Bauer, Hermann: Zum ikonographischen Stil der süddeutschen Rokokokirche, in: Münchner Jahrbuch der bildenden Kunst, 1961, S. 218 ff.
– Rocaille. Zur Herkunft und zum Wesen eines Ornament-Motivs, Berlin 1962.
– Der Himmel im Rokoko, Regensburg 1965.
– Kunsthistorik, München 1976.
– Christliches in der barocken Architektur, in: Das Münster, 1978, S. 15 ff.
– Rokokomalerei, Mittenwald 1980.
– Über einige Gründungs- und Stiftungsbilder des 18. Jahrhunderts in bayerischen Klöstern, in: Land und Reich, Stamm und Nation. (Festgabe für Max Spindler zum 90. Geburtstag), München 1984, II, S. 259 ff.
Bauer, Hermann und Anna: Johann Baptist und Dominikus Zimmermann. Entstehung und Vollendung des bayerischen Rokoko, Regensburg 1985.
Bauer, Richard, Gabriele Dischinger, Hans Lehmbruch und Heinz-Jürgen Sauermost: St. Johann Nepomuk im Licht der Quellen, München 1977.
Baumeister, Engelbert: Rokoko-Kirchen Oberbayerns. (= Studien zur Deutschen Kunstgeschichte 92), Straßburg 1907.
Baur-Heinold, Margarete: Theater des Barock. Festliches Bühnenspiel im 17. und 18. Jahrhundert, München 1966.

Bengel, Johann Albrecht: Erklärte Offenbarung Johannis oder vielmehr Jesu Christi, ^{1}1740, ^{2}1746.
Berliner, Rudolf: Ornamentale Vorlageblätter, 2 Bde., Leipzig 1925–1926.
Bernini, Gian Lorenzo: Architetto e l'architettura europea del Sei-Settecento (hrsg. v. G. Spagnesi und M. Fagiolo), Rom 1983.
Bialostocki, Jan: Stil und Ikonographie. Studien zur Kunstwissenschaft, Dresden 1966, Köln 1981.
Bianchi, Lidia: La Rotonda di Monte Siepi, in: Rivista del' R. Istituto d'archeologia e storia dell' arte VI, 1937, S. 226ff.
Biba, Otto: Die Piaristenkirche Maria Treu, Salzburg ^{3}1981.
Blondel, François d. Ä.: Cours d'Architecture, Paris 1675.
Blondel, Jacques-François: De la distribution des maisons de plaisance et de la décoration des édificies en général, Paris 1737–38.
– Cours d'Architecture ou Traité de la décoration, distribution, et construction des batiments, Paris 1771–77.
Boeck, Wilhelm: Das Rokoko-Problem, in: Kunstchronik, 1951, S. 271 ff.
Böckler, Georg Andreas: Neues ... Seulen-Buch, Frankfurt am Main 1684.
Boerlin, Paul-Henry: Die deutsche Spätbarockarchitektur im Spiegel der Stiftskirche St. Gallen, in: Kunstformen des Barockzeitalters, Bern 1956, S. 111 ff.
Börsch-Supan, Helmut: Anton Schoonjans in Berlin, in: Zeitschrift des deutschen Vereins für Kunstwissenschaft, 1967, S. 1 ff.
Borsi, Franco: Bernini Architetto, Milano 1980.
Braubach, Max: Clemens August. Versuch eines Itinerars, in: Kurfürst Clemens August. Landesherr und Mäzen des 18. Jahrhunderts (Ausstellungskatalog), Köln 1961.
Braunfels, Wolfgang: François de Cuvilliés. Ein Beitrag zur Geschichte der künstlerischen Beziehungen zwischen Deutschland und Frankreich, Bonn (Diss.) 1937, Würzburg 1938.
Brinckmann, Albert Erich: Die Baukunst des 17. und 18. Jahrhunderts in den germanischen Ländern (= Handbuch der Kunstwissenschaft), Berlin-Neubabelsberg 1919.
– Barock und Rokoko in Süddeutschland, in: Historische Zeitschrift 136, 1927, S. 253 ff.
– Theatrum Novum Pedemontii, Düsseldorf 1931.
– Von Guarino Guarini bis Balthasar Neumann, Berlin 1932.
Brunner, Herbert: Altes Residenztheater in München, München 1958.
Buchner, Wolfram: Der Stukkator Johann Baptist Modler von Kößlarn. Ein Meister des deutschen Rokoko, Passau 1936.
Büchner-Suchland, Irmgard: Hans Hieber. Ein Augsburger Baumeister der Renaissance, München 1962.
Bushart, Bruno: Fragen an Maulbertschs Hl. Florian, in: Beiträge zur Geschichte der Ölskizze, Braunschweig 1984, S. 114ff.
Casotti, Maria Walcher: Il Vignola (= Istituto di storia dell' Arte antica e moderna, Heft 11), Trieste 1960.
Chantelou, Herr von (= Fréart, Paul): Tagebuch über die Reise des Chavaliere Bernini nach Frankreich (deutsche Bearbeitung von H. Rose), München 1919.
Churbayrischer-Geistlicher Calender v. J. A. Zimmermann, Vierter Teil, Das Rentamt Straubing, 1755.
Cuvilliés, François d. J.: Ecole de l'architecture Bavaroise, um 1777.
Dehio, Georg: Handbuch der deutschen Kunstdenkmäler, Oberbayern (neu bearbeitet von Ernst Gall), München–Berlin 1952.
Deppen, Gisela: Die Wandpfeilerkirchen des deutschen Barock. Unter besonderer Berücksichtigung der baukünstlerischen Nachfolge von St. Michael in München, (Diss. Masch.) München 1953.
Dietrich, Dagmar: Ehem. Augustiner-Chorherren-Stift Diessen am Ammersee (= GKF Nr. 128), München–Zürich, 1985.

Dilly, Heinrich: Kunstgeschichte als Institution. Studien zur Geschichte einer Disziplin, Frankfurt a. Main 1979.
Dittmann, Lorenz: Stil, Symbol, Struktur. Studien zu Kategorien der Kunstgeschichte, München 1967.
Dorner, Peter: Joseph Dall' Abaco (1717–1792) und seine Dießener Chronik, in: Lech-Isar-Land, Weilheim 1971, S. 3 ff.
Ernst, Harro: Der Raum bei Johann Michael Fischer, (Diss. Masch.) München 1950.
– Zur Himmelsvorstellung im späten Barock besonders bei Johann Michael Fischer, in: Zwischen Donau und Alpen. Festschrift für Norbert Lieb zum 65. Geburtstag, München 1972, S. 266 ff.
Erstes Jubel-Jahr oder Hundertjähriger Weltgang/ von dem Hochlöblichen Collegio der Gesellschaft Jesu zu München, München 1697.
Faßtl, Augustin: Der Neue Himmel zu Dießen, das ist Kirchweyh und Jubel Predigt..., 1739, München 1740.
Fastlinger, Max: Die Kirchenpatrozinien in ihrer Bedeutung für Altbayerns ältestes Kirchenwesen, München 1897.
Feulner, Adolf: Balthasar Neumanns Rotunde in Holzkirchen. »Konstruierte« Risse in der Barockarchitektur, in: Zeitschrift für Geschichte der Architektur, 1913, S. 155 ff.
– Forschungen über J. M. Fischer. Ein bürgerlicher Baumeister der Rokokozeit, in: Zeitschrift für bildende Kunst, 1920/21, S. 654 f.
– Johann Michael Fischer, Wien 1922.
– Bayerisches Rokoko, München 1923.
– Die Wies, Augsburg 1931.
Fischer v. Erlach, Johann Bernhard: Entwurff einer historischen Architectur, Wien 1721.
Forssmann, Erik: Dorisch, Ionisch, Korinthisch. Studien zum Gebrauch der Säulenordnungen in der Architektur des 16.–18. Jahrhunderts, Stockholm–Göteborg–Uppsala 1961.
– Ikonologie und allgemeine Kunstgeschichte, in: Zeitschrift für Ästhetik und allgemeine Kunstwissenschaft 11, 1966, S. 132 ff.
Frankl, Paul: Die Entwicklungsphasen der neueren Baukunst, Leipzig 1914.
Franz, Heinrich Gerhard: Die Kirchenbauten des Christoph Dientzenhofer, Brünn–München–Wien 1942.
– Studien zur Barockarchitektur in Böhmen und Mähren, Brünn–München–Wien 1943.
– Die deutsche Barockkunst Mährens, München 1943.
– Gotik und Barock im Werk des Johan Santini Aichel, in: Wiener Jahrbuch für Kunstgeschichte, 1950, S. 65 ff.
– Johann Michael Fischer und die Baukunst des Barock in Böhmen, in: Zeitschrift für Ostforschung 4, Heft 2, 1955, S. 220 ff.
– Bauten und Baumeister der Barockzeit in Böhmen. Entstehung und Ausstrahlung der böhmischen Baukunst, Leipzig 1962.
– Guarini und die barocke Baukunst in Böhmen, in: Évolution Générale et Développements régionaux en Histoire de l'art, Budapest 1972, S. 121 ff.
Freiermuth, Otmar: Die Wandpfeilerhallen im Werk des Johann Michael Fischer, in: Das Münster 8, 1955, S. 320 ff.
Frey, Dagobert: Der Realitätscharakter des Kunstwerkes, in: Kunstwissenschaftliche Grundfragen. Prolegomena zu einer Kunstphilosophie, Darmstadt 1972, S. 107 ff.
– Wesensbestimmung der Architektur, in: Kunstwissenschaftliche Grundfragen. Prolegomena zu einer Kunstphilosophie, Darmstadt 1972, S. 93 ff.
Fünck, Johann Georg: Betrachtungen über den wahren Geschmack der Alten in der Baukunst, und über desselben Verfall in neuern Zeiten, in: Neuer Büchersaal der schönen Wissenschaft und freyen Künste, 4. Bd., Leipzig 1747, S. 411 ff.
Galli-Bibiena, Ferdinando: L'Architettura Civile, Parma 1711 (Repr. New York 1971).

Galli-Bibiena, Giuseppe: Architettura e Prospettive, Augsburg 1740.
Gamer, Jörg: Entwürfe von François Cuvilliés d. Ä. für den Kurfürsten Clemens August von Köln und den Kardinal Fürstbischof Johann Theodor von Lüttich, in: Aachener Kunstblätter, 32, 1966, S. 126 ff.
Geiß, Ernest: Geschichte der Stadtpfarrei St. Peter in München, München 1868.
Germann, Georg: Einführung in die Geschichte der Architekturtheorie, Darmstadt 1980.
Giedion, Siegfried: Raum, Zeit, Architektur. Die Entstehung einer neuen Tradition, Ravensburg 1965. (amerik. Erstausg. Cambridge/Massachusetts 1941).
Giedion-Welcker, Carola: Bayerische Rokokoplastik. Johann Baptist Straub und seine Stellung in Landschaft und Zeit, München 1922.
Götz, Oswald: François de Cuvilliés. Ein Beitrag zur Geschichte der Süddeutschen Ornamentik im 18. Jahrhundert, Frankfurt 1921.
– Die Amalienburg im Nymphenburger Schloßpark, in: Städel-Jahrbuch 2, 1922, S. 97 ff.
Götz, Wolfgang: Die gotische Klosterkirche in Ettal. Zur Herkunft ihrer ursprünglichen Baugestalt, in: Das Münster 18, 1965, S. 115 ff.
Goldmann, Nikolai: Vollständige Anweisung zu der Civilbaukunst, Wolfenbüttel 1696.
Gombrich, Ernst H.: Ziele und Grenzen der Ikonologie, in: Bildende Kunst als Zeichensystem (hrsg. v. E. Kaemmerling), Köln 1979, S. 377 ff.
Graf, Carl: Die St. Michaelskirche in München-Berg am Laim, Eisenärzt/Obb. ^{1}1951, ^{2}1962.
Grimschitz, Bruno: Hildebrandts Kirchenbauten, in: Wiener Jahrbuch für Kunstgeschichte, 1929, S. 205 ff.
– Johann Lucas v. Hildebrandt, Wien 1959.
Gründliche Anweisung zur Civil-Bau-Kunst (o. V.), Frankfurt-Leipzig 1752.
Guarini, Guarino: Architettura civile del Padre Guarino Guarini cherico regolare. Opera postuma, Turin 1737 (hrsg. v. B. Vittone); Repr. London 1964.
Guarino Guarini e l'internazionalità del barocco. Atti del convegno internazionale promosso dell'Accademia delle Scienze di Torino, 30 settembre–5 ottobre 1968, 2 Bde., Torino 1970.
Gubler, Hans Martin: L. C. Sturms Kirchenbauparadigmen und der katholische Sakralbau um 1720 im Süddeutschen Raum (Résumé), in: Kunstchronik 30, 1977, S. 105.
Gurlitt, Cornelius: Geschichte des Barockstiles und des Rococo in Deutschland, Stuttgart 1889.
Hagen-Dempf, Felicitas: Der Zentralbaugedanke bei Johann Michael Fischer, München 1954.
Hager, Georg: Die Bautätigkeit und Kunstpflege im Kloster Wessobrunn und die Wessobrunner Stuccatoren, in: Oberbayerisches Archiv 48, 1893/94, S. 195 ff.
– Die Wessobrunner Stuccatorenschule, in: Heimatkunst, Klosterstudien und Denkmalpflege, München 1909, S. 14 ff.
Hager, Werner: Die Bauten des deutschen Barock 1670–1770, Jena 1942.
– Zum Verhältnis Fischer–Guarini, in: Kunstchronik 1957, S. 206 f.
– Guarini. Zur Kennzeichnung seiner Architektur, in: Miscellanea Bibliothecae Hertzianae, 1961, S. 418 ff.
– Barockarchitektur, Baden-Baden 1968.
Hansmann, Wilfried: Die Stuckdecken des Gelben Appartementes in Schloß Augustusburg in Brühl, in: Beiträge zur rheinischen Kunstgeschichte und Denkmalpflege, 1970, S. 241 ff.
– Der Hochaltar Balthasar Neumanns in der Pfarrkirche St. Maria von den Engeln zu Brühl – Entwurf und Ausführung, in: Wallraf-Richartz-Jahrbuch, Bd. 40, 1978, S. 49 ff.
Harries, Karsten: The Bavarian Rococo church. Between faith and aestheticim, New Haven 1983.
Haupt, Georg: Die Farbensymbolik in der sakralen Kunst des abendländischen Mittelalters, Leipzig 1940.
Hauser, Arnold: Methoden moderner Kunstbetrachtung, München 1958.
Hautecoeur, Louis: Histoire de l'Architecture Classique en France, Bd. III., Paris 1950.

Hauttmann, Max: Münchens Kunstleben im 18. Jahrhundert, München 1909/10 (Manuskript im Kunsthistorischen Seminar der Universität München).
- Die Entwürfe Robert de Cottes für Schloß Schleißheim, in: Münchner Jahrbuch der bildenden Kunst, Bd. IV., 1911, S. 256 ff.
- Der Kurbayerische Hofbaumeister Joseph Effner, Straßburg 1913.
- Geschichte der kirchlichen Baukunst in Bayern, Schwaben und Franken 1550–1780, München–Berlin–Leipzig ²1923.
Hegemann, Hans Werner: Deutsches Rokoko. Das Phänomen des Formwandels vom Barock zum Rokoko in der deutschen Architektur, Königstein 1942.
Heilbronner, Paul: Studien über Johann Michael Fischer, München 1923.
Heimendahl, Eckart: Licht und Farbe, Ordnung und Funktion der Farbwelt, Berlin 1961.
Heisner, Beverly F.: Viscardi's Mariahilfkirche at Freystadt and the Development of the Central Plan Church in Eighteenth Century Germany, in: Hortus imaginum. Essays of Western Art, Kansas 1974, S. 175 ff.
Heissmeyer, Antje: Apoll und Apollo-Kult seit der Renaissance, (Diss. Masch.) Tübingen 1966.
Herbst, Arnulf: Zur Ikonographie des barocken Kaisersaals, Frankfurt am Main 1969.
Hetzer, Theodor: Über das Verhältnis der Malerei zur Architektur, in: Aufsätze und Vorträge, II, Leipzig 1957, S. 171 ff.
Heybrock, Christel: Jean Niclas Servandoni (1695–1766). Eine Untersuchung seiner Pariser Bühnenwerke, Köln 1970.
Hinrichs, Carl: Zur Selbstauffassung Ludwig XIV. in seinen Mémoires, in: Formen der Selbstdarstellung. Analekten zu einer Geschichte des literarischen Selbstportraits (Festgabe für Fritz Neubert), Berlin 1956, S. 145 ff.
Hitchcock, Henry-Russel: German Rococo: The Zimmermann Brothers, London 1968.
- Rococo Architecture in Southern Germany, London 1968.
Hoffmann, Ilse: Der Süddeutsche Kirchenbau am Ausgang des Barock, München 1938.
Hoffmann, Richard: Der Altarbau im Erzbistum München und Freising in seiner stilistischen Entwicklung vom Ende des 15. bis zum Anfang des 19. Jahrhunderts, München 1905.
- Bayerische Altarbaukunst, München 1923.
Hojer, Gerhard: Die frühe Figuralplastik E. Q. Asams, Witterschlick b. Bonn 1967.
Hubala, Erich: Barock und Rokoko, Stuttgart-Zürich 1971.
- Guarineskes an der Fassade der Münchener Dreifaltigkeitskirche, in: Das Münster 25, 1972, S. 165 ff.
Hubensteiner, Benno: Die geistliche Stadt. Welt und Leben des Johann Franz Eckher von Kapfing und Liechteneck, Fürstbischof von Freising, München 1954.
- Vom Geist des Barock, München ²1978.
Itten, Johannes: Kunst der Farbe, Ravensburg ²1970.
Jelonek, Manfred: Die Autorenfrage bei der Piaristenkirche Maria Treu in Wien, in: Das Münster 34, 1981, S. 333. (Zusammenfassender Bericht der unveröffentlichten Dissertation).
Jugel, Johann Gottfried: Gründliche Anleitung zu der vollkommenen Bau-Kunst, Berlin 1744.
Kat. Ausstellung, Architekt und Ingenieur. Baumeister in Krieg und Frieden, Wolfenbüttel 1984.
- Augsburger Barock, Augsburg 1968.
- Der Barocke Himmel, Stuttgart 1964.
- Barock in Deutschland. Residenzen, Berlin 1966.
- Bayerische Rokokoplastik. Vom Entwurf zur Ausführung, München 1985.
- Bretter die die Welt bedeuten, Berlin 1978.
- Elias Holl und seine Zeit, Augsburg 1946.
- Elias Holl und das Augsburger Rathaus, Regensburg 1985.
- Europäisches Rokoko. Kunst und Kultur des 18. Jahrhunderts, München 1958.
- Kurfürst Clemens August. Landesherr und Mäzen des 18. Jahrhunderts, Köln 1961.

– Kurfürst Max Emanuel. Bayern und Europa um 1700, 2 Bde., München 1976.
– Die Vorarlberger Barockbaumeister, Einsiedeln 1973.

Keller, Harald: Das Nachleben des antiken Bildnisses. Von der Karolingerzeit bis zur Gegenwart, Freiburg–Basel–Wien 1970.

Kemp, Wolfgang: Der Anteil des Betrachters. Rezeptionsästhetische Studien zur Malerei des 19. Jahrhunderts, München 1983.

Kerber, Bernhard: Andrea Pozzo (= Beiträge zur Kunstgeschichte, Bd. 6, hrsg. v. G. Bandmann, E. Hubala, W. Schöne), Berlin–New York 1971.

Keyserlingk, Adalbert v.: Vergessene Kulturen in Monte Gargano, Nürnberg 1968.

Kimball, Fiske: Le Style Louis XV. Origine et évolution du Rococo, Paris 1949.

Klaiber, Hans Andreas: Der Württembergische Oberbaudirektor Philippe de La Guêpière, Stuttgart 1959.

Klessmann, Rüdiger: Unbekannte Altarentwürfe von J. B. Straub, in: Zeitschrift für Kunstwissenschaft, 1956, S. 73 ff.

Knudsen, Hans: Deutsche Theatergeschichte, Stuttgart 1959.

Koch, P. Laurentius OSB: Ettal, Benediktinerabtei-, Pfarr-, Wallfahrtskirche. Zum 650jährigen Bestehen des Klosters (= GKF Nr. 3), München–Zürich 1980.

Kranzbühler, Mechthild: Johann Wolfgang van der Auwera. Ein fränkischer Bildhauer des 18. Jahrhunderts, in: Städel-Jahrbuch 7–8, 1932, S. 201 ff.

Kraus, Andreas: Das Wittelbachische Kaisertum und der österreichische Erbfolgekrieg (1741–1745), in: Handbuch der bayerischen Geschichte (hrsg. v. Max Spindler), II., München ²1977, S. 466 ff.

Krautheimer, Richard: Sancta Maria Rotunda, in: Arte del Primo Millenio. Atti del II convegno per lo studio dell'arte dell'alto medioeva, Pavia 1950, S. 21 ff.

Kreuzer, Anton: Die Geschichte von Berg am Laim, Manuskript (Stadtpfarrei St. Michael in Berg am Laim).

Kunoth, George: Die historische Architektur Fischers von Erlach (= Bonner Beiträge zur Kunstwissenschaft, Bd. 5), Düsseldorf 1956.

Die Kunstdenkmale des Königreichs Bayern, I., Die Kunstdenkmale des Regierungsbezirkes Oberbayern, Teil 1–3, München 1895, 1902 und 1905 (bearbeitet von G. v. Bezold, G. Hager und B. Riehl).

Lamb, Carl: Zur Entwicklung der malerischen Architektur, (Diss.), Teildruck Würzburg 1937.
– Die Wies, München 1948.

Laun, Rainer: Studien zur Altarbaukunst in Süddeutschland 1550–1650, München 1982.

Lavigno, Emilio: Castel Sant' Angelo, Roma 1951.

Lechner, P. Gregor Martin OSB: Stift Göttweig (= KKF, Nr. 645), München–Zürich ⁹1980.

Lehmbruch, Hans: Asamkirche S. Johann Nepomuk, in: Münchens Kirchen, München 1973, S. 157 ff.

Lepautre, Jean: Œuvres d' Architecture, 3 Bde., Paris 1751 (hrsg. v. Jombert).

Lexikon der christlichen Ikonographie (hrsg. v. Wolfgang Braunfels), Rom–Freiburg–Basel 1970.

Lieb, Norbert: Ottobeuren und die Barockarchitektur Oberschwabens, München 1931.
– Johann Michael Fischer. Das Leben eines bayerischen Baumeisters im 18. Jahrhundert, in: Münchner Jahrbuch der bildenden Kunst, N. F. 13, 1938/39, S. 142 ff.
– Münchener Barockbaumeister, München 1941.
– St. Michael in Berg am Laim vor München (= Große Kunstdenkmäler, Heft 96), München 1948.
– Barockkirchen zwischen Donau und Alpen, München 1953, ⁵1984.
– Wallfahrtskirche Maria Hilf auf dem Lechfeld (= KKF Nr. 662), München 1955.
– München. Die Geschichte seiner Kunst, München 1971.
– Diessen am Ammersee (= KKF Nr. 30), München–Zürich ⁶1973.
– St. Peter, in: Münchens Kirchen, München 1973, S. 43 ff.
– Johann Michael Fischer. Baumeister und Raumschöpfer im Barock Süddeutschlands, Regensburg 1982.

Liebold, Christine: Das Rokoko in ursprünglich mittelalterlichen Kirchen des bayerischen Gebietes – ein von maurischem Denken geprägter Stil, München 1981 (= Miscellanea Bavarica Monacensia, Heft 98).
Lippert, Karl-Ludwig: Giovanni Antonio Viscardi 1645–1713. Studien zur Entwicklung der barocken Kirchenbaukunst in Bayern, München 1969.
Loers, Veit: St. Michael in Berg am Laim, in: Münchens Kirchen, München 1973, S. 171 ff.
– Rokokoplastik und Dekorationssysteme. Aspekte der süddeutschen Kunst und des ästhetischen Bewußtseins im 18. Jahrhundert (= Münchner Kunsthistorische Abhandlungen VIII), München–Zürich 1976.
– Die Hofkirche St. Michael in Berg am Laim. Neues zur Baugeschichte und Bauform, in: Ars Bavarica, München 1977, Bd. 8, S. 5 ff.
Lohenstein, Daniel Caspar v.: Großmüthiger Feldherr Arminius oder Hermann als sein tapferer Beschirmer der deutschen Freyheit, Leipzig 1689/90.
Lohmeyer, Karl: Die Baumeister des Rheinisch-Fränkischen Barock, Heidelberg 1931.
Mai, Paul: St. Michael in Bayern, München–Zürich 1978.
Maier, Gerhard: Die Johannesoffenbarung und die Kirche (= Wissenschaftliche Untersuchungen zum Neuen Testament), Tübingen 1981.
Marfurt-Elmiger, Lisbeth: Die Luzerner Kunstgesellschaft 1819–1933 (= Beiträge zur Luzerner Stadtgeschichte, Bd. 4), Luzern 1978.
May, Walter: Rokokoarchitektur, in: Zeitschrift des deutschen Vereins für Kunstwissenschaft 28, 1974, S. 3 ff.
Meeks, C. L. V.: Pantheon paradigm, in: Journal of the Society of architectural historians 19, 1960, S. 135 ff.
Mertens, Klaus: Barockarchitektur und Säulenordnung, in: Wissenschaftliche Zeitschrift der Universität Dresden 18, 1969, S. 21 ff.
Merx, Klaus: Studien zu den Formen der venezianischen Vedutenmalerei des 18. Jahrhunderts, München 1970.
Michalski, Ernst: Joseph Christian. Ein Beitrag zum Begriff des deutschen Rokoko, Leipzig 1926.
– Die Bedeutung der ästhetischen Grenze für die Methode der Kunstgeschichte, Berlin 1932.
Mick, Ernst-Wolfgang: Johannes Holzer 1709–1740, in: Cultura atesina. Kultur des Etschlandes, 1958, S. 31 ff. und 1959, S. 16 ff.
Möseneder, Karl: Zeremoniell und monumentale Poesie. Die »Entreé Solenell' Ludwig XIV.«, Berlin 1983.
Mois, Jakob: Die Beteiligung der Gebrüder Asam am Hochaltar der St. Peterskirche in München, in: Das Münster 7, Heft 5/6, 1954, S. 175 ff.
Muchall-Viebrook, Thomas: Dominikus Zimmermann, Leipzig 1912.
Mühlmann, Heiner: Albertis St.-Andrea-Kirche und das Erhabene, in: Zeitschrift für Kunstgeschichte 32, 1969, S. 153 ff.
Müller, Claudia, Unendlichkeit und Transzendenz in der Sakralarchitektur Guarinis, (Diss. Masch.) Bochum 1982.
Naab, Friedrich: Damenstiftskirche St. Anna, in: Münchens Kirchen, München 1973.
– Die Dreifaltigkeitskirche, in: Münchens Kirchen 1973, S. 135 ff.
Nagler, Alois M.: J. N. Servandonis und F. Bouchers Wirken an der Pariser Oper, in: Bühnenformen – Bühnenräume – Bühnendekorationen. Beiträge zur Entwicklung des Spielorts (hrsg. v. R. Badenhausen und H. Zielske) Herbert Frenzel zum 65. Geburtstag, Berlin 1974, S. 64 ff.
Narèdi-Rainer, Paul v.: Architektur und Harmonie, Köln 1982.
Neumann, Balthasar: Die Lieb und Zierd Deß Hauß Gottes, Würzburg 1745.
Neumann, Günther: Neresheim, München 1947.
– Die Gestaltung der Zentralbauten Johann Michael Fischers und deren Verhältnis zu Italien, in: Münchner Jahrbuch der bildenden Kunst II, München 1951, S. 238 ff.

Niessen, Carl: Das Bühnenbild. Ein kulturgeschichtlicher Atlas, Bonn 1927.
– Servandoni und seine »spectacles de décoration«, in: Die vierte Wand. Organ der Deutschen Theaterausstellung Magdeburg 1926/27, Leipzig 1927, Heft 22, S. 10 ff.
– Servandoni und seine »Spectacles de décoration«, in: Otto Jung, Der Theatermaler Friedrich Christian Beuther und seine Welt, Emsdetten 1963, S. 345 ff.
Noppenberger, Franz Xaver: Die eucharistische Monstranz des Barockzeitalters. Eine Studie über Geschichte, Aufbau, Dekoration, Ikonologie und Symbolik der barocken Monstranzen vornehmlich des deutschen Sprachraums, München 1958.
Norberg-Schulz, Christian: Architektur des Spätbarock und Rokoko, Stuttgart 1975.
Nordenfalk, Carl: Bemerkungen zur Entstehung des Akanthusornaments, in: Acta Archaeologica, 1935, S. 257 ff.
Oechslin, Werner: Bildungsgut und Antikenrezeption des frühen Settecento in Rom. Studien zum römischen Aufenthalt Bernardo Antonio Vittones, Zürich 1972.
– und Anja Buschow: Festarchitektur. Der Architekt als Inszenierungskünstler, Stuttgart 1984.
Pächt, Otto: Methodisches zur kunsthistorischen Praxis, München 1977.
Palladio, Andrea: Die vier Bücher zur Architektur (aus dem Italienischen übertragen und herausgegeben von A. Beyer und U. Schütte), Darmstadt 1986.
Panofsky, Erwin: Die Perspektive als »symbolische Form«, in: Vorträge der Bibliothek Warburg 4, 1924–25, Berlin–Leipzig 1927, S. 258 ff.
– Zum Problem der Beschreibung und Inhaltsdeutung von Werken der bildenden Kunst, in: Logos 21, 1932, S. 103 ff.
– Idea – ein Beitrag zur Begriffsgeschichte der älteren Kunsttheorie, Berlin ³1975 (¹1924).
– Kunstgeschichte als geisteswissenschaftliche Disziplin, in: Sinn und Deutung in der bildenden Kunst, Köln 1975, S. 7 ff.
Paulus, Richard: Der Baumeister Henrico Zuccalli am Kurbayerischen Hofe zu München, Straßburg 1912.
– Die Verlassenschaft des Baumeisters Cuvilliés, in: Altbayerische Monatsschrift 11. Jg., 1912, S. 115 ff.
Penther, Johann Friedrich: Collegium architectonicum, Göttingen 1749.
Petrucci, Armando: Aspetti del culto e del pellegrinaggio di S. Michele Arcangelo sul Monte Gargano, in: Pellegrinaggi e culto dei Santi in Europa fino alle Iª crociata, Todi 1963, S. 145 ff.
Petzet, Michael: Soufflots Sainte-Geneviève und der Französische Kirchenbau des 18. Jahrhunderts, Berlin 1961.
Picinelli, Philippo: Mundus Symbolicus, Köln 1687.
Piel, Friedrich: Anamorphose und Architektur, in: Festschrift Wolfgang Braunfels, Tübingen 1977, S. 289 ff.
Pörnbacher, Karl: Jesuitentheater und Jesuitendichtung in München, in: St. Michael in München. Festschrift zum 400. Jahrestag der Grundsteinlegung und zum Abschluß des Wiederaufbaus (hrsg. v. K. Wagner SJ und A. Keller SJ), München–Zürich 1983, S. 220 ff.
Poser, Hasso v.: Johann Joachim Dietrich und der Hochaltar zu Dießen, (Diss. Masch.) München 1975.
Pozzo, Andrea: Prospettiva de pittori e architetti, Rom 1693 (deutsch: Der Mahler und Baumeister Perspektiv, Augsburg 1706).
Reallexikon zur deutschen Kunstgeschichte (hrsg. v. Otto Schmitt), ab Stuttgart 1937.
Reinle, Adolf: Ein Fund barocker Kirchen- und Klosterpläne, I. Teil: Caspar Mosbrugger, in: Zeitschrift für schweizerische Archäologie und Kunstgeschichte, 1950, S. 216 ff.; II. Teil: Süddeutsche Meister, in: Zeitschrift für Archäologie und Kunstgeschichte, 1951, S. 1 ff.
– Zeichensprache der Architektur. Symbol, Darstellung und Brauch in der Baukunst des Mittelalters und der Neuzeit, Zürich–München 1976.

Renard, Edmund: Die Bauten der Kurfürsten Joseph Clemens und Clemens August von Köln, in: Bonner Jahrbücher Heft XCIX, Bonn 1896, S. 164 ff.
– Clemens August. Kurfürst von Köln. Ein rheinischer Mäzen und Weidmann des 18. Jahrhunderts, Bielefeld–Leipzig 1927.
Renard, Edmund, und Franz Graf Wolff Metternich: Schloß Brühl. Die kurkölnische Sommerresidenz Augustusburg, Berlin 1934.
Renner, Paul: Ordnung und Harmonie der Farben, Ravensburg 1947.
Reuther, Hans: Die Schloßkapellen von Kurfürst Clemens August als Fürstbischof von Hildesheim, in: Das Münster 17, 1964, S. 301 ff.
– Balthasar Neumann. Der mainfränkische Barockbaumeister, München 1983.
Riedl, Dorith: Theatinerkirche St. Kajetan, in: Münchens Kirchen 1973, S. 113 ff.
Riegl, Alois: Stilfragen. Grundlegungen zu einer Geschichte der Ornamentik (1893), Berlin ²1923.
– Spätrömische Kunstindustrie, Wien ²1927.
Rizzi, Wilhelm Georg: Die Kuppelkirchenbauten Johann Lucas von Hildebrandts, in: Wiener Jahrbuch für Kunstgeschichte, 1976, S. 121 ff.
Röhlig, Ursula: Die Deckenfresken Johann Baptist Zimmermanns, München (Diss. Masch.) 1949.
Roland Michel, Marianne: Lajoues et l'art rocaille, Neuilly 1984.
Rose, Hans: Spätbarock, Studien zur Geschichte des Profanbaues in den Jahren 1660–1760, München 1922.
Rosellen, Robert Wilhelm: Geschichte der Pfarreien des Dekanates Brühl, Köln 1887.
Rosenberg, Alfons: Die christliche Bildmeditation, München 1955.
– Engel und Dämonen, Gestaltwandel eines Urbildes, München 1967.
Rupprecht, Bernhard: Die bayerische Rokoko-Kirche, Kallmünz 1959.
– Akzente im Bau- und Kunstwesen Ingolstadts von der Ankunft der Jesuiten bis zum hohen 18. Jahrhundert, in: Ingolstadt, Ingolstadt 1974, S. 287 ff.
– Die Asam. Sinn und Sinnlichkeit im bayerischen Barock, Regensburg 1980.
Sachse, Hans-Joachim: Barocke Dachwerke, Decken und Gewölbe. Zur Baugeschichte und Baukonstruktion in Süddeutschland, Berlin 1976.
Sammlung nützlicher Aufsätze und Nachrichten die Baukunst betreffend, Berlin 1797.
Sauermost, Heinz-Jürgen: Weltenburg – Ein bayerisches Donaukloster, in: Das Münster 22, 1969, S. 257 ff.
– Jesuitenkirche St. Michael, in: Münchens Kirchen, München 1973, S. 87 ff.
Schadt, Hermann: Andrea Pozzos Langhausfresko in S. Ignazio, Rom. Zur Thementradition der barocken Heiligenglorie, in: Das Münster 24, 1971, S. 153 ff.
Scharioth, Barbara: Aufhausen und Ingolstadt. Zur dualistischen Raumbildung Johann Michael Fischers, in: Gießener Beiträge zur Kunstgeschichte 3, 1975, S. 219 ff.
Schießl, Ulrich: Rokokofassung und Materialillusion. Untersuchungen zur Polychromie sakraler Bildwerke im süddeutschen Rokoko, Mittenwald 1979.
– Techniken und Faßmalerei in Barock und Rokoko, Worms 1983.
Schlitt, Gerhard: Die Betrachtung und Würdigung einzelner Bauwerke in deutschen Zeitungen und Zeitschriften, (Diss. Masch.) Hannover 1965.
Schmarsow, August: Barock und Rokoko, eine kritische Auseinandersetzung über das Malerische in der Architektur, Leipzig 1897.
– Grundbegriffe der Kunstwissenschaft am Übergang vom Altertum zum Mittelalter kritisch erörtert und in systematischem Zusammenhange dargestellt, Leipzig-Berlin 1905.
Schnell, Hugo: Der bayerische Barock, München 1936.
– Christliche Lichtsymbolik in den einzelnen Kunstepochen, in: Das Münster, 1978, S. 21 ff.
– Die Wies. Ihr Baumeister Dominikus Zimmermann. Leben und Werk, München 1979.
Schnell, Johannes: François de Cuvilliés' Schule Bayerischer Architektur. Ein Beitrag zum Stichwerk und zur Architekturtheorie beider Cuvilliés', München (Diss. Masch.) 1961.

Schöne, Günther: Die Entwicklung der Perspektivbühne von Serlio bis Galli-Bibiena nach den Perspektivbüchern, Leipzig 1933.
Schöne, Wolfgang: Über das Licht in der Malerei, Berlin 1954.
– Über den Beitrag von Licht und Farbe zur Raumgestaltung im Kirchenbau des alten Abendlandes, in: Evangelische Kirchenbautagung, Stuttgart 1959.
Schoener, Susanne: Handzeichnungen von Cosmas Damian Asam, (Mag. Masch.) München 1966.
Schrott, Max: Neustift bei Brixen. Augustiner-Chorherrenstift (= KKF, Nr. 717), München–Zürich 1960.
Schütte, Ulrich: »Ordnung« und »Verzierung«. Untersuchungen zur deutschsprachigen Architekturtheorie des 18. Jahrhunderts, (Diss. Masch.) Heidelberg 1979.
– »Als wenn eine ganze Ordnung da stünde...«. Anmerkungen zum System der Säulenordnungen und seiner Auflösung im späten 18. Jahrhundert, in: Zeitschrift für Kunstgeschichte 24, 1981, S. 15 ff.
Schuberth, Ottmar: Das Bühnenbild, München 1955.
Schütz, Bernhard: Die Wallfahrtskirche Maria Birnbaum und ihre beiden Baumeister (= Kieler kunsthistorische Studien Bd. 4), Frankfurt am Main 1974.
– Rott am Inn und die Zentralbauten Johann Michael Fischers, in: Rott am Inn. Beiträge zur Kunst und Geschichte der ehemaligen Benediktinerabtei (hrsg. v. W. Birkmaier), Weißenhorn 1983, S. 86 ff.
Schulten, Walter P.: Die Himmelsleiter auf dem Kreuzberg, Bonn 1957.
– Die Heilige Stiege auf dem Kreuzberg zu Bonn, Düsseldorf 1964.
Schwager, Klaus: Ottobeuren. Die Formverwendung einer barocken Klosteranlage im Spannungsfeld von klösterlichem Autarkiestreben und überregionalem Anspruch, in: Jahrbuch d. Vereins für Augsburger Bistumsgeschichte 1977, S. 112 ff.
Schwarzbauer, Georg F.: Die bayerischen Fayenceöfen des Schlosses Brühl. Eine Studie zu F. Cuvilliés, in: Keramos 16, 1962, S. 3 ff.
Sedlmaier, Richard: Grundlagen der Rokoko-Ornamentik in Frankreich, Straßburg 1917.
Sedlmayr, Hans: Zum gestalteten Sehen, in: Belvedere 9/10, 1926, S. 57.
– Österreichische Barockarchitektur, Wien 1930.
– Die Architektur Borrominis, München ^{2}1939.
– Die Entstehung der Kathedrale, Zürich 1950.
– Allegorie und Architektur, in: Retorica e Barocco, Atti del III Congresso Internazionale di Studi Umanistici, Venezia 1954, S. 197 ff.
– Die Schauseite der Karlskirche in Wien, in: Kunstgeschichtliche Studien für Hans Kauffmann, Berlin 1956, S. 262 ff.
– Kunst und Wahrheit, Hamburg 1958.
– Das Gesamtkunstwerk, in: Europäisches Rokoko. Kunst und Kultur des 18. Jahrhunderts (Ausstellungskatalog), München 1958, S. 26 ff.
– Zur Charakterisierung des Rokoko, in: Manierismo, Barocco, Rococò, Concetti e termini, Rom 1962, S. 343 ff.
– Bemerkungen zur Inkarnatfarbe bei Rubens, in: Hefte des Kunsthistorischen Seminars der Universität München, Heft 9–10, 1964, S. 41 ff.
– Johann Bernhard Fischer von Erlach, Wien 1976.
– Fünf römische Fassaden, in: Epochen und Werke II, Mittenwald 1977, S. 57 ff.
– Das Licht in seinen künstlerischen Manifestationen, Mittenwald 1979. (^{1}1960).
Sedlmayr, Hans und Hermann Bauer: Rococo, in: Encyclopedia of World Art 12, New York 1966, Sp. 230 ff.
S. Michael der höchste Seraphin über die himmlischen Geister (hrsg. vom Magistrat der Michaelsbruderschaft), München 1699 (^{2}1732, ^{3}1760).
Souchal, François: French Sculptors of the 17th and 18th centuries, I, Oxford 1977.

Spindler-Niros, Ursula: Farbigkeit in bayerischen Kirchenräumen des 18. Jahrhunderts, Frankfurt 1981.
Springer, Anton: Der Rococostil, in: Bilder aus der neueren Kunstgeschichte, Bonn 1867, ²1880.
Stadler, Edmund: Die Raumgestaltung im barocken Theater, in: Kunstformen des Barockzeitalters, Bern 1956, S. 190 ff.
Stalla, Robert: Bau und Ausstattung der Klosterkirche Rott am Inn, (Mag. Masch.) München 1982.
– Der »Renovatio«-Gedanke beim Neubau der Benediktiner-Klosterkirche von Rott am Inn, in: Rott am Inn. Beiträge zur Kunst und Geschichte der ehemaligen Benediktinerabtei (hrsg. v. W. Birkmaier), Weißenhorn 1983, S. 105 ff.
Stein, Peter: Guarino Guarinis Kirche S. Lorenzo in Turin. Licht, Tektonik und Malerei als Elemente eines barocken Illusionismus, (Mag. Masch.) München 1984.
Steiner, Peter: St. Michael in Berg am Laim (= KKF Nr. 1408), München 1983.
– Johann Baptist Straub (= Münchner Kunsthistorische Abhandlungen, VI), München–Zürich 1974.
Steiner, Reinhard: Die »Wirksamkeit« des Raumes. Zum Verständnis des Innenraumes in der Sakralbaukunst Böhmens und Bayerns von 1700–1770 (Manuskript).
Stern, Heinrich: Münchner Barockplastik von 1660–1720, in: Münchener Jahrbuch der bildenden Kunst, NF 9, 1932, S. 162 ff.
St. Michael in München. Festschrift zum 400. Jahrestag der Grundsteinlegung und zum Abschluß des Wiederaufbaus, (hrsg. v. K. Wagner SJ und A. Keller SJ), München–Zürich 1983.
Strauss, Ernst: Koloritgeschichtliche Studien. Untersuchung zur Malerei seit Giotto und andere Studien, München–Berlin 1983.
Sturm, Johann Christoph: Mathesis juvenitis, Nürnberg 1702.
Sturm, Leonhard Christoph: Erste Ausübung der... Anweisung zu der Civil-Bau-Kunst Nicolai Goldmanns, Leipzig 1708.
– Architektonisches Bedencken von Protestantischen Kleinen Kirchen Figur und Einrichtung..., München 1712.
– Alle Arten von regularen Pracht-Gebäuden, Augsburg 1716.
– Vollständige Anweisung/Alle Arten von regularen Pracht-Gebäuden nach gewissen Reguln zu erfinden/auszutheilen und auszuzieren..., Augsburg 1717.
– Kurtze Vorstellung der gantzen Civil-Baukunst, Augsburg 1718.
– Vollständige Anweisung aller Arten von Kirchen wohl anzugeben, Augsburg 1718.
– Von den Bey-Zierden der Architectur, Augsburg 1720.
Succov, Laurenz Johann Daniel: Erste Gründe der bürgerlichen Baukunst, Jena 1751.
Sulzer, Johann Georg: Allgemeine Theorie der schönen Künste, 4 Bde., Leipzig 1792–94.
Tatarkiewicz, Wladyslaw: Wer waren die Theoretiker des Manierismus, in: Zeitschrift für Ästhetik und allgemeine Kunstwissenschaft 1967, S. 90 ff.
Taubert, Johannes: Fassungen süddeutscher Rokokofiguren, in: Deutsche Kunst- und Denkmalpflege 1960, S. 39 ff.
Tavernier, Ludwig: Das Problem der Naturnachahmung in den kunsthistorischen Schriften Charles Nicolas Cochin d. J., Hildesheim–Zürich–New York 1983.
Thon, Christina: Johann Baptist Zimmermann als Stuckator, München–Zürich 1977.
Tintelnot, Hans: Barocktheater und barocke Kunst, Berlin 1939.
– Die barocke Freskomalerei in Deutschland, München 1951.
– Zur Gewinnung unserer Barockbegriffe, in: Die Kunstformen des Barockzeitalters, Bern 1956, S. 13 ff.
Trautmann, Karl: Der kurbayerische Hofbaumeister Franz Cuvilliés d. Ä. und sein Schaffen in Altbayern, in: Monatsschrift des Historischen Vereins von Oberbayern IV, 1895, S. 86 ff.
Trophaea Bavarica sancto Michaeli Archangelo in Templi et Gymnasio Societatis Jesu Dedicate Monachij, München 1597.

Trost, Ludwig: Geschichte der St. Michaelsbruderschaft und Kirche in Berg am Laim, München 1893.
- Geschichte des St. Michael-Ordens und der St. Michaelsbruderschaft, München 1888.
Venturi, P. Pietro Tacchi: Il Gesù di Roma, Rom 1952.
Vignola, Giacomo Barozzi: Regola delli cinque Ordini... Regel der fünff orden von Architectur, Arnheim 1620.
Vitruv: Zehn Bücher über Architektur, (hrsg. v. Curt Fensterbusch), Darmstadt 1976.
Voelcker, Helene: Die Gunezrhainer, (Diss. Masch.) München 1923.
Volk, Peter: Johann Baptist Straub, 1704–1784, München 1984.
Waagen, Ludwig: Johann Andreas Wolff, München 1932.
Wagner-Rieger, Renate: Die Piaristenkirche in Wien, in: Wiener Jahrbuch für Kunstgeschichte 17, 1958, S. 49 ff.
Weinlig, Christian Traugott: Briefe über Rom, 3 Bde., Dresden 1782–84.
Weitlauff, Manfred: Kardinal Johann Theodor von Bayern (1703–1763), Fürstbischof von Regensburg, Freising und Lüttich. Ein Bischofsleben im Schatten der kurbayerischen Kirchenpolitik (= Beiträge zur Geschichte des Bistums Regensburg 4), Regensburg 1970.
Wening, Michael: Historico-Topographica Descriptio, I. Teil, Rentamt München, München 1701.
Westenrieder, Lorenz: Beschreibung der Haupt- und Residenzstadt München, München 1782.
Wilberg-Vignaú, Peter: Andrea Pozzos Innenraumgestaltung in S. Ignazio, (Diss. Masch.) Kiel 1966.
Wind, Edgar: Studies in allegorical pictures, in: Journal of the Warburg Institute, 1937–38, S. 138 ff.
Wishnevsky, Rose: Studien zum »portrait historié« in den Niederlanden, München 1967.
Wittkower, Rudolf: S. Maria della Salute, in: Saggi e memorie di storie dell' arte, Venedig 1963.
- Grundlagen der Architektur im Zeitalter des Humanismus, München 1983.
Woeckel, Gerhard P.: Die drei Rokokoöfen des Schlosses Augustusburg zu Brühl, in: Alte und moderne Kunst, 1963, S. 22 ff.
- Ignaz Günther. Die Handzeichnungen des kurfürstlich bayerischen Hofbildhauers Franz Ignaz Günther (1725–1775), Weißenhorn 1975.
- Beiträge zu dem höfischen Werk des Bildhauers Johann Baptist Straub, in: Alte und moderne Kunst 142/143, 1975, S. 29 ff.
Wölfflin, Heinrich: Kunstgeschichtliche Grundbegriffe, München 1915.
- Renaissance und Barock. Eine Untersuchung über Wesen und Entstehung des Barockstils in Italien, München ^{4}1926.
Wolf, Friedrich: François de Cuvilliés. Der Architekt und Dekorschöpfer (= Oberbayerisches Archiv, Bd. 89), München 1967.
Wolters, Wolfgang: Plastische Deckendekorationen des Cinquecento in Venedig und Veneto, Berlin 1968.
Worobiow, Nikolaj: Die Fensterformen D. Zimmermanns. Versuch einer genetischen Ableitung, München 1934.
Zedler, Johann Heinrich (Hrsg.): Grosses vollständiges Universal-Lexikon, Leipzig-Halle 1732–54 (Repr. Graz 1961–64).
Zielske, Harald: Die Anfänge einer Theaterbautheorie in Deutschland im 17. und 18. Jahrhundert, in: Bühnenformen–Bühnenräume–Bühnendekorationen. Beiträge zur Entwicklung des Spielorts (hrsg. v. R. Badenhausen und H. Zielske), Herbert Frenzel zum 65. Geburtstag, Berlin 1974, S. 28 ff.
Zürcher, Richard: Der Anteil der Nachbarländer an der Entwicklung der deutschen Baukunst im Zeitalter des Spätbarocks, Basel 1938.
- Der Raum von Ottobeuren als Gesamtkunstwerk, in: Werke 47, 1960, S. 268 f.

Verzeichnis der Abbildungen

 1 Berg am Laim, St. Michael, Innenraum, Johann Michael Fischer und François Cuvilliés, ab 1738; Fresken und Stuck von Johann Baptist Zimmermann, ab 1743; Altarausstattung von Johann Baptist Straub, ab 1743 (Frontispiz)
 2 Berg am Laim, Josephsburg mit Michaelskapelle, Stich von Michael Wening, 1701, Ausschnitt
 3 Berg am Laim, St. Michael, Idealentwurf für den Neubau, Stich von Simon Thaddäus Sondermayr, 1735. Erzbischöfliches Ordinariatsarchiv München
 4 Architektonisches Vorlageblatt, rechter Grundriß mit Übernahmen von St. Michael in Berg am Laim, Zeichner und Entwerfer unbekannt. Zentralbibliothek Luzern, Plansammlung
 5 Berg am Laim, St. Michael, Grundrißentwurf, Zeichnung von Philipp Jakob Köglsperger nach veränderter Vorlage von Johann Michael Fischer, 1738. Zentralbibliothek Luzern, Plansammlung
 6 Aufhausen, Maria Schnee, Grundriß, Johann Michael Fischer, 1736
 7 Ingolstadt, St. Marien, Grundriß, Johann Michael Fischer, 1736
 8 Berg am Laim, St. Michael, Rekonstruktion von Johann Michael Fischers Erstentwurf von 1737 (Zeichnung Kurt Zeitler)
 9 Berg am Laim, St. Michael, Fassadenprojekt, Entwurf von François Cuvilliés nach Erstentwurf Johann Michael Fischers, Stich von F. S. Schaur, 1740. Erzbischöfliches Ordinariatsarchiv München
10 München, Amalienburg im Schloßpark Nymphenburg, Gartenfassade, François Cuvilliés, ab 1734
11 München, ehem. Theatiner- und Hofkirche St. Kajetan, Fassade, François Cuvilliés, 1765
12 Berg am Laim, St. Michael, Fassadenprojekt, Entwurf von Johann Michael Fischer, Stecher unbekannt, 1741. Stadtarchiv München
13 Titelblatt des Fürstenbuches der Erzbruderschaft St. Michael in Berg am Laim mit Hinweis auf die Bruderschaftsstiftung durch Joseph Clemens. Schriftspiegel von Bruderschaftskreuzen, -medaillons und weiß-blauen Bruderschaftsornaten gerahmt; auf den Bruderschaftsfahnen links das Wappen von Joseph Clemens, rechts ein Bild des Erzengels Michael, 1745. Pfarrarchiv St. Michael in Berg am Laim
14 Berg am Laim, St. Michael, Außenbau, Zugang über die Clemens-August-Straße
15 München und Umgebung mit direkter Verbindungsstraße von der Isarbrücke zur Josephsburg und Michaelskirche in Berg am Laim, Topographischer Atlas von Bayern, Blatt München, 1812. Bayerisches Landesvermessungsamt München
16 Berg am Laim, St. Michael, Rekonstruktion der Schauseite (Zeichnung Kurt Zeitler)
17 Berg am Laim, St. Michael, Fassade in der Fernsicht
18 Berg am Laim, St. Michael, Fassade in der Nahsicht
19 Berg am Laim, St. Michael, Fassade, begonnen 1738, Türme 1749–50 vollendet, Nischenfigur St. Michael 1911 erneuert.
20 Berg am Laim, St. Michael, Fassade, Untergeschoß
21 Turin, Porta del Po, Entwurf von Guarino Guarini nach dem Stich der »Architettura civile«, 1737, Tafel 1, Ausschnitt
22 Deutsch-Gabel, ehem. Dominikanerkirche St. Laurentius, Fassade, Johann Lukas von Hildebrandt, ab 1699
23 München, Dreifaltigkeitskirche, Fassade, Giovanni Antonio Viscardi, ab 1711

24 Berg am Laim, St. Michael, Grundriß
25 Berg am Laim, St. Michael, Grundriß mit Einzeichnung von Konstruktionslinien (Zeichnung Kurt Zeitler)
26 Berg am Laim, St. Michael, Grundriß mit Einzeichnung von Konstruktionslinien (Zeichnung Kurt Zeitler)
27 Giuseppe Galli-Bibiena, Festdekoration anläßlich der Hochzeit des bayerischen Kurprinzen Carl Albrecht mit Maria Amalia Josepha, München 1722, nach dem Stich der »Architettura e Prospettive«, 1740
28 Berg am Laim, St. Michael, Innenraum
29 Andrea Pozzo, Festdekoration für die Feier des Vierzigstündigen Gebets in Il Gesù, Rom 1685; Stich aus »Der Mahler und Baumeister Perspektiv«, 1708
30 Rohr, ehem. Augustiner-Chorherrenstiftskirche Mariä Himmelfahrt, Innenraum mit Hochaltar, Egid Quirin Asam, ab 1717
31 Weltenburg, Benediktinerklosterkirche St. Georg und St. Martin, Innenraum mit Hochaltar, Cosmas Damian und Egid Quirin Asam, ab 1716
32 Dießen, ehem. Augustiner-Chorherrenstiftskirche Mariä Himmelfahrt, Hochaltar mit versenkbaren und auswechselbaren Altarbildern, fertiggestellt 1738
33 Berg am Laim, St. Michael, Innenraum gegen Osten
34 Berg am Laim, St. Michael, Bruderschaftsraum mit nördlicher Querkonche
35 Berg am Laim, St. Michael, Kuppel und Kuppelunterbau des Bruderschaftsraumes
36 Berg am Laim, St. Michael, Ritterordensraum, Wandgeschoß
37 Berg am Laim, St. Michael, Stuckdekoration an einem Diadembogen des Bruderschaftsraumes
38 Berg am Laim, St. Michael, Diagonalfenster mit Stichkappe im Bruderschaftsraum
39 François Cuvilliés, Entwurf für eine Plafonddekoration, I. Reihe, 8. Folge, 1738–1740, Livre de Plafonds, Stich von Lespilliez. Kupferstichkabinett Berlin
40 Dießen, ehem. Augustiner-Chorherrenstiftskirche Mariä Himmelfahrt, Innenraum, Johann Michael Fischer mit Beteiligung von François Cuvilliés, ab 1732
41 Osterhofen, ehem. Prämonstratenserklosterkirche St. Margaretha, Langhauswand, Johann Michael Fischer, ab 1727
42 Dießen, ehem. Augustiner-Chorherrenstiftskirche Mariä Himmelfahrt, Chor- und Altarraum, Hochaltar-Entwurf von François Cuvilliés, Ausführung von Johann Joachim Dietrich, fertiggestellt 1738
43 Dießen, ehem. Augustiner-Chorherrenstiftskirche Mariä Himmelfahrt, Fassade, Johann Michael Fischer mit Beteiligung von François Cuvilliés, ab 1732
44 Wies, Wallfahrtskirche zum Gegeißelten Heiland, Wölbansatz im Chor, Dominikus Zimmermann, vor 1749
45 Berg am Laim, St. Michael, Diagonalfenster im Wölbansatz des Bruderschaftsraumes
46 Berg am Laim, St. Michael, Erzengel Michael, Kopie nach dem Urbild vom Monte Gargano, 1699 von dem Bruderschaftsmitglied Baron Karl de Simeoni der Michaelskapelle geschenkt, 1745 in den Kirchenneubau übertragen, südwestlicher Seitenaltar
47 Hl. Michael, Entwurfszeichnung von Johann Andreas Wolff für ein Deckenbild in der ehem. Michaelskapelle in Berg am Laim, nach 1700. Graphische Sammlung der Staatsgalerie Stuttgart
48 Bruderschaftsmedaille, sog. Pfennig, mit Losungsmonogramm F.P.F.P. »fideliter, pie, fortiter, perseveranter« (getreu, fromm, tapfer, ausdauernd), Rückseite. Diözesanmuseum Freising
49 Bruderschaftsmedaille mit Darstellung des hl. Michael, Vorderseite. Ebda.
50 Hl. Michael als Seelenwäger, Entwurfszeichnung von Johann Andreas Wolff für das Hauptaltarbild in der ehem. Michaelskapelle in Berg am Laim, 1693. Wallraf-Richartz Museum Köln
51 Michaels Sieg über Luzifer, Entwurfszeichnung von Johann Andreas Wolff für das Hauptaltarbild in der ehem. Michaelskapelle in Berg am Laim, 1693. Staatliche Graphische Sammlung München
52 Andachtszettel mit Stich nach Johann Andreas Wolffs Hauptaltarbild in der ehem. Michaelskapelle in Berg am Laim, Stecher unbekannt. Pfarrarchiv St. Michael in Berg am Laim
53 Michaels Sieg über Luzifer, Hochaltarbild in St. Michael in Berg am Laim, Ausschnitt des

ursprünglichen Formates von Johann Andreas Wolffs Bild vom Hauptaltar der ehem. Michaelskapelle, 1694; 1745 in den Kirchenneubau übertragen und 1767 vergrößert und teilweise übermalt von Franz Ignaz Oefele

54 Hl. Michael als Sieger, Entwurfszeichnung von Cosmas Damian Asam für ein Altarbild. Staatliche Graphische Sammlung München

55 Kurfürst Max Emanuel erstürmt die Festung Belgrad, Almanachblatt für 1689, Stich von Pierre Landry, 1688. Bibliothèque National, Cabinet des Estampes, Paris

56 Hl. Raffael, Figur vom Hauptaltar der ehem. Michaelskapelle, Andreas Faistenberger, wohl nach Entwurf von Johann Andreas Wolff, um 1693. Ehem. Institut der Englischen Fräulein

57 Entwurf für den Hauptaltar der ehem. Michaelskapelle in Berg am Laim, Johann Andreas Wolff, 1693. Staatliche Graphische Sammlung München

58 Joseph Clemens im Ornat des Präfekten der Michaelserzbruderschaft, umgeben von den Personifikationen der Bruderschaftstugenden (Treue, Frömmigkeit, Tapferkeit, Beharrlichkeit) und Bruderschaftsmitgliedern. Ein Engel geleitet die Seele eines Bruderschaftsmitgliedes (mit Bruderschaftsmedaillon) in den Himmel; im Hintergrund der Bruderschaftsaltar der ehem. Michaelskapelle in Berg am Laim; Blatt aus dem Fürstenbuch der Erzbruderschaft St. Michael in Berg am Laim, 1745. Pfarrarchiv St. Michael in Berg am Laim

59 Joseph Clemens, lebensgroße Stifterfigur, Andreas Faistenberger und Johann Jakob Feichtmayr, 1723, ehem. in der Michaelskapelle in Berg am Laim aufgestellt, seit 1960 verschollen

60 Monstranz, der hl. Michael trägt einen strahlenumkränzten Monstranzkörper, auf der Brust das Bruderschaftskreuz mit dem Monogramm (F.P.F.P.), Joseph Grossauer, München 1722. Pfarrei St. Michael in Berg am Laim

61 Clemens August, Kurfürst und Erzbischof von Köln, Hofmarksherr von Berg am Laim (1723–1761), Kupferstich aus »Noveau Calendrier du très illustre chapitrale Ordre Equestre... de Saint Michel Archange«, 1793

62 Brühl, ehem. Franziskaner- und Hofkirche, Entwurfszeichnung für den Hochaltar mit Kurfürsten-Oratorium von Balthasar Neumann, 1745. Martin von Wagnersche Sammlung der Universität Würzburg, 1944 verbrannt

63 Brühl, ehem. Franziskaner- und Hofkirche, Hochaltar mit Kurfürsten-Oratorium, Ausführung von Johann Wolfgang von der Auwera, 1745

64 Kreuzberg, Serviten- und Wallfahrtskirche, Hochaltar mit Kurfürsten-Oratorium, ab 1746

65 Berg am Laim, St. Michael, Entwurfszeichnung für den Hochaltar von Ignaz Günther, 1760. Staatliche Graphische Sammlung München

66 Berg am Laim, St. Michael, Entwurfszeichnung für den Hochaltar von Johann Baptist Straub, um 1760. Staatliche Graphische Sammlung München

67 Berg am Laim, St. Michael, Entwurfszeichnung für den Hochaltar von Johann Baptist Straub, um 1766/67. Städelsches Museum in Frankfurt am Main

68 Berg am Laim, St. Michael, Hochaltarbild, Johann Andreas Wolff (1694) und Franz Ignaz Oefele (Erweiterung, 1767)

69 Berg am Laim, St. Michael, Deckenfresko im Bruderschaftsraum mit Darstellung der ersten Erscheinung des Erzengels Michael am Monte Gargano, Ausschnitt: die Bürger der Stadt Sipont ziehen zum Michaelsheiligtum am Monte Gargano, Johann Baptist Zimmermann, ab 1743.

70 Berg am Laim, St. Michael, Deckenfresko im Ritterordensraum mit Darstellung der zweiten Erscheinung des Erzengels Michael am Monte Gargano, Johann Baptist Zimmermann, ab 1753

71 Berg am Laim, St. Michael, Deckenfresko im Altarraum mit Darstellung der dritten Erscheinung des Erzengels Michael am Monte Gargano, Johann Baptist Zimmermann, ab 1743

72 Berg am Laim, St. Michael, Grundriß

73 Prag, Theatinerkirche S. Maria de Ettinga, Längsschnitt, Guarino Guarini (1679) nach dem Stich der »Architettura civile«, 1737

74 Prag, Theatinerkirche S. Maria de Ettinga, Grundriß, Guarino Guarini (1679) nach dem Stich der »Architettura civile«, 1737

75 Wien, ehem. Piaristenkirche Maria Treu, Grundriß, Johann Lukas von Hildebrandt, Grundsteinlegung 1698, Aufnahme der Bauarbeiten 1716

76 Wien, ehem. Piaristenkirche Maria Treu, Grundriß, Johann Lukas von Hildebrandt, 1698
77 Deutsch-Gabel, ehem. Dominikanerkirche St. Laurentius, Grundriß, Johann Lukas von Hildebrandt, 1699
78 München, Dreifaltigkeitskirche, Grundriß, Giovanni Antonio Viscardi, 1711
79 München, Dreifaltigkeitskirche, Blick in den Hauptraum mit Querkonche, Giovanni Antonio Viscardi, ab 1711
80 Stuttgart, Neues Schloß, Weißer Saal, Philippe de la Guêpicre, ab 1760 (Zustand vor 1944)
81 München, Jesuitenkirche St. Michael, Fassade, Kupferstich aus der »Trophaea Bavarica«, 1595
82 München, Jesuitenkirche St. Michael, Innenraum, Wolfgang Miller nach Entwurf von Friedrich Sustris, ab 1583
83 Berg am Laim, St. Michael, Fernsicht der Schauseite, Seitenflügel im 19. und 20. Jahrhundert verändert
84 Berg am Laim, St. Michael, Nahsicht der Schauseite
85 Berg am Laim, St. Michael, Fassade
86 Berg am Laim, St. Michael, Innenraum
87 Berg am Laim, St. Michael, Bruderschaftsraum in der Schrägsicht
88 Berg am Laim, St. Michael, Blick vom Bruderschaftsraum in den Ritterordens- und Altarraum
89 Berg am Laim, St. Michael, Bruderschaftsraum in der Schrägsicht
90 Berg am Laim, St. Michael, Deckenfesko im Bruderschaftsraum mit Darstellung der ersten Erscheinung des Erzengels Michael am Monte Gargano, Johann Baptist Zimmermann, ab 1743
91 Berg am Laim, St. Michael, Bruderschaftsraum mit Konchen- und Diagonalaltären
92 Berg am Laim, St. Michael, Innenraum
93 Berg am Laim, St. Michael, Ausschnitt aus dem Deckenfresko im Bruderschaftsraum: der Herzog der Stadt Sipont wird von seinem eigenen Pferd getroffen
94 Berg am Laim, St. Michael, Ritterordensraum, Wandgeschoß
95 Berg am Laim, St. Michael, Blick in die Gewölbezone von Ritterordens- und Altarraum mit Stuckrelief des hl. Augustinus, Johann Baptist Zimmermann, 1743/44 und 1753/54
96 Berg am Laim, St. Michael, Blick in die Wölbung von Ritterordens- und Altarraum; Fresken mit Darstellung der zweiten und dritten Erscheinung des Erzengels Michael, Johann Baptist Zimmermann, 1743/44 und 1753/54
97 Berg am Laim, St. Michael, Diagonalfenster mit Stichkappeneinschnitt im Gewölbeansatz des Bruderschaftsraumes, Stuck von Johann Baptist Zimmermann, ab 1743
98 Berg am Laim, St. Michael, Stuckdekoration in der Gewölbezone des Bruderschaftsraumes, Aufschrift auf westlicher Kartusche »Clementia Clementis« als Allusion auf den Auftraggeber, Kurfürst und Erzbischof Clemens August von Köln
99 Berg am Laim, St. Michael, Erzengel Raffael und spielender Putto, darunter im Relief Jakobs Kampf mit dem Engel, Detail vom Hochaltar
100 Berg am Laim, St. Michael, Ritterordens- und Altarraum, Hochaltar von Johann Baptist Straub, 1767
101 Berg am Laim, St. Michael, Hochaltarbild, Johann Andreas Wolff (1694) mit Erweiterungen von Franz Ignaz Oefele (1767)
102 Berg am Laim, St. Michael, Erzengel Michael, Kopie nach dem Urbild vom Monte Gargano, südwestlicher Seitenaltar
103 Monstranz, der hl. Michael trägt einen strahlenumkränzten Monstranzkörper, Josef Grossauer, München 1722; Silber, der überwiegende Teil vergoldet, reicher Steinbesatz. Pfarrei St. Michael in Berg am Laim
104 Joseph Clemens im Ornat des Präfekten der Michaelserzbruderschaft, umgeben von den Personifikationen der Bruderschaftstugenden (Treue, Frömmigkeit, Tapferkeit, Beharrlichkeit) und Bruderschaftsmitgliedern. Blatt aus dem Fürstenbuch der Erzbruderschaft St. Michael in Berg am Laim, 1745. Pfarrarchiv St. Michael in Berg am Laim
105 Johann Andreas Wolffs Hauptaltarbild der ehem. Michaelskapelle in Berg am Laim, zeitgenössische Reproduktion mit originaler Rahmenführung

Register

Ortsregister

Wegen der häufigen Erwähnung wurden St. Michael in Berg am Laim bzw. die Josephsburg in Berg am Laim nicht in das Ortsregister aufgenommen

Altenburg 235 237
Altötting 124 222 253
Altomünster 168 229
Ariccia 124 253
Aufhausen 11 13 18 31 67 94 107 110 112 118
 124f. 168 192f. 235 6
Augsburg 16 19f. 74 181 221 253 256

Baumkirchen 23 220 222f.
Belgrad 137
Berlin 74
Bologna 233
Bonn 110 137 148 246f. 255
– Hoftheater 111 240
– Michaelstor 108 152
– Residenz 152
Bozen 224
Brühl
– Franziskanerkirche 108 148f. 152 *62 63*
– Schloß Augustusburg 108f. 148 248
Brünn 167 174
Brüssel 244
Burglengenfeld i. d. Oberpfalz 167 179

Clemenswerth 249

Deggendorf 228 240
Deutsch-Gabel 60 174 177 252 *22 77*
Dießen 28 32 51 57 78 81 102 107 109ff. 118
 120 122 135 229 234 240 241 *32 40 42 43*
Dillingen 190
Dommelstadl 224
Donauwörth 222
Dresden 74

Endlhausen 240
Escorial 45 227
Ettal 109 124 240

Falkenlust, Schloß 108
Frankfurt am Main 160 250

Freising 14 22f. 26 36 110 215f. 232 250 255
Freystadt 124 168 179ff.
Fürstenzell 32 109f.

Göttweig, Kloster 45 227
Günzburg 237

Haimhausen 256
Herzogsfreude, Jagdschloß bei Röttgen 108
Hildesheim 148

Indersdorf 256
Ingolstadt 11 13 31 57 67 94 107 109f. 118 124f.
 168 192f. 223 235 240 253 7
Innsbruck 240

Jerusalem 35 125 163f. 227

Klosterlechfeld 124
Köln 23 107 148 183 187 220
Kreuzberg bei Bonn 149 152 249 *64*

Landshut 256
Lechwitz 60 225
Lissabon 225
Loreto 125
Lüttich 246
Luzern 13f. 18 27f. 30ff. 34f. 37 217 219 225 233

Mainz 246
Mannheim 222
Maria Birnbaum 124
Melk, Kloster 226
Meppen 249
Mergenthal 222
Mergentheim, Deutschordensmeister-Schloß 108
Mont-Saint-Michel 125 242
Monte Gargano 35 125 129 134 144 161 163f.
 166 238 242 244 250
Montepulciano 58

München 13ff. 21f. 25ff. 32 44ff. 74 76 81 108 111f. 125 144 166f. 174 191 224 226 228 240 244 247 249ff. 253
- Amalienburg 38 40 118 120 237
- Hoftheater (Cuvilliéstheater) 111
- Kirchen und Klöster
  Augustinerkirche 187
  Dreifaltigkeitskirche 60 120 168 179ff. 221 230 *23 78 79*
  Franziskanerkloster 14 43 220
  Frauenkirche 46 228
  St. Anna, Damenstiftskirche 24
  St. Anna im Lehel 18 57 118 224
  St. Johann Nepomuk 30 224 229
  St. Kajetan, Theatinerkirche 40 42 60 170 179 255 *11*
  St. Michael, Jesuitenkirche und -kolleg 13 56 76 78 81 129 137f. 166 168 186ff. 190 233 246 *81 82*
  St. Peter 23f. 215 222
- Maxburg 187
- Opernhaus am Salvatorplatz 76 234
- Palais
  Fugger-Zinneberg 25 40
  Holnstein 40 109 118 120
  Piosasque de Non 38 40 109 118
  Preysing 235
- Residenz 40 98 109 135 190
- Schleißheim 34 226 253
Münster 148 249
Murnau 168

Neresheim 168 237
Neustift b. Brixen 125
Niederaltaich 29 240

Oropa 252
Osterhofen 57 112ff. 118 224 228 240 *41*
Ottobeuren 27 30 32 34 58 93 122 229f. 240 245

Paderborn 148
Paris 81 183 226 253
- Hôtel Soubise 38 226
- Opernhaus der Tuilerien 104
- Pantheon 184
- Place des Victoires 135
- S. Anna Reale, Theatinerkirche 235
- S. Sulpice 104 120 185
Partenkirchen 225
Prag 25 60 74 230
- S. Maria de Ettinga 60 62 168ff. 172f. 225 *73 74*
- St. Nikolaus 60 225

Regensburg 124 256
Rinchnach 57
Rohr 78 234 *30*
Rom 104 125
- Castel Sant Angelo 244
- Engelsburg, ehem. Hadrians-Mausoleum 125
- Il Gèsu 76
- Kolosseum 58
- Pantheon 124
- S. Maria della Concezione 135
- St. Peter 104 238
Rott am Inn 31 51 124 168 229f.
Ruhpolding 24

Sagra di San Michele 125
Salzburg 58 226
S. Galgano 125
St. Blasien 232
Schäftlarn 24f. 109 116 229 240f. 256
Schönbrunn bei Dachau 24
Schussenried 28
Sipont 144 161 163 250
Steinhausen 121
Stuttgart, Neues Schloß 184 *80*

Tegernsee 225
Turin
- S. Lorenzo 78 168 172 174 252
- SS. Sindone 172

Unering 57

Venedig 82 104
Verona 234
Versailles 145 253
Vierzehnheiligen 253

Wasserburg am Inn 15f. 20 222
Weltenburg 78 102 114 135 225 234 *31*
Wessobrunn 181
Weyarn 32 225
Wien 28 74 111 174 225 227 232 250 252
- Dorotheerkirche 225
- Karlskirche St. Karl Borromäus 44f. 174 177
- Piaristenkirche Maria Treu 168 174 176ff. 225 252 *75 76*
- Schönbrunn 145
Wies 65f. 95 97 121 123 237 *44*
Wohlenburg 249
Wolfratshausen 14
Würzburg 250

Zwiefalten 58 93 229

Personenregister

Ableithner, Balthasar 256
Ableithner, Johann Blasius 35
Agricola, Ignatius 187f.
Alberti, Leon Battista 64 231
Albrecht, Balthasar Augustin 112 240
Albrecht Sigmund, Bischof von Freising 14
Albrecht V., Herzog von Bayern 190
Aleotti, Giovanni Battista 73
Altmann, Lothar 187f.
Amigoni, Jacobo 100
Asam, Cosmas Damian u. Egid Quirin 78 81 110 224
Asam, Cosmas Damian 135 225 245
Asam, Egid Quirin 30 234
Asper, Hans Konrad 234
Auvvera, Johann Wolfgang v. d. 248
Aubert von Avranches, Bischof 242

Babel, P. E. 253
Bader, Ivo 112
Bader, Johann Georg 181
Barbari, Jacopo de 104
Barbaro, Daniele 231
Barth, Nikolaus 12 20 25 35 217
Bauer, Hermann 63 65 93 121 166 183 184 230
Bauer, Hermann u. Anna 65 100
Benedikt XIII., Papst (1394–1417) 16
Bengel, Johann Albrecht 158 160
Bergmüller, Johann Georg 64 112 234 240
Bernini, Gian Lorenzo 40 124 235 253
Blondel, Jacques François 183 185f. 231
Böckler, Georg Andreas 105
Bonifaz IV., Papst (608–615) 124
Bonnier de la Mosson 253
Boos, Roman Anton 228
Borromini, Francesco 40 253
Braunfels, Wolfgang 11 40 65 108f. 112 118
Brinckmann, Albert Erich 167
Burnacini, Ludovico Ottavio 73

Canaletto, Antonio Canal genannt 104
Carl Albrecht, Kurfürst von Bayern und späterer Kaiser Karl VII. 12 15 22 24f. 46 74 108 135 160 188 215 250
Cassiodor, Flavius Aurelius 157
Caylus, Graf Anne Claude Philippe von 185
Chantelou s. Fréart
Clemens August, Kurfürst und Erzbischof von Köln 12 15f. 21ff. 31 34 36 45f. 56ff. 73 76 81 108 110 125 127 135 148f. 152f. 155ff. 160f. 163f. 166 176 187f. 190f. 215f. 222 234 248f. 250

Cotte, Robert de 34 226 253
Courtonne, Jean 241
Cromwell, Oliver 245
Cuvilliés, François d. Ä. 11ff. 24ff. 30 32 36ff. 40ff. 45 50 57f. 62f. 65 78 81 95 98 105 107ff. 116 118 120 169 183 193 215 226 228 234 237 239ff. 249 254
Czwiczek, Matthias 245

Dall'Abaco, Joseph 116
Damel, Christian 225
Delamair, Pierre Alexis 38 226 253
Deppen, Gisela 188
Desjardin, Martin 135 145 245
Desmarées, George 112
Dientzenhofer, Christoph 167 169
Dientzenhofer, Kilian Ignaz 25 57 95 252
Dietrich, Johann Joachim 112 216 240
Donner, Georg Raphael 245

Elisabeth Charlotte v. Preußen 245
Eltz-Kempenich, Carl v., Kurfürst und Erzbischof von Mainz 160
Ernst, Harro 11 18 124 167
Ettenhofer, Johann Georg 28 60 230
Eugen, Prinz von Savoyen 135 245

Faistenberger, Andreas 35 144 218 221 247 256
Feichtmayr, Franz Xaver 112 240
Feichtmayr, Johann Jakob 144 235 247
Feichtmayr, Johann Michael 112 153 240 253
Ferdinand, Erzbischof von Köln 249
Ferdinand Maria, Kurfürst von Bayern 253
Feulner, Adolf 11 167
Fischer, Ferdinand 28
Fischer, Johann Michael 11ff. 18ff. 23ff. 30ff. 34ff. 40ff. 51 54 56ff. 62 66f. 72 81 93ff. 105ff. 116 118 120 122ff. 167ff. 172ff. 177 179f. 183 185f. 192f. 215f. 222ff. 226ff. 232 235 237 251f.
Fischer, Maria Monika Juliana 28 224
Fischer, Maria Theresia 28
Fischer von Erlach, Johann Bernhard 145 167f. 174 229 253
Franz, Heinrich Gerhard 11 27 167f.
Franz Ludwig, Pfalzgraf 256
Fréart de Chambray, Roland 235
Frey, Dagobert 103
Friedrich Wilhelm I., König von Preußen 245
Fünck, Johann Georg 51 254

Gärtner, Friedrich von 112
Galli-Bibiena, Ferdinando 73 111 177 233 252

Galli-Bibiena, Giuseppe 74 111 177 252
Gamer, Jörg 108
Gartenschmidt, Wolfgang 235
Geiger, Johann Georg 235
Geiger, Marx 251
Gelasius I., Papst (492–496) 166 244
Georg Wilhelm, Kurfürst von Brandenburg 245
Gerhard, Hubert 129 137
Goldmann, Nikolaus 64 105 231 239
Graf, Carl 12
Gramiller, Leopoldo 247
Gran, Daniel 250
s'Gravesande, Wilhelm Jacob 106
Gregor I. (d. Gr.), Papst (590–604) 125 166 244
Gretse, Jakob S. J. 234
Grossauer, Joseph 248
Guardi, Francesco 104
Guarini, Guarino 13 60 62 78 81 95 167 168 ff.
  172 ff. 178 183 221 225 230 235 252
Günther, Ignaz 153
Guêpières, Philipp de la 184
Guidotti, Ritter Galganus 125
Gunetsrhainer, Ignaz Anton 24 110
Gurlitt, Cornelius 167

Hagen-Dempf, Felicitas 11 18
Hager, Werner 168
Hartig, Michael 18
Haupt, Georg 102
Hauttmann, Max 11 67 167 183 185
Henriette Adelaide v. Savoyen, Kurfürstin von Bayern
  182
Hetzer, Theodor 102
Hieber, Hans 124
Hilarion, Abt der Kreuzes-Kirche in Jerusalem 35
Hildebrandt, Johann Lukas von 60 167 ff. 174 177 f.
  183 225 227 252 f.
Holl, Elias 19 124
Holzer, Johann Evangelist 112 135 250
Hubala, Erich 60 168 f. 190

Ignatius v. Loyola 137
Innocenz XII., Papst (1691–1700) 35 137 247

Jakob I., König von England 245
Jantzen, Hans 186
Johann Theodor, Fürstbischof von Freising 20 22 f.
  35 42 215 250
Joseph Clemens, Kurfürst und Erzbischof von Köln
  14 f. 34 46 125 127 129 134 f. 137 ff. 142 144
  146 148 f. 153 166 187 190 223 244 246 f. 255 f.
Joseph I., Kaiser v. Österreich 145 232
Jugel, Johann Gottfried 231

Kaltner, Joseph 228
Karg, Herculan, Propst 32 57 112 240
Karl I. (d. Gr.), Kaiser 135 138 160 188 245 246
Karl V., Kaiser 250
Karl VI., Kaiser 245
Karl VII., Kaiser 246
Kaufmann, Johann Michael 236 239
Keller, Harald 135
Kimball, Fiske 65 121 183
Klaiber, Hans Andreas 184
Kleiner, Salomon 221
Klenze, Leo von 112
Klingensberg, Christoph von 220
Koch, Pater Laurentius OSB 240
Köglsperger, Philipp Jakob 12 f. 20 f. 23 ff. 30 ff.
  34 ff. 40 57 62 110 f. 216 223 f. 226 228 236
Konstantin d. Gr., römischer Kaiser 245
Kraus, Johann Ulrich 253
Kreuzer, Anton 247 251
Kuechel, Michael 253

Lajoue, Jacques de 111 168 183 184 253
Lamberg, Kardinal Jos. Dominikus 224
Landelinus, Franziskanerpater 23
Laurentius d. Gr., Bischof v. Sipont 161 163 f. 166
Leblanc, Abbé 185
Leo III., Papst (795–816) 246
Leo IX., Papst (1049–1054) 166
Leopold I., Kaiser v. Österreich 252
Le Pautre, Jean 179 181 253
Lerchenfeld, Baron Conrad von 14
Leveilly, Michel 249
Lieb, Norbert 12 18 25 37 44 112 120 167 183
Lindmayr, Anna Maria 134
Loers, Veit 12 18 27 37 41 72 219
Lohenstein, Daniel Caspar von 146, 149
Loiper, F. Dominikus 230
Lorenzetti, Ambrogio 125
Ludwig IV. (d. Bayer), Kaiser 124 188
Ludwig XI., König von Frankreich 242 246
Ludwig XIV., König von Frankreich 135 145 181
  185 247
Luther, Martin 137
Luynes, Herzog von 238

Maier, Gerhard 158
Maria Amalia Josepha, Tochter von Kaiser Joseph I.,
  74
Maria Theresia, Kaiserin v. Österreich 166 219 250
Marian, Joseph 239
Matheo, Antoni 24
Max Emanuel, Kurfürst von Bayern 14 134 f. 137
  182 226 244 253 256

Max III. Joseph, Kurfürst von Bayern 22 191 227
Max IV. Joseph, Kurfürst von Bayern 227
Maximilian I., Kurfürst von Bayern 139 246
Mehrer, F. Chrysostomus 220
Meissonnier, Juste-Aurèle 120 185
Mignard, Pierre 253
Modler, Johann Baptist 240
Moosbrugger, Caspar 27
Mungenast, Joseph 226
Muxel, Johann 228

Neß, Ruppert II., Abt von Ottobeuren 230
Neumann, Balthasar 27 95 149 168 237f. 248
Neumann, Günther 11 18 167

Odoaker, germ. König 163
Oefele, Franz Ignaz 127 145 153 156 217 243
Oppenord, Gilles-Marie 185
L'Orme, Philibert de 95 237
Osterwald, Peter von 191

Palladio, Andrea 64 186 231
Pannini, Giovanni Paolo 104
Paulus, Richard 14 18
Penther, Johann Friedrich 65 231
Permoser, Balthasar 245
Perrault, Claude 58
Philipp II., König von Spanien 45
Pinder, Wilhelm 63
Poser, Hasso von 116
Pozzo, Andrea 73 76 78 81 87 89 106 234
Praschler, Nikolaus 23 34 215

Rader, Matthäus S. J. 234
Reinle, Adolf 27
Renard, Edmund 108
Reni, Guido 135
Rivius, Walther (Ryff) 231
Rosenberg, Alfons 129
Rossi, Domenico de 253
Roth, Franz Joseph 108
Rottermond, Willem 249
Rupprecht, Bernhard 12f. 82 121f. 167

Säppl (Sappel), Lorenz 227
Sandrart, Joachim von 253
Sandtner, Jakob 228
Sangallo, Antonio da 58
Sauermost, Heinz Jürgen 190
Sauter, Ignatius 255
Scamozzi, Vincenzo 64 231
Schade, P. Herbert, S. J. 187
Scharioth, Barbara 11

Schaur, Franz Sebastian 37f. 40f. 216 226
Schießl, Ulrich 93
Schinnagl, Marx 234
Schlaun, Johann Conrad 18 108
Schmid, Augustin 27f. 30
Schmid, Georg Michael 28 224
Schmid, Johannes Ignatius 28 30 246
Schmuzer, Johann 181
Schönborn, Carl Friedrich von 250
Schönborn, Lothar Franz von 227
Schoonjons, Anthoni 245
Schübler, Johann Jacob 238
Schütte, Ulrich 105f.
Schwarz, Christoph 188
Sedlmayr, Hans 44f. 60 101ff. 232
Seitz, Wolfgang 221
Serlio, Sebastiano 64 231
Servandoni, Jean Niclas 82 104f. 185 238
Simeoni, Baron Karl de 35 125 244
Singer, Michael 236
Sixtus IV., Papst (1471–1484) 242
Sondermayr, Simon Thaddäus 14 16 18ff. 25 35 47 50 215ff. 221f. 225 252
Soufflot, Jacques-Germain 184
Spindler-Niros, Ursula 62 101
St. Michèl, de 45 227f.
Staimer, Balthasar 251
Steindl, Matthias 225
Steiner, Peter 18 96 109
Stocker, Johann Michael 250
Stozinger, Paschali 246
Straub, Johann Baptist 42 51 56 96 107ff. 112 114 127 153 160 216f. 228 235f. 240 250 256
Strauß, Ernst 101
Sturm, Leonhard Christoph 20 57f. 64f. 105f. 231 238
Succov, Lorenz Johann Daniel 231
Sulzer, Johann Georg 231

Theodo, Agilolfinger-Herzog 135
Thon, Christina 109
Thumb, Peter 27
Tintelnot, Hans 76
Trauner, Graf von 22
Trautmann, Karl 11 108
Trost, Ludwig 15 218

Üblher, Johann Georg 112 240
Unertl, Anton Cajetan von 15 20 23f. 215 223 256
Unertl, Johann Benno 24

Verhelst, Aegid 112
Verschaffelt, Peter Anton von 244

Vignola, Jacopo Barozzi da 64 231
Viscardi, Giovanni Antonio 60 124 168f. 179ff.
   183 221 230 253 256
Vitruv 64 66 82 93 105f. 121 123 173 185f. 231
Vittone, Bernardo 221
Vogl, P. Petrus Coelestin 225
Vorbrack, Kanonikus 22

Wagner, Wolfgang 220
Weinlig, Christian Traugott 106
Wening, Michael 14 47 217 225
Werdenstein, von, Geistlicher Rat 15 22 220
Wilhelm V., Herzog von Bayern 137f. 187f. 190 233 254
Winter, Johann Georg 236
Wolf, Friedrich 109

Wolff, Andreas 125 127 129 132 134f. 139 142 145f. 153 156 217f. 243ff. 255f.
Wolff, Christian 231
Wolfgang, Andreas Matthäus 253
Würnzl, Franz de Paula 15f. 19ff. 23ff. 30ff. 34ff. 42 110 215 221f. 225f. 256
Wunderer, Joseph Anton 236

Zedler, Johann Heinrich 146
Zeller, Johann Sigismund, Bischof von Freising 35
Zimmermann, Dominikus 19 27 40 65f. 121ff. 241
Zimmermann, Johann Baptist 42 101 103 107ff. 125 161 163 216 235 237 239f.
Zuccalli, Enrico 14 18 20 124 170 217 253 256
Zürcher, Richard 12 167 178